はらせぬ恨みをはらし　許せぬ人でなしを消す
いずれも人知れず　仕掛けて仕損じなし　人呼んで仕掛人
ただしこの稼業　江戸職業づくしにはのっていない

『必殺仕掛人』オープニングナレーション　作・早坂暁

必殺シリーズ秘史

50年目の告白録

高鳥都

立東舎

序文

櫻井洋三

いまから50年前、昭和47年の9月2日に『必殺仕掛人』の第1話が放映されました。金と引き換えに恨みをはらす裏稼業……緒形拳さんをはじめとした俳優陣の演技、深作欣二監督の演出、平尾昌晃さんの音楽がからみ合い、これまでにない斬新で現代的な時代劇が出来上がりました。現場は採算度外視で苦労しましたが、撮影所での完成試写を見た朝日放送の重役さんたちが手を叩いて絶賛したのを昨日のことのように思い出します。

朝日放送のプロデューサーであり、稀代の名テレビマンである山内久司さんとわたし、松竹の櫻井洋三のコンビによる『必殺仕掛人』は大きな評判を呼んで、ついにライバル番組『木枯し紋次郎』の視聴率を追い抜きました。続いて『必殺仕置人』では中村主水が登場、藤田まことさんが昼行灯の婿養子という町奉行所の同心を演じて人気を集めました。いまでいう警察官の殺し屋、主水さんはシリーズを代表するキャラクターになったと思います。

野上龍雄さんをはじめとする脚本家のみなさんとは「かんのんホテル」で日夜ホン作りに励み、議論を尽くしました。そして深作欣二、三隅研次、工藤栄一、蔵原惟繕の四氏に代表される監督陣が見事な作品に仕上げ、まだ若い京都映画のスタッフがシリーズを支えてくれました。とくに石原興と中島利男……光と影の映像を作りあげたコンビはすばらしく、その代わり生意気でよく喧嘩もしましたが、各パートがベストを尽くしてくれました。

おそらく『必殺』という番組がなければ、太秦(うずまさ)の撮影所は潰れていたと思います。藤田さんの『京都殺人案内』も『剣客商売』も、中村吉右衛門さんの『鬼平犯科帳』も存在しなかったでしょう。それほど『必殺』というシリーズは大きな存在でした。いまも東山紀之くんを主役にした『必殺仕事人』のスペシャルが毎年のように放映されており、立派なものだと自負しております。

この度、必殺50周年を記念した本が出るとのこと。わたしも現役を引退してからは映画界の喧騒から離れてひっそり静かに生きていたのに、昨年うっかり雑誌のインタビューを受けることになり、いろいろと昔話をしゃべってしまいました。その縁から本書の著者でもある高鳥都さんに頼まれて、序文をお引き受けした次第です。現場で苦楽をともにしたみなさんがどんな話をしているのか、引き出されているのか、じっくり読ませてもらいましょう。みなさんも読んでくださいね。山内久司さん、現場を仕切った製作主任の渡辺寿男さんをはじめ亡くなられた方々の逸話もあるのではないかと思います。そして『仕置人』で念仏の鉄を演じた山﨑努さんが取材に応じてくださったと聞いて驚きました。初代プロデューサーとして御礼を申し上げます。89歳のいま、必殺シリーズという作品のすごさをあらためて実感しております。

櫻井洋三［さくらい・ようぞう］

1932年京都府生まれ。同志社大学卒業後、55年に松竹入社。営業部などを経て関西テレビ分室のプロデューサーに。『必殺仕掛人』から始まる必殺シリーズを一貫して手がけ、2時間スペシャルや劇場版も担当する。そのほか『京都殺人案内』『大忠臣蔵』『鬼平犯科帳』『忠臣蔵外伝　四谷怪談』などをプロデュース。松竹の取締役としてテレビ・映画の両部門を統括し、退任後は松竹京都映画（現・松竹撮影所）の取締役を務めた。

CONTENTS

R-1

R-2

R-3

R-4

COLUMN

表記について

『新必殺仕置人』などの〝新〟がつく作品に関して、ナカグロありの『新・必殺仕置人』と表記される例も多いが、本編タイトルにナカグロが存在しないことと朝日放送テレビの公式指定に従って『新必殺仕置人』とする。

「カメラ」「キャメラ」、「カメラマン」「キャメラマン」に関してはインタビュイーの発言を優先して表記の統一は行わない。

R-1

撮影・照明・録音は映像制作における
技術の三大パートであり、「撮・照・録」と称される。
まずロール1では必殺シリーズの画を担ってきた撮影部と照明部、
そこに合わさる音を録ってきた録音部にご登場いただこう。

撮影　石原興
撮影　藤井哲矢
撮影　喜多野彰
照明　林利夫
照明　南所登
録音　中路豊隆

石原興

いま現在やっているのが『必殺』で その前の作品は遺物やと思ってますけどね

必殺シリーズにおける光と影の映像美と望遠レンズによる流麗なカメラワークを作りあげてきた石原興。シリーズ第1弾『必殺仕掛人』のとき、まだ32歳の若さだった撮影技師はやがて監督となり、京都映画～松竹撮影所を代表する存在に。82歳のいまも現役で活躍する石原が必殺シリーズの舞台裏を告白する。

ぼくはアップのときはおでこから上は撮りたくないんです

石原　まぁ50年かって感じですね。それだけ時間が経ったんだなというのは仕事中には感じないんですけど、ただ長い石段なんかを上がっていくときに、ずいぶん経ったことを実感します。『必殺』というのは非常に難しいもので、新作を撮ると批判が多いんですよ。とくに昔の『必殺』を知っている人にとって、最近の作品はぜんぜん違うわけでしょう。最初はエログロから始まって、いまは時事問題を引き継いでるかな～ってくらいで。出ている俳優さんもジャニーズの方々だから清潔感がある。それに比べたら最近BS朝日で再放送していた山﨑（努）さんの……。

──『新必殺仕置人』（77年）ですね。

山﨑　あの人なんか、とくに好き勝手やってたわけやから。「そんなんホンに書いてへんがな！」っていう、なんで逆立ちしてやってんねん（笑）。いまでもホンを現場で変えたりはするんですけど、昔のようにむちゃくちゃはしてません。あの再放送のやつがいちばん好き勝手にやってたんじゃないですか。山﨑さんと（中村）嘉葎雄さんと（火野）正平で好きなようにアドリブやって、藤田（まこと）さんもそのころは山﨑さんに対抗意識がありますから……バチバチでしょう。おもしろい時代でしたね。

緒形拳さんは、また違うタイプ。拳さんは一言で言ったら真面目なんです。だから芝居に対して、ホンに対して注文を出して変えることはあっても、めちゃくちゃじゃないんです。そういう人やった。いっとう最初の『必殺仕掛人』（72～73年）も拳さんと林与一さんがバチバチで、ある回のラストカットで2人がキャメラに向かって歩いて来るわけですけど、押し合いへし合いですよ（笑）。こっちは均等に撮らないと、あとで言われますんでね。でも、そういう馴れ合いじゃない関係性がいいコンビになったんだと思います。

――中村主水を演じた藤田まことさんはどのような俳優でしたか？『必殺仕置人』（73年）から『必殺仕事人2009』まで必殺シリーズの〝顔〟として出演を続けました。

石原　『仕置人』のときは、山﨑さんと沖（雅也）くんがアタマだったんです。で、藤田さんは同心の養子という設定で、ところがその養子が嫁や姑にイビられるシーンがだんだんおもしろくなってきた。1話に対して1シーンか2シーンしかないのにどんどん残って、その流れが現在に至っているわけですけど。藤田さんも非常に芝居が上手いし、なんでもできる。こう言ったら失礼やけど、スケベなところが出てる。ちょっとした悪事を働いても、なんか許せるでしょう。たとえば賄賂を受け取るシーン、ほかの俳優さんがやっても似合わないけど、藤田さんなら許せる。女の人に対しても、ジメッとした暗い視線がある……そういうタイプの俳優さんでした。〝キャラクターの懐が広い〟とでも言いますか、怖い顔もできるし、表の顔と裏の顔の落差やね。ぼくはもともとキャメラマンで、いまは監督してますけど、やっぱり緒形さん、山﨑さん、藤田さんに育ててもらったようなもんですから。

――50年にわたり、ずっと必殺シリーズを支えてきました。

石原　支えるなんてことないですよ。その場の思いつき。昔は現場にモニターがないから、ぼくの勝手なんですね。だからラッシュを見て、監督は「あ!」とか「え?」とか「あのガキ!」とか思うたに違いないんです。そのときの……まぁ大げさに言えば〝感覚〟ですかね。だから山田五十鈴さんの顔でも「顔半分だけでええやないか」って、目を強調するために、そこだけ撮ったりしました。顔半分なんて昔はご法度ですよ。

それを許してくれたプロデューサー……朝日放送の山内久司さんと松竹の櫻井洋三さん、この人らが偉いんです。2007年から始まっている現在の『必殺』、ぼくが監督やってますが、われわれのボスであるテレビ朝日の内山聖子プロデューサーもラッシュのあと「よく遊びますねぇ」と笑いながら声をかけてもらってます。そういう点は楽というか、監督でも工藤（栄一）さんや三隅（研次）さんはキャメラものぞかず任せてくれました。ぼくが20歳過ぎのペーペーのころ、大映に〝追い回し〟……助手で行ってたんです。そのとき三隅さんの『新選組始末記』（63年）について、いちばん下っ端ですから「ボン、ちょっとおいで」、直立不動で「はい、先生!」……そう言うてたんが、10年後に『仕掛人』で監督とキャメラマンという関係になって。そのときにいろいろ話をしたんですけど「好きに撮ったらええ」ということで、どの監督よりも緊張しましたが自由にやらせていただきました。

――まず石原興特有のカメラアングルといえば、おでこの下でフレームを切るアップ。ちょんまげの上まで映さないのは、当時の時代劇としては異例です。

石原　あのころのカツラというのは非常に汚いんですよ、境目が。そこに目が行くのがイヤなんで、三隅さんに言ったんです。「先生、ぼくはアップのときはおでこから上は撮りたくないんです。フルショットは撮りますが、アップでは撮りたくない。反射的にパンしてもそういう構図になりますんで、もし先生があかん言わはったら、そのまちゃんと頭まで入れますけど」、そうしたら「それでええ。おでこから上は芝居をしよれへんからな」。こういう答えなんです。やれやれと思いました。

——三隅研次監督は『仕掛人』の3・4話が初登板ですが、その前の1・2話を手がけた深作欣二監督のときからそのアップが確立されています。

石原　深作さんのときは勝手にやって（笑）、三隅さんのときはいちおう断って……三隅さん独自の世界というものがありますから。カツラに目が行くと俳優さんの芝居がかわいそうでしょう。いまはカツラもずいぶんよくなって、しかも編集で修正できますけど、ただそれはお金がめちゃめちゃかかります。工藤さんは『仕置人』からかな。映画が斜陽になって、いい監督がどんどん来られた。工藤さんも「ここから」とか「アップ」という指示は出しますけど、アップにもいろんなサイズがあるわけです。そこはキャメラマンの感覚。最近は現場にモニターがあって、ディレクターが「もうちょっと引いてよ、寄ってよ」。だからね……いまの時代、キャメラマンは存在しません。絶対に存在しません。これだけは断言できます。オペレーターですよ。

——そんな哀しいことを……。

『必殺』というのは、市川崑さんとマカロニウエスタンの影響が大きいんです

——1972年に『必殺仕掛人』が始まります。テレビでは異例の殺し屋ものですが、まず脚本を読んだときに「これは新しい作品ができる!」というような予感はありましたか?

石原　それはないですね。いまもそうですけど、あんまり家で台本を読まないんです。バーっと見て「あぁ、こういう芝居か」ってチェックするだけのことで、セリフを気にするほうではなかったですから。『仕掛人』はなんで俺やったんかな? よくわからんのやけど、もう当時の京都映画には年寄りと若いもんしかキャメラマンが残っ

てなかったんです。まぁ『仕掛人』の成功というのは1・2話が東映の深作さんで3・4話が大映の三隅さん、おふたりの連携ですわね。深作さんが映画とテレビの真ん中のような表現をゼロから作りあげて、三隅さんがそれを映画的に磨いて光らせたんです。

あとはエログロ……一言で言えば『木枯し紋次郎』（72～73年）のおかげですわ。『紋次郎』はだいたい女性が見る作品でクール、こっちは男性向けのエログロだから深作さんなんかすごかったですよ。第1話で室田日出男さんが斬られたら、血のりがブワーってポンプで吹き出す。あれプロデューサーは反対したんです。スポンサーにコカコーラがおるから「これはあかん」と。深作さんは「いや～、そんなの大丈夫！」（笑）。どこが大丈夫なのか。「これくらいやっておかないとダメだよ～！」って、あの人は平気ですから。

——必殺シリーズといえば光と影のコントラスト、『仕掛人』のオープニングから陰影の強い出演者のスチールを残酷絵と組み合わせています。

石原　オープニングは全部、ぼくと編集の園井（弘一）くんでやっています。『仕掛人』だけは深作さんが付き合ってくれましたけど、それ以降は全部お任せ。だからナレーションが出てきて、「どうしようかな、面倒くさいな」って思いながらパチンコ屋なんかで考えて（笑）。いや、あの写真を撮ってるのは、ぼくではなくスチールの牧野（譲）さん。ただし「広めに撮ってくれ、細工するな」と注文をつけました。その写真を大きく引き伸ばして、キャメラでトリミングしたりズームしたりして、また撮るわけです。

——そこから始まる本編も光と影のコントラストが強烈です。

石原　これは〝時短〟なんですよ。時間短縮。当時、わたしらは30歳そこそこの遊びたい時期ですから、毎日夜間（撮影）をやられたらたまらんわけ。それと東映さんと違って、うちはオープンセットが狭いからライトが少なければ少ないほど早く撮れるんですよ。たとえば会話シーンでもアップのとき「そこは当てるな！」、その代わり切り返しになったら「そこに当てろ」と背景の当て方を変える。そうするとキャメラは動かないで、バックの照明だけ変えてどんどん撮れるんです。人物の位置に忠実な切り返しだと、キャメラからライトから全部動かさないとダメでしょう。それが基本なんです。ああいうライティングだといろいろごまかせますから。

あとは「ここを見てくれ」というポイントを絞る。そういうことでやってたんです。要するに〝映画は選択、テレビは強要〟なんですよ。映画は映画館に入場するときから選択でしょう。画面も広くて、好きな人の芝居を見ることができる。ところがテレビの場合は若い子からお年寄りまで見ているので「ここを見ないとわかりませんよ」っていうポイントが必要なんです。ある種の押し付けとでも言いますか、だから「ここを見てくれ」というところにズームしたり、ライティングでも一部にしか当てないわけ。余計な部分は見せないで影にする。

——照明技師の中島利男さんとのコンビネーションで『仕掛人』の映像は作りあげられましたが、光と影の表現はどちらからの提案でしたか?

石原　それはやっぱり、ぼくのほうから「こうしてくれ」と言いました。裏と表がある殺し屋の話ですから。『必殺』というのは、市川崑さんとマカロニウエスタンの影響が大きいんですよ。大映に追い回しで行ってたとき、市川組の『雪之丞変化』（63年）があった。大映というのはメインのA班があって、封切りに間に合わすためにB班が立つんです。それが『雪之丞』の場合はA・B・C・DのD班まであった（笑）。

D班はなにをしたかというと、1日がかりで小物撮影。そのとき、捕縄がピューっと真っ暗な画面に飛ぶようなショットがあった。そういう表現を『必殺』にも応用しましたね。ぼくは松竹ですけど、ぺーぺーのころ大映に行って経験していったことが基本になってるんです。大映のシステムを覚えて、映像的には大映に近い……追い回しのとき撮影のデータを書く係をやってたんですよ。「レンズが何ミリ、絞り（露出）がなんぼで光量がなんぼ」みたいな、そのときのデータが非常にプラスになってると思いますね。ぼくの場合は師匠、先生という人がいないし、松竹の映画にもついたことがないんです。

それと当時、流行ってたのがマカロニウエスタン……クリント・イーストウッドの『荒野の用心棒』（64年）とかね。当時のアメリカの西部劇というのは物量なんです。丘の上にインディアンが500人くらいバーっと並んだり、ものすごい。ところがマカロニは金がないもんやから、いろいろ工夫してるんです。脚本だけでなく映像も極端なアップとか、なにかを手前に大きく入れ込んで映したり……そのへんは無意識のうちに影響されてたんでしょうね。平尾（昌晃）さんの音楽もそうやし、つまり『必殺』はマカロニなんですよ。

——『仕掛人』の直前に石原さんが撮影していた『紫頭巾』（72年）にもコントラストの強い画があって、あの表現は『仕掛人』から突然変異的に出てきた手法ではないのだなと思いました。

石原　ちょいちょい遊んで、試してたんですね。中やん（中島利男）の場合はライティングすると、いいところと悪いところがある。そこを映すと画が崩れるから、いいとこをキャメラでピックアップして撮ってあげる。ちょっとアングルを変えたり、サイズを詰めたりしてね。わたしの弟子といいますか……藤原三郎くん。もう亡くなりましたが、この人はちょっと広めに撮るんです。ロングの引きを撮らせると上手い。でも、そうすると悪いところが映ってくるわけ。簡単に言えば「あそこのライトがバレてるやないか、フレームの端がバレてるやないか」……そこを直すとなると、10分や20分かかるんです。ところがフレームで切ってしまえば、すぐ済むわけでしょう。よっぽどの場合は別ですけど、大半の場合、そこが映ってても映ってなくてもどうってことない。

——4：3というスタンダードサイズの画面で、その半分を遮蔽物で隠して、画面を縦長にしたり横長にしたりというグラフィカルな構図も多用されています。たとえば逆光の照明を隠すという物理的なケースもあったと思いますが、やはり石原さんの好みが反映されていますよね。

石原　雑誌や新聞を見ると、写真は常にいろいろでしょう。縦があったり、横があったり……そういうものを見ていたので、4：3の画面でも一部だけ映して、あとは真っ黒にしたり。それも「ここを見てくれ」という強制なんです。ファッション雑誌なんかの写真というのは映像とちがって形が決まっていないでしょう。それがおもしろかった。切り取り方のデザインが非常に上手いから、それを利用できたらと思いました。

――そして望遠レンズの多用。人物のアップを撮る場合でもカメラが遠くに離れており、距離感が圧縮された力強い画になります。これまでうかがってきた照明や構図も望遠だからこその相乗効果があります。

石原　望遠というのはここのオープンが古いから……ぼくが東映に行ってたらそうはならなかった（笑）。だから映る範囲を狭くして、背景のピントぼかせばええやないかという……宮川一夫さんが撮った『用心棒』（61年）がありますよね。あれは望遠ばっかりで「あぁ、こういうものもあるんだ」と新鮮に感じました。

――望遠レンズで、たとえば緒形拳さんの横顔のアップからパンして林与一さんの横顔までワンカットみたいなカメラワークが『必殺』の定番です。

石原　フレームインするタイミングがあるので、ぼくの場合はたいがい両目を開けて撮ります。パンしてるとき右目はファインダーのぞいて、うっすら左目で周囲の状況を見る。いまもキャメラマンやることがありますけど、現場にモニターがあるとやっぱりダメですね。集中力に欠けます。フィルムの時代とは集中力がぜんぜん違います。それとパンしたあと、ちょっとズレたりしても位置を戻すとみっともない。少々ズレてても直さない。それがまたアンバランスでおもしろい画になる。望遠もワイドも、普段人間の目で見ることがない画なんですよ。そんなところで、まぁ半分遊び……われわれの仕事は〝遊び〟みたいなもんですから。深作さんが言うてましたよ、「こんなおもしろい遊びがあるか！」。遊んで金もろうて、グズグズ言うなって（笑）。

だから子供と一緒でね、子供は勝手にルールを作って、遊びを工夫するでしょう。5人でも3人でも勝手にルールを作って野球をやる。撮影にもルールはないんですよ。いつも言うてるんですけど、「われわれの仕事は失敗もなく成功もない」。そういう評価はあとから勝手についてくるもんでね。答えがないから『必殺』でも散々「こんなのは邪道だ」とか言われてたみたいですけど。まぁ基本は時短ですよ。早よ撮って、早よ帰ろう。

――しかし、実際は夜遅くまで撮影されていたわけですよね。東映のように時間制限や労務管理の厳しい現場と違って、京都映画の場合は粘っています。

石原　夜の話ばっかりやからね。なかなか時短というわけにもいきません。『仕掛人』のとき、三隅組でデイシーンのロケーションに行ったわけですよ。デイシーンが終わったら疑似の夜間ロケ、野っ原だから〝つぶし〟という手法で昼間に撮ってフィルターや現像処理で夜に見せるんです。ところがデイシーンを撮りきれなくて、次に〝つぶし〟の予定がほんまの夜にやることになった。それだとライトの種類も違うんで、中やんが苦労して……しかも夜中の2時になっても3時になっても終わらない。じつは帰ってからオープンでの夜間撮影があったんですが、もう空が白々と明けてきて撮れない。そんなこともあって、とにかく放映に追われてましたから、ロケに行って雨が降ってても撮らないといけない。仕方ないからトンネルの中で撮った立ち回りが逆に効果的だったこともありましたね。望遠を使ったシルエットで、バックのグリーンが映えて。

半分は遊びで、半分は時短です

――いくつか『仕掛人』の具体的なシーンについて聞きたいのですが、深作欣二監督による第1話「仕掛けて仕損じなし」では、長屋の取り壊しや乱闘シーンに荒々しい手持ちカメラが駆使されています。

石原　あれは『仁義なき戦い』（73年）のテストですよ。深作さんが『仁義なき戦い』を撮るとき、ぼくと中島も呼ばれたんです。「こんなんやるけど、東映に来るか？」って。

『必殺仕掛人』第1話「仕掛けて仕損じなし」、クライマックスの殺しを演出中の深作欣二。作事奉行が斬られる瞬間の表情をみずから演じている

『必殺仕置人』撮影中の石原興

――えっ、そんな話があったんですか。

石原　松竹が出してくれなかった。東映でもね、深作さんのあと監督は行ってますよ。原田雄一も行っている。あのころの深作さんは「少々ＯＫ！」というタイプで、「勢い、勢い！」って言いながらどんどん進めてました。それで撮影が終わってホテルに帰って、明くる日また考えが違うんですから大変ですよ。「昨日のもう1回やろう！」「えー!?」って。晩年は違います。「明確か？　わかるか？」でしたから。ちゃんと観客に伝わるか、映像に映ってるかどうかを重視していました。

――三隅研次監督の第3話「仕掛られた仕掛人」には蔵の扉を開けると強い光が画面に差し込んでくる、いかにも『必殺』らしい画があります。

石原　緒形さんが入ってくるところ、あれは三隅さんの映画にそういう画があったんです。

――『子連れ狼　子を貸し腕貸しつかまつる』（72年）のオープニングでしょうか？

石原　そうかもわからんですね。でも同じではおもしろくないから、逆光のシルエットから閉めたあと緒形さんの顔がノーマルで見えるように工夫しました。それと表を映そうとしたら、庭なんかの作り込みが必要になってくるでしょう。だからビニールを張って、ライトで飛ばして「これでええやないか」と。庭まで作ったら予算もかかるし、なるべくシンプルに行く。要するに半分は遊びで、半分は時短です。

三隅さんは「ここでやりませんか？」って言うと乗ってくれるんです。ぼくが助手をやった『新選組始末記』に出てくる五条のほうの細い路地を殺しのシーンに使ったり（第12話「秋風二人旅」）、松尾橋を渡ったところにある灯籠屋も夜間ロケですぐ採用。なにも言いません。その代わり、常にキャメラの側にいてはったけどね。

――『必殺仕置人』の第1話「いのちを売ってさらし首」では、まず豪雨の処刑シーンを真俯瞰から撮っていたのが印象的です。脚本上は雨ではなく晴れの設定、砂塵が吹き荒れるイメージでびっくりしました。

石原　雨というのは、なかなか上から見ることがないんです。これは大映の『続悪名』（61年）、モートルの貞（田宮二郎）が死ぬところ。また宮川一夫さんやったかな。ああしようと思って、雨に変えたいと提案したんです。三尺の台に乗ってる生首、あれは作り物じゃなくて大滝（秀治）さん本人ですよ。台の下に鏡を置いて、こっち側のゴザが映っているから、透けてるように見えてるはずです。それで繋げばええわけ。

――『仕置人』の1・2話は松竹の貞永方久監督です。

石原　『必殺』の前に岩下志麻さんの映画……そう、『黒の斜面』（71年）を撮ってて、あのころは貞永さんええなと思ってました。上手い監督なんですけど、ここだけの話すぐカーッてなることが多い。瞬間湯沸かし器みたいなところがあって、合わない俳優さんもいました。映画青年タイプで、作品が第一。自分がイメージしたようにならないとすぐに怒る。こだわりの強い監督でしたが、後年は「石っさん、どう撮るの？」とぼくに任せてくれました。『仕置人』で藤田さんが来ることになって、ぼくら『てなもんや三度笠』のコメディアンのイメージしかないから「ほんまにできんのかいな」って思ったけど、その中村主水が『必殺』の看板になった。藤田さんも最初は、ごっつい外車に乗って来はった。気負ってたんやろうね。次からは「この会社には似合わん」って外車では来んようになったけど。沖くんはアクションがすごかった。スタントマンを使わずに自分でやってて、気のいい青年でしたよ。三田村（邦彦）くんもすごかったけど、いちばんは沖くんですね。山﨑さんは自分でメモを書いてきて「今日の芝居はこうこう」って、ぼくに渡すんです（笑）。そんなんもらっても困りますよ。「監督に言うてくれ」って言うたら「いや、お前がわかってればいい」。そういう人でした。そうすると、貞永さんがふくれるわけ。緒形さんも似たようなところがありました。

――必殺シリーズは現場でどんどん脚本を変えていくスタイルです。

石原　大映の監督はホンを触らないんです。依田義賢とか八尋不二とか、有名な脚本家がいてホンを変えると怒られるの。で、東映は変える。松竹はちょこちょこちょこっと変える。大映の監督は一切変えなかった。田中徳三さんなんて、とくに……「いや、これはおかしいやろ」って話もあって、伝書鳩を飛ばすんです。伝書鳩というのは飼い主のところに帰ってくるんであって、相手のところには行かないんですよ。それで意見を言ったんやけど、「ホンに書いてあるがな」。1回ふくれて、車から出てこなかった。

――田中徳三監督も必殺シリーズを支えた監督です。

石原　あの人は時短中の時短やから。夜の撮影が嫌い。

――シリーズ最多登板の松野宏軌監督は松竹京都出身の生え抜きです。

石原　松野さんというのはね、非常に上手いときと「なにこれ?」っていう落差が大きい監督なんです。あの人で感心したのは……『必殺』より前の作品ですけど、女の子が死ぬシーンがあった。で、死んだら鳥がバーッて飛んで、ストップモーションになる……もうありきたりですけど、当時は「このオヤジ、こんなセンスもあるんかい」って思いましたね。現場では自分のサイクルに合わないとき「もういっぺん撮って!」って言うんです。どこがNGなのかを聞いても答えずに「いやいや、もういっぺん!」って。いま考えると、おそらく自分の考えるサイクルに合わなかったんでしょうね。呼吸だとか。

――『新必殺仕置人』から参加の原田雄一監督も常連となります。

石原　原田さんは普通の監督です。手際がいい。で、本番のときは台本のセリフを見ているから、あんまり芝居を見てない。ぼくとは日芸の同級生ですわ。大学で会うた記憶はないですけどね。それから『京都殺人案内』(79～10年)の岡屋龍一さんも同級生。助監督やってた高坂(光幸)くん、彼が監督した作品も撮りましたが、とくに現場での強い思い出はないんですよ。でも結果がおもしろいんですね。ときどき再放送で見ますけど「あ、これ、高ちゃんがやってたのか!」と、そういう印象があります。

――ほかに印象に残っている監督は？

石原　大映から来られた國原俊明さん。この人は変わってました。なんでもワンシーンワンカット。

――『仕置人』の第11話「流刑のかげに仕掛あり」ですね。

石原　今井健二という役者さんが風呂で戦う回なんですが、彼は水の恐怖症なんです。風呂で殺されるのをワンカットって言われて困りましたね。それも具体的にどう撮るとは言ってくれないから、こっちが判断しないといけない。だから慌ててそのシーンの台本を読んでやらなあかん。最終的にはかなりカット割ったはずですけど。

クラさん（蔵原惟繕）もなかなかすごいセンスの監督でした。『仕置人』の途中かな。雨が降ってて、ずっと小屋の中での話（第15話「夜がキバむく一つ宿」）。あれが最初で、すごい監督やと思いましたね。表から中に入るのに、サブちゃん（藤原三郎）が最初キャメラ持って、そのまま障子を突き破って、ぼくが引き受けるようなカットをやりました。16ミリのキャメラは小さいから、そういうことができたんです。

――必殺シリーズのプロデューサーは朝日放送の山内久司さんと仲川利久さん、そして松竹の櫻井洋三さんです。それぞれの思い出はありますか？

石原　山内さんは、ぼくをごっつう好いてくれはったの。で、櫻井さんは直属の上司ですね。利久さんとは悪い意味やなくて〝線〟がありました。局のプロデューサーと現場のスタッフという一線です。山内さんは「石やんなぁ」っていう感じ。友達ではないけど子分のようなもんで「こうしたいねん」って言えば「ああ、それでええねん」。でも利久さんは利久さんで『必殺』というものへの考えをお持ちで「殺し屋が大手を振って歩くのはおかしい」と、そこはこだわってました。いまも『必殺』を撮るじゃないですか、ヒガシさん（東山紀之）のシリーズ。そうしたら昔の人たちがうるさいんですよ（笑）。最初の5本目くらいまで「こんなん『必殺』ちゃう」とか、やいのやいの言われました。それは利久さんや松本明さんで、自分たちがやってきた昔の基準を持ってはるんです。さっきもロビーで櫻井さんに言われた（笑）。ひさしぶりに会って、それや。でも、脚本家の保利（吉紀）さんは「あれでええねん」。いまの流れがあると言ってくれました。まったく別物ですからね。

——『必殺からくり人』（76年）から山田五十鈴さんがレギュラー出演し、その後も常連となります。女性を撮るときの心得のようなものはありますか？

石原　女優さんは自信を持たせるといいんですよ。山田先生なんて年齢のわりにおきれいだし、われわれが撮ったからといって鼻が1センチ高くなるわけでもない。やっぱり芝居をきちっと撮ってあげると本人が画面の中で活きてきます。山田先生は全身で芝居しはるんです。足のつま先まで。だからアップで撮ろうとしたカットでも、テストのあとサイズを変えてフルショットにしたこともあります。芝居に合わせてポジションを決めるのも役者さんから教わったことですし、いま監督するときでも事前にコンテは決めません。気持ちよくお芝居できる場を用意するのが、常にコツですね。やっぱり「イヤやなぁ」って思ったら、それが出ますもん。

色には感情のイメージがある

——オープニングやエンディングについてうかがいます。まずは『仕置人』『新仕置人』などでおなじみのエンディング、あの太陽のアップは石原さんの撮影でしょうか？

石原　いえ、あれは撮ってないです。だからどこで撮ったやつかわからんけど、歌の真ん中でコマ止めになるでしょう。尺が足らないから途中から止めてる。ぼくがやってたら最後まで撮ってますよ（笑）。

——『暗闇仕留人』（74年）のエンディングは真っ暗な海で水面だけがキラキラしています。

石原　あれは〝つぶし〟。昼間の海で太陽の反射を撮って暗く処理したものです。

――『からくり人』の水面キラキラも石原さんらしい望遠ショット、後方に小舟を配置しています。

石原　緑川洋一という有名な写真家がいて岡山の歯医者さんですけど、その人が撮った瀬戸内海の写真集の影響ですね。「これをムービーでできないか」と、そういうことから安易にやってます（笑）。広沢の池で撮影しましたが、フィルムを巻き戻して2回……別々の反射を撮って重ねてるんです。だから「舟、動くな！」、奥の小舟と人が動いたら画がズレますから。松山善三さんの沖縄海洋博の記録映画をやったとき、鹿児島の指宿にある長崎鼻で魚の切り出しを黒紙で作ったものをキャメラの前に置いて、赤いフィルターを入れてキラキラ、次は青を入れてキラキラって撮ったことがあるんです。それを応用しました。

――『必殺商売人』（78年）のエンディングは、黒バックのなか赤・青・緑と3色の水玉がスローモーションで交差する美しい映像です。

石原　パチンコ玉を水に落とすのを真横から撮って、ピントぼやかして水玉みたいにしてるんです。あれもフィルターをかけてザーッて10倍くらいのハイスピードで回しました。で、またフィルムを巻き戻して違う色でザーッて……それを3回やるんです。赤と緑が重なったところは黄色になったり、それはフィルムの特性で大学時代に学んだことです。昔のフィルムはあとで重ねると色が汚いから、現場での一発合成ですね。

――『必殺仕事人』（79〜81年）のエンディングからは、青い干潟が定番になります。

石原　いちばん使ってますね。昼間に撮って色変えてるだけの話。あれは35ミリのシネマスコープのレンズを使って、スタンダードに凝縮された画を使ってるんです。本当は夕陽が向こうに沈む熊本の有明海の干潟がいいんですが、そこまで金ないからね。兵庫県の龍野にある新舞子浜です。最近も『必殺』のロケで使ってますよ。ほかにも土曜ワイド（劇場）で北海道に行ったとき、B班でサブちゃんに「釧路の鶴を撮っておいてくれ」とか、あとは能登や間人に行ったときに波を撮っておこうとか、情景を撮るのは好きやったんです。

――スチールを使ったケースだと『必殺必中仕事屋稼業』（75年）のオープニング、登場人物の目元や唇など一部だけが赤く染まっています。

石原　赤玉ポートワインという昔の広告ポスターを見て「これ、これでいこう!」って。ワインの入ったグラスだけ赤い広告を真似て、草笛（光子）さんは唇だけ赤、緒形さんは目元を赤とかね。いまは簡単にできますけど、当時は編集の園井くんが苦労したと思います。こっちは「こうしといて」って渡すだけ。

――作品によってフィルムのトーンも変わっている気がします。たとえば中村主水が牢屋敷に左遷される『必殺仕業人』（76年）は、どこか殺伐とした赤っぽい画面。その前作『必殺仕置屋稼業』（75～76年）は流麗な世界観で色あざやかな印象です。そういうトーンも作品ごとに変えたのでしょうか?

石原　やってましたね。テレビがモノクロからカラーになったとき、いかにリアルな色を再現できるかということをみんな一生懸命に工夫していたわけです。ところがぼくの考え方は少し違っていて、つまり〝色〟だろうと。色には感情のイメージがある。色彩的に赤がなにを意味するか……日の丸も赤だし、血の赤でもある。色には表裏があるということで、作品を撮るに当たってリアルな色を再現するより、作品ごとに持っているイメージのカラーを使ったほうがいいのではないか……ぼくはそういう考え方をしていました。

――『必殺からくり人　血風編』（76～77年）はシリーズで唯一、石原さんが参加していません。撮影は中村富哉さんと藤原三郎さん。製作主任も渡辺寿男さんではなく沢克純さんと変則的な体制です。

石原　あれは『からくり人』と同時進行でやってたんじゃないかな。「お前、なんで撮らないんだよ!」って山﨑さんに怒られました（笑）。たしか中やんはあっちの照明をアタマからやったはずです。その前にセットが火事になったりして大変な時期でしたけど、ほとんど同時やったから参加してないんです。『からくり人』の蔵原組、緒形さんが死ぬ回（第12話「鳩に豆鉄砲をどうぞ」）は早坂暁さんのホンが間に合わなくて、台本がないままスタートしました。しかも緒形さんが外国に行かはるということでスケジュールもない。だから緒形さんの顔を墨で黒く塗って、吹き替えでもいけるようなアイデアを出して撮影したんです。けっきょく間に合いました。緒形さん本人で最後まで撮ったと思いますけどね。

監督はあかん。で、ナンバー2はキャメラマンやと

――京都映画に入るまでの話をうかがいます。出身は京都で、お父さまは大映の俳優の石原須磨男さんです。

石原　あんまり映画は見てないんですよ。高校時代なんて遊んでばっかりやったし、それとジメジメした日本映画があんまり好きじゃなかった。わりあいに本を読むのは好きでした。親父が役者やから台本を持って帰るわけですよ。台本はセリフのやりとりがあって小説みたいなものだから……それを必ず読んでましたね。だから配役を見て、勝手にイメージを広げたりしてました。家が下鴨の撮影所の近くでしたから映画関係者が多くて、そういう環境で育ちました。高校卒業間際ですよ、進路を決めたんは。

――日本大学芸術学部映画学科に入学します。

石原　最初は監督になりたかったんです。そのためには大学を出てないとあかん。当時の映画監督はエリート中のエリートですから。調べてみたら早稲田の文学部に演劇という科目があって、これやと。ぜんぜん勉強してないですけど、これやと。「おかあちゃん、この試験を受けに行くわ」と東京に行きましたが、1時間目のテストでちんぷんかんぷん（笑）。まわりを見ても、みんな学生服で真面目な顔していてね、俺だけ赤いセーター……これは入ってもついて行かれへんと思って、途中で帰った。

監督はあかん。で、ナンバー2はキャメラマンやと。そうしたら日芸に映画科があって、また「これや」と。な

んとか合格しまして……で、3年生のとき春休みになると京都に帰るじゃないですか。そうすると近所にキャメラマンがいっぱいおるから「ちょっとバイトせえや」と誘われて、PR映画の現場についたんです。5日間ほど。そしたら次はテレビ映画が入る、だから1ヶ月だけ付き合え……それが松竹テレビ室の『神州天馬侠』（61年）、子供向けの30分ものです。まぁ実習になるからええかと参加したら、そのままだんだんズルズルズルズルと休学して、けっきょく中退した。最初に声かけてくれたんは、谷口政勝さんというキャメラマンです。

――下鴨の京都映画で撮影助手として活動をスタート。

石原　まだ太秦は松竹の映画の撮影所でしたから使えません。『神州天馬侠』のセットは下鴨、あとはロケが多かったです。当時はボンネットワゴンにキャメラ積んで、俳優さんも乗って、真ん中に移動車とレールを置いて、そういう小規模な現場でしたね。テレビ映画のハシリですから、車も3台で行くというのはなかった。ボンネットバスと軽トラの2台でロケ。谷口さんというキャメラマンは年配で、わりあいに特撮が上手でした。『神州天馬侠』というのは大鷲が出てきたりしますから、合成も編集でやるんじゃなくて、1本のフィルムを巻き戻して撮る。そういう技術は自分がキャメラマンになってからプラスになりました。大学で勉強してても難しくて理解できなかった理論なんかも現場で学んでいきましたね。いや、ぼくはずっとフリーで社員になったことはないんです。京都映画もずっとフリーで関わってました。

――そして20代半ばの若さで技師デビューを果たします。

石原　そのころ下鴨の撮影所には京都映画と歌舞伎座プロダクションというのがあって、お昼の15分の帯ドラマ、週5本やる番組にずっとついてたんです。そうしたら高校のテニス部の先輩……ぼくはバスケットボールやってて知り合いだったんですが、小林大二さんという先輩がキャメラマンになって助手でついてたら、その人が途中で倒れたんです。急きょ「お前、あと2週分撮れや」となりまして、それは130本ある中の10本。右も左もわからんまま10本撮ったんです。そのあとまた大映に助手で行ったりもしてますけど、「最初からやれ、130本やれ」と言われてキャメラマンをやったのが、『かあちゃん結婚しろよ』（65年）という朝日放送の帯ドラマ。火野正平が二瓶康一という名前で出てました。そのとき24歳くらいかな。まだ若いし、すぐにやらなくてもいいと思ったんですが、佐々木（康之）さんというプロデューサーが意地になって「やれ！」。

当時のテレビ映画というのは本編……映画のスタッフからは〝電気紙芝居〟とバカにされてました。下鴨の京都映画はテレビの現代劇、太秦は本編の時代劇をやってたのに斜陽で撮影所が閉鎖になった。そのあと再開してテレビの時代劇を作るようになったんです。太秦の照明技師だった佐野武治さんが近所に住んでて、ぼくをかわいがってくれたんですよ。佐野さんからは松竹流のライティングの話を聞きましたね。

それから26～27歳のとき、帯ドラマのキャメラマンをやりながら大島渚さんの『無理心中日本の夏』（67年）に助手でつきました。京都の寺で合宿して、みんな酒ばっかり飲んで議論してましたね。いや、ぼくは飲みませんからいただけです。そのときはセカンドでチーフが仙元（誠三）さん、キャメラマンはパチカメの……フランスで有名な写真家の吉岡康弘さん。その吉岡さんが35ミリのキャメラを扱ったことがないんです。だからパンも下手くそで……だけどいいんですよ、それが。「あぁ、失敗してもええんや」って、だんだん気が楽になってきた（笑）。そう、パンしても直さない、フレームの空きを生かすのは大島組で学びました。

そのまま東京で篠田正浩さんの『あかね雲』（67年）の助手をやる予定が、時代劇が入るから帰ってこいと言われて京都に呼び戻された。先代の中村歌昇さんが主役の『海の次郎丸』（68年）。一緒にやったんが照明の中島利男です。次は大瀬康一さんの『黒い編笠』（68～69年）、そのへんから次から次へと忙しなった。

手持ちの場合は力で持つんじゃなくて〝腰で持つ〟

――最初は15分の帯ドラマの現代劇、そして30分の時代劇を立て続けに。やはり場数を踏めば踏むほど、撮影の技術は上がるのでしょうか？

石原　けっきょく若くて普通の運動神経を持ってりゃ、どんどん上手くなるわけです。パンでもズームでも。で、ぼくが27～28歳のころに映画の人がテレビに流れてきた。映画のキャメラマンなんてどっしり構えて、なにもしませんからね。助手が全部準備して、ズームだって助手がレンズを触る。だからテレビ映画のスピードに慣れなくて、また映画のチーフ（助手）やってた人でも、なかなか……キャメラをのぞくという行為が大変やったみたい。フィルムはNG出すとお金がそれだけかかるし、その緊張に耐えられん人もいた。

栗塚旭さんの『風』（67～68年）という太秦でやってた時代劇なんか、毎晩徹夜ですよ。それこそ時短ができない。映画のやり方は広く細やかで、ぼくは大雑把ですから「それいらん、あれいらん」って、まぁ予算も違いましたけど。ある松竹のキャメラマンに助手でついて、失礼ですけど「えっ、この程度か。アップ撮るのに、この程度でわあわあ言うのか」と思ったこともあります。

――「わあわあ言う」というのは、手間がかかるということですか？

石原　そうです。ライトの角度が少々とか、手間かけたわりに大したことない。ぼくら最初のころ「石原のやり方は、むちゃくちゃだ！」と、よく批判されましたよ。ロウソクが下にあるのに、なんでライトが上から当たってるのか。そういうことをよく言われたんです。でも、そんなん夜に見えたらええやん、こういう表現もあるやないかと。ただ大映の『雪之丞変化』で長谷川一夫さんのアップを撮るのに、ライトが11個。長谷川さんは顔に傷があって、それを修正する……この技術はすごいなと思いました。こういうやり方もあるんやって。

ぼくは京都映画、向こうは旧松竹。「お前が下鴨の石原か！」って、そんな言葉も何回かありました。使う機材も違うんです。あっちはレンズもたっぷり使えたのに、こっちは下請けの貧乏会社ですから。それから下鴨と太秦のスタッフのちゃんぽんでやったのが、丸山明宏（現・美輪明宏）さんの『雪之丞変化』（70年）。このころからカラーです。アタマの1・2話の監督がフジテレビの五社英雄さんで、ぼくがやる予定だった。ところが別の作品が入ってて打ち合わせに出られなかった。それで町田（敏行）さんに交代。ぼくは松野宏軌さんが監督の回を何本かやって、そのあと丸山さんに最終回を頼まれてたんたけど、またダブってきてできなかった。

安藤昇さんの『新三匹の侍』（70年）でも松野組をやって、そのあと五社さんの回をやる予定だったんですが、ちょうど松山善三プロダクションの作品が入ってきて、これもパア。とうとう五社さんとは縁がありませんでした。松山さんとの1本目は関西テレビの『がめつい奴』（70年）。まずは京都の料亭で顔合わせです。プロデューサーの櫻井さんから「とにかくお前らネクタイ締めて、スーツ着てこい！」と言われて、それは木下（恵介）組の伝統。そうやってみんなでご挨拶に行ったわけです。

――松竹大船のスタイルなんですね。

石原　そこで松山さんが仰ったのは「京都のスタッフって若いねぇ」。向こうは大船育ちのエリートで、こっちはキャメラマンのぼくが30歳でしょう。小僧みたいなもんですわ。それで撮影初日、移動車のレールを長く引いて、芝居に合わせてパンをするような、ぐにゃぐにゃと複雑なカットがあったんです。「あ、これはテストされてるな」と思って、ここでNGを出すわけにはいかない。照明の中島とも「俺ら試されてるから、しっかり行こうぜ！」って言いました。でも、初日と2日目のラッシュを見て、そこから先は松山さん、なにも仰らなかったです。それからしばらく松山さんの作品をご一緒しましたね。ぼくにキャメラマンの師匠はいませんが、ルールを教えてくれたのは松山さんだと思っています。さっき言うた〝映画は選択、テレビは強要〟……あれも松山さんの教えですし、初めて芝居の撮り方を教えてもらったような気がしますね。

——映画『典子は、今』（81年）の公開に合わせて松山善三監督が同名の本を出版しています。そのなかで石原さんを例に「ズームレンズの登場でカメラマンが演出の一部を担うようになった」と記しており、たしかに初期の必殺シリーズを見ているとズームのタイミングや絶妙なフォーカス送りにびっくりします。

石原　若いときは部屋で練習もしました。練習しないとなかなかできるもんじゃないんでね。だからキャメラを自分の思うように扱えるようにしなさいって、撮影志望の人には言っているんです。自分の手足のように無意識に動かせるということが条件です。映画からきた技師でキャメラ動かすのが下手な人もいて、それはもう自分で言うてました。パンだけでなく、レンズを自分の思いどおりに動かせないとなかなか上手くいかないです。

ズームというのも感覚ですね。寄ってからハッとするのか、寄る前にハッとしてズームするのか。それはレンズを手にしてるキャメラマンの感覚次第なんです。フィルムの時代は手動ですから、スーッと行って途中からパッとかズームの変化によって芝居が活きてくる場合もあるんです。最近のズームはオートで一定のスピード、カメラワークがよければそれでいい。もう監督しててもうるさいことは言いませんけどね。

——テレビ映画の場合、移動よりズームが多用されています。先ほど『がめつい奴』のエピソードがありましたが、レールによる移動撮影やズームを俳優の動きと組み合わせた複雑な長回しも必殺シリーズの名物です。

石原　それは〝時短〟ですよ、そのほうが早いから。実際にカットを割ると時間がかかるわけです。芝居というのはフルショットとアップと、その組み合わせですから、キャメラが動けばそれがワンカットで可能になる。だから監督に言うんですよ。「アップ撮ります？　ここで寄れますよ。で、このタイミングであの役者こっちに向けませんか？」とか、芝居にリクエストを出す。そうすれば1分のカットでも簡単に撮れるわけです。

——お互いの顔を映すカットバックの切り返しがいらない。

石原　時代劇に限りませんが、5ページのシーンを撮るとなると普通は5時間かかるんです。その代わりワンカットで行くからって、お芝居の動きをじっくり固めて、照明部にも「1時間やるさかい、ライティングせい」。それで本番やって2回くらいNGが出ても2時間半で撮れるでしょう。そういうのはレールではなくキャメラを手持ちにして撮る場合もありますね。

――荒々しいショットは別として、長回しの手持ち撮影もスムーズです。手持ちのコツはありますか？

石原　とくにないですけどね、手持ちの場合は力で持つんじゃなくて〝腰で持つ〟ということくらいですか。体自体がスプリングのようになってないと余計なブレが出ますから、そういう感覚でやってたんだと思います。ぐるぐる回るような手持ちだと、ちょっと腰を落としながら。カット割って、アップを撮るより効率的。そういうわけで早く撮って、早く帰ろう……いや、早くは帰れなかったけど（笑）。

テレビ映画の場合、キャメラマンがチーフ助監督なんです

――必殺シリーズが確立するに連れて石原興・中島利男のコンビが現場を牽引し、監督不在で進むような状況もあったそうですね。東京では「あそこの撮影所は怖い」という噂が流れていました。

石原　そんなこともないんですけどね。やっぱり1本目の深作さんや貞永さんが作られた流れを継投しないといけないでしょう。監督ごとに作品がコロッと変わってしまっては困るんで、現場の人間として〝守らなければいけない部分〟をお教えしていただけなんですけどね。テレビ映画の場合、キャメラマンがチーフ助監督なんです。演出を助ける、芝居を助けるようにしないといけない。細かい芝居のときなんかキャメラで盛ってあげるんです。松竹の八木美津雄さんは胃を全部摘出されてて、わりあいに「監督、こうしましょうか？　ああしましょうか？」って

相談しました。ぼくはいつも「こうしましょうか？」って、あくまで提案してるつもりやけど……うん、いろいろな監督さんがおられますから、それがイヤやった人もいてるでしょうね。

——そして1978年の『必殺商売人』第18話「殺られた主水は夢ん中」、シリーズ300回記念のエピソードから石原さんも監督を手がけています。

石原　プロデューサーの山内さんが「お前、1回監督せぃ！」って、それだけの話。あの人のシャレですよ。あんまり「ああしよう、こうしよう」とも考えず、黒谷（金戒光明寺）の墓場で声だけ聞こえるようなサスペンスがかった撮影をした……それだけですよ、覚えてるのは。

——柊野ダムの水流をバックにした梅宮辰夫さんと弓恵子さんのシーンなどは石原興監督作品らしい同方向からのロングとアップの組み合わせ、いわゆる片面押しが目立ちます。これこそ〝時短〟という側面もありますが、やはり切り返しのカットバックよりも背景のいい画で撮りたいという欲望を感じます。

石原　それはありますね。ダムなんかは一方的に撮らざるを得ないし、切り返しがあるときは別場所です。夕景のシーンでもロングはロケで撮って、アップはセットに回したりね。だいたいぼくがロケーションに行く場合、同じロケ地で「あっちとこっちで違うように」と3シーンくらいの風景が撮れるところを選ぶんです。ひとつのシーンをあちこちから撮ったら、そうはできません。

——殺陣のシーンにはストロボや水のきらめきを活用。ラストシーンでは地面に水を撒き、強い逆光を当てて人物をシルエットにするという必殺シリーズでおなじみ俯瞰のロングショットが出てきます。

石原　あれは撮影所の駐車場。川での立ち回りがあるとしますよね、実際の場所だと石ころばっかりで危ないでしょう。夜間ロケで川に行くのにお金も時間もかかるし……ああやってアルファルトの上でやると自由に動けるし、画もおもしろい。そういうところから始まってるんです。撮影所には防火のためのプールがあって、そこの水をザーッと流して撮りました。そのプールはガラス張りで水中撮影ができるようになってたんです。いや、もう『必殺』のころはガラスが割れてたから、ああいう水中戦はスイミングスクールのプールを借りて、キャメラを簡単な水槽に入れて撮ってましたね

——「殺られた主水は夢ん中」の脚本は安倍徹郎さん。

石原　安倍さんは、なかなか異質な感じがしましたね。国弘（威雄）さんは、まともなセリフでええけど話が理屈っぽい。そのころ岡崎にあった「かんのんホテル」にみんな泊まってホン書きながら麻雀してるんですけど、そこで一緒に麻雀してホン屋さんの文句を聞いたり、文句を言ったり……野上龍雄さんからは「お前、このセリフは一晩かかってやっと考えたんだぞ。それをカットするなよ」って怒られました（笑）。監督でもないのに。

——もちろんカットごとの画はキマっているのですが「殺られた主水は夢ん中」の場合、後年の監督作に比べて全体の流れにギクシャクしたものを感じます。なにか監督をして難しいなと思ったことはありますか？

石原　当時は振り返らずに現場の思いつきで次々やってましたから、難しいと思ったことはないです。そのあとも特番のややこしいやつばっかり監督やらされて、現代版とか主水がタイムスリップして第七騎兵隊と戦う話とか、そういうのだけ回ってくる（笑）。むしろ難しいというのは……最近のほうが感じますね。昔はどこでも撮影できましたが、もう下鴨神社は世界遺産で使えません。だから行動範囲が狭くなってるのと、ロケーションでもロケバスやら機材車やら10台くらいで行く。予算の規模が大きい難しさはありますね。あとはライトの機能も昔とぜんぜん違ってきている。質が違うから照明の林（利夫）くんも苦労してると思います。

——公式には『商売人』で監督デビューということになっていますが、その前に松山善三プロダクションの『日本列島走りある記』（72年）を演出しています。これはどのような作品ですか？

石原　関西テレビで松山さんのドラマをずっとやってた枠なんですが、『遠い夏の日』（71〜72年）の視聴率が２％

か3％で打ち切りになったんです。でも局との契約は残ってたのか、6本くらい足りない。それで松山さんがメモみたいなんを書いて「全国一周してこい」と（笑）。グルメ番組のハシリですよ。九州から蔵王まであちこち行って、ちょうどあさま山荘事件のころでした。まぁ監督したという感じでもないです。

35ミリを回して感じたのは「上下が入らないな」ということ

――1979年から始まった『必殺仕事人』が高視聴率を記録、その後は意図的なパターン化とともにソフトな方向にシフトし、空前の仕事人ブームが到来します。

石原　『必殺』というのは、最初からどんどん変わっていってるんですよね。昔は緒形さんとかが出てエログロのハードやったんが、三田村くんやひかる一平が出てきてアイドル系になって、現代の要素をどんどん取り入れていった。エリマキトカゲが出てみたり、ワープロが出たり……そうやってどんどん流れを変えたことで今日まで続いていると思うんです。だから「どれが『必殺』だ」ということは、なかなか言えない。いま現在やっているのが『必殺』で、その前の作品は遺物やと思ってますけどね。いわゆる時代劇の伝統だとか技術の継承とか、そういうものにも興味はないです。

――華麗な殺し技とともに光と影の映像が洗練されていきますが、初期シリーズにあった手持ちの長回しのような荒々しいカメラワークはあまり見られなくなります。

石原　やっぱり流行なんですよ。もうそういう撮り方が流行らなくなって、安定を求められた。最近の流行りはキャメラがゆらゆら動いてて、なんか知らんけどずっと動いている（笑）。外国のドラマなんかでも、ちょっと見づらいね。話が逸れますけど、工藤さんの現代劇、土曜ワイドで『京都殺人案内　花の棺』（79年）という作品をやりましたが、ロングしか撮らないんですよ。で、「工藤さん、ちょっと引いた画が多すぎひん?」って聞いたことがある。そうしたら「石ちゃんなぁ、1時間番組はアップの連続でええんやけど、2時間になったらロングを撮らないと保たんで」と。きれいな引きの画が必要だと教わりましたね。工藤さんは現場でホンをどんどん変えますが、あの人はちょっとアタマがよすぎるところがあって。つまり「こんなことはわかってるだろう」っていう前提で進めていくので、編集で尺オーバーして切ったりすると、話がわからなくなる場合もあるんです。テレビとしてはちょっと高尚で、上のレベルに行きすぎる。

——映画『必殺!III 裏か表か』(86年)も大幅な尺オーバーで編集が大変だったそうですね。貞永方久監督の『必殺! THE HISSATSU』(84年)から劇場版のシリーズが始まります。すでに35ミリの撮影は松山善三監督の映画で経験済みですが、16ミリとの違いはありますか?

石原　ぼくが35ミリを回して感じたのは、シネマスコープやビスタサイズは「上下が入らないな」ということなんです。ほかの人は横に広いということをよく言いますけど、ぼくは上下が入らないと思った。わりあいに望遠を使ってましたから、引かないとダメでしょう。その感覚で行くとなかなか上下が厳しかった。

——劇場版で思い出深い作品は?

石原　やっぱり深作組ですね。深作さんのカットは印象に残っています。真田広之さんが馬に乗って大勢引き連れて、ぐわーって来る……あれは円山公園の大谷祖廟の石畳で撮りました。

——『必殺4 恨みはらします』(87年)ですね。

石原　あれ以降、あそこを使わさんようになった。神聖な場所に馬を入れてとかなんとかで(笑)。まぁやっている最中はしんどいですね、深作組は。いつ寝かしてくれんねんっていう。深作さんはバイタリティの塊でダビング(音の仕上げ作業)でも東映に畳を敷いて寝泊まりして、24時間仕事の鬼ですよ。しかし撮ったときはこれでいいと思うんですけど、あとになって見返すと反省しか残らないんです。われわれの仕事というのは不思議なことに。

——必殺シリーズの映像が評判となり、藤原三郎さんは映像京都や東映京都といった外部の仕事もしています。ところが石原さんの場合、CMはいろいろと手がけていますが、テレビや映画に関して松竹以外の作品はほとんどありません。当然ながらオファーはあったと思うのですが。

石原　それはよくわかりませんけどね、ぼくの知らないところで潰された話もあったと思います。車のコマーシャルでヨーロッパに2ヶ月ほど行くのもすったもんだありました。あんまり外に出してもらえんかったのが、不幸だったのか幸いだったのか。ま、ええほうに残ってると思うしかないですね。

〝『必殺』は非情、『鬼平』は情がある話〟

——1987年の『必殺剣劇人』で15年にわたる必殺シリーズの連続枠がいったん終わったあと、89年から『鬼平犯科帳』が始まりますが、石原さんは参加していません。テレビ東京の時代劇をメインで担当しており、とくに監督作である『江戸中町奉行所』第1話「裁きは無用!」(90年)は光と影の表現・望遠と広角を組み合わせた流れ橋での殺陣など、石原興らしさに満ちた代表作のひとつだと思っています。

石原　そういう〝必殺風〟なものを求められたんでしょうね。丹波哲郎さんが奉行で、あとは近藤(正臣)くんとか田中の健ちゃんとか知っている俳優さんばっかりやったから、まぁ気楽な仕事でしたけど。でも、ぼくは俳優さんとメシ食いに行ったりはしないタイプ。ひとりが好きなんです。どうしても俳優さんと食べに行くと、向こうがお金を出すわけでしょう。「ごちそうさん」って言わんといかん。昼間でも一緒になると「あぁ、こいつ払いよるんちゃうかな」と思うたら、カツ丼を食べたくても、きつねうどんにしとこうってなるわけですよ(笑)。だったら自分ひとりがいい。ひとりが好きというよりも、まぁほっといてくれやっていう。

――照明の中島利男さんとはプライベートでも仲が良かったそうですね。

石原　一緒に遊びに行ったり映画を見に行ったりもしましたけど、ぼくとは違う性格でしたね。中やんは人付き合いがよくて、ぼくは俳優さんと付き合わないから、そこは線があった気がします。だからお互い別の作品に入ったらそんなに話も……撮影所の前にスマートという喫茶店がありますけど、そこで会うてもやっぱり違いました。

『必殺』が終わって『鬼平』が入ったとき、ぼくは外されたんです。なんで外されたのかは知らんけど、そのとき中やんは『鬼平』に行った。どうしても距離ができましたね。そのころから照明は林利夫くんとの仕事が多くなり、いまの『必殺』もずっと一緒。彼も『必殺』を作ったひとりです。『鬼平』も後半のほうで呼ばれましたけど、「なんで俺がやんねん」って言うたことがある。小野田嘉幹さんもなかなか上手い監督でした。とにかくローポジ（ローポジション）が好きで、『残月の決闘』（91年）という作品は徹底的に小野田アングルで撮った記憶があります。時代劇の場合、やっぱり低めのアングルが似合うんですよ。別々の作品ですから、自分なりに〝『必殺』は非情、『鬼平』は情がある話〟と撮り方も変えました。『必殺』は鋭角なんですね。

――90年代から次第に監督業がメインになりますが、テレビ時代劇が少ない時期は「新第三の極道」「首領への道」シリーズなどのヤクザVシネを撮り、『必殺仕事人2007』から必殺シリーズが復活して15年……石原興という監督のフィルモグラフィが、そのまま京都映画～松竹撮影所の歴史になっています。

石原　キャメラマンから監督になった方は、ほかにもいらっしゃいますよ。まぁ、そんなに難しいことを考えて生きているわけやないんでね、たまたま流れに逆らわないということで今日まで来ただけですよ。わたしは長いことキャメラ回してましたし、自分で勝手に画が出てくる場合があるんです。これはなかなか監督やっててもキャメラマンに伝わらない……あんまり細かく言うと彼らもプライドがあるし、かわいそうなんで我慢してますが「ここぞ！」というシーンはしつこいほど言います。フィルムからハイビジョンに変わってモニターまである時代ですが、最近もわりとむちゃくちゃやってるつもりなんですけどね。照明の林くんといつも喧嘩ですわ。

——『必殺仕事人2009』では第10話「鬼の末路」のハードな演出に驚きました。もちろん作品ごとの差はありますが、近年のスペシャルでも石原アングルは健在です。

石原　時代劇というのは、腐らないんです。現代劇だと5年前でもケータイが古いってなりますが、時代劇はそれなりに作品として見られる。京都には東映と松竹の撮影所がありますし、すぐ近くに山やお寺もある。関東はロケの移動だけで大変ですよ。大船と日光江戸村で時代劇を撮ったこともありますが、大変でした。エキストラがどうしてもサマにならないし、建具とか美術的なものも……。それと東京で時代劇を撮るときは打ち合わせをきちんとやっておかないとダメなんです。居酒屋で「置いとくよ」ってポンとお代を置くようなシーンで、文銭がいりますよね。それを言ってなかったら現場で「ありません」となる。ここの撮影所なら居酒屋の代金を用意するのは当たり前。しかも現場の思いつきで「あれ持ってこい、これ持ってこい」が東京では通用しない。照明の当て方なんかも違いますが、そのあたりを細かく言い出したらけっきょく予算の話になりますから。

まぁ、ずっと『必殺』をやってきまして、わりあい物忘れが早いほうなんで再放送を見てても「えっ、これ俺がやったんかな？」というようなことばっかりですけど、やっぱり50年……ここの撮影所、ここのスタッフだからできたシリーズなんじゃないかとは思いますね。

石原興

［いしはら・しげる］

1940年京都府生まれ。日本大学芸術学部中退後、京都映画の撮影助手を経て65年に『かあちゃん結婚しろよ』で技師デビュー。『必殺仕掛人』から始まる必殺シリーズの撮影を数多く手がけ、劇場版も担当する。映画『忠臣蔵外伝　四谷怪談』で第18回日本アカデミー賞最優秀撮影賞を受賞。90年代以降は監督としても本格的に活動を開始し、『必殺仕事人2007』以降のシリーズも一貫して演出している。そのほかテレビの監督作に『江戸中町奉行所』『刺客請負人』『闇の狩人』『一路』、映画の監督作に『必殺始末人』『首領への道　劇場版』『獄に咲く花』など。

藤井哲矢

やっぱりカットバックの切り返しよりは動きのある画を撮るのが好きやった

『必殺仕掛人』から『新必殺仕置人』まで撮影助手のチーフを務めた藤井哲矢は、同じく京都映画のスタッフによる歌舞伎座テレビ作品「斬り捨て御免！」「眠狂四郎」シリーズのキャメラマンとして活躍。若きスタッフ中心の撮影現場で学んだこと、そして知られざる必殺テクニカル秘話とは——。

「こんなフィルムかけられへんで！」とアタマっから言われました

藤井　もともと日産自動車で整備士やっとったんです。推薦もらったけど、大学でやりたいこともないし「それやったら技術でも身につけようかな」と。機械いじりが好きやったから整備の学校に行って日産で4～5年、それなりの中堅ですわ。車の故障も多い時代で、そんなら自分らで会社でも作ろうという話になって仲間と辞めたんですけど、いろいろあって挫折せざるを得なかったんです。でも、同じ仕事に戻るのイヤやなと思ってて、うちの義理の兄貴……姉の旦那の佐々木康之がプロデューサーやったから、しょっちゅう下鴨の撮影所に遊びに行ってた。それで最初はアルバイトで効果音の手伝いとかやってたんですよ。だから石っさん（石原興）とも顔見知りで「お前、撮影部でもどうや」と、そんな軽い気持ちで京都映画に入社しました。

——初めて参加した作品は?

藤井　大瀬康一の『黒い編笠』(68〜69年)、まだモノクロの時代ですわ。当時は藤原三郎が石っさんの一番弟子で、チーフ(撮影助手)やっとったから、その下でずっと。三郎さんのほうが年齢も下やし、その世界では出遅れですから最初は苦労しましたけど、フィルムの講習会に行って勉強したり、もともと機械が好きやったから、カメラの構造とか覚えるのは早かった。

映画は斜陽で、太秦には40くらいで助手やってるおっちゃんもおったし、あかんなと思いました。下鴨でテレビやってたのは若い連中が多くて、石っさんもそうやし、三郎さんもわたしも早くキャメラマンになったんです。そんでロケやいうとね、三郎さんはけっこう遅刻したりとか多かったんですわ。だから入って間なしに、チーフの仕事……わたしがメーター持って計測したりして、おかげさんで仕事を覚えるのは早かった。

テレビ映画の場合、キャメラマンがいて助手は2人か3人。サードがカメラのスイッチ入れたりコード巻いたりして、セカンドはフィルムチェンジとフォーカス……ピント送り、チーフがメーターで露出を決める。もうちょっと(光量を)上げてくれ下げてくれと指示したりね。画面の明るさを決めるから、いちばん関係が深いのは照明ですわ。そうやって現場を見すえたのち、キャメラマンになる。倉持友一さんというベテランの技師がいて、自分からNG出すことはない人。わたしがポジションもアングルも決めて「本番!」ってなったら倉持さんが座ってカメラのぞく(笑)。歌舞伎座テレビの『絵島生島』(71年)とかね、いい練習させてもらいました。

——『必殺仕掛人』(72〜73年)には、第1話「仕掛けて仕損じなし」から参加したのでしょうか?

藤井　そうです。セカンドか、もうチーフやってたかな。やっぱり新しいものを作ってるという雰囲気はありました。だいたいテレビの1時間ものは撮影1週間ですわ。それを『仕掛人』の1話は倍以上……20日くらいかけたんとちがうかな。監督も深作(欣二)さんやから「壊しちまえ!」と、もうボロボロだった長屋のセットを本番でぶっ壊した。カメラも手持ちのぶん回し、えらい監督やなと思いましたよ。

石っさんも気合い入ってました。そのころマカロニウエスタンのリバイバル特集が文化会館という御所の近くの映画館でやってて、朝から晩までずーっと一緒に見に行きました。なにかヒントを得るため、いろいろ手帳にメモしながら。『仕掛人』の顔半分だけ映したりする大胆なアップは、マカロニで得たんやと思う。殺しのシーンもマカロニをヒントにしたりして、ぼくや照明の中山利夫ちゃんも意見出しましたよ。

――必殺シリーズといえば、コントラストの強い光と影の映像が特色。石原さんとコンビを組んだ照明技師・中島利男さんのライティングも大胆です。

藤井　もう太秦のオープンセットが荒れてて、町家にしても古くて歯抜けがあった。それを工夫やね。極端な話、一発だけドーンと後ろからライト当てて、スモーク焚いて、バック真っ白けのところにシルエットが歩いてくる……それが『必殺』でしょう。だから「単純にしよう」と。シルエットというのは、ぼくらモノクロやってたから、そのよさが出せるし、ときどきは赤とか青の色を際立たせる。なんか高級感を感じるでしょう。

印象に残ってるのは、梅安が食事してるシーン。鍋食ってるのを正面じゃなくて後ろ姿……耳が赤く透けるくらい逆のライト当てて、湯気を立たせて、あえて背中から撮る。そういうところにも斬新さを感じました。（緒形）拳さんも上手やしね。「横から一発ライトで行こう」とか「天井から範囲を絞って当てよう」とか、昔なら絶対に許されへんことがやれた。それと現場も早いんですよ。オーソドックスな照明のほうが、カットごとに合わせるための細かい調整で時間がかかる。ああいう一発ライトみたいな当て方だと、多少ばらつきがあっても目立たないからごまかせるんです。間違うことないですわ。でも特殊やから、小辻（昭三）さんというキャメラマンは心配になって、よく聞きに来てましたよ。「これ絞りなんぼや、大丈夫か？」と。

『仕掛人』の最初、こういう映像にしたいと朝日放送に持っていったら、送出担当のスタッフから「こんなフィ

『必殺仕掛人』のセット撮影、撮影助手のチーフとして露出を計測中の藤井哲矢

ルムかけられへんで！」とアタマっから言われました。コントラストが強すぎる、もうちょっとバランスのええ映像にしろ、と。前の番組とトーンが変わってしまうから、レベルをつまみで上げたり下げたりせんといかんかったみたいね。プロデューサーの仲川利久さんとぼくで、ラッシュのフィルムを持って大阪の朝日放送まで……5、6回は行ったかな、リテイクさせないように交渉しました。最終的にはやりたい方向で、ちゃんとオンエアされましたけどね。

――現場で大変だったことは？

藤井　石っさんは望遠（レンズ）を使うから、セカンド時代はピント合わせるのが大変やった。たとえば人物が正面に歩いてくるカットの場合、何メートルかごとの映らんところにスタッフを立てて、役者さんの動きに合わせて手を上げてもらって……目視だけやと厳しいし、こっちのNGで俳優さんに何回も本番させられんしね。芝居に合わせてピント送るタイミングなんかは台本を読み込んで自分なりに決めて……ああいうカットはカメラも動く場合、ちょっとだけピントを遅らせるのがコツなんです。助手時代は朝、先に現像所に寄って「あれ大丈夫やった？」と誰よりも早くラッシュを確認しましたよ。心配なカットだと、はよ目が覚めるんですわ。

レンズは〝アンジェニューの10倍ズーム〟がいちばん多かった。12ミリから120ミリ、広角から望遠まで撮れるレンズです。普通はズーム用のピンを付けるんですよ。そのピンが上にあるか下にあるか、その位置でだいたい撮ってるサイズがわかるんやけど、石っさんはピンを付けない。指でズームする。だからラッシュを見るまで監督もどんなサイズで撮ってるかわからんことが多かった。

あと、石っさんは判断が早かった。いちばん見習ろうたんは、カメラのポジショニングの早さ。リハーサルやってアングルを決める……「カメラここや。レンズ何ミリで高さはこんくらい」というのが、誰よりも早かった。ポジション決めといたら、多少あとで直すにせよ、ほかの連中が見に来るんです。照明や小道具がカメラのぞいて作業するから、画面のできあがりが早ぃ。録音部もどこまでマイク入れられるか、確認したりね。その間ほったらかしですわ。まだまだイケズなキャメラマンも多かった時代に。みんなおしゃれやったし、東映や大映とはノリが違った。撮影終わったらゴーゴー喫茶に行って夜中まで遊んで撮影部の部屋で寝て、翌日そのままロケ行ったりね。

いちばんの思い出は、出刃包丁を長屋の土間に落とすカット

――シリーズ第2弾『必殺仕置人』（73年）の思い出はありますか？

藤井　第1話（「いのちを売ってさらし首」）の大雨降らして大滝秀治さんが打ち首になるシーン、真上から撮った俯瞰のカットがあるでしょ。あのときレンズが抜けたんです。スポーンと、そのまま真下に落ちて……それがうまいことレンズを覆うカバーが前に出てたから、まっすぐ土にめりこんで無傷やった。助かりましたよ。あのカットは大型のクレーンの先にカメラを固定して、バンド使ったり金具で締めたり、ぼくが率先して作業しました。

骨外しのレントゲン……あれは石っさんのアイデア。たまたま撮影の1週間ほど前かな、ぼくが胃カメラやったんをヒントに、あのカットはブラウン管のモニターに映し出されたレントゲンの画面を撮影してるんです。最初は太秦病院に鳥の骨とか持ち込んでバリウム塗ってやったんですが、どうも質感が出ない……そのまま人間でやったほうが肉のついてる部分も薄く映るから、そうしよう、と。島津製作所まで相談に行って。ゲストのクシャおじさん（成田幸雄）を参考に、顎をガクガクさせたり、肩の関節を動かしたり、あれほとんど家喜（俊彦）さんですわ。そう、助監督の家喜さんがレントゲン室に入って、わたしがモニターを撮る係。あんまり長いこといたら放射能で危ないから、気ぃつけながらやりました。モノクロの現像は、もう京都でやってなかったからヨコシネ（横浜シネマ現像所）まで送りました。モノクロのほうがコントラストが出て、画面が鮮明やったんです。

――たしかに初期シリーズのレントゲンはモノクロでした。

藤井　それと『仕置人』で思い出すのは、工藤（栄一）さんが撮った最初の回。もうセットできとんのに工藤さんのホン直しで待ちや。それから小道具に「でっかいタライと鯉を用意してくれ」。

――第7話「閉じたまなこに深い渕」ですね。

藤井　そうそう。要するにコンタクト（レンズ）。ワルの検校が盲目のふりをするのに鯉のウロコを目に入れる……すごい発想やと思ったね。工藤さんといえば、ある日オープンセットで「3メートルの長い棒を用意してくれ」。またなんのこっちゃ思うてたら、家の天井をぶち抜いて、穴あけて、そこから自然光を取り入れた。そうやって光を演出する監督でした。風体は土方のおっちゃんみたいなんやけど、若さを感じる人でニコニコしてやってたな。

気が合うたんは三隅研次さん。あの人は骨董が好きで、ぼくも好きやから、そういう話をよくしました。いちばんの思い出は、出刃包丁を長屋の土間に落とすカット。刺さってから5秒でバタンと倒れるのをワンカットでやりたい、と。「哲ちゃん、仕掛け考えといて」と頼まれたんが、うまく行って一発ＯＫ。あれは土の中にワイヤーを仕込んで、その輪の中に包丁を落としてワイヤーを狭めて倒す……監督もあとで握手してくれましたよ。ほんまは小道具さんの仕事やけど、そういう仕掛けとかカメラの装置を作るの好きやったんです。

助手のころからタイトルバックとかは任せてもらってて、『助け人走る』（73～74年）の夕陽が沈んで斜光線がピャッと入る画、あれは日本海の間人（たいざ）で粘りに粘って撮りました。

――初期のシリーズは石原興さんをメインに中村富哉さん、藤原三郎さんも撮影を担当しています。

藤井　中村さんは松竹の古い現場で育ったベテランで、『必殺』の流れを違和感なく引き継いだ感じですわ。三郎さんも我は強いんやけど、若いなりに主張して、極端な魚眼レンズみたいなワイドをよう使ってましたね。５・９

ミリのやつ。まぁ、すぐふくれるというか、怒って投げ出すような気が短いところはありました。石っさんには東映から映画のオファーもあったんです。あれは『忍者武芸帖　百地三太夫』（80年）やったかなぁ。

ぼくが大事にしたスタッフは移動マン

――藤井さんのデビュー作は、歌舞伎座テレビの時代劇でしょうか？

藤井　いや、現代劇ですわ。石っさんの奥さん……尾崎奈々が主役の『みれん橋』（77年）という帯ドラマを中村さんと一緒に撮ることになって、それが最初かな。でも、その前に『新必殺仕置人』（77年）の嵐寛寿郎さんがゲストで出た回（第11話「助人無用」）があって、クレジットは石っさんやけど、ほとんどカメラ回さしてくれたんです。そういう練習の機会がありました。

――えっ、そうだったんですね。

藤井　アラカンさん、もうお年やったから走るカットや立ち回りは吹き替えで、アップだけ本人。ワルを殺して、見得を切る芝居のとき『鞍馬天狗』の時代を思い出すんか、もう悦に入ってもうて「これや、これがええのや！」……自分の心が言葉に出てましたね（笑）。そこは使われへんけど、いい顔してました。監督の大熊（邦也）さんは朝日放送の人やから「テレビは一過性、磁気テープやから残らへん」という考えで、たとえば本番中に陽が雲に隠れてキャメラマンがカットかけたら「なんで止めるねん」というタイプ。フィルムとビデオは考え方が違うから、それで揉めてたこともありましたね。

あのときは野球のチーム（必殺キラーズ）があったなぁ。レギュラーの役者さんとわれわれで。山﨑（努）さんとか野球好きやったし。うまかったんは照明の林利夫と中山利夫。林は高校で野球やってたんかな。中山は保津川の上流、落合のロケで一般の人が溺れて流されたんを引き上げて助けたくらい運動神経よかった。ぼくも高校でラグビーやってたし、みんな体格よかったんですよ。撮影や照明は体力いる仕事やから。

――『新仕置人』には阪神タイガースの選手だった藤村富美男さんが殺し屋組織〝寅の会〟の元締・虎としてレギュラー出演しています。

藤井　どっしり、あの役のごとくの人やった。甲子園のバックネット裏に特別席があるんですが、そこを京都映画のスタッフ用に誰が行ってもええように藤村さんが取ってくれて、ぼくも二度ほど試合を見に行きましたよ。

――いい話！　ちょっと話を戻したいのですが、デビュー作の『みれん橋』も歌舞伎座テレビの作品と同じように、佐々木康之さんがプロデューサーでしょうか？

藤井　そうです。義理の兄貴がプロデューサーやから、新人のキャメラマンでも好きにやれましたね。まだまだおっちゃんの怖いスタッフもいたし、内心「あのガキ！」と思うてたかもしれませんけど。佐々木さんはその昔〝般若のヤス〟と呼ばれてた男で、でも仕事にあぶれて困ってる古いスタッフを使ったり、そういう男気がありました。でね、ぼくの本名は藤井哲也なんですわ。哲也の〝也〟を〝矢〟に変えたんは、佐々木さんが姓名判断に凝ってて「こっちの画数のほうがいい」と（笑）、一本立ちしたとき変えさせられた。信心深い人やったからね。そうそう、本人も後年は佐々木康之から佐々木勇（いさむ）に名前を変えてるんです。

――そして中村吉右衛門さんの「斬り捨て御免！」シリーズ（80〜82年）や片岡孝夫（現・片岡仁左衛門）さんの「眠狂四郎」シリーズ（82〜83年）など、テレビ東京×歌舞伎座テレビの時代劇を次々と担当します。

藤井　だいたい中村さんと交互やったね。『斬り捨て御免！』のパート3、オープニングに裸のおねえちゃんが出るのは、吉右衛門さんが言うたんです。「ちょっと色っぽい感じにしよう」と。シルエットで撮って、そこに水玉の画を合成した。あとは、3メートル以上ある翁の面を知り合いの工房に作ってもらってステージに吊るして、クレーンで移動しながら撮りましたね。

画は基本的に明るめ。やっぱり『必殺』を意識してるから「〝必殺カット〟にならんように」というのはありました。照明の南所登は助手時代からの仲間で、帯ドラマやコマーシャルも一緒にやったし、あんまり細かく言わなくても伝わるから楽やね。逆に「黙っとけ。任せろや」というタイプですわ。女優さんは顔を見て、どっちからの角度がきれいに映るか……なるべく監督にも気づかれんようにそっと仕向けました。それと、ぼくが大事にしたスタッフは移動マン。特機の西村伊三男さんというフリーの方がいて、移動車押したり、クレーン操作したり、雨降らしやったり……影の力で支えてもらいました。伊三男さんの移動は抜群で、さすがは大映育ちのベテランや。

――歌舞伎座テレビの監督で印象的だった方は?

藤井　唐順棋(とうじゅんき)さん。横浜で中華料理屋を経営してるベテランで、割り切りが早くて小回りの利く監督でした。もともと東京で歌舞伎座の昼メロやってた人なんです。家喜さんは、みんなで立ててた監督ですわ。すごく控えめな人やから「なんとか京都映画から監督を出したい」と、演出部や録音部の連中と盛り立てて応援しました。歌舞伎座の枠がなくなってからは応援しきれんで、ほかの会社で撮るようになったんやけど……。マチャアキ(堺正章)と岩井友見の『夫婦ねずみ今夜が勝負!』(84年)のときは東京から『西部警察』やってた監督が来て、初めての京都なのに初対面から「おい、テツ!」とえらい気負ってたなぁ。ところが撮影2日目から出てきいへん。そのまま東京に帰ってもうた。あれじゃあ受け入れる余地もないわな。

――90年代に入ると、東阪企画の『裸の大将放浪記』(80~97年)や映像京都の『御家人斬九郎』(95~02年)など他社の作品も数多く撮影しています。

藤井　ちょうど京都映画の仕事が途切れた時期があって、フリーになったんです。きっかけは井上昭さん、『六条執念』(89年)という映像京都のドラマに誘ってもらった。井上さんは「今回のテーマはこれ」とクラシックの音楽を聞かせてくれる、おもしろい監督でしたね。ショーケン（萩原健一）から「あんまりカット割らないでほしい」と言われて、小川眞由美とのすったもんだを手持ちの長回しで撮ったんですが、ビデオの上に小型のCCDをつけて2カメにしました。『斬九郎』の監督だと齋藤光正さん。これもワンカットでレールを敷いた移動車から降りて手持ちにしたり……もう勘ですわ。やっぱりカットバックの切り返しよりは、動きのある画を撮るのが好きやった。

『裸の大将』は50回記念の石和ロケをハイビジョンで撮ることになって、そのときプロデューサーの松本明さんに呼ばれたんです。わたしだけ単身で、あとはビデオのスタッフ。それから83本目まで、たくさんやりました。照明に南所登を呼んでね。最終回は（芦屋）雁之助さんが「下駄はいてフラメンコはどうや？」と、そんな冗談からスペインロケが実現したんです。松本さんは初期の『必殺』も撮ってて、なんでもありの新鮮さがありました。

――フィルム、ビデオ、ハイビジョンと幅広い仕事ぶりですね。

藤井　もうキャメラマンは引退して、いまは木工一本です。撮影所にいたときから手彫りの看板を作ったり、小道具や装置のスタッフと仲良くて作業場に出入りしてたんです。火サスの『京都慕情殺人事件』（85年）では祇園の「山ふく」という店の看板……監督の松尾昭典さんが字を書いて、わたしが彫って、いまも使われてますよ。そういう好きが高じて、いろんなお店から頼まれてテーブルや椅子を作るようになりました。

有馬稲子さんの別荘の家具もそうですわ。わたしの女房は『絵島生島』のとき有馬さんのお付きみたいなかたちで京都映画に来て、それが出会いで結婚しました。うちの双子の娘の名づけ親も有馬さんなんですよ。『斬九郎』をやってたころ、北野天神の古家を借りて工房にして。あそこは毎月25日に骨董市やっとるから、自分で集めてた古道具が売れるようになりました。最近は材木屋とコラボして、ええ材料を安く仕入れてやってます。屋号は〝藤井工房〟、機械いじり好きやったんが続いてるようなもんですわ。

藤井哲矢

［ふじい・てつや］

1944年京都府生まれ。京都映画に入社したのち撮影助手として必殺シリーズなどに参加し、77年に『みれん橋』で技師デビュー。歌舞伎座テレビの『日本名作怪談劇場』『斬り捨て御免！』『眠狂四郎無頼控』などを手がけ、『京都慕情殺人事件』ほか2時間ドラマや企業のCM、VPも多く担当する。89年にフリーとなり、『裸の大将放浪記』『金田一耕助の傑作推理』『御家人斬九郎』『剣客商売』などを撮影。

喜多野彰

映像に関してはキャメラマンが決めて基本的に事後報告です

撮影助手のセカンドとして『必殺仕掛人』に参加した喜多野彰は、石原興のアクティブなカメラワークのフォーカスを担い、絶妙なピント送りを実現してきた。山崎プロからスタートして『木枯し紋次郎』に参加、『新必殺仕事人』で技師デビューを果たした喜多野が京都映画撮影部の日々を振り返る。

その当時「日本一のフォーカスマン」だと思ってました（笑）

喜多野　ちょうど50年前、昭和47年の7月に『必殺仕掛人』第1話の撮影です。台本の表紙を見て「なんて古くさいタイトルなんや」と思いました。その昔、「必殺なんとか剣」とか東映の時代劇でそういうのがありましたから。市川右太衛門が出てたようなやつ。だから「またワンクールで終わるんかな」思うてたら、そのまま人気シリーズになった（笑）。撮影部は石原興、藤井哲矢、喜多野彰、この3人です。わたしがセカンドでフォーカスやってました。まぁキツかったですわ。暑くてね、しんどかったけど、やりがいはありました。自分が選んだ仕事やし。やっぱりラッシュ見て衝撃でしたよ。それまでの明るく楽しいテレビの時代劇とはぜんぜん違ってましたから。

――『必殺』といえば望遠レンズ。石原興さんのカメラワークは出演者の動きに合わせた複雑なズームやフォーカス送

りが多いので、セカンドの助手は大変そうです。

喜多野　ありがとうございます。ちょうどその話しようと思ってたんですが、自分から言うとただの自慢話になるから、ええきっかけができました。わたし、その当時「日本一のフォーカスマン」だと思ってましたから（笑）。石原さんと仕事するのは『仕掛人』が初めてでしたけど、望遠で歩いてきたり、芝居に合わせてピントを送ったり、どれだけ深度が浅い画でもピタッと合わせましたよ。こんなに望遠を使うキャメラマンいませんでしたし、まだモニターのない時代でしたから石原さんにも褒めてもらいました。

　石原さんは次から次に奇抜なことをするから「度胸あるなぁ」と思いましたね。アップ撮るときも、おでこでフレーム切るから「カツラいらんのとちゃうか」って結髪さんがグチってました。もう羽二重だけでええやんって。たしかに4：3のスタンダードサイズでカツラの上まで入れると、ぼや〜っとしたルーズな画になるんです。『仕掛人』の最初は1班体制で、監督が替わっても石原さんが全部撮ってたんですが、週に1回放映ですからね。もう間に合わなくて別の班が立って、だいぶ楽になりました。「助かった！」って思いましたよ。それが三國連太郎さんの回（第6話「消す顔消される顔」）、中村富哉さんがキャメラマンで照明は染川広義さん。中村さんや小辻昭三さんは松竹の流れを汲む方なんです。

――『仕掛人』の現場の思い出はありますか？

喜多野　じつは深作（欣二）さんのときは一生懸命であんまり記憶ないんですけど、三隅（研次）さんが3・4話の監督ですわ。侍が前転して刀を振りかざして、そこに石原さんがズームアップする。そんなん俳優さん、どこに転がるかわかりませんよ。石原さんも思いっきりズームアップするからボケるんです……ズームするとフォーカスの合う範囲が狭くなるし、足は同じ位置でも上半身というのはどうしてもズレますから、何回もピント合わなくてNG。「もう1回やらせてください！」。またピンぼけでNG。10回くらいやったかな。石原さんも難しいのはわかってるから黙ってます。で、三隅さんがね、カット割ってくれた。アップは次のカットにして、ズームがなくなった。天下の三隅研次さんのコンテを変えてしまって非常に申し訳なかったですけど、あれは難しい。そういう優しい人ですわ、顔は怖かったけど（笑）。

あれは『助け人走る』（73～74年）やったかな。由緒正しい茶碗がテーマの話（第3話「裏表大泥棒」）があって、小道具さんが用意した茶碗を三隅さんが気に入らんかった。それで何時間か撮影中断して、助監督か小道具が買いに行った。そういうことがありました。ぼくが結婚したときも三隅さんにお祝いもらって、のし袋をまだ保存していますよ。緒形（拳）さんにももらったし、小さい撮影所でみんな仲間ですから冠婚葬祭には気を使ってくださいました。子供が生まれたときは工藤（栄一）さんからいただきました。

それとね、テレビやのに最初の『仕掛人』はエログロやった。裸が出たり、そういう女優さんの際どいシーンがあった。手篭めにするシーンで、石原さんがカメラ手持ちでぐるぐる回るような撮影は役者さん2人と石原さんとわたし、4人で走り回ってる。ワイドレンズやからピント送ることはないんですが、スイッチ入れたり、カメラを支えたり、そっちが主です。石原さんよりカメラのほうが大事やから（笑）。これ、ちゃんと「（笑）」って入れといてくださいよ。カメラがダメになると、フィルムがパーになりますから。そういうエログロがあって、ある女優さんが来たとき石原さんと話してたら「今回は裸やめとこか」と。「え、なんですのん?」……あとから考えたら石原さんの奥さん、尾崎奈々さん。そのときもう付き合うてたんでしょうね。

――『必殺仕置人』（73年）にも参加したのでしょうか?

喜多野 やりました。藤田まことさん、山﨑努さん、沖雅也さん、みなさん覚えてますよ。雨降らしのシーンがあって、わたしずぶずぶに濡れてたら沖雅也が「これ、やるよ」ってパンツもらいました。ちょっと特殊なかたちしてたけど（笑）。山﨑さんは寡黙な人やった。あの人は近眼でメガネかけてたんですよ。それでカットかかって「お

『必殺仕掛人』のロケ現場、撮影助手のセカンドとしてフォーカスを担当する喜多野彰

つかれー」と言ってたら「メガネがない！」って話になって、スタッフ全員で探した。でも、どこにもない。それで、ふっと山﨑さんの顔を見たらアタマの上に……「ここにありますやん！」。そんな笑い話がありました。

大物ゲストが来るとスケジュールがないんで大変でしたね。「朝の新幹線で帰さなあかん」というわけで、5時か6時までお寺で撮影したり、それが黒沢年雄……三隅組で夜中ずーっと撮影ですわ（第4話「人間のクズやお払い」）。だからゲストは小物のほうがありがたい。セカンドやってると、なんか事故があったら大変やから緊張しましたよ。リテイクするまでの大きな失敗は記憶にないですね。ちょっとボケてるくらいはあったけど、日本一のフォーカスマンですから（笑）。

——さすが！

喜多野　最初のころの『必殺』は朝日放送の監督も撮ってましたが、テレビの演出家やから撮影所だと多少は遠慮もあったんとちゃいますか。松本明さんはなかなかのプレイボーイでサービス精神旺盛な人、よくお客さんを連れてきてました。大熊（邦也）さんはそれこそ熊みたいな人で、役者がセリフをトチったらボロカスですが、それは『必殺』じゃない話。カメラが藤原三郎さんでわたしがセカンド……『新・二人の事件簿』（76～77年）という東京のドラマに大熊さんのご指名で藤原さんが呼ばれたんです。取調室のシーンで、ある役者さんに台本投げてもうボロカスに怒ってて、「えらい気性の激しい人なんやな、大熊さん」と思いました。

その撮影で藤原さんと大映テレビに行ったら、もともと参加してた助手が弾き出されて、ちょっとバツ悪かったですね。キャメラマンはチーフよりセカンドのほうが気心知れた人間だといいんですよ。カメラ脇にいますから。もともと石原興、藤原三郎、都築雅人……この3人が京都映画のチームで、いわゆる石原組みたいなもんでした。わたしはよそから来た人間で、いまで言うところの非正規労働者ですよ。

『木枯し紋次郎』に5話目か6話目から入ったのかな

――さかぼりまして、撮影部の仕事を始めたきっかけは？

喜多野　中学2年のときでしたかね、テレビで午後の3時ごろから映画をやってたんです。日活の『愛情』（56年）という浅丘ルリ子と長門裕之の恋愛映画でしたけど、恥ずかしながら感動したんですわ。それと学校のそばで、よく撮影隊がロケーションやってたんです。京都の桂というところで太秦の近くですから。もう映画の仕事がしたいと決めてましたから、日大の芸術学部の映画学科を受験したんです。ま、結果は言いませんけど……この際もう4年早く業界に飛び込もうと思って入ったんが「山崎プロ」。朝日放送の『わんぱく砦』（66～67年）とかテレビで見てて名前は知ってましたから、飛び込みで山崎プロに行ったんです。それが11月の25日。なんで覚えてるかいうたら「今日は給料日やから明日から来い」、撮影部はいっぱいでまずは照明部から入ったんです。

最初が長谷川峯子と倉丘伸太郎の『緑姫旅日記』（69～70年）。照明のコード巻きやって、その次が撮影部のサードで『古都の雨』（69年）。中村玉緒さんのお昼のメロドラマで、カメラは竹田尊人さん。これは大映テレビの下請けで山崎プロが現場を担当してたんですわ。山崎プロの社長（山崎兼嗣）は、もともと勝新太郎のマネージャーかなんかで、勝さんと親しかったんです。当時は下鴨の撮影所を京都映画と山崎プロで使ってて、門を入って右が京都映画、左が山崎プロ、そこで運命が分かれた（笑）。2年くらいですけど、山崎プロには社員でいたんですよ。人生で唯一の社員で、それからずっとフリーランスの非正規やって、いまはもう足の悪いおっさんですわ。

――1970年ごろでしょうか、山崎プロダクションは倒産してしまいます。

喜多野　そうなんです。それで下鴨の仕事がなくなって太秦の京都映画で『千葉周作　剣道まっしぐら！』（70～71年）、セカンドでフィルム触ってましたね。キャメラマンは酒井忠さん、中村富哉さん、いちばんお世話になったのは町田敏行さん。何年か前に亡くなりましたけど、相撲やってた豪快な人で手持ちが上手でした。そのあと、わたしは『木枯し紋次郎』（72〜73年）に5話目か6話目から入ったのかな。

——えっ、『紋次郎』もやってたんですね。ライバル番組じゃないですか。

喜多野　わたしの関わった作品はヒットするんです（笑）。『紋次郎』は大映が潰れた直後で花園の天神川……東洋現像所（現・IMAGICA）の近くにある日本京映ってスタジオで撮ってましたね。撮影も宮川一夫さん、森田富士郎さん、牧浦地志さん……錚々たるメンバーですわ。ところが中村敦夫さんが撮影中にアキレス腱を切った。琵琶湖の湖南アルプスでの立ち回りで崖からすべり落ちまして、わたしの目の前ですよ。それで撮影中断になって、わたしも仕事がなくなって、また京都映画に戻って『紫頭巾』（72年）を2本ほどやったけどクビになって、森田富士郎さんに相談して『紋次郎』に戻していただき、それから『仕掛人』の第1話です。

——いや、すごい記憶力ですね。ほぼ全員フルネームで覚えてますし。

喜多野　長年やっていると失敗はありました。接写するときにクローズアップレンズ……虫眼鏡みたいなレンズを付けるんですわ。至近距離まで寄って、米粒とか撮れるやつ。それを使ったあと次のシーンになって、そのクローズアップレンズを付けたままオープンで撮影してて、誰も気がつかんかった。それでスタジオに入ってパッとレンズ見たら「あれっ、なんで!」、それ撮ったん前の前のシーンやから……真っ青になってね。スタッフに謝って外のオープンセットに戻って、同じ撮影しましたよ。いちばん気の毒なんは照明部ですよ。バラしたのを、また同じセッティングせなあかんでしょ。でも、みんな快くやってくれました。翌日ラッシュでボケボケでリテイクよりマシですからね。そういう意味で、チーフはちょっと気楽やったかな。フィルムを直接扱わんからね。露出は多少なら失敗しても現像の処理で直せるんです。

外部の監督さんが来ても、石原さんにお任せのケースもありました。撮影と照明が仕切る、仕切らんとあかんのですよ。『必殺』のカラーがありますから、芝居の演出は別としても映像は完全に石原さんが仕切ってましたね。工藤さんと石原さんは合ってた。松野宏軌さんは〝困ったときの松野頼み〟で、いちばんたくさん『必殺』撮ってるでしょう。貞永（方久）さんは体育会系、大声で指示するような監督で、蔵原（惟繕）さんは寡黙でボソボソっとしゃべるようなタイプ。わたしら下っ端やから、そんくらいの印象ですわ。

——当時の京都映画はどのような撮影所でしたか？

喜多野　組合もなんにもない、フリーランスの集まりみたいなもんですわ。いろんなところからスタッフが来て、社員もいたし、年間契約もいたし、フリー契約もいたし。わたしはフリー契約で、いつ切られるかもわからん立場。大映や東映にも行って、あちこちで経験しました。「作品が終わったらハイさようなら」で時間制限も労働基準法もない世界……〝俺たちに明日はない〟ですわ（笑）。挫折してやめていく人もいっぱいいました。夢と希望を持って入ってきても、そんなん止められへん。止めるような力もないしね。「あ、そうか」くらいしか言えませんわ。そんな人をいっぱい思い出します。そういう意味では不安定な仕事で、技師になったとしても続けられる保証はありませんから。助手のころ、悔しくて悔しくて暗室で泣いたのを思い出します。撮影部のドアのガラスを2回割りました。自分の失敗に腹立って。で、「風が強くて割れました」言うて、翌日ガラス屋さんが来て直してましたけど、あれ、わたしですわ。いま白状します。

京都映画には撮影部の部屋付きで白波瀬直治さんというベテランがおられて、その人がカメラのメンテとか修理をしてくれました。元大映の撮影部やった方で毎週のサブタイトルとかエンドクレジットのタイトル撮影も白波瀬さんが部屋でやってました。レギュラーの俳優さんは一緒ですが、スタッフやゲストは替わりますから、その文字だけ新しく撮って東洋現像所で画と合わせるんです。山田五十鈴さんの〝起こし〟、あれは手動か電動か忘れましたけど、名前の台を動かして、そのまま起こしてるんです。アナログですよ。

あと撮影部と密接やったんは、セット付ですね。レールを敷いたり、移動車を押したり、そういう特機の仕事もやりますけど、オープンでは照明用の高いイントレ組んだり、セットの壁をバラしたり、オールマイティな仕事ですわ。村若（由春）さんというベテランのおじさんが、支えてくれました。廊下のセットにワックスかけてピカピカにするのなんかスタッフみんなで手伝いましたよ。楽しかったです。

――当時の現場は、ほとんどテレビ映画ですか？

喜多野　映画もやりました。実相寺昭雄さんの『歌麿　夢と知りせば』（77年）、キャメラマンが中堀正夫さん、チーフが猪瀬（雅久）さん、照明は佐野武治さん……佐野さんも奇抜なライティングをする人で、時間かかって大変でした。京都映画で撮ってたんが予算が足りなくなって、残りを大船で撮ることになったんですが、わたしは下っ端で行けなかった。助監督の（都築）一興さんとかは大船まで行ったと思います。いまでも残念なのは、あの作品の9割は参加してるのに、クレジットに名前が載ってない。あれだけ参加したのに、忘れられてて……ショックでね、ガクッと来ましたわ。松山善三さんの『典子は、今』（81年）、パナビジョンの35ミリで石原さんが撮ったんですが、あれのチーフもやりました。

――『典子は、今』といえば、ラストの空撮ショット。海に浮かんでいる典子ちゃん（辻典子／現・白井のり子）を延々と映すのにド肝を抜かれました。

喜多野　いまからしゃべろうと思ってましたんや（笑）。「最後のカット、覚えてますか？」と。まわりの釣り人、あれはスタッフです。典子ちゃんが溺れたら大変やからね。上に乗ってるのは、石原さんとわたし。生まれて初めてヘリコプターに乗りました。あれはワンテイク、一発ＯＫでよかったですわ。

石原さんがサイズの切り方を教えてくれました

──そして『新必殺仕事人』(81〜82年)の終盤で技師デビューします。

喜多野　藤原三郎、都築雅人、その次にわたしがキャメラマンになったんです。なぜ指名されたのかは、いまだに謎なんですけど、石原さんも映画やいろいろやったりしてキャメラマンが手薄になってたんかな。よそから呼ぶよりも助手に撮らせたほうがよかったんでしょう。ある日、プロデューサーの櫻井(洋三)さんに呼ばれて「お前をキャメラマンにする」と。まず櫻井さんと一緒に山田五十鈴さんの楽屋に挨拶に行ったんです。櫻井さんが「今度カメラをやらす喜多野です」。それで楽屋を出て階段を降りるときに「喜多野、なにやってもええ。お前の好きなようにやれ。ただ、山田さんを絶対きれいに撮らなあかんで」と、そう言われたんです。逆に気が楽になりました。櫻井さんは覚えてないと思うけど(笑)。

クランクインの何日か前、石原さんがサイズの切り方を教えてくれました。それは「自分がええと思ったアングルでその高さにカメラをセットして、そこからカメラひとつぶん下に下げろ」と。それがいちばんええポジションやと言われました。もうひとつは「サイズを決めるとき、広い画から詰めていってサイズを決めるんじゃなくて、いちばん望遠の詰めた画から引いてまわりの景色を入れながら、このサイズがええと思ったところで止めろ。広いところから省くんじゃなくて、なにも知らない状態から画を決めたほうがいい。そういうふうに決めていかんと、広い画から入ると、全部なんでも映したくなるから」と、そんな助言をいただきました。ただ再放送で見ても、やっぱり恥ずかしいですね。「こうしといたらよかった」という反省ばかりで、後悔しながら見ています。

──『新仕事人』でとくに思い出深い撮影は?

喜多野　最初に撮ったのがスリの女の子の話(第46話「主水火の用心する」)。回想シーンを黄色にしたり、自分なりに考えてやりました。主水さんの殺しでは、セットでクレーンを使った……いや、それは初めてだから気合いを入れたというより、ただの必然ですわ。映像に関しては基本的にキャメラマンが決めて、事後報告です。仕事人が出陣するシーンからは殺陣師の楠本（栄一）さん、布目（真爾）さん、キャメラマン、ライトマンが主導してました。もちろんお芝居のシーンは監督ですけど、「♪チャララ〜」からは殺陣師と技術部です。それで監督におうかがい立てて、だいたい夜ですから、殺しは時間かかるんです。勇次（中条きよし）の三味線の糸でもライティングが難しいし、秀（三田村邦彦）のかんざしや主水の刀を光らせるのも時間かかるし。

監督では田中徳三さんをよく覚えています。『悪名』や『座頭市』を撮った大映の大監督です。気さくな人で自由にやらせていただきました。金魚の話（第50話「主水金魚の世話する」）では、殺しのシーンを水槽の真下から撮りました。ワルの顔を金魚の泳いでる水に浸けて首を刺す……ゆらゆらっとなって最後に三田村さんの顔が見える。なかなか水のゆれが収まらんから、ちょっと間が長いかなと思ったんですが、音楽に助けられました。音楽があれば保つんです。あの金魚の話は自分でもちょっと満足してますね。後日、庭で中条さんとすれ違ったとき「昨日の放送、よかったで」と言われました。

――そのまま『必殺仕事人Ⅲ』（82〜83年）などを手がけています。

喜多野　殺しのシーンで鏡をいっぱい使って、あちこち映したりね。カメラに特殊な多角レンズを付けまして、かんざしのアップも万華鏡みたいになるように撮りました（第5話「夢の女に惚れたのは秀」）。もう初期の『必殺』みたいなリアルさじゃなくて、ショーとして踊りのように見せる感じでしたね。三味線屋の糸で吊り上げる殺しなんてマジックと一緒で、騙されて見てたらおもしろいんですよ。

中島利男、林利夫、中山利夫……照明の〝トシオ三人衆〟はみなさんなんにも言わなかった。やりたいようにやらせてくれて、ライティングしてくれました。初心者をいじめることなく……言いたい気持ちもあったと思いますが、うれしかったです。監督だと家喜俊彦さん。わたし、家喜さんと出が一緒、同じ山崎プロなんです。『緑姫旅日記』や『古都の雨』の助監督やってたんです。家喜さんもわたしの好きなようにやらせてくれました。「ぼくが全部責任取る」って口では言いませんけど、顔に書いてありました。

――家喜俊彦監督も山崎プロ出身なんですね。おふたりがコンビを組んだ『仕事人III』第37話「芝居見物したかったのはせんとりつ」は、歌舞伎の上演中に主水と勇次が殺しを遂行する異色回でした。

喜多野　あれは北野天満宮の横にある歌舞練場で撮りました。そこの舞台で殺しを撮って、客席で見ているせん（菅井きん）とりつ（白木万理）は撮影所にセットを組んで別撮り。中村家のシーンは、監督と出演者でどうするか決めて、せんとりつが来たら2本いっぺんに撮ってました。スタッフは一緒で、監督とキャメラマンだけ交替します。衣装替えもないし、照明もそのままだし、早いもんですわ。

都築一興さんが監督した『仕事人III』の最終回（第38話「淋しいのは主水だけじゃなかった」）では屋根の上に中条さんを乗せました。最終回やし派手なことをやりたかったんです。お金かかるんですけど、製作部に頼んで大型のクレーンを出して、屋根の上の勇次から門に入ろうとするワルふたりまでワンカットで収めました。あれはズームバックとクレーンダウンの組み合わせ。なかなかタイミングが難しいんですが、クレーンで動くゴージャスさを残しながらズームすると立体的で迫力が出るんです。あんな大がかりな撮影は本物のお寺ではできませんから、オープンに新しく建てたばかりの屋敷の門で撮影したんです。

津島勝さんとは『新必殺仕舞人』（82年）を2本やりましたね。あの人は京大を出た男前で、奥さんも女優さんで、引っ越しの手伝いに行ったりしました。飲んだときに聞いたけど、東映で監督になって杉良太郎さんに気に入られて、一緒に東京に出たけど喧嘩別れして、そのあと京都映画に来たそうです。もう亡くなられましたけどね。ほかの監督だと八木美津雄さんは優しいおじいさん。黒田義之さんは『紋次郎』のとき助手で仕事してて、それ以来でしたね。お鍋をごちそうになりました。あの人は大映で『大魔神』（66年）の特撮やった人ですよ。

――各話の撮影が終わったあと、編集されたフィルムを技術パートもチェックするのでしょうか？

喜多野　技師は全員、会社の試写室で見ます。責任がありますからね。その前に東洋現像所から送られてきた撮りっぱなしの画を撮影部だけで見ます。そのあと音楽もＳＥ（効果音）も全部入った完成版を見ました。台本をチェックしてますから、試写のあとにプロデューサーが来てどうこうというのはそんなになかったですよ。その前の、まずオールラッシュに来ます。まだ白黒で、セリフと画だけで音楽も入ってない画も傷だらけのやつ……その段階のものをチェックしてました。現像のお金もかかりますから、ここぞというところだけカラーで、あとはモノクロのごちゃまぜですわ。その段階では何分か長い状態で、それから45分の尺に合わせるんです。

キャメラマンとしていろいろ担当させていただきましたが、そのあと『必殺』からは離れました。ただ、それからも京都映画の仕事はしてましたよ。製作部の奥に営業部があって、企業のＰＲ映画とか自治体の教育映画とかそっちの仕事です。監督は川島清孝さんという宝塚映画のキャメラマン出身の方が多かったですね。フィルムの仕事が少なくなってからは、朝日放送の『探偵！ナイトスクープ』でロケパートのカメラマンをやりました。これはビデオですから、キャメラマンではなくカメラマン。あとは『クイズ仕事人』とかね。各務プロという会社があって、朝日放送の仕事を一手に引き受けてたんです。京都のオムロンって会社あるでしょ。そこの海外ロケの仕事もよくやってて、フランスの「ル・マン24時間耐久レース」……オムロンがスポンサーだからそういうのも撮りました。平成に変わるころは日本中が景気よかったバブルの絶頂期ですわ。そこから企業関係の仕事が多くなりました。石原さんも現役やし、京都映画でわたしの下におった安田雅彦、江原祥二……みんながんばってますよ。安田は石原さんが監督してる『仕事人』のスペシャルとかやってますし、江原は東京の映画でも活躍しててうれしいです。

喜多野彰

［きたの・あきら］

1947年鳥取県生まれ。高校卒業後、山崎プロダクションを経て京都映画や映像京都、勝プロダクション、東映京都制作所などでフリーの撮影助手を務める。必殺シリーズには『必殺仕掛人』から参加し、82年に『新必殺仕事人』で技師デビュー。『新必殺仕舞人』『必殺仕事人Ⅲ』『必殺渡し人』『必殺仕事人Ⅳ』『赤かぶ検事奮戦記Ⅲ』などを手がけ、その後はPR映画や企業VP、テレビ番組などの撮影を多く担当した。

林利夫

あんまり〝つながり〟は考えずに表情のよさや格好のよさを重視しています

光と影の交わるコントラストの強い画は、まさに必殺シリーズの象徴。石原興とコンビを組んだ照明技師・中島利男のもとでチーフを務め、『助け人走る』で一本立ちした林利夫は、最新作の『必殺仕事人』までシリーズを支えてきたベテランだ。若きスタッフが生み出してきた独自のライティングに光を当てる。

「画づくりの基本は絵描きが絵を描くのと一緒」

林　30になる前、29歳くらいのとき『仕掛人』が始まったんかな。途中で間は空きましたけど、ぼくはちょうどええ頃合いは『必殺』しかやってなかったんで、人生そのものみたいなもんですわ。2007年に『仕事人』が復活して「懐かしいなぁ」と思うてたら、それがまた続いた。あのときは藤田（まこと）さんもご健在で、よろこんではりました。ぼくはフィルムもビデオもデジタルもやってきた世代なんで、どうしても昔のことを望んでやろうとするけれど、やっぱり無理がある部分もありますね。

――『必殺仕掛人』（72〜73年）には、第1話「仕掛けて仕損じなし」から参加したのでしょうか？

林　そうです。中島（利男）さんの下で1本目からチーフやってました。フィルムの時代ですから助手は大変ですよ。機材そのものが大がかりやし、10キロ、20キロと鉄の塊みたいなライトばっかり使ってた。フィルムの感度も悪いから光量的にすごいんですよ。当てるライトの量がまず違います。俳優さんも大変ですよ。カツラつけて夏なんか熱くて耐えられへん。いまは少ないライトでもめちゃくちゃきれいに映るんで、ぼくらの職業は、もうなくてもいい感じ。ノーライトで、ほんまのロウソクの明かりだけできれいに映るんやから。いまの若い子がスマホで写真を撮ってるのも、画素数は多いしきれいでしょう。写真を撮るのが日常やからだんだん構図を考えたりして、ただ撮ってるのではなくね……だからぼくらはもう、潮時も近いしちょうどええかな。

——必殺シリーズといえば、光と影の映像。撮影の石原興さんと照明の中島利男さんのコンビです。まずは亡くなられた中島さんのお話からうかがいます。

林　どう言うたらええのかな、あの人は思い切りのよい実験的なところがありました。いまはモニターで見ていろいろ調整できるんですけど、当時はカメラマンしかのぞいてない。それしかフレームがない状況でライトの強弱をやるのに、もちろん計測するチーフ（撮影助手）はいるんですけど、だいたい無視でしたね（笑）。自分の感覚でライティングしはる人やった。もちろん最低限度のところ、俳優さんの顔とかの露出は測りに行きますけど、バックの明暗なんかはほとんど測ることなくて、中島さんの感覚でした。

——フィルムは現場での見た目と実際の映像が違いますよね。

林　ぜんぜん違います。現場はもっと明るくて、ライトが強いのをカメラの露出で絞っている。せやないと、まわりも暗くならないから。まさに経験と感覚ですね。長年やっていると、わかってくる。ほとんど間違えないし、あとでラッシュを見て、ちょっと焼き込んだり明るくしたりもできる。昔の『必殺』を再放送でたくさんやってますが、光量がどうしてもいるから、ほとんど生のライトというか、直当てですね。光が硬い。昔の洋画でも部屋の中を歩いていたら影がいっぱい動いてますわ。それはフィルムの光量の問題でフラットな明かりが使えないから。ライトが多いと影が出る。どうやって逃げずに、その影を活かせるか。それが光と影の表現なんです。

当時のテレビというのは、ほとんどがベタ明かり。一家団欒のお茶の間で見るものだから、きれいに明るく……京都映画の作品もそうですわ。『必殺』は特殊やからね。セットが貧相なんを隠す理由もありましたが、それよりもお金をもろうて裏で人を殺す、アウトローの話やから、そのための表現です。

チーフの仕事というのは、技師との相談役です。「このシーンはこういう照明にする」と言ってもらって、ぼくが下の助手に「こうしてくれ、ああしてくれ」って具体的に指示する。それで、だいたい出来上がったもんを技師が見て、ちょっと手直ししようかっていう流れです。われわれ若いもんはもっと違うことをやったほうがいい……そういうところから始まったライティングやないかなと思うんですけどね。中島さんから直接、口では一言も聞いたことないです。現場を離れたら仕事のことは忘れて遊ぼうっていうタイプやから。

――撮影の石原興さんはいかがでしたか?

林　石原さんはカメラマン出身やけど、ぼくから言わせたら「天才や」と思ってます。演出家としては、また別の話ですよ。カメラマンとしては天才……それで昔、こっちでやっているときに「東京に出たらどうや?」ってよく言われたけど、頑として動かなかった。「俺は京都でええのや」って。いまだにずっと一緒に仕事してますけど、ほんまに「えー?」っていう、信じられないようなアイデアを出す。そう年齢は変わらないのに脳の働きがすごい。だから東京に出たらすごい人になっていたと思う。いまもすごいんやけどね(笑)。

――必殺シリーズの特色といえば「望遠レンズの多用」。標準のレンズよりも映る範囲が狭いので、それだけライトも近めから強く当てることができます。

林　それもあります。ただし望遠で撮るということは、けっきょく光量がいるんですよ。レンズそのものが暗いから。だからガンガン当てないかん。広角のレンズでベタ明かりで撮るほうが、もっと早い。『必殺』の基本は、いかに少ないライトで効果的に、効率よくやるかなんですが、それは非常に難しい。たとえば、こうしてしゃべっているところを撮るとしても、どこに光が必要なのか。殺しの相談なら暗いところで顔だけに当たってるほうが効果的になるんやないかとか、ホンを読んで「ここはこうしよう、ああしよう」っていう話し合いですよ。石原さんがよう言うてますが、『必殺』は普通の時代劇やない、特殊なものなんやから「いかに遊ぶか」ですよね。だからあんまり〝つながり〟は考えずに、このカットがよければええやないかって考えです。

——たとえばワンカット目の引き画は人物の右からライトが当たっていて、次のカットで角度が変わると左から当たっているようなケースもあります。

林　流れから考えると、同じライティングのほうがつながるし、撮影も早い。けど、それだと表情がよくないんですよ。承知の上で無視してるんです。見てる人が違和感を感じないならそれでいいわけですから、ええところから顔を映そうと。目元にだけポチョンと当てたり、それは今でもやります。最後の殺しも全部に当たってたんでは迫力がない。どこかに影を作らんと、鋭い顔にならないんです。だからフレームで切ったり、照明で影を作って切ったり、非常にコントラストを強くする。平均的にやると言われたほうが楽は楽ですよ。でも遊び心で好きなようにやって、見ている人が「ああ、格好いいな」「すごいな」って思うてくれたら正解ちゃうかなと思います。

「照明というのは画家と一緒や」ということを、この世界に入ったときに佐野武治さんに教わりました。もう亡くなられましたが（日本映画テレビ）照明協会の会長をされた方で、佐野さんはここ……太秦の松竹出身なんです。ぼくは佐野さんの椅子持ちから始めて、それから中島さんの助手についたけど、仕事がないときは佐野さんに電話して。東京でCMなんかやってはったから、何ヶ月も居候して、銭湯に行くのもごはんを食べるのも一緒（笑）。あとはご存じのように黒澤映画をやってましたが、「画づくりの基本は絵描きが絵を描くのと一緒」ということを学びました。必要なところは色を塗って描けばいいし、いらないところは真っ黒にすれば映らない。その強弱をどうするか。それが基本で、もちろん崩す場合もある。大前提はこういうことだと教わりました。

藤田さんの場合、殺しは45度からの角度がいちばん

――さかのぼりまして、照明部に入ったきっかけは？

林　そんな大した話じゃないですよ。ぼくは野球やっていて、大学も野球やるつもりで受験して……でも、あることから全部あきらめて、スズキ（自動車）の京都営業所に入ったんです。野球部の先輩がいはって、「ノンプロの野球部のメンバーが足らんさかい来いや」と。そのあと、会社やめてぷらぷらしてたんですが、ぼくの家は撮影所の近くで、子供のころからこのへんはよく知ってた。佐野さんと同い年の兄貴（林光夫）が特機のあと照明の助手やってたんで、そのうち「荷物運びのアルバイトにおいで」って誘われて、それが始まりです。

――最初に入ったのは、松竹京都撮影所ですか？

林　いや、もう太秦は閉鎖されていたから、佐野さんの助手をやりました。22歳のころやったかな。それから宝塚映画に行ったり、山崎プロの『バックナンバー333』（65〜66年）って大瀬康一が白いオートバイに乗った現代劇やったり、2〜3年ほどフリーでいろんな現場に行きました。まぁ重いライトを持つくらいの力はありました。運動で鍛えた分は。セットの足場に上がるんですが、夏場なんて50度以上になってて、下向いたら汗が畳に向かってぼたぼた落ちていく。でも半袖は着られないんですよ。ライトは〝羽根〟というのが前に付いてて、ボディが鉄やから操作するのに長袖やないとヤケドする。もうサウナと同じで、すぐ痩せられます（笑）。

セットの準備は大変でしたね。ライト全部上げなあかんのやから。もう人足と一緒です。映画の時代には準備班というのがあって事前にセッティングしてくれる。いや、『必殺』のころはないです。テレビの予算だと人件費を削

らないといかんから。映画の時代は照明部も12〜13人は助手がいていますから、いちばん下の下なんて、ライトも触われへん。使ったライトのコードを巻くとか、それだけ。ライトを触れるようになっても、下よりもまず上に行かされます。「あれ点けろ、これ点けろ、もっと右だ、左だ」と言われて、ようやく下に。昔の映画だったら30は絶対に超えますから。34〜35歳で技師になったら、若いなって言われてた世界です。

——京都映画に参加したきっかけは？

林　年明けから東映に行く予定が、松竹の照明係長やってた村田（政雄）さんから「京都映画で中島ってやつが初めて技師やるから、こっちに来い」……まだ下鴨に撮影所があった時代で、京都映画の照明部に入社したのは1967年ですわ。最初は現代劇の帯ドラマで、『黒い編笠』（68〜69年）に『白頭巾参上』（69〜70年）とか時代劇もようけやりました。それから松山善三さんのシリーズ、最初が『がめつい奴』（70年）で三益愛子さんのお鹿婆さんにテコが藤山直美。その枠の松竹側のプロデューサーを櫻井（洋三）さんがやってたんです。

——そして1972年に『必殺仕掛人』が始まります。

林　『仕掛人』も櫻井さんがプロデュースするというので、松山さんからの流れでわれわれ若いスタッフが太秦に移行してきた。そのときはもうフリーになってたかな。まだまだ旧松竹の人が残ってたけど主流はこっちで、２班体制になるとB班は太秦の技師さん、染川（広義）さんと釜田（幸一）さんがやるようになった。ぼくらから見たら画が歴然と違う……すぐに色分けできますよ。どうしたって違う人間ですから。いや、技師ごとにチーフが決まってましたから、あんまり中島さん以外の現場はやってないです。照明部は技師も含めて4人。少ないです。それでナイターのロケなんかは応援を1人か2人もらって手伝ってもらう。使う機材は映画と一緒。そのまま使うてました。人物の逆から、そういう大きいライトを生で行くと、それはもう強く感じますよ。浮きあがるようになる。

——『仕掛人』の第1話はコントラストの強い照明とフラットな照明、両方を試したという逸話があります。

林　現場の前の話し合いであったのかな。ぼくらの入る余地はないから、たぶん監督やカメラマンとしか話をしていないと思うんです。実際に現場で2パターン撮るというのは、なかったと思います。

――ほかに『仕掛人』の思い出は？

林　緒形拳さんとめちゃくちゃ仲良かった。あの人は技師連中や監督よりも助手やってる若いもんに非常に目配りがあって、よくしてくれました。身勝手なんですけど（笑）。自分の言うたことはすべて聞かんといかん。ぼくらは子分みたいなもんでしたから「今日はお前のところに泊まる」って言われて「え？　泊まるんですか？　ホテルないんですか？」「ホテルは取ってあるけど面倒だ」とか、好きなことを言う（笑）。仕事に対しては狂気そのものやからね、緒形さん。叩くシーンなんかでも普通は当てないでしょう。でも本番になったらほんまに「バーン！」と叩くから、それで相手は吹っ飛んでる。鬼気迫るお芝居やから。そういう性格ですよ。

――シリーズ第2弾の『必殺仕置人』（73年）から藤田まことさんの中村主水が登場します。

林　最初のころは、本人は言いませんけど緊張してたと思います。30何年ずっと一緒におって仕事して、ごはん食べに行ったり、ゴルフが好きでゴルフは数え切れんくらい行きました。「トシやん」いうて、かわいがってくれてね。やっぱり年数を重ねるごとにだんだんすごい俳優さんになってきはって、晩年は「これが男の顔や！」っていうくらいの雰囲気ですよ。メリハリもすごいから、あの表情は忘れられません。

藤田さんの場合、殺しは45度からの角度がいちばん。真正面より斜めの顔がいいんですよ。ライトも顔の半分しか当ててない。で、アップ撮りにいくと「もう俺のアップはいいよ。いらんよ」って言わはる（笑）。最後の殺しに行くところなんか、暗い夜道が多いですよね。そこをシルエットで歩いて、最後だけふわっと顔が見えるとかね。殺しでもライトは要所要所にしかないから、お芝居をしながら動いて、セリフを言うなりして最後の止まった位置にだけライトを当てたい。だから間尺が非常に難しいんです。セリフしゃべってても長くなったり短くなったりするし、手前で止まったら顔にライトが当たらない。そのへん藤田さんはぜんぜん楽でしたよ。いつもテストで「トシやん、俺のライトはこれか?」って聞かはるから「はい、最後はこれですよ」、そうしたら「わかった!」。そういうライティングに合わせた芝居ができるんです。俳優さんによってはセリフを言うのに精一杯でそんなの全部忘れてるから、もうどこで止まってもいいように全部当てる。そんな笑い話みたいなこともあります。

——たしかに『必殺』はライトの当たる範囲がシビアです。

林　必要なところにだけ当てて、奥行きを出す。まぁ自分でそう思い込んでるだけで、「もうちょっと顔を映せよ」って思ってる人が多いかもわからんけど(笑)。ぼくは最初に俳優さんと仕事をするとき、初めての主役の方なんか特徴がもうひとつわからへんから、スチールマンに右や左やっていっぱいスチールを撮ってもらって、どういう角度や表情がいちばんええかを自分なりに考えます。それで最後の顔は「こっちの角度で」って、俳優さんにお願いすることもあるんです。

——ほかに出演者の思い出は?

林　中村嘉葎雄さん。『新必殺仕置人』(77年)のとき、野球のチームを作って、あの人も野球が好きだから意気投合しました。山﨑(努)さんも好きやし、藤田さんは近鉄バファローズの後援会長か副会長をやってはった。三田村(邦彦)くんとも仲良かったし、あの人の電話番号だけは知ってますね。三田村くんは殺しの前に必ず走らなあかん。バーッと逆光で走ってくるカットがあるでしょう。あれは非常に格好がええけどね、石原さんがいっつも言うてました。「走りの練習や」って。オープンで、よく走らされていたのを覚えていますわ。

女優さんをきれいに撮ることは基本ですよね

——シリーズ第3弾『助け人走る』（73〜74年）の第34話「必死大逃走」から最終回の第36話「解散大始末」までの照明を担当しています。これが林さんのデビュー作でしょうか？

林　そうです。メインのスタッフは次の作品の準備にかかるから、だいたいシリーズの後半で助手が任されたりするんです。蔵原（惟繕）さんと初めて作品やったのは、いまだに覚えてますね。。雨降らしで1日ずーっと部屋に閉じこもる話（第35話「危機大依頼」）やから、もうどうしてええか、わからへん。画に変化を作れへんから悩みました……蔵原さんは「好きにやっていいよ」と言ってくれましたが、とにかく冷や汗かきっぱなし（笑）。

——助け人たちが監禁される密室劇で、雨が降っているから『必殺』らしい光と影のライティングも難しい。

林　それも考えたんですよ。雨で強弱……前だけ光がカーっと当たって、後ろは黒く抜けへんかなって。考えたんですけど、それは無理やった。雨の暗いところを屋根みたいにしたかったんやけど、雨を降らしているから上にライトを置くことができひん。だからどうしていいか……蔵原さんと話をして、いっぱい助けてくれはったけどね。「こう行きたいんですけど、ここにライト置いてフレームで切れますか？」とカメラマンにお願いしたら、監督が「切ってあげなさい」。そういうこともありました。

蔵原さんはワンカットの長回しが多い監督なんです。照明部としては、これが大変……セットの中でも移動車に乗って、そこから降りて、ずーっと手持ちで歩いて、階段を登っていくまでワンカットとかね。全部当てなあかんけど、フラットに当てたんじゃおもしろくない。あと、カメラの影は出るわで、1日にワンカットしか撮れないこともありました。せやけど、いい人でしたよ、キザな感じで（笑）。

——撮影は藤原三郎さん。

林　あの人は下鴨の時代から、石原さんの家で寝泊まりしていたんやから。居候ですよ。ぼくと同じころ技師になってるし、三郎とのコンビ、けっこう数は多いです。いまだに石原さんが言わはりますわ。「三郎はロング撮ったらいい画を撮りよるなぁ」って。まぁ、変人ですけどね。仕事中は、よう喧嘩しました。「トシちゃん、サイズこれやで」って言われてパッとカメラのぞいて、「ここ、ちょっとだけ切れんか?」「それは無理やな」「10センチだけフレームをずらすだけでいいから」「いや、できん」「なんでできんねん?」「画が変わるから」。

そのへん石原さんは臨機応変やから、「こうやで~」って決めたら、もういいひん（笑）。カメラ放っておいてしゃべってはるから、それでライティングをバーってやったら、また来はって「きついなぁ、明かり。トシやん、照明きついで」「いや、あんたが好きなようにやっとけ言うたから」「ええわ、カメラもうちょいこっちや」とか。三郎の場合は絶対動かへん。また、こっちで理由を言わなあかんのです。全部説明しないと納得せえへん。もちろんカメラマンって頑固さがなかったらダメなんですけどね。

――林さんが技師になったきっかけは?

林　いちばんはプロデューサーの櫻井さんでしょうね。「お前、次やれ!」、そんな言い方ですよ。「え?　ぼくですか?」「ええのや、失敗しても責任は取ったるから」って、そういうタイプの人やった。で、「クビや!」言われたのも10回や20回じゃない（笑）。たとえばラッシュを見てて、「お前、あの影どうなってるんや?　おかしいやろ。誰かいるみたいに見えるやないか」とか「本人の影やないやろ。撮り直せ!」って、リテイクもありました。そのシーン、ぼくは違うところに目が行ってて、余計な影に気がつかなかった。それは的確ですよ。技師になったあとでも、また中島さんのチーフやって、放映に間に合わないということで2班立ったら技師としての出番（笑）。その繰り返しですよ。自分の色を出したいなと思うけど、それは難しい。助けられたなと思うのは、やっぱり石原さん。技師になりたてのころは「トシやん、ここ空けとくからな」って、よう言われました。

――「空けとく」というのは？

林　そこが必ずライトの行きたいところなんです。ライトの置き場所を考えて、空けてくれる。フレームで「ここ切っとくから」というのもありました。アメリカの撮影監督みたいに、石原さんはライティングも全部できますからね。向こうのカメラマンというのはオペレーターなんです。石原さんも「なんにもない真っ暗なところからライティングはできひんけどな。出来上がったもん見て、あれがいるか、これがいらんかはわかる」って言ってました。ときどきは喧嘩しますけどね。全部できてから「あれいらんなぁ」……苦労して滑車で持ち上げたライトを「いらん」ってあっさり言われたら、こっちもカーッてなる（笑）。

――京都映画の照明技師には〝トシオ〟が3人いますが、中島利男、林利夫に続く最後のメンバーである中山利夫さんの思い出はありますか？

林　あいつもセンスあるよ。再放送を見てくれたらわかるけど、いい仕事してますわ。ぼくのチーフをずっとやってくれて、性格的に非常にきめ細かいところがあったから、ずいぶん助けられました。ぼくは大雑把やからパパっとやって「さぁ行こう！」言うたら、横からそっと「あそこ、こうしたほうがええのちゃうか？」って、そういう目配りが利く。だから安心して仕事ができました。

――山田五十鈴さん主演の『新必殺からくり人』（77～78年）は第1話から林さんが技師で参加しています。フラットな照明で女優を美しく撮る技術も必殺シリーズの特色だと思うのですが、いかがでしょうか？

林　それは基本ですよね。女優さんをきれいに撮ることがお芝居にも反映されますし、山田先生になったら、もう画が変わる。お年を召してもきれいな方ですが、しわ隠しからなにから、ありったけのライトを当てて（しわを）切りました。人間国宝みたいな方なのに、山田先生のアップを撮るとなったら「先生、熱いですから」と助監督を代理で座らせようとしても、ライティングが終わるまで絶対そのまま動きませんでした。しかも汗をまったくかか

『必殺仕置屋稼業』の夜間ロケ、沖雅也演じる市松に大きなライトが当てられる

さまざまな照明機材を駆使して光と影のライティングが行われた

はらへん。だけど常に着物でしょう。なんでかなって本人に聞いたことあるんですけど、「着物を脱いだら汗びしょびしょよ」って言うてはった。首から下にだけ汗をかく……それは若いときに訓練されたんだそうです。

明かりというのは当て方ひとつでどないでもなるんです

――1本だけですが、藤原・林コンビによる映像を見ながらライティングの解説をしていただこうと思います。

林　いやぁ、その場限りで「こうや!」というのが多いから、あんまり難しいことは言えへんよ。

――『新必殺仕置人』の最終回「解散無用」。中村主水が同心諸岡（清水紘治）をめった斬りにして辰蔵（佐藤慶）の配下3人を始末するシーン、そして念仏の鉄が辰蔵を仕置するシーンです。

林　清水紘治は小学校1年から一緒や。太秦小学校の同級生。最近でも付き合いありますよ。（辰蔵と諸岡の屋内での会話シーンを見て）ここは下からライト当てて、不気味さを出してる。こういう場合は上から行くいうことは、ほとんどないですね。ただ、下から行くのはええんやけど、このヅラの筋がね……。

――殺しのシーンのワンカット目は屋敷前での俯瞰ショット。諸岡と主水が外に出ると同時に地面に光が差し込みます。そして戸が閉まると地面が真っ暗になりますが、2人のシルエットだけ浮き上がります。このショットが不思議で、下から上に向けて人物に照明を当てているのでしょうか?

林　いや、そんなに下やないですよ、ここまで当たってると。人物の逆から当てといて下のほうを全部切っているだけです。あんまり高い位置からだと地面に明かりが来る……それはダメやけど、ちょうど腰のあたりから当ててるはずです。それでバックはライト1個だけ。これは膝まで当たっているでしょう。だから地面に当たらんように切っているはずです。それだけのライティングですから、ものすごく簡単。ぜんぜん難しくないですよ。

——でも、ここまで真っ暗というのも珍しい。だいたい地面にもうっすらライトが当たっていたり、人物の影が伸びていたりしますけど。

林　それは臨機応変です。影が流れたほうがいいのか、ないほうがいいのか。全体のローを取ってポーンと当てればこのへん全部映るんですけど、それじゃ味がない。暗いほうがええのん違うか、でも背景まで潰れるので嘘でも（奥の格子戸に）火入れをしたら人物のシルエットが抜けるから潰れないでしょう。あんまり暗いと舞台の暗幕と一緒やけど、格子と障子の明かりがあるだけでずいぶん違う。奥の戸にも横からうっすらとライトを当ててますが、真っ暗にするよりも、ここに入り口ありますよって……俯瞰の画の広がりを出さんといかんから。

——そして2カット目は主水のアップ、「そう……あんたの思ったとおりだよ、諸岡さん」。横顔のシルエットから振り向くと、顔に半分ライトが当たります。

林　普通は顔を映しますよね。でも、途中からわかるようにしようって、横のときは奥の障子の明かりだけ。

——刀を抜く諸岡のアップを経て、4カット目は主水と諸岡が斬り合うロングショットが続きます。

林　さっきの引き画とぜんぜん違うでしょう。ここはもう「足元まで当てたいな」って思ってて、土ぼこりを立たせるためもあって、さっきは暗かったはずの地面がちょっと明るい……だから、つながってないんです。でもアップを挟んでるから見てる人には違和感ないはずだし、ここは光があったほうが殺陣がわかりやすいでしょう。

——斬られる諸岡は順光で表情を見せつつ、主水は逆光のシルエットです。

林　あんまり深く考えず、そのときのカットで格好よければそれでいい。奥に火入れの明かりがあるし、藤田さんの顔が見えなくても違和感ないでしょう。

——そして諸岡を刺したまま戸をぶち破って室内へ。主水が辰蔵の配下3人を叩き斬ります。

林　この引きも慶さんの顔だけ当てて、ほかの人物はシルエット。立ち回りのなかで光が当たったり当たらなかったりして、その方が迫力あるんです。全部当たってたら平面的になるからね。この回じゃないけど、石原さんなんか好き嫌いが多いから「こいつには絶対に当てるな」って、そうすると逆に目立ってしまう（笑）。何回もそれで失敗してますよ。ラッシュ見たら、ごっつうそこが気になってね。格好ええんです。

――さて、念仏の鉄が登場。逆光から動きに合わせて徐々に顔が見えてきます。

林　とりあえず当てんとこ、当てんとこっていうので、最後に顔が見える。ええ顔やね。慶さんのリアクションも普通に撮ってたらなんもおもしろいことないけど、もっと驚いた顔になってるでしょう。明かりというのは当て方ひとつでどないでもなるんです。しかし、山﨑さん、若いなぁ。この人はほんまに大変な人やった。酒が好きなんよ。嘉葎雄さんも酒好きで、どっちかいうたら酒乱や、2人とも。もう飲んだら止まらへん（笑）。芝居のことがごっつう好きで、この回じゃないけど、東京から来た監督の回をやったあと店で飲んで、あの監督はあかんとかなんとか吊し上げ。それで電話して、寝ている監督を呼び出して……そこ、ぼくが紹介した店なんですよ（笑）。義理の兄がやっていた店でさんざん夜中まで飲んで、監督を呼んで、ぼくまで呼び出された。

石原さんが監督してる作品にも三隅さんと工藤さんの画が入ってますよ

――蔵原惟繕監督以外に思い出深い監督は？

林　それはやっぱり工藤栄一、三隅研次の両監督かな。三隅さんはすごいと思いました。とりあえず徹夜。ＯＫを出さない。テスト数十回で気絶した女優さんもいてたけどね。「もう一度」「もう一度」言うて、どこが悪いとも言わへん。最終的に自分がやらはって、そうするとすごい色気がある。ジーパンはいてやってるのに、すごい色気。廊下をすーっと女郎が歩くシーンで、ちょっと〝しな〟を作って歩かはる。本番でも「カット！」言うたら自分でパッと行って「次はここ」ってカメラ位置を指示する。台本にはなんにも書いてないのに全部カットを覚えてはった。あの石原さんを子供扱いでしたから。

工藤さんは三隅さんとは正反対。なんでも自分でやらはるから、セリフはむちゃくちゃ変わるし、削るし、もう台本ボロボロになる。ライティングにもすごくうるさい。でも、いっぱい教わりました。セットの上から俯瞰で撮ってて、ずらっと人がおってライトの行くところがない。ロウソクが1本ポンとあるだけ。どうしたもんかなぁ……上から当てるわけにも行かへんしね。そうしたら工藤さん、ライト隠すところをちゃんと言うてくれはる。人物の後ろに置いて、こっちの人の後ろにも1個置いて……上から撮るから、フレームの中でもライトが隠れる。ほかにも「人物を映さずに影から始めよう。その影が動いて、最後に顔が映るようにしよう」とか、工藤さんはそういうコントラストや逆光をすごく気にしはる監督さんでした。

いま石原さんが監督してる作品にも三隅さんと工藤さんの画がたくさん入ってますよ。工藤さんは望遠が好きやったから、あの望遠の使い方は石原さんもときどきやらはるけど、あぁ〝工藤カット〟やなって思います。三隅さんのアップの撮り方も自分のもんにしてるし、「俺は三隅さんと工藤さんに育てられた」って、いつも言ってますからね。石原さんはやっぱりカメラマン出身やから、監督やっててもカメラマンの目で見はるときがある。ロケに行っても、バックがきれいだとほとんど切り返しを撮らない。その画の中で俳優さんに芝居をしてもらう。そうすると、無理が出てくるときもあるんですよ、動きにね。そこは俳優さんも困ってることあるんやけど（笑）。

――ほかに印象的な監督は？

林　貞永方久さんもええ監督で徹夜好きやけど煮え切らんところがある。まず俳優さんには「好きなようにやって」と、なにも自分からは言わない。で、芝居をしてセリフ言うたりすると、パッと止めはる。「それは違うんだよ！」って。全部やったあとで言うんだったらわかるけど、そこだけはちょっとなぁと思うてました。

――松本明監督と大熊邦也監督、朝日放送のディレクターも初期の必殺シリーズの常連です。

林　大熊さんはすごくクセあったけど、俳優さんに対しては目配りがたくさん行ってたような気がする。芝居してても、後ろで仕出しがうまいことやってなかったらカットかけて奥に行って「君ねえ、こういう芝居なんやから！」って、すごく熱くなっていた。俳優さんに対しても厳しくて、遠慮なしにガンガン言うてはった。藤田さんでも、誰でも。明さんはどっちかというと普通かな。けっこう俳優さんに合わせる感じでしたね。

1回ほんまに間に合わなそうなことがあったら、三原山が噴火した

――『必殺仕事人』（79〜81年）が高視聴率を記録し、その後は意図的なパターン化とともにシリーズがソフトな方向にシフトします。

林　めちゃくちゃになってきて、もう終わりやなって、ぼくらは言うてました。「こんなことまでやらんならんのか……」と。エリマキトカゲの回は、ぼくがやりました。もうイヤイヤでしたけど、あとはチンパンジーが出てきた回もやりましたね。もう現場もマンネリで新しい手はないし、いうたら悪いけどホン屋さんも違うわね。

――しかし殺しのシーンは洗練され、照明をふくめてショーとしてのクオリティが上がっていきます。

林　完全に作られた画になってきたから、リアル性はまったくないです。華麗になっているのかどうか……でも、誰にでも見てほしい、若い子に見てほしいという狙いがあったんでしょうね。そのときに流行ったものを取り入れたりするんも、現場はやっていて物足りんし、ドキドキしたりキリキリして仕事やってた時期とはちょっと違いました。監督も（松竹）大船の人がたくさん来たはったけど、松野先生はここ（松竹京都）の出やからね。せやけど松野先生……松野宏軌という監督は、ある意味すごいですよ。ぼくらスタッフが読んでても「こんなホン、もうイ

ヤや」っていう話を先生がやると、ちゃんとそれなりのものになる。よう言うてたのは、可もなく不可もなく必ず平均点を取らはる人やって。だからすごいホンを渡したとしても、そんなにええもんにはならない。

あと、『必殺』はスケジュールがキツくて、放映に間に合わなそうになると石原さんが「灯籠あるやろ。あれ持ってこい!」「酒樽あるやろ。あれ持ってこい!」って、セットに樽を2~3個置いたり、灯籠を置いたりして撮りました。苦肉の策ですよ。ある種の〝見立て〟で、見る人はそこを神社だと思ったりする。塀を持ってきて裏に木を出したり、もう舞台と一緒。そうせんと間に合わへん。なんとかしないと放映に穴が開く。そんなんで毎日、綱渡りですよ。1回ほんまに間に合わなそうなことがあったら、三原山が噴火した。それで放映が中止になって「うわー、もうかった。1日休みもらえる!」、みんなよろこんでましたよ。

――林さんは『鬼平犯科帳』(89~16年)にも参加していますが、『必殺』と『鬼平』のライティングの違いは?

林　まったく別もんですよね。『鬼平』はオーソドックス……昔のままの映画的な照明でいいと思うんですよ。アウトローが主役じゃないし、プロデューサーの市川(久夫)さんも『必殺』の画とは絶対に変えてほしいわけ。そのことは強く言われてました。監督もカメラマンもメインは東京の人やから、まずアングルから違う。だから中島さんのライティングも違います。もうコロッと変わる。中間がない人やから(笑)。

――90年代からは土曜ワイド劇場の『京都殺人案内』などビデオ撮影の作品も増えていきました。

林　やっぱりフィルムとは違うから当て方に苦労しました。強くベタに当てると嘘っぽい。『必殺仕事人2007』からハイビジョンになってね、黒を真っ暗にしたくてもできない。カメラのレンズもよくなって、感度もASA800くらいで撮ってる。『必殺』は強い光を当てて、なるべく絞る。そうすると暗いところが暗くなる。ところがビデオでは、なかなかそうならない。石原さんがいつも言うてますが「400にして、倍のライトでやろうや」……できないことはないんですけど、まずお金がかかる。時間がかかる。機材もぜんぜん違うんです。

――それでも近年の『仕事人』のスペシャルはライティングもそうですが、画のグレーディングを暗くて硬い方向に寄せてきています。奉行所や渡辺家のシーンは当然フラットな照明ですけど、そこすらちょっと暗めで。

林　そう思うてますか。あんまりペンペラペンにはしたくないなぁという気持ちはあって、仕上げで画を締めているところはあるんです。あのへんはホッとするシーンやからベタ明かりでやってんのやけど、あそこだけ明るすぎるのもなんやしね。若い人はどう見てくれてるのかな。いまの時代に合うにはどうしたらいいのか。昔と同じようなやり方では違う。それは時代が違うのやから。基本的なもんは崩さずに新しいことを……まぁ、いろいろ考えてはいるんですが、うまく行かないことを痛感しますね。4K、8Kの時代劇は厳しいですよ、カツラなんかも。

照明の機材も変わりました。もうアークでやる雷はダメですね。一時期「ポケモンショック」というのがあったでしょう。あれの影響もあって強い明滅はできない。代わりに別のライトでやってるんですけど、そういう雰囲気にはならない。あと最近はコマ数が少なくなるのがあかんのです。格子を手前に置いて人物が歩くのをレールの横移動でパラパラって、石原さんの好きな撮り方があるでしょう。それもたぶんダメです。画が欠けるから。なんか計測するやつがあるらしいですよ、テレビ局に。

――やはり時代による変化があるのですね。いまも林さんは現役で、まだまだお元気です。

林　もうちょっとで今年、79歳になります。藤井の哲ちゃん（藤井哲矢）が同じ年かな。ぼくは20代からこの歳になるまで、定年退職もなく、なんとなくやってこれた。しあわせなことかなって思うてるんですけどね。作品が1年に1本でも2本でもあることによって、「あぁ、がんばらんとあかん。足が痛いとか病気したとかではできんし、健康には注意しておこう」と思います。多少なりとも散歩に出かけたり、そういうことで元気は元気ですけどね。仕事があることで、それに向かって気力が出てくる。まぁ、石原さんとどっちが先に逝くかわからない。あの人も「俺はもうあかん」って言うてはるけど（笑）、1日1日が勝負やなと思います。

林利夫

［はやし・としお］

1943年京都府生まれ。高校卒業後、会社員を経てフリーの照明助手に。67年に京都映画に入社し、中島利男の助手を経て74年に『助け人走る』で技師デビュー。70年代後半から本格的に照明技師としての活動をスタートし、必殺シリーズのほか『鬼平犯科帳』『剣客商売』『京都殺人案内』などに参加。『必殺仕事人2007』以降のシリーズの照明も手がけている。映画は『恋する彼女、西へ。』『超高速！参勤交代』などを担当。

南所登

現実的には ぼくにとって『必殺』は敵ですわ（笑）

必殺シリーズ初期の照明は中島利男だけでなく松竹京都出身の染川広義、釜田幸一の両氏も担当していた。彼らの助手を務めた南所登はその後、京都映画のスタッフによる歌舞伎座テレビ作品「斬り捨て御免！」「眠狂四郎」シリーズの照明技師に。知られざる、もうひとつの必殺ライティングの系譜とは——。

ぼくらは佐野さんや染川さんの松竹グループやから

南所　生まれは京都の西京極です。同じ町内に照明の技師さんが4人くらい住んでたと思うんですよ。ほんで、近所に杉山電気という照明器具屋さんがあって、高校のときにアルバイトしてた。当時の照明はライトとタマを別々に運んでたんです。そのタマの番だけをしに行く。要するに電球、それが高かったから。そうしてる間に自分でライトにタマも入れられるようになるし、入れたライトを横に運ぶこともできる。で、卒業するころに「お前、照明部せえへんか?」って言われて、東映の照明技師の安田与一さんという方に東映テレビプロを紹介してもらったんです。テレビプロには2年ちょっとおったんかな。ちょうど20歳のときに佐野（武治）さんのとこに行ったから。当時、テレビをやるのは格下に見られてたんです。東映京都には〝坂上〟と呼ばれてたテレビプロがあって、本編のスタッフからは「お前ら坂上か？」ってバカにされてた。悔しかったね。まだ若いし、「だったら俺も映画やりたい」って先輩に相談したら、佐野さんを紹介してもらえた。それが京都映画に行く第一歩ですわ。

――佐野武治さんは松竹京都出身ですね。のちに黒澤明監督の『影武者』（80年）や『乱』（85年）などを担当し、CM界の大御所になります。

南所　もう松竹は閉鎖になってて、佐野さんは京都で香港映画をやってました。シンガポールにも行きましたよ。たしか監督は島耕二さん。3ヶ月間やる予定がシンガポールに着いた途端に主演の役者が死んで、1ヶ月か2ヶ月間なんにもせんとぶらぶらしてた。ずっと遊んでた記憶がありますわ。佐野さんは東京で映画やCMをやってて、「お前ら、来い」ってそっちに呼ばれたりもしましたね。佐野さんの下には全部で10人くらいおったと思う。京都映画の技師だと仙波（正巳）さん、染川（広義）さんも松竹出身です。こんなん言ったら怒られるかもしれんけど、助手のときはしんどかった。

初めて撮影所に入ったころは、まだ〝南オープン〟というオープンセットがあって美術さんに聞かれたんです。「この撮影所は太秦でいちばん西にある。なんでか知ってるか？」って。その理由は、オープンに東西の広い道があって、そこから西の空を見たら、嵐山のほうに日が沈むのを撮れるように作ったんだと。「なるほど、昔の人はそこまでしてんのや」って、それだけはよう忘れられんのですわ。ぼくらが来たときは京都映画になってますから、その東西の道というのはもう狭くなってて……路地までとは言わんけど、そんなんになってた。南北の道が本通りみたいになってて、ということは太陽が変わるから、根本的にものを作る前提が崩れてしまう。南北だとすぐに変わりますけど、東西だとそう変わっていかないんですよ、太陽の位置が。

――そして『必殺仕掛人』（72〜73年）が始まります。

南所　『必殺』の思い出っていうのは、ぼくにはないんですよ。近藤正臣が主役のやつに応援で呼ばれて、アタマの2〜3日だけ技師やってますけど。現実的には、ぼくにとって『必殺』は敵ですわ（笑）。まずもって中島利男とはグループが違うからね。一緒にされたらかなわん。

——初期のシリーズでは染川広義さん、釜田幸一さんのもとで照明助手のチーフをやっていたわけですね。

南所　染川さんには勉強させてもらいました。いろんなことを教えてもらったし、あのナイトシーンのライティングなんか今でも好きだから真似をします。すごく〝情〟があるというか、「あぁ、なるほどな」って思うライティングでしたね。記憶が間違ってるかもしれせんが、染川さんは大正15年か昭和元年の生まれで、技師になるのが遅かったと思うんです。たしかデビュー作は『三匹の侍』（64年）かな。佐野さんや仙波さんのほうが後輩やけど、技師になるのは先だった。仙波さんは出世が早かったからすごく勝ち気で、そんな仙波さんと染川さんの両方に助手として付き合えたんがよかったですね。

釜田さんは、もともと照明の準備班やったらしいんです。そこから佐野さんの助手やって技師になった人。釜田さんの下についてて、現場には撮影部と照明部がいますよね。で、キャメラマンから「あそこにこう当ててくれ」って言われたら、そういうふうにライトを当てる人なんです。仙波さんなんか絶対に当てない。そう言われたら反対に当てるほうですわ（笑）。ぼくかてそれを見習うてるのかしれん。佐野さんはそういうことを絶対に言わせないように、前もって段取りしてる人やった。だから釜田さんのおかげで「照明技師っていうのはこうでなかったらあかん」と、反面教師かもわからんけど、いちばん勉強になりましたね。そのあと、あの人は照明技師からセット付（特機）に移ったんです。

——メインの照明技師である中島利男さんの思い出は？

南所　要するに向こうは向こう、こっちはこっち……メンバーが違うわ。やっぱり『必殺』というのは中島利男やったと思うけど、まぁ向こうの技師なんです。彼は松竹じゃなくて京都映画で、その前は東映かどっかの出ですわ。

バッテリーライトを手にしている南所登。右は家喜俊彦監督

あとから入ってきた人間なんです。ぼくらは佐野さんや染川さんの松竹グループやから、まぁ……で、『必殺』が当たりましたよね。ぼくにとっては、いちばんの敵という気がしてたし、それがいちばんの力になってました。
いっぺんね、中島利男がスマートって喫茶店で（東京）12チャンネルの悪口を言ってた。当時、ぼくらは12チャンネルの仕事が多かったんですよ。歌舞伎座テレビの作品をやってましたから。で、ぼくは直接その場におらんかったけど、教えてくれたやつに「なんて言うとった？」って聞いたら、「お前な、テレビドラマは2から10までやろ。12なんて誰がやっとるんや」とか中島が偉そうに言うとったって。で、それから先ですよ。あいつらも12チャンネルの仕事やりよった（笑）。そのとき俺はスマートで中島に会って、「いま自分ら何チャンネルやってんの？」って聞いたった。それで「え、12か？」って、わかってて言うた。やられたら絶対やりかえすほうやもん。そやから今日まで現役でやってられるのかもしれへんけど。

——切磋琢磨ですね。とくに思い出深い監督は？

南所　やっぱり三隅さんかな。三隅研次さんは、ぼくが助手のときに、なかなか現場が進まへんのですよ。ほんで、中山利夫らと一緒にいてたところに、三隅さんが「南所くん、ちょっとこっちおいで」って。「あのなぁ、台本に書いてあることはそのまま撮ったらええ。台本に書いてないことを撮るんがぼくの仕事や。わかったか？」って教えてもろうた。いまだによう忘れん言葉です。あれは『おしどり右京捕物車』（74年）やったと思う。ぼくにとっては自分の照明がどうこうではなく、美術さんもそうですし、監督もそうですが、人に教えてもらったことばっかしですわ。自分で「これをやって、どうやった」とか、ないですよ。だから助手のときにたくさんいい人に会えたし、会わせてもらえたなって思ってますわ。そういう意味では自分が技師になってから、なにひとつできてへんのやろなって……。

照明でいうたら、やらかくするというのがすごく難しい時代だったんです

南所　ぼくは30歳で技師になったんですよ。いまから思えば運がよかったのか、当時はフィルムとビデオのちょうど境目やったんです。『おくどはん』（77〜78年）という朝日放送のスタジオドラマがあって監督は大熊邦也さん、そのとき京都ロケがあって「お前、ちょっとビデオの応援してきたれ」って会社に言われて、現場に行ったんです。タイトルバックとか京都のロケとか、そういうとこだけね。それがたしか28か29、そこでビデオのシステムを覚えて、30のときに京都映画が昼の帯ドラマを2カメで撮ることになって「お前、ビデオやってたからビデオせえ」、それが技師になったきっかけですわ。あれは毎日放送やったと思うんやけど、最初はビデオやった。

――『花かぶら』（80年）という帯ドラマでしょうか？

南所　たぶん、それ。もしかしたら31か32かもしれない。なんで30歳で覚えてるかいうとね、友達に安藤清人という東映の照明技師がおるんです。『極道の妻たち』（86年）とか、あのシリーズやった人。その安藤から、ぼくが技師になったときに「ええなぁ、ナンちゃん。お前早うできて」って言われたのを覚えている。でも、ぼくが技師になれたんは、もう亡くなりましたけど、録音の広瀬浩一、キャメラの藤原三郎という、ほんまにいい仲間がいて、彼らが推薦してくれたんやろなっていう気はしてます。それから助手についてくれた中山利夫と澤田徹夫……ぼくにとっての、ほんまにいい仲間が全部先に逝ってしまった。

――その後、歌舞伎座テレビの「斬り捨て御免！」「眠狂四郎」シリーズを担当しています。やはり同じ京都映画でも『必殺』とはライティングの違いを感じます。もちろん出陣や立ち回りなどコントラストの強いシーンもありますが、全体にフラットできれいな光が目立ちます。

南所　そのとおりですわ。やらかい光……照明でいうたら、やらかくするというのがすごく難しい時代だったんで

す。要するにライトのタマが「ボン！」とあって、いまでこそトレペ（トレーシングペーパー）張ったりしますけど、あのころは障子紙を使ってたんです。それかパラフィン紙。カポックとかが出てくるのも、そのあと。だから歌舞伎座のとき、ようやく「こう当てたら、こう光が進むのか」とか……正直いまもわかってないけど、なんとなく理解できるようになりましたね。やらかい光を反対にまとめたり、ひらげたり、みんな悩んでた時代です。

あとは、やっぱりいいメンバーに会えたなって思います。美術は大映から来てもらった太田（誠一）さん。あの人にはいっぱい教えてもらいました。ライティングだけでなく、人間としての生き方も。太田さんで忘れられへんのは、廊下のセットがあってね……『斬り捨て御免！』（80〜82年）やったと思うんですが、廊下が全部板戸で天井もある。人物が奥に立ったら、正面のベタからしか光が当てられへん。〝ベタで当てる〟というのは、照明としていちばん芸がないとは言わないけど（笑）、そういうことなんですよ。そのとき太田さんに「当てることができへんのやけど」って言うたら「そりゃそうやろ、当てられへんようにセット作ってんのやから。こんなもん当てたらいかんのや」って言われた。で、なんとか当てれば一人前の照明技師やったのに「悪いけど、ここだけ障子にしてくれるか？」とか「人物が前に来たときだけ当たるようになる方法ないか？」とか相談して、直してもらった。そのときに「あぁ、まだまだ俺はわかってないな」って痛感しました。

――撮影は中村富哉さんと藤井哲矢さんが交互に担当しています。

南所　よう喧嘩しましたよ、藤井哲矢とは。「あいつにごちゃごちゃ言われる筋合いはない！」と思うてましたから（笑）。中村富哉さんとも1回だけ喧嘩したっていうか、絶対に言うこと聞かなかったことがあった。あれは『斬り捨て御免！』で監督は家喜（俊彦）さんやったと思うけど、六畳くらいの部屋で女の人が犯されたあとのシーンがあったんです。おそらくキャメラマンは上から俯瞰で撮るやろうと思ってたんです。何人かに犯されたあと、ひとり残されてポツンと……台本読んで、おそらく俯瞰やろうと。そうしたら中村さんが「そこの障子に雷の光をバリバリバリっと入れてくれ」って言うたんです。雨が降ってて雷が光ってるイメージで、彼女が浮き立つような感じにしてくれって。で、「悪いけど、ちょっと待て。俺はそんなんせえへん」って言いました。

そこから自分のイメージで、セットの上に水槽を置いて、その上からライトを当てて……要するにその女の人が犯された、その痛みを表現したかったんです。雨上がりの水たまりにポツンとなにかを落としたら、ふわ〜っと輪っかが広がりますよね。そういうふうに、女の人が横たわってる俯瞰の画に四角い明部を作って、そこに水の波紋を映した。それはね、三隅さんの現場で、手の動きで女性の心の底からの心理を表現するような演技指導があって、まぁ女優さんへの言い方はむちゃくちゃなんですが、それが根本にあったんです。だけど、そのライティングにものすごい時間がかかった（笑）。えらい文句言われて怒られたけど、もうクビになる覚悟でやりました。これが中村さんに唯一抵抗した思い出。そのおかげとは言わないけど、それから絶対なにも言わへんようになった。

やっぱりキャメラマンと監督には悪いことしたなと思います。なんでかと言えば、（中村）吉右衛門さんって顔がフラットなんです。そこに横から当てたら立体感が出る。だから「悪いけどそこで止まって、この光で撮らせてほしい」って吉右衛門さんに言うたら、やっぱりプロやから絶対そこに来るんですよ。鼻がピシっと見える角度に。でも監督としては、そういうことではなく芝居を優先してほしいですよね。位置よりも全体の雰囲気で演出したい。それはやっぱりあらためて考えると、自分がなにもわかってなかったんです。

いちばん最初に佐野さんから教えてもろうたこと

——先ほど必殺シリーズで数日だけ技師をやった話が出ましたが、『必殺剣劇人』（87年）の第1話でしょうか？

南所　それかな。石原（興）組やったと思う。林利夫の代理で、あのときも〝若〟……広瀬浩一が録音やってたな。

たしか屋根の上を渡るようなシーンがあって、そんなんサーカスでやりますやん。みんなで打ち合わせしたときに「サーカスの人でも呼んできたらええのんちゃうの?」って思うたんです。でも、もう『必殺』というのは長年のチームで独自のノウハウがあるから、そんなんせんと別の方法で撮ったと思います。そういう意味でも、ものの考え方、ものを作るというポイントが自分とは違うなって思いましたね。

――歌舞伎座テレビのあと、木曜ゴールデンドラマや山村美紗サスペンスなど京都映画の単発ドラマを多く手がけていますが、エクラン社のカラオケビデオも担当していたとうかがいました。

南所　だいたい歌が3分かな。3分で1日2本撮れいうことは6分ですわ。照明部がぼくともう1人、助手さんをくれって頼んで……ロケに行っても機材はバッテリー2台だけですわ。だから現実的にはライティングができないというか、もっと言えば「これで自分はなにができるか」っていうことなんです。やれることが限られるから光重視で「ここからこう撮ってくれ」という画を監督に提案できた。カラオケの現場は鍛えられましたね。

――その後、関西各局のテレビドラマやCMで活躍されます。

南所　最初は松竹芸能だったと思うんです。木村(正人)というプロデューサーが「ナンちゃん、2カメで前やったよな。今度マルチやけど、やってえな」って言われて。1カメのビデオなら木曜ゴールデンとかやってたけど、マルチのスタジオものなんかできるわけないやんって思いながら読売テレビに行ったんです。そうしたら今岡(大爾)さんというチーフプロデューサーが「南所さん、松竹にいはったんやね。佐野さんって知ったはりますか?」。もちろんよう知ってますよ。それで佐野さんの直系というわけで「ナンちゃん、やって」。そのあと佐野さんに会うたとき、マルチの照明ができるのか相談したら「黒澤組なんか夜間ロケでキャメラが6台も7台もあるんや。3台くらい大したことない、やれやれ!」って背中押してくれた。

それは『京一輪』(89~90年)という朝の帯ドラマ。ええ格好するわけやないけど、なんでもいいやと思うてるんですよ。いちばん最初に佐野さんから教えてもろうたこと……照明部として絶対忘れたらあかんでって言われたんは、要するに「写真は一生や」と。「映画は1ヶ月。テレビは1日。それを絶対忘れるなよ」って。だからテレビだからイヤとか、そんなことは一切思わずに仕事してきました。

——なるほど。ありがとうございました。

南所　あのね、これだけは最後に言うときたいんやけどね、ぼくは大島渚が日本映画をダメにしたと思う。要するに、あのへんの監督が独立プロで映画を撮った……安いギャラでスタッフを使って、安い予算で作った。大島渚という名前を出したらわかりやすいと思うんですけど、それはぜひあなたたちに考えてほしいなと思う。それまで45日かかってた撮影が35日、20日と縮小されていった。最初に言ったとおり、もともと映画っていうのは東から西に太陽が行くようにオープンだって考えて作ってるはずなんです。それを「もうやれるとこでやろう。撮れるとこで撮ろう」って、ぼくらもそういう現場に参加して、やった結果は映画があかんようになった。だから自分らのせいやと思ってるんです。もっと言えば、どんどんテレビのドラマもそうなってきてます。先輩に教えてもらってばっかりで、なんにもできてない悔しい気持ちがありますね。

南所登［なんじょ・のぼる］

1947年京都府生まれ。高校卒業後、東映京都テレビプロダクションを経てフリーの照明助手として佐野武治に師事。京都映画で多くのテレビ時代劇に参加し、80年に『花かぶら』で技師デビュー。「斬り捨て御免！」「眠狂四郎」シリーズや木曜ゴールデンドラマ、山村美紗サスペンスなどを担当し、その後は各局のテレビドラマやドキュメンタリー、CMなどで幅広く活躍。映画に『舞妓物語』『秋深き』『果てぬ村のミナ』がある。

中路豊隆

俺がいちばん好きなセリフはね「今朝はしじみ売りの声で目が覚めた……」

撮影現場でセリフを〝録る〟のが録音部の仕事。中路豊隆は『必殺仕掛人』から録音助手のチーフとしてシリーズに参加し、やがて技師となって現在も活躍。撮影・照明が優先される現場での録音部の苦労、現代の環境で時代劇の音を録る難しさ、『必殺』や『鬼平犯科帳』に関わってきたベテランが録音術を語る。

俺らの基本は〝マイクは上から〟なんです

中路　俺はあんまりしゃべらへんねん。録るほうやから（笑）。諸先輩の話も黙って聞いているだけ。入ったときは助手やったし、まぁ『必殺』があったから今日があるのかなという思いはあるんです。だって365日、ずっと仕事でしたから。10数年間、ほとんど休みなし。悪徳プロデューサーのおかげでね（笑）。『仕掛人』は72年の7月にクランクインしてるんです。それで9月にオンエア開始ですけど、その間に2～3本しか撮れてなかった。

──『必殺仕掛人』には、第1話「仕掛けて仕損じなし」から参加したのでしょうか？

中路　第1話の初日、よく覚えているわ。オープンセットの長屋で梅津（栄）さんの「クラクラする～」っていうセリフ、トシやん（林利夫／照明）も言うてたと思うけど……え、聞いてない？　それが第1話の最初のショットや。吸うたらあかんよって言われてたのに「これだけは止められん」って梅津さんのダメ親父が煙草吸うて「クラクラする～」って言うてたら梅安さんが来る。それで殴られて、鍼の治療を受ける……あのセリフはもう鮮明に覚えていますね。梅津さんのおもしろさもあったし、あとは緒形（拳）さんの迫力やね。

あのときは録音部のチーフ（助手）になりたてで、なにを見ても新鮮やった。入社して2～3年、仕事のツカミはわかってたんやけど、この作品はすごいなあって思いながらやってました。もう、とにかく忙しかった。毎日が夜遅くまでやったから。深作（欣二）さんはエネルギッシュで、朝まで時間かかろうがなにしようが関係ない。それで毎日〝夜間〟してて、なんで終わらないんやろう、なにを撮ってるんやろうって（笑）。まぁリテイクも多かったんでしょうけど、なんでリテイクなのかは助手にはようわからん。「これ、やったやないか！」って。でも、最後に完成したもんを見て、やっぱりすごいなと思いましたもん。

石原（興）さんもすごかった。その前に『新三匹の侍』（70年）なんかを撮ってて、そのときから「あぁ、すごい人やなぁ」と思いましたね。まだ若いのに、かっこええ。まずパンが上手い。ほんまに流れるようなパンで、引きじゃなくて寄りでパンする。それが『必殺』のカメラワークにもなってるでしょう。とんでもないところから撮ったりね。ズーム、パンは上手いなって、いまでも思います。スッと滑らかなんですよ。録音部にもね、「そこ出てへん？」とか、ちゃんと言うてくれるんです。マイクの位置や影が出てないか、見てくれる。たとえば、こっからここまでパンするでしょう。「マイクどこに置いてんねん？」「ここです」「よし、わかった！　もうそこ置いとけ」って。いろいろ助けてもうたよね。

――ほかに『仕掛人』の現場の思い出はありますか？

中路　第1話のときセットの蔵の中でマイクを持って、睦五朗さんのナレーションを録りました。もうダビングスタジオで録る間がないんですよ。だから睦さんに蔵まで来てもらって、撮影が終わったあとに録ったのは覚えています。技師さんがいて、ぼくはマイクを持ってた。ゼンハイザーの402かな。スタジオだとスタンドを使うんだけど、俺らの基本は〝マイクは上から〟なんです。ローもハイもミッドも全部きれいに録れるから。下からだと音がこもったりするから、上から45度の角度。だからほんまは全部そうできたらええんやけど、現場の状況でそうもいかん。ナレーションはマイクの影なんか関係ないし、いちばんええポジションで音だけを録れる。

――たとえば2～3人の会話シーンがありますが、録音助手がマイクを動かすタイミングひとつでセリフの録り方は変わってくるわけでしょうか?

中路　2人がしゃべってて、真ん中にマイク置いていく……そんなん許してくれへん。ぜんぜんフォーカスが違うということで、音も違う。だからけっこう覚えたよね、最初のころに。やっぱりマイクは振らなあかんし、マイクの指向性も狭い。まぁ402は広いんやけど、離れるとあかんのやね。『仕掛人』はチーフやりながら、まだ振ってましたね。マイクを振るのが好きやったから。「俺は日本一や」と思ったくらいでね(笑)。俺に振らせたら、どんなセリフでも録れるっていう思いで助手やっていた。ま、半分冗談やけどね。

リノ・ヴァンチュラの『冒険者たち』なんか大好きやね

――さかのぼりまして、京都映画の録音部に入ったきっかけは?

中路　たまたま新聞広告で募集を見たんです。もともと高校を出てからトヨタにおってね。映画音楽が好きやから、ずーっと映画ばっかり見てて選曲の仕事をしたいと思っていた。リノ・ヴァンチュラの『冒険者たち』(67年)ってあるでしょう。あれなんか大好きやね。『ひまわり』(70年)も名曲やけど、当時のフランス映画、イタリア映画はすごいなぁと思って見てました。邦画なんてほとんど見たことない。だから映画音楽に興味があったんやけど、この仕事に入ってからは目の前のことに一生懸命で……そんな思いは飛んでしもうてる（笑）。地元の京都で21歳まで2〜3年は安穏とやってたんやけど、それから新聞広告を見てここに来た。

——録音部の募集ですか？

中路　うん、録音やった。「あ、ちょうどええな」って思ったから。専門的な学校は出てないでしょう。だからコード巻きから全部やったんやけど。録音部は現場の音録りと仕上げのダビング班とに分かれてて、ぼくは素行が悪いから現場向きやって（笑）。実際、現場は楽しかったけどね。本格的についたんは、さっき言うた『新三匹の侍』で、その前は3ヶ月くらい現場の見学。

もう、『三匹』はロケーションに行くのがイヤでね（笑）。怖いおっさんばっかりおるから圧倒されて。でも、菅貫太郎さんが水車小屋に縛り付けられて、水野久美さんが出てくる回（第2話「申の刻には獣が死ぬ」）、あれはすごいなと思いました。監督どうこうより、自分の仕事を覚えなあかんので一生懸命で、マイクなんて持たせてもらえないから先輩に言われて渡すだけ。マイク持てるようになったんは半年くらい経ってからかな。助手は基本2人で、ぼくが3人目……見習いのサードだったんです。本来は2人、技師さんを入れて3人でやる。その当時、サードは台本にも名前が載らへんかったから、まずは台本に載るようにがんばらなあかん。

——当時の録音機材は重かったのでしょうか？

中路　漫才で使うソニーのC‐38Bマイクがあるでしょう。あれを持つんだけど、重かった……。自転車の荷台に使うゴムバンドを改造して三角形のショックアブソーバーにして、これをぐるっと回して集音しないといけない。まずマイク振るのが大変やった。ノイズもすごかったし……持っているときの揺れで出るノイズがね。「じっと持っとけ！」言われるんやけど、なかなか止まらへん（笑）。「パンのときノイズ出ますよ」って言うて、セリフまではノイズ出るけど、セリフになったら出さない。間のノイズは、あとでコピーするときに消せばええの。

マイクのブームも竿やったね。自分で竹竿屋で買うてきて、大きいやつと中くらいのやつの2種類を用意する。で、アップ用、バスト用って。ロングはもっと長いのでやるけど、画に入ってようカメラマンに怒られたりね。そのうちゼンハイザーの新しいマイクが出てきて、ちょっとは楽になりました。でも小さいマイクで音はええんやけど、それこそノイズがよう出よる。ゼンハイザーの前はＡＫＧ（アカゲ）を使っていた。

――録音技師で師事した方は？

中路　松竹の二見貞行さんにずっとついてて、『仕掛人』も1話からこの人です。二見さんは太秦……撮影所の映画的な流れの技師さんで、石原さんや照明の中島（利男）さんは下鴨のテレビ映画のほう。その当時、俺ら若いもんは向こうに行きたかったんですよ。若いもん同士やし、太秦はうるさいのが多くていろいろ言うからさ（笑）。助監督やってた高坂（光幸）さんも一緒なんです。太秦育ち。太秦と下鴨のチームに分かれていたんです。うるさいおっさんばっかりやったな。とくに照明部の助手のおっさん。夜になったら酒を飲んでうるさいし、現場でもマイクの影を出したらきつう怒られてな。松竹の撮影所が閉鎖になって、残党がみんなテレビに来たわけ。石原さんも若かったし、いじめられていると思う。機材のこととか。俺らはその残党の中の新人でやってたから、ごっついイケズもされたんです。ほんま殴ったろうかって思うくらい。それは高坂さんもよう知ってる。あの人は俺を助けてくれたから。うるさい連中ばっかり相手にして……だから、けっこう我を張ってやってたな。

照明でも技師さんはボソボソっとしか言わないし、染川（広義）さんは面倒見てくれた。マイクの影が出るでしょう。こっちでは録音の技師が「もっと寄れんのか！」って言うわけ。それで画面ギリギリにマイク出すと、カメラマンから怒られる。「影が走った」とか言われて。モニターがない時代やし、フレームのギリギリのところまで持っていくのが助手の腕やったね。マイクをスーッと上げて、スッと持っていく。

――マイクの影が出たら……。

中路　「出た！」って怒られますよ。現場でわからへんときはラッシュを見て「出た！」ってなるし、どっちにしたって出したら怒られる。でも影が出てても、石原さんの場合ちょっとサイズを詰めてくれる。「お前、どこやねん？わかった！」……そういうところは融通が利く。アングルに固執しないんです。

――いわゆる「撮・照・録」という言葉がありますが、やはり画のほうが優先される。

中路　だって決まるのがいちばん最後やもん。まずカメラで画面が決まるでしょう、それでライティングするでしょう、そのあとやから。しかも動きがあったら、追っかけていかなあかんから大変だった。ロングを録るのも大変。ピンマイクなんかない時代やし、基本はマイク２本でやる。でもそのおもしろさはあったけどね。一生懸命録った音がきれいやったらうれしいなあっていう。入社して２年目には、もうチーフやってました。早かった。

――録音助手のチーフの仕事は？

中路　画のサイズを見て「このマイクはこう」っていろいろ下のセカンドに説明する。このサイズはどうだ、動いたらどうなる、とかね。技師さんはカメラから離れた機材のところで、じーっと音に専念してますから、現場を回すのがチーフの仕事です。どこもそう。照明部もチーフが決めるって、トシやんも言うてた。技師さんを呼んで「はいどうぞ、できました」。昔の徒弟制度みたいな感じですよ。録る機材はナグラ１台で、ついこの間までナグラでした。『鬼平犯科帳』（89～16年）もナグラ、『鬼平』が終わるまで使うてた。ナグラは２チャンネルしかないんやけど、フィルムの時代からいちばん相性よかった。いまはもうパソコンやからわけがわからんもん（笑）。

最近は機材が発達して、失敗してもカバーできるようになってるからあんまりおもしろみがない。でも当時はナグラやし、一発で全部を成立させなあかんわけ。で、あかんときは〝サウンドオンリー〟……本番の直後にセリフだけオンリーでもういっぺん録るんやけど、それはとどのつまり。こっちとしては、なるべくシンクロ（同時録音）で行きたい、ロングの画でもちゃんと隠しマイクで行きたい。そう思ってやってました。

――録音技師の二見貞行さんは、どのような方でしたか?

中路　なかなかのインテリやった。厳しくは言うんやけど、あんまり怒らへんかったね。というのは、ほかの部が怒ってきよるから(笑)。だから「もうちょっと援護してくれや」という場合もあったけど、まぁまぁ。温厚な人でしたよ。あの当時としては服もおしゃれやったしね。粋で、ジジくさくない。ほかに武山(大蔵)さんとかいたけど、武山さんのときは違う人が助手やってた。『仕掛人』は2班で回してたんですよ。放映に間に合わないから。だから三國連太郎さんが出た回(第6話「消す顔消される顔」)はやってないんです。三國さんの声を録りたかったから、よく覚えてる。だいぶあとに映画の『花のお江戸の釣りバカ日誌』(98年)をやったし、石原さんが監督した『鬼平』のスペシャルでも録らせてもうて、三國さんはやっぱり思い出深いですね。

――出演者の思い出は?

中路　なぜか緒形さんは、トシやんと俺と会話するの。まだ助手やのにね。兄貴みたいな感じで「おい、ついて来い!」とか言うて、こっちも「なんやねん、ついて来いって。偉そうに言いやがって!」なんて言いながら(笑)。それで緒形さんがBMWの新車を買うたから、彦根でロケするのにトシやんと2人で乗ってこいって、「そんなんバスでええのや」言うたけど、一緒に行って、彦根の骨董屋に寄ったりしました。

俺は会社に車で行ってたんですよ。そしたら緒形さんが「送れよ!」とか言うのでホテルまで送ってたら、今度はホテルまで朝迎えに来いって(笑)。お付きみたいになって、そのうち京都駅まで迎えに行った。緒形さんの奥さんから「朝一番の電車に乗りましたので、よろしくお願いします」って電話がかかってきて、まぁそんときはチーフやったから準備をせんかてよかったんで、ギリギリに行けば大丈夫やったから。あと家が京都駅の近所で、ホテルも途中にあるホテルやから、俺まだ仕事終わらへんのに「一緒に帰ろう」って待ってるんです(笑)。おもしろかったなぁ。『必殺必中仕事屋稼業』(75年)のときは緒形さん、撮影所に桜の木を植えてね、1メートルくらいの苗木やったんがいま大きくなった。『剣客商売』(98〜10年) で林隆三が最後に撮影所に来たとき、その桜の木を見て懐かしがってな。「中路、中路」って言うてくれて、もう当時のスタッフはほとんどいなかったから……。

当時の奉行所のロケは京都御所やった

——本番で芝居が始まって、目で見るだけではなく音を聞きますよね。録音技師はヘッドフォンですが、助手の場合は耳で聞くのでしょうか?

中路　それで自分のボリュームを作らなあかんの。たとえばセットの上に足場があるでしょう。足場から聞いたら、音は下から上に上がる……これはようわかるんですよ。役者さんがあっち向いたらやっぱり音は外れるから、俯瞰から下の芝居を見てて「あ、ちょっと外れるな」とか、それは勉強になるよね。「これはマイクで合わしに行かなあかん」とか、そうやってセリフを覚えたり、芝居の動きを覚えて対応するわけです。セットでも、録音部と照明部はせめぎ合いですよ。影が出たとかなんとか、照明のチーフやった中山利夫とはよう喧嘩しましたよ。同じ歳でね、もう亡くなったんやけど。うん、中島さんより早うに亡くなりましたね。

——2016年に国立映画アーカイブで三隅研次監督の特集があって、そのとき劇場で初めて『仕掛人』を見たのですが、びっくりしたのは音が思った以上にきれいにつながっていたことです。ほかのテレビ映画を劇場で見たときは音のレベルがバラバラで、もちろん家庭用のテレビで見るぶんには違和感がないんですが、『仕掛人』はアフレコかと思うくらい劇場でもカットごとの音の差がありませんでした。

中路　俺、がんばって録ってるから(笑)。周囲がやかましいときは「なんとかせい!」ってなるわけ。そういうのは口うるさく製作部に言うてたな。たとえば車が通るとか、向こうで子供がしゃべっとるとか、いろいろあるんやけど……とくに三隅さんは絶対に妥協せん人やから。で、よかったら「ＯＫ！　キャット！」って。

――声の感じでＯＫかどうかがわかる。

中路　「ギャー！」言うほうがええのやけど、「キャット！」はまぁまぁやなって感じ（笑）。でも三隅さんもトシやんと俺によう「お茶飲みに行くで。ついと来なはれ」って誘ってくれた。俺が運転して行くの。最後に亡くなったときも、俺が三隅さんの車を運転して家まで行った。『必殺仕置屋稼業』（75〜76年）の現場で倒れられて、三隅さんが乗ってきた車を俺が運転して、俺の車をトシやんが運転してついて来た。「中路ちゃんな、もうゆっくり走って」「いや、早よ行きましょうよ。がんばってください！」、それが最後やった……。

――ほかに印象的だった監督は？

中路　貞永（方久）さんはエネルギッシュやったね。あとは松野先生。「もう終わるからな。もう終わるからな」って言いながらカット多いんが松野宏軌さんや。長谷和夫さんもおったけど、あんまり印象にないな。ＡＢＣ（朝日放送）の松本明さんはリハーサルで指をパチンってやってカット割りを指示するんやけど、最初は「なんやあれ？」……パチン、パチン、パチンで「これ、カットぎょうさんあるやん」（笑）。局のスタジオでやるスイッチングのクセなんやろうな。長回しのほうが早よ終わるし、仕事はおもしろい。カット割ったら誰でも撮れるやんってなるわけ。流れもええし、無理なカットをちゃんと成立させるわけやから。蔵原（惟繕）さんがそうで、ほんまに長回しが多かったな。「いける？　いける？　大丈夫ね？」って言わはって。録音部としても長回しは難しい。だってマイクは2本しかない。サブを使うても3〜4本で、コードも全部さばかなあかんし。でも達成感はありました。

――シリーズ第2弾の『必殺仕置人』（73年）から藤田まことさんの中村主水が登場します。

中路　いまでは考えられないんですけど、当時の奉行所のロケは京都御所やったんです。京都御所の中にある門を使うてた。そのとき藤田さんがアメ車に乗ってきて、口の悪いスタッフの声が聞こえたか聞こえなかったか知らないけど、その次からは乗ってきいひんかった。御所にアメ車、それは印象に残ってますね。

藤田さんの思い出いうたら、もう晩年やけど、もう撮影所にあんまり仕事がないとき『剣客商売』の舞台の劇中映像の撮影で夕景の船のシーンがあって。夜間ロケの前に弁当食うてボケッと待ってたら、藤田さんが来て「みんな、気ぃようしてるか？」。この一言で救われるんですよ。要するに「仕事はないけど、俺がちゃんとするわ」って、そういうふうに聞こえた。あれは忘れられへんな。ちょうど大覚寺の絵馬堂があって、その前でみんな弁当食ってたら藤田さんが来て……この言葉は、いまだに耳にくっついてる。ものすごい気を遣うてくれました。俺らは最初「俳優さんは俳優さん」って思ってた部分もあったけど、スタッフのことを気ぃつけてくれて、はっきり言うて大事にしてくれたんです。たとえば焼き肉に行ったときでも、俺が酒を飲めんのを知ってるんですよ。それで「ちゃんと食うてるか？」。酒とは絶対に言わへん。それくらい、ちゃんと把握してはった。

芝居に対する厳しさもありました。たとえば台本に団子のシーンがあって焼団子の設定なのに、小道具さんが花見団子を用意してて「これ、焼いてへんやないか！」って。そういうのをけっこうビシッと怒ったりね。台本に「匂いに誘われて……」と書いてあるかもしれんのに、花見団子じゃ匂いせえへんやないかって。こだわりというか、ひょっとしたら虫の居所が悪かったんかもしれんけど、そういうことで撮影が〝待ち〟になったりね。でも藤田さんがいないと、俺ら今日までつながってなかったと思いますね。

――『仕置人』の現場の思い出はありますか？

中路　俺がいちばん好きなセリフはね、「今朝はしじみ売りの声で目が覚めた……」っていう大滝秀治さんのセリフ、あれですよ。印象に残ってるし、また大滝さんも声がええから。

――第1話「いのちを売ってさらし首」の悪役、浜田屋庄兵衛ですね。

中路　だって、あの一言で全部わかるんやもんね。「江戸に帰ってきたんだ」というのが。盗賊として全国をいろいろ回って、自分と同じ顔の男を見つけて身代わりにして……その娘が今出川西紀。「あれはお父っつぁんじゃないか」ってね。今出川もよかった。山田（五十鈴）先生がようかわいがってましたよ。最後に主水に斬られるシーンも「こんな死に方あるんかい」って、あの声にびっくりした。あれは大滝さんのアイデアやったと思う。たぶん監督さんは言わない。だって死ぬときの声なんてあってないようなもので、なかっても成立するから。大滝さんだと『剣客』の「鬼熊酒場」のセリフもよかった。現場では寡黙で、なにを考えてるかわからん感じやけど、やっぱり芝居になったら上手いなあって感心しました。昔の悪役はみんな上手いよね。いまワルがおらんもん。今井健二やとか菅貫太郎、川合伸旺みたいな「この人は絶対ワルや！」っていう役者さんがいないでしょう。

さっき言い忘れたけど、監督やと工藤（栄一）さんはやっぱりすごいなと思いました。『仕置人』の最終回は水飢饉の話で、あの話はなんでか覚えているな。山本麟一が出てて、断片的な記憶やけど雨降らしがすごかった。

――第26話「お江戸華町未練なし」、最後の処刑場のシーンが豪雨のなかのアクションでした。

中路　雨のシーンは全部オンリーになるんですよ。サウンドオンリー。雨の音と、それからポンプを回したりするから。「カット！」って本番が終わったら、ほとんど同じように声の芝居だけやってもらう。そのほうがアフレコより臨場感がある。本テス……本番テストで回すか、本番撮ってからオンリー回すか。それは画を見て決める。本テスのときに「音を回します！」って言って、合わへんときはオンリーになるんやけど、そのほうが迫力ある。後日のアフレコやと声が落ち着いちゃうんです。恋人同士がささやき合うようなシーンは別やけど、動きがあるシーンなら絶対にそのほうがええ。それを仕切って各部に伝えとかなあかんから「音本番や！」って言うの。

あとは木村清治郎さんって技師がいたんですけど、朝、「お前、ちょっとロケーション行っといてくれ」って言われて「行っといてくれって、アフレコするんですか？」って聞いたら「そやな」。で、技師の代わりに一生懸命録るんですよ。録れてるけど俺は判断できへんって言うてたら、製作部がどうしても使いたい。アフレコしてる時間がない。そうやって製作部が頼みよる。これは「シメた！」と思いました。そのときの経験で、技師になる前からツカミはわかってたんですよ。だから木村さんにはものすごうお世話になっている、チャンスをくれたっていう意味で。こないだまで再放送やってた山﨑（努）さんのやつもそうですよ。何度も俺がロケーションやらされた。

――『新必殺仕置人』（77年）ですね。

中路　もうアドリブばっかりでさぁ。マイク振ってても「どこでセリフ言うねん！」（笑）。困るけど、やるしかない。「どこで止まんねん」「こっち向いてしゃべれや」って、こっちの都合ばっかり考えながら……でも、おもしろかったですよ。いまでもワンカット好きやもん。やっぱり芝居も緊張感が出てくる。藤田さんと山﨑さんの間にも緊張感があって、せやけど、それはそれでええやろうとみんな思ってました。そう、高坂さんが監督やってて、俺は好きやったけどな。工藤さんの画をけっこう吸収してて、作品もおもしろかったし。山﨑さんは寡黙な人やけど『雲霧仁左衛門』（95〜96年）のときに技師やらせてもうて、「そうか、そうか。あのときなぁ」って言うてくれた。

『仕事人』を最後までやらせてもらったのは俺の〝随一の勲章〟や

中路　技師になったきっかけは、土曜ワイド（劇場）の狩矢警部でチーフでやってたんです。1時半が2時間になったころの、藤田さんが主役のやつ。

――『京都殺人案内　花の棺』（79年）ですね。

中路　技師は奥村泰三さんっていう松竹の古い人やったんやけど、最後に北海道に行くの……京都の二条から北海道の七条に飛ぶわけやけど、それで山村美紗が怒ったんよ。原作に北海道は出てこないのに、工藤さんが苫小牧市の出身やから七条が違うところにあるという流れにホンを変えた……そのとき工藤さんが「北海道ロケはお前が行け。みんなで助けるから、お前が録れ。怪我されてもかなわんから年寄りは置いていけ」と。それでナグラを担いで初めてやったけど、やっぱり怖いよね。どれが正解かわからんから。まぁやらなしゃあないって、それは3泊4日か4泊5日のロケで、ほんまにしんどかった。でも、みんなが立ててくれた。それこそトシやんも助けてくれて……「これでええか？」って、照明のチーフがマイクの竿を持ってくれたりね。それが終わって帰ってきたら『必殺仕事人』（79〜81年）。だいたい新人が第1話から録るなんてありえないんです。普通は帯ドラか、連続もんの途中から技師になるんやけど、「お前やれ！」いうことで、いきなりパイロット版からやらされた。

——「お前やれ！」と言ったのは？

中路　みんなですよ。プロデューサーの櫻井（洋三）さんもそうやと思うし、いうて何千万の仕事をするわけやから「わたしがします！」って新人が言っただけでできるもんじゃない。それからずっと……84本のうちの、ほとんど全部を連続してやりました。1年半くらい続いたのかな。あれは俺の〝随一の勲章〟やと思ってるんです。『仕事人』を最後までやらせてもらったのは。カメラマンも照明も替わるのに、録音だけずっと俺。あのときは社員やったから何本やったって一緒やねん。そういう製作費の問題もあるやろうけど、俺はずっと「やらせてもうてる」って意識でやっていた。やっぱり自分の名前がタイトルに出るとうれしいしね。

そらロケーションで雑音が多いところは大変やし、ワイヤレス（マイク）なんかないもん。「なんでこんなとこで……でも、やらなしゃあない」。オンエアは近いし、しょげててもしゃあないからゴリ押しで録ってたような気がしますね。アフレコは嫌いやったから、ほとんどしてない。なるべくその場でオンリー。よっぽど交通量が多い場所やったら別やけど、『必殺』でアフレコの記憶あんまりないんですよ。技師になってからは、ほとんどない。

——『仕事人』の現場の思い出は？

中路　（中村）鴈治郎さんは晩年やから鼻息がすごかったの。この音を消さなあかん。それが大変やったね。

――それはダビング（音の仕上げ作業）で？

中路　いや、現場。仕上げで消すのは一部だけですよ。全体は直せへんし、「セリフとダブったぶんはどうするんや」ってなる。だから本番が終わってから全部オンリー録ったんです。「難儀やなぁ」とか言いながら鴈治郎さんやってくれはった。やっぱりヘンな音は世の中に出せへんからね。だから「あきませんので、ちょっともう1回言うてください」ってお願いしました。岸田森さん、あの人は録りやすかったですよ。やっぱり録りやすい、録りにくいはあるんです。舞台の人は上手いよね。「重次郎〜、重次郎〜〜！」ってところ、ええ声でしょ。

――たしかに、主水に斬られるシーンも耳に残る音でした。

中路　あと覚えてるのは、『仕事人』で女の子を殺さなあかん話がありました。ロケーションに行ってから「でも仕事人が子供を殺してええんか?」って現場で問題になった。

――第13話「矢で狙う標的は仕事人か?」ですね。シナリオでは秀（三田村邦彦）が殺し屋一味の少女を始末する展開でした。

中路　そう、中野誠也が出てる回や。それで藤田さんが「どうなってんのや?」。松野先生に「先生、これ殺すのか? ほんまに殺してええのか?」って言って、早う決着してくれ……ついに撮影が止まった。子供を殺すというのは、藤田さんのなかでの〝越えてはいけない一線〟だったんだと思います。

――そして少女を見逃すという展開に変更されました。脚本の尾中洋一さんは、その改訂が不満で『仕事人』から降板したことをのちに明かしています。

中路　せやけど、テレビやからね。子供を殺すということ自体があかんやろって思いますよ。わきまえてるのか、わきまえてへんのか……そこに藤田さんは怒ってました。「それ以外はなんでもするけども、さすがに理不尽やないか。子供なんかほっといたってええやないか」と……みんなでそのまま現場でディスカッションして、どういう展開にするのか話し合いましたね。

みーちゃん……三田村（邦彦）くんは『仕事人』が最初で、親しかったんですよ。うちの家と彼の泊まってたホテルが近所で、よう一緒に撮影所まで行きました。なかなかええ青年やった。みーちゃんが主役のドラマで四国に行ったとき、トシやんと俺と一緒にいて「あぁ、やっぱり『必殺』やっててよかった」って、これは本人から聞きました。屋根から飛び降りたりするのもほんまにやってたけど、みーちゃんはもともと鳶職やったから上手いよ。水にも入って、たしか初っ端は大覚寺の堀の中で殺しやっている。あれも寒くて大変やった。

——本番中、音の問題でNGを出すこともありますか？

中路　けっこうあります。たとえば飛行機とかね。撮影所のオープンで撮ってても夕方なんか大変ですよ。飛行機はやってくる、陽は落ちてくる。井上梅次さんが『必殺仕舞人』（81年）を撮ったとき、竹やぶで京マチ子さんの長回しのシーン。本番中に「いまのダメや、もう1回お願いします！」って途中で切ったら怒ってさ……でも、また同じことやらなあかんから、早いこと切ったほうがええでしょう。フィルムだってもったいないし。それでもブツブツ言うてるから櫻井さんに報告したら、言うてくれたわ。「それはあかんやろう。お前が正しい」って。だって天下の井上梅次になかなか言えへんやん。

——けっこう厳しい監督だったそうですね。

中路　いやいや、女の子には優しい（笑）。でも、ケチなんよ。わりかし撮るのは早いほうやね。もう自分の商売（喫茶店経営）の勘定ばっかりしてたけど。で、いちばんイヤやったんはオープンで夏の時分やな。ミミズが鳴きよる。俺も知らんかったんやけど、あるベテランの小道具さんが「中路、これはミミズが鳴いとるんや」。でも、どっから音がしているかわからへんのです。周波数が高い「ジー」っていう音で、これを消さんことには仕事にならん。そのとき初めて耳にしたんやけど、水を撒いたりして対応しました。

左から録音助手の中路豊隆、美術の倉橋利韶、助監督の高坂光幸

『必殺仕事人』第13話「矢で狙う標的は仕事人か？」のロケ現場。山田五十鈴と藤田まことの間に録音技師の中路がいる

だから原因がわからんのが、いちばん怖い。車とか飛行機はやりすごしたらええだけのことやけど。それと季節感ね。季節に合わせて撮ってるわけないから、夏場の撮影で雪ふらしとか……いちばん困ったんは冬のシーンで鈴虫が鳴いていたとき。待ってくれへんし、不可抗力でしょう。でも俳優さんのスケジュールは今日しかない。石原さんあたりがよう言うのが「あとでなんとかならんのか」。あとでなんとかなるくらいなら、こっちも言わへんって（笑）。ダビングのとき音楽を大きめに乗せてもろうたり、ローカットしたりはするけど、パソコンのない時代やからね。

——たとえば複数人の会話シーンで、人によって声の大きさが違いますよね。ある程度の一定レベルで録るのか、それとも声の大小やセリフの強弱を録りながら調整していくんでしょうか？

中路　テストでだいたい把握します。テストで当たりをつけて、本番は録りながらボリュームを調整する。あとはコピーのとき「ちょっとノイズを抑えてくれ」とかミキサー（調音技師）に申し送りをしてね。セリフの流れとしてなるべく違和感のないように、そこはバランスを考えてます。ナグラの入力レベルのつまみをね、録りながらけっこう上げたり下げたりして……俺は好きやったね。

録音でいちばん大事なのはバランスやと思います。だって、あの人だけ突出して、この人だけ凹んだらおかしいわけやから。もちろん怒っているときは怒っている声でええのやけど、やっぱり低い音は持ち上げてわかるように……それが俺らの仕事やと思うてる。ただ同じレベルで録るだけではダメ、当たり前の状態というか違和感ないのがいちばんええんやから、「あれ？　おかしいな」って思われたらもうあかんの。みんなが気持ちよくセリフを耳にして、寝てしまうのが理想（笑）。いつもそう思ってますよ。やっぱりトータルのバランスが大切なんです。

——京都映画の録音部は、現場と仕上げのダビング班で完全に分業です。

中路　テレビの場合、そうせんと続けてできへん。現場の俺らはオールラッシュまで。効果音はお前らが考えてくれ、音楽の入れどころも考えてくれ。でも現場がないときはダビングにも行きます。単発の作品はだいたい付き合ってますよ。連続ものはそんなことしてる時間がない。だからオールラッシュを見て「ＯＫ！」、あとはどう料理してくれてもええ。ダビング班への申し送りは、さっき言うたような「このシーンはちょっと抑えてくれ」とか、あとは録ったんやけど……けっこう深く録らんとあかん場合があって。内緒話とかね。それはきちっと深く録って、あとで絞ればノイズも下がる。これもノイズを消す方法のひとつやと思うんやけど……。

――「深く録る」というのは、レベルを突っ込んで録音するということですか？

中路　そう。レベルを上げて録っといて、再生のときに下げる。そうするとかなりノイズは減るんです。ＳＮ比がよくなるから。逆に小さく録ってから上げたら、ノイズが「ゴー！」ってなる。

――素材という言い方は失礼かもしれませんが、最高の素材を用意して料理してもらうということですね。

中路　うん、素材ですよ。で、あとがないんやから。たとえばラッシュを見て「ここに一言足してくれへんか」ということが出てくるんですよ。レギュラーの声とかで、もう一言ないと説明がつかんって監督やプロデューサーが言い出して「どうすんのや？　明日ダビングやけど」……それでオンリー録るためにナグラ担いで東京まで、朝の新幹線に乗ってよう行きました。緒形さんも録ったし、『必殺忠臣蔵』（87年）のときは山城新伍さんを録りに行った。芥川隆行さんのナレーションも録ったことある。東京のラジオ局まで行って……それはオープニングじゃなくて、途中か最後のやつやったと思う。「そんなん言うてくれたら、こっちで録って送るのに」って言われたけど。

そういうのは1人で日帰り、泊まりもないですよ。かとうかず子を録りに行ったときに、かず子さんが「ごはんでも食べていきなさいよ」。午前中で仕事終わってから麹町かどっかのうなぎ屋に連れて行ってもらって、ゆっくり食べてたら「お前、いつ帰って来るんや！」って製作部から連絡があった（笑）。その部分だけ空けてダビング待ってるから、はめ込まんと終わらない。

――現場を仕切る製作部と録音部も密接な関係がありますよね。

中路　渡辺（寿男）さんはええ人やったから、「なんとかしてくれや」ってよく相談しました。音的に厳しいロケーションでしっかり録ったら「よかった。もうスケジュールないねん」ってよろこんでくれたりね。俺らがペーペーのころから製作部の人はみんな優しくて、鈴木政喜さんなんかごっつう大事にしてくれた。「お前ら、こんな苦労してやってるのか～」って。鈴木さんが主役のテレビ番組があってね、知ってる？

――あっ、『どこまでドキュメント　映画を食った男』（84年）ですね。ベテラン進行係の鈴木さんが予算をちょろまかして酒と博打につぎ込み、ヒロポンの告白をしたあと孫にファミコン買うためにスタントマンとして屋根から落ちる「京都映画版蒲田行進曲」でした。

中路　あれ、俺も映ってるよ。鈴木さんがコーヒー持ってきて「おい、中路」って声かけるの。遊び人のおっさんが予算を食う話（笑）。でも、あの人は全部スタッフに吐き出してくれたからね。めし食いに行こうやとか、弁当も多めに頼んで「お前、子供何人おるんや？　2人？　ほな2つ持って帰れ」って、ほんまにええ人やったな。もともと大部屋の俳優さん。そっちの筋にも強いし、だから撮影が中止になったっていうのは聞いたことがない。現代劇で祇園に行ったたって撮れるからね。製作部の渡辺さん、鈴木さん、木辻（竜三）さん……あの人らがいたからちゃんと現場ができたんやと思う。だって東京のスタッフがロケしてたら、すぐヤクザがいちゃもんやもん。

カメラが遠くて画角が狭いとマイクは突っ込みやすい

――中路さんのデビュー前後から広瀬浩一さんや田原重綱さんも京都映画の技師となり、必殺シリーズや歌舞伎座テレビの作品において録音部の世代交代が果たされています。

中路　ちょっと歳は上かな。俺が入ったときに広瀬さんはいなかったんです。東京に行ってて、実相寺（昭雄）さんの現場とかやってた。その前は京都映画にいて、それで東京から帰ってきて、俺は知らんから「え、なんや？」って思っててえろう生意気にしてた。助手でもついてないし、あんまり付き合いなかったから、そこまで先輩とは思うてなかった。広瀬さんは酒飲みで、そういう問題児は多いですよ。俺なんてほんまに優等生ですから（笑）。田原ちゃんは同期なんです。あいつは下鴨で、いうたら温室育ちやね。『必殺』の映画は広瀬さんで俺はやってないけど、それはそれでええって思ってました。まだ映画ができる器やないから、キャリア的にも。でも、いずれできるとは思ってたし、それまでテレビでがんばらなしゃあない。まだ社員やから本数稼がなしゃあない。

――『仕事人』の大ブームとともにドラマは意図的にソフトな方向にシフトします。

中路　エリマキトカゲが出たり、天狗のＵＦＯが出たりね。ホンもだんだんワンパターンになって……現場の人間は「なんやこれ？」って思うけど、しゃあない。やっぱりシリアスなほうが好きやったけどね。大人の番組から子供の番組になったと思いました。それから『鬼平』が始まって、その途中でフリーになったんやけど、ええ勉強になりましたわ。やっぱり『必殺』とは違うからね。

――なにが違いましたか？

中路　まずセリフが違う。上手いなと思いました。

――『ドラマ「鬼平犯科帳」ができるまで』という本に中路さんのインタビューが掲載されていますが、ロケハンに録音技師も同行するようになったことを語っています。

中路　『鬼平』の最初のころ、アフレコしたんです。でも旦那（中村吉右衛門）がぜんぜん合わへんかった。シンクロに比べて芝居のおもしろみがない。それで監督の小野田（嘉幹）さんに相談されて、ロケハンで録れるかどうか検証しようということで、ついて行ったのが始まりなんです。小野田さんが「お前、ここなら録れるか？」「はい、これやったらいけますよ」「じゃあここに決めよう」とか、そういう感じ。セットでも、盗賊が小声で相談するシーンをほんまに小さな声でやるから「聞こえへんやないか」って。「いや、聞こえないように小声で」「聞こえなあかんやろ」って、けっこうマジで喧嘩したんですよ、小野田さんと。で、またカメラマンがワイドで撮るんですよ。マイクがうまいこと（俳優の近くに）行かんし、本番ではカメラがカラカラカラってノイズ出しよる。それで「もうちょっと声を出してくれな録れん。全部オンリーにするぞ!」って言ったこともあります。

――いま広角レンズの話が出ましたが、『必殺』は望遠が多い。その場合、音は録りやすいのでしょうか?

中路　録りやすい。カメラが遠くて画角が狭いとマイクは突っ込みやすい。石原さんは望遠が好きやったから、ものすごい録りやすかったです。それで『鬼平』が始まって、照明の中島利男と俺……メインは2人しかいなかった。カメラマンは東京から来てるから、やっぱり対抗心はあって、中島さんから「おい、東京もんに負けんようにがんばろうな。気ぃしめてやれよ」って言われたのは覚えている。まぁ対立はしてないんやけど、やっぱり流儀が違うからさ。それと『鬼平』はカットが細かいんやな。だから時間がかかる。小野田さんのスタイルです。

――東山紀之さんによる『必殺仕事人2007』以降のシリーズも、ほとんど中路さんが担当しています。

中路　1時間ものはちょこちょこやってない。あのときは『鬼平』が入ってたから。そうしたら松岡（昌宏）くんが「なんでやってくれないんですか!」って（笑）。みんな格好ええよね。泥水すすって、はいずって行くんが『必殺』らしいんかなって思うときもあるけど、それは時代が時代やから、もう抜けられへんし、いまの時代に合わせてるわけやから。まぁよくやってこられたなっていうだけのことやと思う。ほんまに走馬灯のように「あぁ」って……ぜんぜん覚えてないけど、50年ずっと『必殺』をやったことだけは、たしかですね。

中路豊隆

［なかじ・とよたか］

1949年京都府生まれ。高校卒業後、70年に京都映画に入社し、録音助手を経て『必殺仕事人』で技師デビュー。必殺シリーズのほか『鬼平犯科帳』『剣客商売』『京都殺人案内』などに参加。『必殺仕事人2007』以降のシリーズの録音も担当している。映画は『鬼平犯科帳』『花のお江戸の釣りバカ日誌』『鴨川ホルモー』『最後の忠臣蔵』などを担当。

必殺シリーズ50年のあゆみ

「仕掛けて仕損じなし」――そのタイトルを第1話に『必殺仕掛人』は始まる。1972年9月2日土曜22時より全国TBS系での放映、22時30分からの大ヒット裏番組『木枯し紋次郎』（72～73年／フジテレビ）を倒すべく殺し屋を主人公にしたアウトロー時代劇が企画された。朝日放送と松竹の共同制作であり、林与一が浪人西村左内、緒形拳が鍼医者の藤枝梅安に扮し、池波正太郎の原作を関西風のギトギトに味つけ。光と影の映像に平尾昌晃によるマカロニウエスタン調の音楽がマッチし、当時の世相も反映されたパワフルな時代劇は高視聴率を記録、原作なしのオリジナルシリーズとなる。

第2弾『必殺仕置人』（73年）では念仏の鉄（山﨑努）、棺桶の錠（沖雅也）、北町奉行所同心の中村主水（藤田まこと）が登場。元締不在のフリーダムな世界が構築され、レントゲンによる骨外しが話題となった。73年から74年にかけて劇場版の『必殺仕掛人』が3本公開されるが、テレビシリーズの拠点となった京都映画（現・松竹撮影所）ではなく松竹大船の作品であり、テイストは異なっている。

『助け人走る』（73～74年）を経て『暗闇仕留人』（74年）では中村主水が再登場。緒形拳主演の第5弾『必殺必中仕事屋稼業』（75年）はギャンブルをテーマに高視聴率を叩き出すが、朝日放送の系列がTBSからNET（現・テレビ朝日）に移るという〝ネットチェンジ〟で金曜22時に時間帯が変更。土曜22時枠は毎日放送と東映が『影同心』（75～76年）を送り出す。その影響を受けて藤田まことが『必殺仕置屋稼業』（75～76年）と『必殺仕業人』（76年）に連続出演し、中村主水がシリーズの〝顔〟として定着する。

『必殺からくり人』（76年）では山田五十鈴が元締に。三味線を武器に以後もおなじみのレギュラーとなる。幕末が舞台の『必殺からくり人　血風編』（76～77年）に次いで『新必殺仕置人』（77年）では念仏の鉄が復活、中村主水とふたたびコンビを組む。あの手この手の試行錯誤……旅ものが『新必殺からくり人』（77～78年）から始まり、『必殺商売人』（78年）では主水の妻・りつが懐妊、『必殺からくり人　富嶽百景殺し旅』（78年）を経て『翔べ！必殺うらごろし』（78～79年）は超常現象をモチーフとするが、視聴率は低迷した。

原点回帰の第15弾『必殺仕事人』（79～81年）で中村主水が復活。浪人の畷左門（伊吹吾郎）と飾り職人の秀（三田村邦彦）を仲間に全84話、1年半以上のロングシリーズとなる。かんざしを武器にした秀の人気が高まり、鮎川いずみ演じる加代も合流、やがて意図的なドラマのパターン化が定着する。ハードからソフトへ、次なるステージへと進んで世相のパロディも加速していく。『特別編必殺仕事人　恐怖の大仕事　水戸・尾張・紀伊』（81年）を手始めに単発のスペシャル版もコンスタントに制作されるように。

京マチ子主演の『必殺仕舞人』（81年）からはワンクールの作品と仕事人シリーズが交互というパターンが定着する（詳細については378ページからの一覧を

参照のこと)。『新必殺仕事人』(81~82年)では三味線屋の勇次が登場。中条きよしが糸を使った華麗な殺しを魅せた。秀と勇次による必殺ブーム真っ最中の『必殺仕事人Ⅲ』(82~83年)より受験生の西順之助(ひかる一平)が仲間入りして賛否両論、第21話「赤ん坊を拾ったのは三味線屋おりく」は歴代最高視聴率の37・1%を記録する。『必殺仕事人Ⅳ』(83~84年)の放映中にはシリーズ600回記念の映画『必殺! THE HISSATSU』が公開されてヒットを飛ばし、劇場版もシリーズ化を果たす。

『必殺仕事人Ⅴ』(85年)では組紐屋の竜と花屋の政が登場し、京本政樹と村上弘明が新たな若手スターとなった。『必殺仕事人Ⅴ 激闘編』(85~86年)は原点回帰のハード路線でスタート。政は鍛冶屋となり、はぐれ仕事人がフレキシブルに参加した。その後3本のシリーズを経て『必殺剣劇人』(87年)で15年にわたる連続枠はいったん終了、まさかの大チャンバラ活劇で幕を閉じた。いっぽう単発のスペシャル版は続いており、『必殺仕事人激突!』(91~92年)で連続枠も復活。『必殺! 主水死す』(96年)などの劇場版やオリジナルビデオシネマが発表され、京都映画あらため松竹京都映画主導の映画『必殺! 三味線屋・勇次』(99年)を最後にしばらく新作のない状況が続く。

2007年には、ずばり『必殺仕事人2007』が誕生。東山紀之の渡辺小五郎を主人公に経師屋の涼次に松岡昌宏、からくり屋の源太に大倉忠義という豪華なスペシャルドラマとしてよみがえり、朝日放送・松竹のコンビにテレビ朝日が加わった。そして17年ぶりの連続枠として『必殺仕事人2009』がスタート、藤田まこと最後の出演作となった。その後も『必殺仕事人2010』から2022年の『必殺仕事人』までスペシャル版が定期的に制作されており、現在までにテレビの連続シリーズ31本(全790話)、スペシャル版31本、映画11本、オリジナルビデオ2本が存在。映像だけでなく舞台や劇画、パチンコなどもある。

毎週の見せ場である〝殺し〟は、まず藤枝梅安の針から始まる「刺す」の系譜があり、中村主水らは刀で「斬る・突く」、念仏の鉄の骨外しほか怪力系の「折る・潰す」、三味線屋の勇次に代表される「締める・吊るす」、『新仕置人』の巳代松(中村嘉葎雄)の竹鉄砲のような「撃つ」……そのほかレギュラー・ゲストを問わずあらゆる殺しのテクニックが披露された。

脚本家・監督列伝

必殺シリーズのプロデューサーは朝日放送の山内久司、仲川利久、松竹の櫻井洋三のトリオが『仕掛人』から『仕事人Ⅲ』の序盤までを担当。仲川のあとは辰野悦央、奥田哲雄らが担当した。脚本は『仕掛人』の第1話を東映集団時代劇の池上金男が手がけており、安倍徹郎、国弘威雄がレギュラーに。『仕置人』から野上龍雄、『助け人』から村尾昭が加わり、野上・安倍・国弘・村尾の4人が初期のメインライターとなった。やがて若手の保利吉紀、中村勝行も健筆を振るい、『富嶽百景殺し旅』から参加した吉田剛は仕事人シリーズの中核を担う。『仕事人』以降は石森史郎、篠崎好、中原朗、林千代らが活躍。『仕事人2007』からは寺田敏雄がメインとなった。

監督は『仕掛人』の1・2話を深作欣二、3・4話を三隅研次が担当。東映出身の深作は翌年の『仁義なき戦い』(73年)でスター監督となり、映画『必殺4　恨みはらします』(87年)で復帰を果たす。大映京都で「座頭市」「眠狂四郎」シリーズを手がけたベテランの三隅は『仕置屋稼業』まで鋭利な映像を披露。朝日放送の大熊邦也、松本明もテレビ的なサービス精神の娯楽作を送り出す。松竹京都生え抜きの松野宏軌は丁寧な職人演出ぶりで233本を任されて、シリーズ最多登板監督に。同じく松竹の長谷和夫は『仕掛人』『仕置人』のみの参加となった。

『仕置人』の1・2話は松竹の貞永方久、やがて映画『必殺！　THE HISSATSU』(84年)などを監督する。東映集団時代劇の工藤栄一、日活でアクティブな演出を魅せた蔵原惟繕も『仕置人』から参入し、両者とも初期のエースに。〝光と影の魔術師〟と呼ばれた工藤は映画『必殺！Ⅲ裏か表か』(86年)も担当し、必殺シリーズを象徴する監督となった。大映京都の娯楽請負人・田中徳三は早撮りと安定のクオリティで『仕事人』以降も活躍。松竹大船の映画『仕掛人』を監督した新東宝出身の渡邊祐介も『仕留人』から『新仕置人』までコンスタントに招かれている。松野、田中、工藤に次ぐ本数を残した原田雄一は『新仕置人』の後半から合流、もとは東映東京制作所で活動していたテレビ育ちのフリーランスだ。

京都映画の助監督として現場を支えた高坂光幸は『仕業人』でシリーズ初演出を果たし、『新仕置人』などで活躍。その後は都築一興、家喜俊彦、水野純一郎、津島勝が起用された(家喜は『斬り抜ける』(74~75年)、津島は東映の『遠山の金さん』(79年)でそれぞれデビュー済みのキャリアあり)。撮影技師の石原興は『商売人』より監督として活動し、『仕事人2007』からの新シリーズも手がけている。『新仕事人』以降は前田陽一、水川淳三、八木美津雄、広瀬襄、山根成之と松竹大船の監督が次々と参入し、広瀬は劇場版の第2作『必殺！　ブラウン館の怪物たち』(85年)を任された。

『仕事人2009』では石原興をメイン監督に原田徹、酒井信行、山下智彦、井上昌典と80年代以降の必殺シリーズ助監督経験者を起用。スタッフふくめて世代交代がなされ、シリーズ初となる〝オール京都の監督〟による編成が組まれた。

黒木和雄、山下耕作、石井輝男、関本郁夫ほか1本だけの監督も多い。映画『必殺！5　黄金の血』(91年)の舛田利雄、オリジナルビデオシネマ『必殺始末人Ⅲ地獄に散った花びら二枚』(98年)の松島哲也も単発の参加であり、倉田準二や南野梅雄、森崎東のように数本の監督もいる。50年目における必殺シリーズ監督の総数、47人――。

R-2

監督・助監督の総称としての演出部、
現場と編集のパイプ役である記録（スクリプター）、
スケジュールやロケ地の手配を担当する製作主任に
プロデューサーの補佐としての製作補。
それぞれの立場から秘史が掘り起こされる。

演出部　高坂光幸
演出部　都築一興
演出部　皆元洋之助
記録　杉山栄理子
記録　野口多喜子
製作主任　黒田満重
製作補　佐生哲雄

必殺シリーズにおいて「制作」はプロデューサー、「製作」は現場の製作部を意味する。『必殺仕掛人』や『必殺仕事人III』以降のシリーズは「製作補」を「制作補」としており職務内容とも合致しているが、佐生哲雄氏に関しては当時のクレジットに従った。なお現在の映画界では出資サイドを「製作」、現場サイドを「制作」と表記するケースも多い。

高坂光幸

殺しに関しては『必殺』の重要な要素 いちばん根幹のところなのでそこは考えます

必殺シリーズの助監督として初期から携わり、『必殺仕業人』で初演出を手がけた高坂光幸。藤田まことの中村主水と山﨑努の念仏の鉄がふたたびコンビを組んだ『新必殺仕置人』において数々の傑作を送り出した。やがて製作主任に転じた高坂との偏愛と偏屈がぶつかる取材は、松竹撮影所の終業時間まで続いた——。

「初監督だからがんばろう！」みたいな、そういう力はぜんぜん入っていない

高坂　工藤栄一さんにはかわいがってもらいました。現場だけでなくホン直しも一緒にやらせてもらって、いちばん思い出深い監督ですね。偶然たまたまが多い人生で工藤さんとの出会いもそう。型破りで助手も技師も関係ない人だから、ぼくみたいな屈折してる人間からすると「このおっさん、やるなぁ」と（笑）。

——まずは必殺シリーズにおける監督デビュー作『必殺仕業人』第27話「あんたこの逆恨をどう思う」（76年）についてうかがいます。最終回の撮影後、話数調整のために急きょ作られたエピソードであり、主水不在の中村家が盗賊に乗っ取られるというワンシチューエーションの異色作です。

高坂　たぶん誰も監督がいなくて、ぼくになったんだと思います。この回に関しては特別な思い出というのはない

んですよ。工藤さんや脚本家の野上龍雄さんが監督になれるようにすごく応援してくれたので、そういう流れもあったとは思いますが、ほとんど主水の家のセットと撮影所のオープン（セット）だけで撮れる話ですから……。ある程度ホンがあって俳優さんがしっかりしてて、いつものスタッフがいれば監督なんて号令係みたいなもんで。なりゆきというか、とにかくいい加減でしたから、ぼくという人間は。オファーされたとき？　しゃあないなって思った（笑）。要するに監督ですらない単なる便利使いですよ。

――せん・りつのシーンはスチールを加工したコミック調の演出で新人監督らしい意欲を感じます。

高坂　変わったことをやりたいというスケベ根性があったんですね。夏の話だからスイカを強調したり、やたらと人物に汗をかかせたり……やっぱり工藤さんの影響ですよ。「やるんだったら中途半端なことはするな」という。

――脚本の「松田司」は朝日放送の山内久司プロデューサーのペンネームだそうですね。

高坂　そうです。印刷された台本に「松田司」とあるだけで、打ち合わせも山内さんから直接どうのこうのもありませんでした。書いた以上は現場に任すという人ですから。現場にはめったに来ませんが、オールラッシュのときは山内さん、仲川（利久）さん、櫻井（洋三）さん、この3人が見る。櫻井さんはあんまり感想も言わないけど、山内さんと仲川さんは「おもしろかったよ」とか、ぼくだけではありませんが言ってくださって。「ここが悪い」というような指摘はない。それは言われるまでもなく、自分がいちばんわかってますから。

――中村主水、せん、りつの3人がここまで出ずっぱりというエピソードも珍しい。演出されていかがでした？

高坂　藤田（まこと）さんは助監督時代からずっと知っていますからね。たぶん三隅（研次）さんに言ったら「こら！」って怒られてしまうような言いにくいことを「ぼくはこう思う」と提案してきたような気がします。要するに中村家のシーンって台本にちゃんと書かれてないわけですよ。ひとつの参考例みたいなかたちでしかないので、菅井（きん）さんも白木（万理）さんもアイデアを持ってきてくれるんです。現場はスムーズに進んだと思います。

トラブルは好きじゃないので。まぁ妥協も好きじゃないけど、トラブルは嫌い。しょせんは代打ですから「初監督だからがんばろう！」みたいな、そういう力はぜんぜん入っていない。

――中村家で殺しが行われますが、梁の上に潜んでいる盗賊を主水が突き刺す。このアクションとカット割りの切れ味。めちゃくちゃ力が入っているように見えます。

高坂　よくやったと思います。いまだったら、こんな面倒なことできませんね（笑）。殺しに関しては『必殺』の重要な要素、いちばん根幹のところともいえるので、そこは考えます。どうでもいいシーンは流して撮ってると思うんですけど、「ここぞ！」というところはやっぱり考える。

――撮影は中村富哉さん。語られる機会の少ないベテランですが、どのような方でしたか？

高坂　あんまり出しゃばらないタイプです。２人きりのときにこそっと「こうしたほうが」って意見は言ってくれましたけど、それをみんなの前で言ったりはしない。石原（興）さんは「監督に負けてたまるか！」というタイプなので、そういう意味では性格的に違いますし、ぼくがやりやすかったのは中村さんですね。ただどっちの腕がいいかというと、それは石原さんが上。演出で足りないところをカメラで補うのが石原さんで、中村さんはオーソドックスな松竹の映画のスタイルです。

――刺された盗賊が落下してきたところを斬り伏せるロングショットは画面の半分が障子、オレンジ色の夕陽が当たっていて必殺シリーズらしい望遠レンズを駆使したグラフィカルな構図です。

高坂　みんなで話し合ったと思います。カメラが中村さんで照明は釜田（幸一）さんだったと思いますが、完全に石原さんの望遠の画づくりですもんね。まず『必殺』のありようみたいなものは石原流が相当あります。しかしテレビというのは決まりごとが多いので、無難なんですよ、撮ったものも。

――いえ、まったく無難ではないと思います。その後の監督作品も。

台本に名前が載らない大勢のスタッフがいるから作品は出来上がる

――さかのぼりまして、京都映画の助監督になったきっかけを教えてください。

高坂　秋田の生まれで、大学のとき京都に来たんです。そのころ『シナリオ』という雑誌を読んで、たまたま「こういう道もあるんだな」と思いました。小説は読んでましたが、脚本は初めてで場面とセリフだけで進んでいくのがおもしろかった。シナリオと映画を見比べたりして……自分でもなにか書きたいなと思うようになったんです。映画はそんなに見てませんが、舞台は労演（京都勤労者演劇協会）で俳優座、文学座、劇団民藝などの新劇をよく見に行ってました。京都会館に月1回くらい来てましたから。

大学は立命館の英文科で、将来は田舎で英語の先生になろうかなと思ってたくらい。ある印刷会社の人に「シナリオを書くには現場を知らないとダメだ。まずは助監督になりなさい」と言われて、その人の知ってるプロダクションの助監督になったんです。野川由美子さん主演の『女棟梁』（70年）という大阪の宮大工の話で、男プロダクションの初作品。日本電波映画の残党が作った会社です。助監督は2人だけでいきなりカチンコ。「カット割りってなに?」「つながりってなに?」「アフレコってなに?」という状態で、それを全部教えてくれたのが記録の野口多喜子さんです。おタキさんにお世話になって、しかもチーフが体を壊して休んじゃった。

――えっ、新人の助監督だけに!?

高坂　新しいチーフも来ない。それでもスタッフがしっかりしていたら現場は回るんですよ。監督は荒井岱志さんと清川徳夫さん……この人は清川新吾のお兄さん。やっぱり撮るのは早かったですよ。でもワンクールで『女棟梁』が終わって男プロはパア。そのあと大塚製薬のコマーシャルなどをやってますが、テレビ映画はこれっきり。それから合作映画……多少は英語ができたのでイタリアと日本の合作や香港映画に通訳兼助監督で参加しました。当時の香港映画は京都映画をベースにしてて、井上梅次さんなんかが監督で来てたんです。それから製作部に声をかけられて京都映画の演出部に入り、『新三匹の侍』（70年）というフジテレビの五社英雄アワーに参加しました。主役は安藤昇さん、現場では極めて優等生でしたけど、周囲にぞろぞろと黒い背広が……取り巻きの背広軍団がいた（笑）。いや、五社組はそんなにキツいことはなかった。その前にキツい思いをしてるので。

――前のほうがキツかったというのは？

高坂　覚えるのに必死。助監督はなにをすべきか、ぜんぜん知らないまま入ったので太秦の旧松竹のスタッフに鍛えられました。でも助監督より、ほかのパートのほうがハードですね。録音の中路（豊隆）が助手やってましたけど、そういう姿を見ると。カメラは酒井忠さん、町田敏行さん、斉藤定次さんが中心。特機は小林進さん、照明は染川広義さん。気が短い人もいましたが、それぞれの人にみんな教えてもらった。

「セットをイチから作るのに、お前もヒマなら行ってみろ」って誘われて、大道具の作業を見学したり……それは美術の川村鬼世志さんや倉橋（利韶）さんから言われたこと。図面があって、それを大工さんが建てて、塗りものをしたり建具を入れたり、装飾の稲川（兼二）さんが飾り付けをしたり……「セットひとつにこれだけ人手がかかってるんやで」ということを実地で教えてもらって、そこで初めてスタッフとしての自覚が出てきました。監督や技師だけじゃない。台本に名前が載らない大勢のスタッフがいるから作品は出来上がる。編集やダビング（音の仕上げ作業）もそうだし、結髪や床山もいるし……考え方をあらためました。

――そして1972年に『必殺仕掛人』が始まります。長谷和夫監督による第18話「夢を買います恨みも買います」から助監督のチーフを務めていますが、その前にセカンドとして参加していたのでしょうか？

高坂　セカンドはやってないです。『仕掛人』のアタマは東京から長谷川（洋）が来てチーフやってました。深作（欣二）さんが呼んだわけではないと思いますが、ちょっとわからない。そのあとはもっぱら家喜（俊彦）さんがチーフです。山村聰さんと緒形（拳）さん、林（与一）さん、津坂（匡章／現・秋野太作）さんが蔵の中で「今回はこういう仕事で」というような相談をする。俳優さんそれぞれの体から出てる気力……抑えれば抑えるほど、すごみが出てくる。閉じ込められた狭い空間の中で、人の命を売り買いする。お金を前にして、それを受けるもよし、受けないもよし。お金というのは人殺しをごまかすための手段だけど、個々の思いがセリフもないのに出てましたね。被害者がいて「あぁ、かわいそう」というのは当たり前。それぞれがこれからの道を決めていく蔵のシーンがいちばん記憶に残っています。そこさえ決まれば、あとは殺しに向かってGOですから。

――シリーズ第2弾の『必殺仕置人』（73年）はいかがでしたか？

高坂　『仕掛人』は緒形さんのシャープさと林さんの虚無というか背負っているもの。ぼくは『仕置人』でジリッと上がったと思う。飛び抜けて上がったわけじゃなくて、少し上向いたのかなっていう。より庶民的な設定ですよね。山﨑さんは按摩をしながら酒を飲んだり女遊びをする、ごく普通の男であり裏の顔がある。沖（雅也）ちゃんは飛んだり跳ねたりの熱いキャラクター。藤田さんは婿養子のサラリーマンで卑怯な手が似合う。やっぱり山﨑さんと藤田さんのコンビが馴れ合いじゃないのがよかった。『助け人走る』（73～74年）は、これまたタイプがぜんぜん違うんですね。田村高廣さん、中谷一郎さん、2人とも暗くない。豪快だし話としてはおもしろいんですけど、「これはちょっと違うなぁ」と。けっきょく『仕掛人』と『仕置人』を超える作品は出てこなかった。

監督としては、やっぱり工藤さん。顔に似合わずロマンチストなんだな。それを照れ隠しでそう見えないようにしてみたり、あとはこだわりが徹底しているところ。2人の会話シーンのバックは雨がいいのか、雪がいいのか、山がいいのか、川がいいのか……最終的な正解なんてないですが、どれが効果的なのかを考えて選び抜く。インするまでに2～3日かけてロケハンや打ち合わせをして、要は最後まで言わない。でも、そんなこと急に言われても困ります……「できない」っていうのは助監督にとって禁句ですから、できるようにするにはどうしたらいいのかを考える。工藤さんの場合は「こうしよう」という結論を出すのに時間がかかる。そういう猶予時間があって、逆に監督がなにを考えてるかを探るのが楽しかった。助監督というのは現場をスムーズに回すのが仕事ですが、ぼくはそれが嫌いなんです。効率的、能率的にやるのが下手なんで。工藤さんも偏屈。2を撮らないと3に行けない……もっと効率のいい撮り方はあるんだけど、やっぱりそのスタイルを崩したらダメですよね。

――しかし現実として予算やスケジュールという問題があります。

高坂　『必殺』の場合、プロデューサーも監督を優先していました。まぁ三隅（研次）さんや工藤さんの現場は赤字ですね。でも赤字の原因になるような、そういうホンを書くなという話でもあるんです。たとえば大名行列とか市中引き回しの刑とか、書かなければ金もかからないでしょうし。だから書かせるほうが悪いんです。それで現場に「金を使うな！」って……金を使うホンを書かせておいて、使うなってどういうこと？　製作主任の渡辺（寿男）さんは真ん中にいて苦しんだと思います。会社からは突き上げられて、松竹からは「こうせい」言われて、監督も好きなこと言って大変だったでしょうね。あの人がいちばん、みんなの事情を知ってるわけですから。

――工藤監督とのホン直しで具体的に覚えているシーンはありますか？

高坂　津坂さんが折檻されるシーン、そこを直してこいと言われて書いた覚えがあります。拷問されたら絶対これはおしっこチビるよなって思って、そんなシーンを書いたような気がしますけどね。工藤さんからの影響は、もう全部ですよ。とくに立ち回りや人が動き回る部分。人が動くというのはどういうことか、なんのために動いているのか。間が保たないからってバカな演出家が「あっち行って、こっち行って」ってカメラを動かしたり、人を動かしたり細かい指示をやるでしょう。そうではなく必ず意味があることをやらせる。

あとは1枚の画としてのよさ。土曜ワイド劇場の『京都殺人案内　花の棺』（79年）でチーフをやりましたが、最後は北海道ロケ。いしだあゆみさんが自殺して牧場に倒れている。真っ白けの中に横たわって、ロングのシルエットの白黒でポツン。あんな画、テレビで撮らないですよ。ましてやいしださんで。吹き替えでも人形でもわからない。でもその画のすばらしさ。「これでいい」と言い切ったこだわり。その前にバラの花を使ってて、それは色なんです。赤い血の色。で、次は色がない。死の白。そういう結び付け方で考えてることが凡人じゃない。かといって偉そうにもしないんです。ゲタ履いて「酒飲み行こか」って、よく連れてってもらいました。

――高坂監督作もシルエットの殺陣やゲストの顔すら見せないロングショットが駆使されています。

高坂　真似してるだけです。押し付けではなく、見てる人に「想像してちょうだいね」と思うんです。説明はあまりしたくないし、見たらわかるような表現をしたい。やはりぼくも工藤さんの側に立ちたい。立たないのは松野宏軌さんだと思います。不必要に説明してしまう。裏を返せば丁寧なんです。カットも細かいから現場としてはバカバカしくなってくる。でも出来上がりはわかりやすい。『必殺』というシリーズでいちばん功績があるのは松野先生だと思ってますけど、台本を見たらとにかく隙間がないくらいカット割りの線を引いてますから「なに撮るの?」って思いますよ(笑)。工藤さんや三隅さんとは本当に対照的です。

いわゆる巨匠ではないし、お人好しだから、みんな松野先生には好きなこと言っていた。それでまた照明部や撮影部というのは、監督にガツンと言ったら自分が偉そうに見える。「俺は監督よりも偉いんだ」という、ある種のアピールをする部分もあったと思います。だから極めてバカなことですよね。そういうことを考えること自体が人としていかがなものかと思うけど、でもぼくらも似たようなことを松野先生にやってたんですよ、いま思えば。いや、だいぶ前から思ってますけどね。なんなら、やってるときから思ってました。ダメだとは思いながら、でも「先生、このカットいります?」って、石原さんみたいに大きな声でみんなの前では言わないけど。

――ほかに印象的だった必殺シリーズの監督は?

高坂　渡邊祐介さん。東大出身だから計算がすごい。「このカットは何秒」って台本に全部秒数を書いてるんです。

で、本番では「よーい、ピッ!」って笛を吹く。「はい、OK。記録さん、何秒だった?」。要するに全部自分の決まった時間で、クランクインの前に計算していた。演技も「もうちょっと縮めて」とか「伸ばして」とか、秒数を基準にしている。ぼくが監督になるきっかけをもらったのも祐介さんなんです。下鴨神社でレギュラーが全員出ているロケのとき、ホテルから「体調が悪いから行けない」という電話がかかってきた。でも中止するわけにはいかないから「高ちゃん、監督やってくれ」と言われて、代わりに何シーンか撮ったことがありました。祐介さんは大映で『黒猫亭事件』(78年)という金田一のシリーズを撮るときも「チーフを京都映画から連れて行きたい」ということで、ぼくが呼ばれたんです。向こうには南野梅雄みたいなベテランが何人もいたのに。

――工藤栄一と渡邊祐介の両監督はタイプがぜんぜん違いますね。

高坂　人として悪くなければ、ぼくはいいんですよ。職業を除いたら〝人〟ですからね。監督や助監督という立場を取っ払って、「もうやめました」って言ったら普通のおじさんだから「監督? そんなもん知らん!」(笑)。まぁ、もともと反抗心とか抵抗性がちょっと強いんです。「強いものを見たらむかつく」みたいな素直じゃないところはありました。だから自分を飾るような監督は嫌いでしたね。やっぱり偏屈だからこそ工藤さんや山﨑さんみたいな人たちと気が合ったのかもしれません。

人が人を殺すときの表情って、はっきり見せないほうがいい

――必殺シリーズの前に帯ドラマでの監督デビュー作があるそうですが、どのような作品でしょうか?

高坂　北日本放送の帯ドラマで『夕映えの女』(72年)という富山を舞台にした作品です。26～27歳のころかな。まだ監督という仕事すら理解してないときですから極めていい加減で「こう撮りたい」ということもなく、自分がな

にを目指しているのかもあまりわかってない。ホンに書かれたことを無難に撮っただけ。メインの監督は深田昭さん、京都映画で帯ドラマばっかりやってた人で、松竹作品はゼロじゃないですか。

――『新必殺仕置人』（77年）では12本を演出。藤田まことさん、山﨑努さん、中村嘉葎雄さん、火野正平さん、中尾ミエさんという五人組のかけ合いやコンビネーションがアドリブふくめて見事です。

高坂　さっき蔵の話をしたけど、今度は地下のアジト。みなさんそれぞれの個性が出たのが『新仕置人』のアジトだと思いますね。藤田さんは喜劇で、山﨑さんは新劇バリバリの理論派。だからお金を分けるところなんか顔を合わせようとしないんです。あえて背く。でもそれがいいんですよ。正平は正平でどうでもええし（笑）、中尾さんもさっぱりあっさりした人。藤田さんも主役になって商業演劇の受ける芝居ではなくなってきた。

――山﨑努さんや中村嘉葎雄さんとはプライベートでの交流もあったそうですね。先日、山﨑さんにインタビューした際も「高ちゃん」との思い出話をうかがいました。

高坂　ありがたいね。でも本当は仲良くなったらダメなんですよ。本来は戦う相手なんだから演出部として特定の役者と仲良くなるというのは、どっちもよくない。でも仲良し小好しじゃなくて、お互いに思っていることを言い合う……そういう意味での友達なんです。山﨑さん、嘉葎雄さん、朝日放送の大熊邦也さん、正平のマネージャーのマキ（真木勝宏）、それとぼく。5人で週1回、食事会という名の飲み会をやってて、ぼくの狭いアパートに「すき焼きやろう！」ってバッと食材を持ってきたり、その次は山﨑さんの嵐山の旅館で湯豆腐食べたり、嘉葎雄さんが泊まってる錦の旅館に行ってどじょう鍋とかね。その3ヶ所をぐるぐると。山﨑さんは好き嫌いが激しいから「俺はあの監督の言うことは聞かない！」と言って、現場でも本当に動かない（笑）。その飲み会をきっかけにマキがレギュラー入りして、あの毎週出てくる〝屋根の上の男〟になりました。

――アジトのシーンは、どのように演出していましたか？

高坂　コンテは書きません。アバウトな流れ、だいたいの配置やどう撮るかは考えますけど、それ以上は現場を見てからです。ぼくらが芝居するより役者さんのほうが上手いに決まってるし、中身に関しても役者のほうがよくホンを読んでくるわけだから、外れてなければそれでいい。ポイントだけ決めて「まぁなんとかなるんじゃないかな」ってやってただけですよ。山﨑さんや嘉葎雄さんも口には出しませんが、ぼくの自由にやらせてくれているのは感じていました。ギクシャクした現場ではなかったから。

――いざ作品を見ると緻密な計算を感じてしまいます。初登板の第8話「裏切無用」の脚本は野上龍雄さん。

高坂　デビューする前から野上さんは「ぼくが書いてあげる」と言ってくれましたし、国弘（威雄）さんもそうです。うれしかったですね。国弘さんはタイプライターで台本を書いてて、ぼくが清書係だったんです。「かんのんホテル」に脚本家が何人も合宿してて、野上さんからは脚本のハコ割りについて大きな模造紙で教わりました。シーン1から順に書いていくんです。そういうことでずっと付き合ってました。本来はもっと上の監督が撮るような話だけど、「これは高坂のために書いたんだ」って野上さんが櫻井さんに言ってくれたんだと思う。

――「裏切無用」は主水と鉄たちが仲間割れをして、主水がリンチされたあげく肩の骨まで外されてしまう異色のエピソードです。やはりノッて撮りましたか？

高坂　そうですね。おふたりの現実がわかるから（笑）。野上さんもそこらへんは百も承知で書いているでしょうし。満身創痍の主水が鉄に「てめえ獄門台にかけてやる」とか言いながら歩くシーン、やっぱり（カット）割れないですよ、あそこは。ずっとそのまま見たいじゃないですか。

――殺しのシーンは白塀をバックに主水と標的のシルエット、まさに光と影の表現です。

高坂　顔はもうさんざん見飽きているからいいだろう、と。むしろ殺しのときなんか見えないほうが……人が人を殺すときの表情って、はっきり見せないほうがいいと思ってたんです。人殺しですからね。殺し終わったあとの顔はいいけど、殺しの最中の顔は撮りたくない。だからずっとシルエットでロングからズームインする。ここは明確に指示しました。そのあと主水のアップでちゃんと顔を見せてますしね。鉄が相手を殺したあと目を閉じさせるのは、たしか山﨑さんのアイデア。この女装はホンからだったと思います。

——第12話「親切無用」も俯瞰のシルエットでの長回し、ほかの回も主水の殺しはロングショットが多い気がします。音楽の入るタイミングも絶妙ですが、これは監督とダビング班とどちらの作業ですか?

高坂　基本は先行してやってくれて、ただポイントに関しては「ここに音楽がほしい」と提示していて、だから両方ですね。音楽でも効果音でもダビング班は多めに付けて、やりすぎる傾向がありました。まぁ、あとで外すのは楽なんですよ。「裏切無用」の悪役は大映の伊達三郎さんと五味龍太郎さん。普通ならキャスティングのイメージは逆ですよね。あえて伊達さんを浪人、五味さんを商人にしたんです。五味さんなんてレギュラーみたいなもんですから(笑)。ガラもタッパもあるし、10回に1回くらい殺される。「見た目で人を判断したらいかん!」というような大人しい真面目な人でしたよ。ぼくは今井健二さんにもよくしてもらいました。映画で見て「なんて恐ろしい顔の人なんだ……」と思ってましたが、付き合ってみると優しい紳士です。よく喫茶店に誘ってもらいました。

正平ちゃんは嘘つきなんですよ(笑)

——必殺シリーズの監督作で、とくに思い出深い回は?

高坂　正平ちゃんの正八が主役の回があって、桜木健一が幼馴染で大店の手代やってて志摩みずえと結婚するんだけど、それは偽装結婚で旦那の愛人という……。

——『新仕置人』の第17話「代役無用」ですね! マイベストの1本です。

高坂　正平と健坊は友達で、所属も同じ星野事務所。ふたりとも子役出身だから、まさにそのとおりの話なんです。その回から正平ちゃんの歌（「想い出は風の中」）が入るんですが、もともと一緒に飲みに行ったりして歌が上手いのは知っていたから「この話はいつもの音楽じゃないなぁ」と思って、ふたりの友情を表現するような曲を作ったんです。平尾（昌晃）さんにお願いする時間も予算もないだろうし、ぼくが適当に歌詞を書いて、正平の友達のギター弾きに作曲してもらって、撮影所のアフレコルームで録って正平が歌手デビュー（笑）。ちょっとセンチな話なんだけど、あの回がいちばん好きかな。脚本の保利（吉紀）さんも正平と仲良かったんです。あれはたまたま回ってきたホンだと思います。正平の芝居はできるだけ割らないように……割ってもおもしろくないんですよ。顔より全体で見せたほうがいい。ホンは1回しか読まないし、セリフも適当にその場で変える……あいつ嘘つきなんですよ（笑）。しっかり勉強して覚えてるのに、それを現場では見せない。プロなんです。

――映像的な見どころも多いです。「代役無用」のストーリー自体はシンプルで、あまり予算がかかりそうな話ではない。その代わり画に凝ることができたのでしょうか？

高坂　そう、だから時間が取れたんですね。（「代役無用」の映像を見ながら）新婚初夜の画、これは俯瞰で撮りたいというのは言いました。俯瞰の広いアングルに布団があり、女だけがポツンとおり……映すべきものを選んだら、あとは別に映らなくてもいい。手前を影にして強調してみたり、そのあたりは照明の中島（利男）さん。細かなアングルは石原さん。日数や予算を大きくオーバーしたということはないと思いますよ。まぁオーバーした回もあったと思いますけど、次の回で帳尻を合わすとか、どこかで取り返しています。

――大店の主人が殺されて発見されるシーンは手持ちのカット。2回ぐるぐる撮って、編集で混ぜています。

高坂　泥棒ですよ（笑）。工藤さんの泥棒カット。

――友吉役の桜木健一さんとおいと役の志摩みずえさんが歩きながら深刻に話すシーン。雨上がりの逆光で俯瞰のロン

『必殺からくり人　血風編』の桂川ロケ、助監督の高坂光幸と工藤栄一監督

『新必殺仕置人』第30話「夢想無用」、火野正平と津田京子を演出中の高坂

グショットですが、ゲストの顔がまったく見えないという必殺シリーズ史上でも稀な長回しです。

高坂　これは本人。吹き替えじゃないです（笑）。なんでもかんでも簡単に見えたらいいというわけじゃない。最後にズームインしたあと志摩さんがフレームアウト、水たまりのピントをぼかすのも次のカットにつなげるため、ザーッという雨音を先行させようと思って。この回はホンに指定がないシーンも雨にしました。雨のほうがいいなと思えば、降らないより降ったほうがいいでしょう。地面だって濡れてるほうがなんとなくね、ちょっとロマンチックすぎるけど。豪雨のなかで高木均さんを蹴り飛ばす……これは山﨑さんのアドリブ（笑）。

――友吉とおいとが結ばれるまでの男女の愛憎を描いた室内のシーンも俳優ふたりの動きとカメラワークを組み合わせた「よくぞやったな」という3分以上の見事な長回しです。セリフや演技もすばらしい。

高坂　ここも割れません。長く回そうというのは決めてましたね。志麻さんを責め立てる健坊の芝居がしつこいなと思ったんで、パッと衝立でふたりの間を遮断した。これはテストやってる途中での思いつき。どんな小道具があるかなんてセットに入って初めて知りますから、最初からの計算ではないです。ずっと一緒に映ってても同じことの繰り返しだから、健坊が衝立を動かしてバックを変えるのは〝シーン変わり〟みたいな意味でね。あんまりいい気はしないでしょう？　女の前で男がグダグダしゃべるのは。

――「友さん！」というセリフでカットが変わって、おいとのアップ。タイミングが絶妙です。

高坂　あそこで気持ちが変わってますから、そこで割ったほうがいい。結ばれたあとの俯瞰もふたりだけの世界を象徴した。雨の話だから、こういう雨だれの画も活かせますよね。

――友吉が殺されるシーンはハイスピードのスローモーションで走る笑顔と長屋で待つおいとをカットバック、障子を開けるカットを同ポジで3回繰り返したあと、殺し屋に瞬殺されてしまいます。

高坂　ベタですよね。でも、健坊の笑い顔がほとんどない話だから、こうやってしつこく見せて。まぁ好きな手法というか、簡単にポンと死ぬのではなく、しつこいほうがいいなとは思いました。死に顔をストップモーションにして目に寄るにも、なんかもうちょっと強調したいなっていう一押しですね。鳥はライブラリーの映像。それを反転させて……しかし丁寧に撮ってるな、このシーン（笑）。

——そして火野さんの歌が流れます。正八が囮になって殺し屋から逃げるシーンは激しい手持ちのアクション、ここまで揺れる画は必殺シリーズでも珍しく『仕掛人』の第1話より激しい。

高坂　これはひどいですね（笑）。見えない。激しいほうがいいなと思ったのは、正平がまともな殺し屋ならそうはしないけど、あの役はド素人ですから。勢いしかないからカメラワークもむちゃくちゃでいいと判断したんでしょう。ああいう手持ちは普通ワイドで撮りますが、あえてレンズも詰めて……けっこうフレームから外れるし、ピントもボケるし、普通はやりませんね。

——鉄や主水ら4人が長屋で相談しているシーンもパンと移動を合わせた見事なカメラワーク。そして傷だらけの正八が入ってくると絶妙なタイミングで衝立の中身が外れます。

高坂　あれはたまたま（笑）。芝居の勢いでガタッと。アタマの画は〝待ってる〟というのが好きじゃなかったから、1人ずつの表情があるよって……最初から引いてたら奥から正平が来るのが〝待ってました〟になる。だからといって切り返すのも面倒くさい。やっぱりそれぞれの表情を撮りたいし、いい角度に入りたいから、そのための移動です。たしかに複雑だし、むしろ割ったほうが現場は早いかもしれない。殺しのシーンは山﨑さんがぶち壊すのが好きだから、板を破って出てもらって（笑）、相手の殺し屋が使ってる白い紐は現場ですね。殺陣師と相談して「風が吹いてるほうがいいな」とか、そのへんはこっちで決めて、とにかくこの回に関しては「むちゃくちゃしないとおもしろくない」と思いました。（美山）晋八さんは動きのある殺陣をつけるのが上手かったです。まぁ口八丁のハッタリもあって、確実な正確性という意味では楠本（栄一）さん。

――鉄と戦う殺し屋のひとりはスタントマンの宍戸大全さん。普段あまり顔を出すことはありませんが、「代役無用」だけでなく「濡衣無用」「愛情無用」と高坂監督回の常連です。

高坂　同じ東北仲間なんです。宍戸さんは福島の出身で、秋田で体育の先生をやっていたこともあって、田舎に帰ったら地元の酒をくれたり、同郷のよしみで助監督のころから親しくしてたんです。「なんでもやるよ」って、アクションをやっていただきました。下元年世もよく出てますね。自分でホンを書いたり、前向きにやる男だったんです。だから話が合いました。ちょっとくさい芝居ですけど、クセのあるようなワルをやってもらって。

　あとは東映の西田良さん、個性的でしたし「なんかおもしろいな」と思ってました。唐沢民賢さんもそうですね。スターさん任せでなく、やる気にあふれた人たちで、やっぱり京都や大阪の役者さんを使いたいという気持ちはありました。なんでも東京から呼べばいいという〝東高西低〟の風潮もありましたが、そんなもんじゃない。

――「代役無用」と第30話「夢想無用」、第40話「愛情無用」は〝正八三部作〟と呼ばれています。

高坂　正八の彼女が妊娠する回のゲストは劇団民藝の津田京子さん、カメラは藤原三郎ですね。この話は海に行かないとダメだと思って、日本海の間人(たいざ)に行きました。正平の歌がいちばんマッチしたのは、この話かな。「愛情無用」はあまり覚えていない。徳島ロケの回（第32話「阿呆無用」）は地元のみなさんがとても協力的でした。阿波おどりの最中に行って、撮らせてもらいました。

――藤原三郎さんと石原興さんでは画や現場の雰囲気は違いますか？

高坂　サブちゃんは歳が一緒なんですよ。だから好きなことを言えるけど頑固なんです。「これはロング」と決めたら譲らない。ぼくが「ロングなんていらない」と言っても聞いてくれない。石原さんの場合は「じゃあ、こうしよう」って判断してくれるんだけど、サブちゃんは気分屋だから悪いときはもうぜんぜん前に進まない。よく妥協しましたね。で、ダブらせて寄りも撮ったりとか（笑）。編集に持っていったらこっちの勝ちですから。スタッフには悪いけど、最初から使わないつもりで撮ったときもあるし。そこらへんはぼくもずるいんです。石原さんはセンスもすごいし腕もいいけど、演出に口を挟む。監督のカット割りにまで意見を出す。たとえば手元まで映してほしいときでも、わざと寄りにして「そこで芝居してもフレームに入ってへん」とか。なんでもカメラで演出にしちゃう。監督をしのぐというのはそういうことなんです。〝功があり、罪があり〟でしょうね。演出部でも監督より石原さんの言うことを聞くようになってしまって、たとえば美術や小道具のことでも石原興におうかがいを立てる。そっちにつくほうがスタッフとしても楽。でも、それは違うんです。どうやったら効果的なシーンになるか、石原さんは監督以上に知ってる自信があるんでしょう。ただ、自分で監督するとギクシャクしてしまう。ときどき「えっ?」というような流れになる。シーンごとのブツ切れになってしまうから。

ぼくがしゃべると、必ずものに当たったり障ったりするので（笑）

――第21話「質草無用」は念仏の鉄がロックバンドKISSのようなメイクを施し、そのまま夜の盛り場を突っ走ってワルを仕置します。

高坂　まったくバカなことを（笑）。もちろん台本にはないですよ。これは山﨑さん本人です。「なんかやりたい」って絶えず思ってる人ですから。あのおねこちゃんの子役（野々山香代子）、かわいい子やったね。この子はオーディションで選んだんですけど。いちばん雰囲気を持ってました。最後のシーンもセリフはいらない。嘉葎雄さんと話して無言のラストにしたんです。情が勝ってるホンなんですよ。この話も正平と健坊の話もそうだし、彼女が妊娠する話もそう。本当はレギュラーに情が入ったらいかんの。でも一歩踏み込んでしまって情が勝ってるんですよね。だからちょっと例外といえば例外なんですけど、まぁたまにはいいんじゃないかと思ってました。

——オープニングから色あざやかな『必殺商売人』(78年)も6本を演出しています。

高坂　覚えてない。やっぱり『新仕置人』に比べると印象は薄いですね。梅宮(辰夫)さんも歴代の坊主頭のキャラクターからするとインパクトがない。初期の作品に比べたらマンネリ化してきて奇をてらうようになってきた。浮世絵を手がかりに旅したり、森﨑東監督のシリーズでは中村敦夫さんが拝んだり、ちょっとノレませんでしたね。「これなら『必殺』じゃなくてもいいんじゃないか?」とは思ってました。

——『必殺からくり人　富嶽百景殺し旅』(78年)に『翔べ!必殺うらごろし』(78〜79年)、高坂監督回もやや低調な気がします。『商売人』では藤村志保さんがゲストの第8話「夢売ります手折れ花」が印象的です。

高坂　それこそ絵描きの話ですよね。浮世絵からそのまま抜け出てきた女性が御高祖頭巾をかぶって復讐する。この回は徹底して様式美でやりました。すべてそこからです。赤・青・緑の照明を使って、時間もかかったと思います。いちばんの狙いですから「そこは外したらいかんな」と思って、こだわりました。

——正八が盲目の娘と高灯台に監禁される第15話「証人に迫る脅しの証言無用」も凝っています。

高坂　あぁ、氷の部屋を作った回ですね。藤田さんと梅宮さんを左右、草笛(光子)さんを奥に配してワンシーンワンカットをやりました。あれは石原さんの得意技、望遠でフォーカスを合わせていくやり方のアレンジだと思います。こんなに大きな顔を3つ、画面に凝縮させてね。「ワンカットでいきたい、引きはいらん」というくらいまでは言って、あとは石原さんのセンスです。高灯台の立ち回りは1階と2階の上下を一緒に撮って、まぁ遊んでたんだと思います。無責任だからできるんですよ。責任持ってたらできません。

——正直なところ『新仕置人』に比べると脚本に恵まれていない気もします。

高坂　新人監督のわりに生意気で、断ったホンも何本かあったんです。松野先生が全部代わりにやってくれたんですけど。それは若気の至りで反省する部分もありますが、別にいつやめてもいい、どうなってもいい……「お前にゴマすってどうなる」っていう考えはありました。イエスマンにだけはならなかった。

――そしてシリーズ再興のきっかけとなった『必殺仕事人』（79～81年）が最後の監督作になります。第14話「情は人のためにならないか?」は石森史郎さんとの共同脚本。ホンを直すのが日常茶飯事の必殺シリーズですが、連名で監督のクレジットが載るケースは珍しい。浪人残酷物語としても見ごたえがあります。

高坂　半分以上ぼくなりに直したんだと思います。そのときは突き返さないで、違うと思ったところを直してみようと思ったのかもわからない。『仕事人』には国弘威雄さんが書いてくれたホンもありますよね。

――第25話「裏の裏のそのまた裏に何があるのか?」。仕事人と盗賊一味との死闘を描いた作品です。

高坂　国弘さんも約束を守ってくれたし、野上さんも守ってくれたし、おふたりにはものすごく感謝しています。このあたりになると作品としての記憶はちょっとないんですが。

――第34話「釣技透かし攻め」が最終作。『仕事人』中盤からは製作主任として現場を支えます。

高坂　京都映画というのは単体ではないですから、さまざまな事情があって……『必殺』ではないんですけど、ほかの作品で会社単位のトラブルに巻き込まれて、この業界からは足を洗おうと思ってたんです。そんなに未練もないし。ところが製作部の人手が足りなくなってしまったから、そっちに回ることになった。

――近年まで製作主任、または製作担当を務めています。

高坂　向いているんでしょうね。ものを作ること自体は嫌いではないので。監督であろうがスタッフであろうが、作るということには変わりはない。職域や立場が違うだけで、携わっていることはすべてもの作りですよ。一人ひとりが。そこが好きだったのが、未練かなぁ………。それでメシ食えるならいいかなって。あとは対外的なことをいろいろね、対俳優や対スタッフの裏の裏まで自分がいちばん知っているだろうなという、うぬぼれもありました。そういうことで製作主任として渡辺さんのポジションを引き継ぎました。「また監督がしてみたい」とか、そういう気持ちはありません。自分でいっぺん断ち切ったことですから、そこに戻りたくはない。あとは未練とか愚痴になってしまうので。もう言いません。まぁ会社の都合で監督補もやりましたけどね。

――ありがとうございました。3時間の取材予定が大幅に時間オーバーで、ついに撮影所を閉める時間になってしまいました。高坂さんのお話をここまでうかがえてうれしいです。

高坂　まだ京都映画という会社があったときは、上から目線の松竹に対して、下から突き上げていく現場としての気概があったと思うんです。それがだんだん一本化してきて、会社の名前も変わってスムーズにこなしていくのが撮影所ということになってきた。時代といえば時代なんしょうね。

いまもシリーズは続いてますが、いっぺんパターンを取っ払って……『必殺』いうのは、もともとそういうもんじゃないかな。飾るもんじゃないと思います。やることなすこと殺しのショーみたいになって自分さえも飾ってしまう。それを時代のせいにしてしまうのもどうかと思う。当初の『必殺』の意気込みというのが、なんだったのかなというところを考えないと前には進めない。そこからスタートしてくれないとダメでしょうね。簡単に言うと「なにをやりたいんだ」というところです。まぁ、くだらない話ばっかりでした。ぼくがしゃべると、必ずものに当たったり障ったりするので（笑）。なんか適当に書いといてください、適当な人間ですんで。

高坂光幸

［こうさか・みつゆき］

1946年秋田県生まれ。立命館大学卒業後、男プロダクションで『女棟梁』の助監督を務めたのち合作映画を経て京都映画の演出部に。73年に『夕映えの女』で監督デビュー。『必殺仕掛人』から必殺シリーズの助監督を務め、76年の『必殺仕業人』をはじめ『新必殺仕置人』『必殺商売人』『必殺仕事人』などを監督、その後は製作主任に転身する。『京都殺人案内』『剣客商売』『喧嘩屋右近』『無用庵隠居修行』などに参加し、『鬼平犯科帳』では監督補を務めた。

演出部

都築一興

みんな『必殺』やり始めたころは若かった〝仲間〟という意識が強い会社でした

京都映画演出部出身の次なる監督、『必殺仕事人』でデビューを果たした都築一興は大名行列襲撃回という異色エピソードに新人らしい創意工夫を織り込んだ。『必殺仕掛人』からシリーズに参加し、やがて京都映画を離れて新たな活躍の地を見出した都築へのインタビューは本書誕生のきっかけともなった。

——まずは監督デビュー作の『必殺仕事人』第22話「登城する大名駕籠はなぜ走るのか?」(79年)についてうかがいます。大名行列を仕事人たちが襲撃する異色回であり、意欲あふれる演出に満ちています。シンボリックにしたいという狙いはありましたか。

都築　いちおう『仕事人』がデビュー作なんですけど、その前に別の監督のクレジットのまま、代わりにぼくが撮った回もあって……でも、それは公にされてませんので「登城〜」が最初ということになりますね。31歳のころでした。やっぱり1本は撮りたいという気持ちはありましたし、その反面、大物の俳優さんばっかりで不安もありました。京都映画は2チーム、3チームが同時に動いてて、当時ぼくは歌舞伎座テレビの『日本名作怪談劇場』(79年)の助監督をやって、『仕事人』に呼ばれたかたちでした。

――デビューのきっかけは？

都築　松竹のプロデューサーで『必殺』をアタマからやってる櫻井洋三さんがわれわれのボスで、怒られるのも櫻井さんがいちばん多かったですけど、朝日放送のみなさんに相談して「1本撮らせてやろう」となったんだと思います。わたしらの先輩だと高ちゃん（高坂光幸）が監督してましたし。これならやれると思うホンと、ちょっと直したいなというホンとありますが、「登城〜」はほとんど台本のまま撮りました。脚本の石川（孝人）さんと細かな部分を相談する時間もありましたし、長谷川明男さんが演じた役の純情みたいなものがよく出てましたね。俳優さんもみなさんベテランなんで、現場はけっこうスムーズに行ったと思います。大名行列のロケも半日くらい、スケジュールの範囲内で撮るというのが求められますから。藤田（まこと）さんは、わたしらが細かく口出しするより「こういう趣旨で」と伝えてお任せしたほうがいい芝居になりますから、野次馬的にレギュラーのみなさんのかけ合いを「おもしろいなぁ」と見てました。

――オープニングの大名行列の衝突からインパクトがあります。

都築　あそこは仁和寺の境内の広い砂利道で、ストーリー全体のテーマにつながるようにシンボリックにしたいという狙いはありました。大名行列を2つも立てる予算はないので、それをどう工夫するか。俯瞰だと奥のほうまで映らないから人数がごまかせるんです。うん、それでも『必殺』としては異例の多さでしょうね。あとは石段で男女が語り合うシーン。ああいう単純化した、俳優さんの芝居が浮かび上がるような画が好きですね。極端に言うと、愛に生きるか権力を選ぶか……ちょっと失敗したと思うのは、富川（澈夫）さんの役を最初から二枚目にしすぎたところ。あとは植木（絵津子）さんのヒロインの心変わり、封建社会での女としての立場の弱さ、その切り替わりをすごく単純に描いてるので、揺れ動く心というか機微……1時間のドラマとはいえ、もう少しふくらませることができたかなと思います。

こないだ、ひさしぶりにビデオを見返したんです。そうしたらクレジットにうちの女房の名前も出てきて、すっかり忘れてました。記録の杉山栄理子というのが女房なんですが、一緒に見ながら「あっ、わたしがやってるわ」と。まだ付き合う前やったと思うんですけど、助監督と記録は同じルームにいましたから、夜中まで映画の話したり、みんなでワイワイやってました。わたしらの結婚式のときは藤田さんが「俺が司会するしな！」って自分のバンドを連れて来てくださって、祝ってもらいました。八木かつらの人が女房のヅラを作って、衣裳部さんは花嫁衣裳、ライトマンは照明、スチールマンは写真、会場は鮎川（いずみ）さんが都ホテルを無料で借りてくれて「ただし仏滅やけどな」と、撮影所のみんなが結婚式を作ってくれたんです。

——藤田まことさんは、どのような方でしたか？

都築　主役を張るだけに現場では厳しいところもありましたし、妥協しない。いろいろ注文を出して、こうしたいと仰る方で、反対に山田（五十鈴）先生は台本のことは一言も言わずに自分の世界を作ってしまう。おふたりの共演で中村主水もさらに変わっていった部分があるのかな、と思いますね。『仕事人』だと三田村（邦彦）さんは元気な人。スタッフとも家族みたいな雰囲気でした。（伊吹）吾郎さんはすごい温厚で、東京で打ち合わせしたりすると、自宅に呼んでくれてフラメンコギター弾いたり、いまでもうちの女房なんてテレビ見てたら「あ、吾郎ちゃん！」ってうれしそうに言うくらいです。

——「登城〜」の中村家のシーンは、せん・りつが巨大化して主水がポツンと小さくなるというこれまでにない演出に挑戦しています。

都築　いまならビデオで簡単に合成できますが、当時はフィルムですからね……カメラは『必殺』の映像を作りあげた石原（興）さんで、こんなん撮りたいと言ったら「えー、そんなんわからんわ！」と口では仰るんですけど、一晩寝て次の日にはキチッと考えてくれてる。あのカットはレンズを絞り込んで、パンフォーカスの遠近法を使った〝一発撮り〟やったと思います。特撮やるような予算や時間はなかったでしょうし。

――男女の哀しい別れのシーンは、見事な長回しで見ごたえがあります。

都築　見せ場ですから、カメラを移動車に乗せて、複雑なことをやりました。細かいところは石原さんのセンスで、柵の竹と竹の間にちゃんと眼を出すとか、ズームのタイミングとか、現像してラッシュで初めてどんなカットかわかる時代ですから。まぁ、信頼関係というかカメラマンに指導されながら撮ったといいますか。

――主水と左門が話す夜のシーン、地面がキラキラ光るのは必殺シリーズの名物ですが、さらにさざなみまで立っています。

都築　アスファルトの地面濡らして、ライト当てて、あとは扇風機ですね。ほこり巻き上げたりするときに使う、でっかいやつ。ああいう画は苦肉の策でもあって、セットがなくても撮れるんです。みんな『必殺』やり始めたころは若かった。石原さんや照明の中島（利男）さんで30ちょっと、わたしら助監督は20代、東映や大映みたいな徒弟制度じゃなくて〝仲間〟という意識が強い会社でした。やっぱり新しい現場だったと思います。

基本的に殺しのシーンは現場で考えることが多かったです

――必殺シリーズの監督で、とくに影響を受けた方は？

都築　貞永方久さんです。『必殺仕置人』（73年）の1・2話……あれがシリーズでいちばんおもしろかった。今出川西紀さんの目の撮り方なんて貞永さんにしかできへんと思ったし、すばらしいセンスでしょう。『仕置人』のアタマはついてないんですけど、そのあといろんな現場でお世話になりました。とてもエネルギッシュですてきな監督でした。あと、当時は日活ロマンポルノをよく見てて、田中登さんや神代辰巳さんのようなアウトロー的でセオリーから崩れたもの、『夜汽車の女』(72年)とか大好きでしたね。だからロマンポルノに出てる俳優さんが『必殺』に来るとうれしかったですよ、蟹江敬三さんとか。

——ゲストのキャスティングには監督の意向も反映されるのでしょうか?

都築 だいたいプロデューサーや製作部のほうで決めますけど、あの人かこの人と候補を挙げてもらったりもします。「登城〜」のときは家老の下の、秀を襲った武士の役を「黛ちゃんにお願いしたい」とキャスティングしてもらいましたね。黛康太郎という太秦の役者さんで、ちょっと年上の兄貴という感じ。家具屋で黛ちゃんがアルバイトしたときは、ソファを買いに行ったりしました。主水と一緒にいる岡っ引き役の松尾勝人さんは、エクランという京都映画の中にあったプロダクションの俳優さんです。気の優しい人で、ぼくが朝日放送で『部長刑事』を撮ったときも松尾さんに大阪まで来てもらいました。丸尾(好広)さんは殺陣が得意で無口な長老格、東(悦次)さんはもう見た目のチンピラそのものというか、いろんな方がいましたね。

——殺しのシーンは早朝の大名駕籠を仕事人たちが狙います。

都築 普通と違ってスピーディにやらないとダメなんで、たとえば梅安やったら目のアップ、針のアップ、口にくわえて……みたいな細かいカット割りの儀式をやるヒマがない。まばたきしたら終わってるくらい「あっという間」にしよう、そのままラストも余韻を残さずスパッと終わらせようと思いました。たしか殺しのシーンはもともとオープン(セット)で撮るはずやったのが、雨が降ったんで路地のセットを組んだんです。その前の大名行列が走るシーンはオープンで屋根越しの俯瞰で撮ったり、穴を掘ってローアングルにしてみたりと工夫しました。

主水が槍を使うのは……台本にあったか忘れましたけど、基本的に殺しのシーンは現場で考えることが多かったですね。じわじわ間をとって、いかに美的に撮るか……監督のイメージで殺陣師が動きをつけて、石原さんを中心にワーワー言いながらやってました。下っ端でも意見を出せる、それが京都映画のいいところで、ほかの撮影所の

『必殺仕事人』第22話「登城する大名駕籠はなぜ走るのか？」を演出中の都築一興

人たちとしゃべると、そんなん俺らありえへんよ、と。たとえば助監督のペーペーが「それおかしいやん」と言い出して、みんなでワーワー、そうするとまた撮影が遅くなって、櫻井洋三に叱られる（笑）。

――『仕事人』での監督回は残念ながら「登城〜」だけでした。

都築　もっと撮りたかったんですけどね……助監督がひとり抜けると現場が回らないし、なかなか現場の人間が撮れる機会は少なかった。『必殺仕事人Ⅴ　激闘編』（85〜86年）のときは、誰もやらない新人の台本が回ってきて3日ほどホン直しをして撮りましたが、そんなんじゃいい作品になりませんよ。京都映画を離れてからのほうが、いろいろ監督する機会は増えました。

床山さんと衣裳さんの部屋は、ペーペーの助監督には入りづらかった

――さかのぼりまして、京都映画の演出部に入ったきっかけは？

都築　大学が立命館で映画部にいたんです。2回生のとき太秦に引っ越したんですけど、たまたま下宿先の大家さんが大映の俳優……藤川準さんというベテランで、その息子さんが京都映画でカメラマンやってて、「映画好きやったら撮影所に遊びに来いや」と、そのうちアルバイトすることになったんです。町田敏行さんという方で、人数が足らんからと、その町田さんが撮影助手のチーフをやった映画『めくらのお市物語』（69年）でカメラ番に……1本やると3ヶ月くらい食っていけたんで「こりゃええわ」と『めくらのお市』を2本やって、『トラ・トラ・トラ！』（70年）の九州ロケに行ったりしました。

それから会社に希望を出して助監督になって……けっきょく大学には6年間いました。そのころは下鴨にも撮影所があって京都映画の現代劇は下鴨、時代劇は太秦で撮ってました。松山善三さんの『遠い夏の日』（71〜72年）な

んて、すごく好きな作品でしたね。終戦後の辺地教育の話なんですけど。時代劇だと『白頭巾参上』（69〜70年）やったかな、30分ずっとセリフのない回があって、洞窟で音を出したらいけない……深田昭さんという監督が撮っていた記憶があります。

床山さんと衣裳さんの部屋は、ぺーぺーの助監督には入りづらかったですね。小道具さんも怖かった。監督に「ダメ！」って言われたら衣裳の塚本（豊）さんのところに飛び込んで、最初は「お願いします！」言うてたんやけど、それじゃ間に合わないんで「すみません、失礼します！」って自分で倉庫の中を引っかき回すのを許可してもらいました。最初は怒られましたが、慣れてくると「もう好きなん持ってけー！」って（笑）。衣裳と小道具の倉庫を走り回ってました。

――そして必殺シリーズが始まります。

都築　『必殺仕掛人』（72〜73年）の途中からセカンドでつきましたが、やっぱり新鮮でした。監督が超一流だし、役者も大物だし、自由な空気のなかにピリッとしたものがありましたね。30分ものが格下とは思いませんが、まったく違う感覚の現場で。どんどん来られる監督が、学生のころ見てた映画で「おー、すごい！」と思ってた方ばかりですから。たとえば三隅研次さん。あの人の台本は真っ白で、カット割りがないから次にどうなるかわからない。カメラの横で正座して、小さな声で「よーい、ハイ」「キャット」。三隅さんは『必殺仕置屋稼業』（75〜76年）の撮影中に倒れられて、照明の林利夫さんや録音の中路（豊隆）さんと一緒に車に乗せて、家まで送りました。もう振り向くことができなくて、手だけ振ってバイバイ……それが最後でした。

三隅さんが〝静〟なら工藤栄一さんは〝動〟のタイプ。どんどん引っ張っていって、役者からいちばん人気のある監督でした。現場中を動き回って自分で殺陣もつける人で、暴走しすぎて尺に収まらずはちゃめちゃになることもあったけど、ハマるとすごい作品ができる。わたしらの結婚式の仲人も工藤さんで、下宿と工藤さんの家が近くてかわいがってもらいました。

朝日放送のディレクターの松本明さんも映画人とは違うサービス精神でおもしろかった。役者が芝居しているのに、現場で寝転んで「じゃあ本番いくか。ヨーイ!」って、そういう自由な監督です。金持ちじゃないと発想できへんようなアイデアがあって、スタッフの面倒見もいちばんよかったです。

——いろんなタイプの監督がいたんですね。

都築　いちばん本数が多いのは〝松野先生〟……そう、松野宏軌さん。もう身内同然、しょっちゅう一緒。あんまり主義主張は言われない、とにかく流れるまま撮るというか、流されるまま撮るというか、プロデューサーからするといちばんありがたいですよね。俳優さんも意見を言いやすくて、でも押さえる部分は押さえて自分の撮りたい方向に持っていくんで、仕上がりを見ると「おっ、松野先生やるねぇ!」。シーンシーンのおもしろさだけではなく全体のバランスや流れを計算してるんです。毎年、甲子園が始まると松野先生はトトカルチョやってたんですよ。で、先生が当てると「おい、これコーヒー代」って全額くれました。また、よぉ当てるんです(笑)。

監督によっては石原・中島コンビに、極端なこと言ったらカット割りまで全部任せてましたし、東京から初めて来る監督だと、やりづらかった人もいたでしょうね。われわれは演出部だから「監督がこう言ってるんやから!」と撮影部に反発したことありますし、逆に監督と大喧嘩したこともある。

——大喧嘩!?

都築　『暗闇仕留人』(74年)の高橋繁男さん、「俺が時代劇を教えてやる!」みたいなこと言うてきて、なんやったか忘れましたが、えらい揉めて「もうえぇ! カチンコ叩くな!」と、助監督全員セットから引き上げた。櫻井洋三にあとでこっぴどく怒られましたけど(笑)。いやいや、どっちかいうたら温和な助監督でしたよ、わたし。

——必殺シリーズの助監督ですが、初期のチーフは家喜俊彦、高坂光幸、松永彦一の三氏がメインです。

都築　家喜さんは2年くらい前に亡くなられたんですが、いちばんお世話になりました。むちゃくちゃ優しいチーフで、普通は上が下をバンバン怒るんですけど、わたしらのチョンボまで全部かぶってくれる人でした。『斬り抜ける』（74〜75年）で監督デビューされたときは、家喜さんとわたしと皆元洋之助の3人でホンを直して、「これはマカロニウエスタンで行こう！」と。

――中村敦夫さん演じる渡世人が『続荒野の用心棒』（66年）のジャンゴのように棺桶を引きずる「死地突入」ですね。いかにも70年代らしいマカロニ時代劇でした。

都築　あのときは特別にフィルムを2本焼いて、家喜さんにプレゼントしました。ビデオがまだない時代ですから。高ちゃんはわが道を行くタイプで、周囲がどうこうより自分なりの判断でしっかり進める人。一匹狼のような群れない雰囲気がありました。彦ちゃんはわたしと同期くらいで、おしゃれというかスポーツカーに乗って撮影所に来たり、たぶん実家がお金持ちやったんかな。目黒祐樹さんと仲が良かったです。そのあとに皆元洋之助が入って、洋之助とはずっと友達で、いまもしょっちゅう電話かかってきますね。

「こんなしんどいのは仕事じゃなくて、遊びじゃないとやれへんな」

都築　夜昼もう関係なかった。毎週放送ですから、間に合わないときは2班立てて撮ることもありました。『必殺仕置屋稼業』のときは、われわれのチームが夜中までやって、そのまま次のチームが同じ風呂屋のアジトを引き継いで朝まで撮影して、俳優さんは出ずっぱり……わたし寝てたら叩き起こされて、「セットが燃えてる！」。もう消防車がどんどん来てましたが、朝から撮影の予定だったんで、片方では火事を消す、もう片方では撮影をする……「すんません！　本番行きますんでホース止めてください！」って（笑）。

撮影所には当時ボウリング場があって、オープンで撮ってたらボウリングの音でNGということもありました。その横のレストランでは脚本家のホンができてないから口述筆記したり……『必殺からくり人』（76年）の早坂暁さん、わたしら〝おそさかうそつき〟って呼んでましたが、ホンが間に合わないまま蔵原（惟繕）組がインして大変でした。同じシーンで俳優さんバラバラの別撮りもよくありましたし、アップだけ東京まで撮りに行ったこともありますよ。そこらへんの公園で〝グリーンバック〟で撮ってごまかして。

――え、わざわざグリーンバックで背景を合成したということですか？

都築　いや、ただ単に公園の緑をバックに撮っただけ（笑）。「江戸時代にポプラの木あったか？」とか言いながら。まぁ遊びの延長みたいな仕事ですけど、「こんなしんどいのは仕事じゃなくて、遊びじゃないとやれへんな」とよく言ってました。粋な製作部さんは屋台のうどん屋をオープンに呼んでくれて、熱いうどん食べたり、豚汁作ったりね。鈴木（政喜）さんというベテランの製作進行が気を回してくれました。

あと、楽しかったのは殺しのシーン。梅安の針とか秀のかんざしがギューと首に刺さっていく、ああいうカットは助監督とカメラの助手に任されてたんです。上手くいかなかったり、リアルすぎてボツになったのもありますが、採用されてオンエアに乗るとうれしかったですね。竹串を抜いたら一点だけ赤い血が残るとか。殺陣師の（美山）晋八さんの家に行ったら九官鳥を飼ってて、その九官鳥が「アァシンド、アァシンド」と鳴いてて、殺陣師というのもしんどい仕事なんやなと思いました。

われわれスタッフの憩いの場、喫茶店はスマートとKAMEYAがあって、スマートはペーペーの助監督や助手だけでは気軽に入れなかったですね。KAMEYAの爺さんはアイスコーヒーをバケツで作ってて、氷をガチャガチャって入れてかき回して、それが安くておいしかった。「早く一人前になってスマートに行けるようになろうな」っていう感じで。大映商店街にあった「つたや」という町場のうどん屋さんは、裏に関係者用の入口があったんです。藤田さんはネギが大嫌いだったので、なにも言わなくてもネギ抜きのうどんが出てきました。

――弟の都築雅人さんは京都映画の撮影助手で、『仕事人』から技師として活躍しています。

都築　わたしの紹介で入って、現場では兄弟という意識はなく仕事やってました。『必殺仕舞人』（81年）を監督したとき、クレジットは石原さんですが、じつは弟がカメラ回してるんです。そういうケースもありました。弟が亡くなって、もう10年ほど経ちますね。

――先ほどデビュー前にノンクレジットで監督した回があると明かされましたが、どの作品でしょうか？

都築　『翔べ！必殺うらごろし』（78〜79年）で高ちゃんが撮るはずの話が、放送に間に合わないというスケジュールの都合だったのか急に交代したんです。覚えてるのは、市原悦子さんの殺しでガラスの中の金魚が床に散らばって、それを戻して命を救うシーン（第18話「抜けない刀が過去を斬る！」）……子飼いの侍たちをないがしろにする話だったので、そのあたりを反映させたいと思って付け加えました。

京都映画の演出部は社員ではなく契約です。いうたらフリーなので、高林陽一さんの『金閣寺』（76年）や『西陣心中』（77年）みたいなＡＴＧの助監督もやりました。松本俊夫さんの『十六歳の戦争』（73年撮影／76年公開）では小道具の助手で豊川に合宿して、ギャラが出えへんというのでストライキやったり（笑）。ずっと『必殺』ばっかりやと飽きますからね。休みになると「京都脱出や！」言うて、皆元洋之助と一緒によう遠くに行ってました。

――80年代後半に京都映画を離れて大阪の東通企画のディレクターになります。

都築　後半になると『必殺』もマンネリで、ひどい話も多くて……なんとなく自分のなかで気持ちが離れて、よその仕事をやったりしてましたね。映像京都で『竜馬を斬った男』（87年）のチーフをやったり。ただ、いちばんの原因は現場が少なくなったから。『必殺』のレギュラー枠が終わって、スタッフ自体が食えなくなった。そのころ弟も東映で『水戸黄門』のカメラマンになって、ぼくには京都映画の管理部門に移らないかという話がありましたが断りました。まぁ、なるようになるさという性分なので、2年ほどフリーのディレクターとしてABC（朝日放送）で『部長刑事』なんかを撮ったあと、皆元洋之助が東通企画に入って、ぼくも呼ばれました。もともとのきっかけは『額田女王』（80年）というABC30周年のスペシャルドラマ……東通と京都映画の共同制作でビデオとフィルムのスタッフが一緒に仕事して、大阪とのつながりができたんです。

ドラマだけでなく旅ものやドキュメンタリーもおもしろかったし、ジャズが好きやったんでハンク・ジョーンズさんの番組を任されたり、時代劇のキャリアが撮り方にも反映されました。フィルムの経験があるスタッフは重宝されたんです。『歴史街道』なんて画先行で自由にやれて、いちばん楽しい仕事でした。土曜ワイド劇場の『京都B級グルメ殺人マップ2』（99年）は、ひさしぶりに京都映画で演出できてうれしかったなぁ。わたしは金勘定ができないからプロデューサーは断って、5分番組でもいいからと最後まで〝D〟に専念しました。

――ずっと現場にこだわっていたのですね。

都築　いまはもう引退して革職人です。もともとレザークラフトが趣味で台本カバーを作ったり、市原悦子さんの椅子を貼り替えたりしてたんです。台本カバーは監督だと松野先生や貞永さん、山根（成之）さん、俳優さんだと鮎川さんや村上（弘明）くんらから頼まれて作りました。どの監督やったか、〝必殺〟の二文字をカバーの革に打ち込んで浮かび上がらせたこともありますよ。またやり始めて、最近も撮影所の仲間から「古くなったから、新しいやつ作ってくれる～」って連絡ありますし、ぼちぼちレザーで遊んでますわ。

都築一興

［つづき・いっこう］

1948年愛媛県生まれ。立命館大学在学中から京都映画の助監督を務め、79年に『必殺仕事人』で監督デビュー。以後、助監督業と並行して『必殺仕舞人』『必殺仕事人Ⅲ』『必殺仕事人V 激闘編』などを演出。91年に東通企画と専属契約を結び『部長刑事』や土曜ワイド劇場、木曜ゴールデンドラマなどのドラマ、『追跡』などの情報番組、『歴史街道』『近畿は美しく』などの紀行番組を手がける。『田中家の戦争』で民放連のテレビ報道部門優秀賞を受賞。

演出部

皆元洋之助

ぼくが育った京都映画の一番いいところは助手でも自由に意見が言える現場だったこと

『必殺仕置人』から『必殺からくり人』まで助監督を務めた皆元洋之助は、同じく京都映画のスタッフによる歌舞伎座テレビ作品「斬り捨て御免!」「眠狂四郎」シリーズの監督として活躍。その後、東通企画に移籍して土曜ワイド劇場などの2時間ドラマを数多く手がけた皆元が語る京都映画の激レア秘話。

「画のことはサブちゃんに任した。ぼくは芝居や流れのほうに専念するから」

――まずはデビュー作『赤い稲妻』(81年)についてうかがいたいのですが、手銭弘喜監督との共同演出によるスペシャル時代劇です。おふたりの分担など、どのような体制だったのでしょうか?

皆元　京都映画が日本テレビと共同制作した作品ですが、京都映画には2つのチームがあって、一方は『必殺』で松竹の櫻井洋三さんがプロデューサー、もう一方は佐々木康之さんという京都映画のプロデューサーのもと歌舞伎座の時代劇や帯ドラマをやってるチームでした。当時、2時間ドラマが作られ始めた時期で、必殺チームは土曜ワイド(劇場)を何本か先にやっていて、ぼくらのチームにとって木曜ゴールデン(ドラマ)の『赤い稲妻』が初めての2時間ドラマ……そういう意味では手ぐすね引いて待っていた仕事だったんです。小さな撮影所だしスタッフ同士は仲良いんですが、ボスのおふたりが張り合っていて、やっぱり対抗心みたいなものはありましたね。

最初はチーフ助監督だったんですけど、撮影が始まって3日経って、撮影所でアフレコをやってたら手銭さんがプラっと出て行って帰ってこない。そのまま降板です。急きょ別の監督を探すことになったんですが、どうも上手く行かなくて……ここからが笑うような話になるんですけど、佐々木さんが「ちょっと一緒に来い」。タクシーに乗って佐々木さんが日ごろ占ってもらってるという〝拝み屋〟……霊媒師の家に行ったんです。

——拝み屋!

皆元　台本と一緒に監督のリストを差し出して霊媒師に「どうでっか?」とひとりずつ聞くんですが、「神さんがアカン言うてる」と全員否定されて、佐々木さんが最後にぼくを指さして「こいつはどうや?」「まだ2〜3年は無理かな」。その霊媒師の名前が皆本幹雄……ぼくと一字違いの同姓で「500年ほど前に広島の海賊5人兄弟から分かれた」という話を聞かされました(笑)。そのあと佐々木さんと撮影所に戻ったんですが、どうも様子がおかしい。セカンドの助監督やカメラマンを呼んでコソコソしゃべってて、「これはもしや……」と思いました。で、佐々木さんに聞きました。「ひょっとして、俺に撮らせようとしてる?」「ヨウノスケでいけるかと、みんなに聞いてるとこや」「準備の時間も欲しいし、心構えもある。どうしてもやらなあかんのやったら、いまここで決めて」と言ったんです。そうしたら「お前やれ!」。

名のある監督なら「全部撮り直させてくれ」と言うんでしょうが、主役の松方弘樹さんのスケジュールの問題もあるし、ぼくは準備のときのホン直しにも関わってたんで、作品の中身をいちばんわかってたんですね。日テレとの間で「もう皆元にやらせるしかないだろう」と話がついたんです。撮影再開の朝、みんな集まって監督が指示を出すわけですが、そのときの第一声が意外と落ち着いた声だったんで「なんとか行けそうだ」と自信がつきました。とにかく撮り終えねばという思いが強くて、カメラマンの藤原三郎……サブちゃんは同じ広島の先輩ということもあって「画のことはサブちゃんに任した。ぼくは芝居や流れのほうに専念するから」と、台本の直しと俳優さんの動きやコンテは自分で決めて、映像的な雰囲気やアングル・サイズはすべて任せました。サブちゃんはおもしろい画を撮る人で、5・9ミリの極端なワイドをよく使ってて、現場でニタッと笑うと「おっ、5・9か?」ってぼくら言ってました。何年も一緒にやってきたスタッフですから、現場はスムーズだったと思います。

――再放送の機会がなく未見なのですが、「将軍吉宗の母を救え! 影の忍者軍団決死の㊙作戦」というサブタイトルからもアクション時代劇ですよね。

皆元 『ナバロンの要塞』みたいな話で、尾張の藩主を将軍にしたい一派が吉宗の母親を犬山城に拉致監禁して、大岡越前に救出を命じられた与力が『七人の侍』のように特技を持ったメンバーを集めるんです。忍び込むのにハングライダーやロープを使ったり、城でチャンバラしたり、けっこう派手なアクションでしたね。

――手銭弘喜監督が降板した理由は?

皆元 ぼくは最初の3日間はロケに行けなかったんですが、セカンドの木下(芳幸)に「なにがあったんや?」と聞いたら、監督の「こう撮りたい」という指示に対して、サブちゃんが「そら、おもろうない」と反対して、監督の言うことを覆した、と。サブちゃんは口下手で、口の悪いスタッフが「日本語の不得意なカメラマン」と言うぐらい。それをまわりのスタッフが通訳する(笑)。そういう意味では監督によって合う合わないがあった。それに加えて念願の初の2時間ドラマで力が入ってたのが、手銭さんと上手く行かなかった原因だったと思います。

それくらいスタッフは気合が入った作品でしたが、その分ものすごい赤字が出ました。たしか700万くらい予算オーバー。なんせ大クレーンを断崖絶壁のロケ地に持って行ったり、「テレビでここまでやっていいのか!?」という撮影でした。編集の園井(弘一)さんからも「とにかくいっぱい画を撮ってこい。あとはなんとかしたるから」と言われました。娯楽アクションとして、初めて撮ったにしてはおもしろい出来だったと思います。でも大赤字ですから、佐々木プロデューサーからは「もういっぺん助監督から修行し直せ！」と、えらい怒られました。何年か経って、また霊媒師のおっちゃんに会う機会があったんですが、「わたし、あの日の午後に監督になりましたよ」と伝えたら「お祈りの効果が現れましたか」……しれっとそんなこと言ってました（笑）。

「給料安いで、仕事キツいで、でかい声出せるか？」

——さかのぼりまして、監督を目指したきっかけは？

皆元　映画は好きでしたが、仕事にしようとは思ってませんでしたね。全共闘世代で、学生時代はアメリカンニューシネマをよく見てました。新聞販売店を経営していた伯父の影響で報道の仕事がしたいと思って新聞社やテレビ局を受けたんですが全部ダメ。それから残り少なくなった求人資料に〝業務内容　テレビ番組の企画制作〟とあったんで「留年するよりいいか」と松竹芸能に入社したんですが、テレビ番組の企画制作は業務の5％ぐらいでタレントさんのマネージメントがほとんどなんです。ところが上司の加藤哲也さんの指示で5％の方に回された。2年間、バラエティ番組や公開コメディのＡＰ（アシスタントプロデューサー）を経験して制作現場のおもしろさに目覚めたんです。ところが制作部門を別会社に移動させることになり、ぼくはマネージャーをすることに。そこで加藤さんに言いました。「あなたが現場の楽しさを教えてくれたんだから、ドラマのＡＤか助監督の口を紹介してくれ」と。そんなことを頼む自分が厚かましいのか、「わかった」と言ってくれた加藤さんができた人なのか。ぼくがドラマをやりたいと思ったきっかけは、テレビで見た『木下恵介・人間の歌シリーズ』（70～77年）や『必殺仕掛人』（72～73年）なんです。朝日放送の松本明さんが撮った『仕掛人』に梅安が実の妹の加賀まりこを殺す話があって、ラストで緒形拳が元締の山村聰にその報告をする……。

――第23話「おんな殺し」ですね。

皆元　「殺したのは、わたしの妹でした」みたいなことを言われても、元締は表情ひとつ変えずにお茶を立てている……ぜんぜん動揺しないんだと思わせといて、茶筅を床に置いたら、くるくるっと回ってパタンと倒れる。ゾクゾクしました。そういう粋な描写で殺し屋の人間らしさを表現する。「こんな世界に入りたい」と思いましたね。

――松竹芸能から京都映画へ。どちらも松竹系の会社です。

皆元　いや、最初は東映だったんです。加藤さんに頼んだのとは別口で、大学の先輩が飲み屋の女性から東映の監督……鈴木則文さんを紹介してもらう話があって、誘われて一緒に鈴木さんの家に行きました。鈴木さんに東映京都撮影所の製作部長を紹介していただいたんですが、条件が思いのほか厳しくてぼくだけアルバイトの助監督として現場に入ることになりました。少し前に契約助監督の組合ができて、正規契約の助監督は採らないことになっていたんですが、ちょうどそのとき低予算の〝５００万ポルノ〟を新しく作ることになって、本田達男さんが監督の『情欲のぞき窓』（73年）という映画が初現場です。必ずしもやりたい作品でもないし、不安定な条件でしたが、そういうかたちでしか助監督として潜り込めませんでした。それから何本か応援で現場に行って、当時は東映の正門の近くで下宿してたんですが、朝から組合員が残業拒否のビラを配ってると「これは呼び出されるな」……スト破りみたいなことするのはイヤで、その気配があると外出して電話に出ないようにしてましたね。

　そうこうしてるうちに6月か7月に加藤さんが頼んでくれていた松竹芸能の佐久間（博）さんから「助監督を探してるから、お前行けや」と、京都映画を紹介されたんです。あの『必殺』を撮っている京都映画ですよ。撮影所に行ったら「給料安いで、仕事キツいで、でかい声出せるか?」、それだけ言われて二つ返事で「はいはい全部ＯＫです!」。初現場は『必殺』ではなく水谷豊が出てた『怪談・同棲殺人事件』（73年）。セカンドが都築一興だったんですが、佐久間さんがぼくを推薦するために〝東京でバリバリやってる助監督〟と吹いてくれた大ボラが、１

カット目にカチンコを出すとき手が震えてたのを見て「あ、こいつ素人や」とすぐにバレたと、あとで一興に言われましたよ。東映のポルノはアフレコだから、シンクロ（同時録音）でちゃんとカチンコ打つのは初めてだったんです。一興とは同世代だし共通の価値観があって、すぐに仲良くなりました。なかなか正義感が強くて、喧嘩っ早くて、気に入らない監督には挨拶しないとかね（笑）。

——東映京都と京都映画の違いは？

皆元　東映はいちばん威張ってるのが俳優さんで、その次に製作部が強いんです。合理化が進んでて、時間のかかることを極端に嫌うので進行が現場を煽りまくる。「そんなに凝りたかったら京都映画行けや」とか、けっこう失礼なことを言ったりするんですよ。京都映画はカメラマンを中心としてスタッフが強い。規模は小さいけど、『必殺』をやってて〝日本一の撮影所〟だとぼくたちは思ってました。サブちゃんもあんなにいい腕で、東京から呼ばれたりしても京都映画に戻ってくる……「あれ、やろか？」「あれな、わかった」で伝わる現場ですから、よそに行きたくはならないんでしょうね。録音の広瀬（浩一）さんなんか助手のころから、そら口うるさい人でしたよ。芝居に関して録音部もNGを出すんです。「セリフの意味がわからん」と、句読点やアクセント、しゃべり方にダメ出しをする。最近のテレビの〝音声さん〟ではありえないことなんですけど、そういう現場でした。

——初めて必殺シリーズに参加した作品は？

皆元　『必殺仕置人』（73年）のラストの4本から。その次の『助け人走る』（73～74年）はアタマのほうをやりました。ぼくは丸ごと『必殺』やった作品ってないんですよ。同じ朝日放送の『おしどり右京捕物車』（74年）や『斬り抜ける』（74～75年）、そっちについてましたから。チーフが家喜（俊彦）さん、セカンドが都築一興、ぼくがサードという体制でした。『必殺』の専属は高坂（光幸）さんと松永彦一。仕事を教えてもらったという意味では家喜さんと高坂さんが助監督の師匠です。家喜さんは現場からパッといなくなって、製作主任と次の日の予定を立てて、また戻ってくる。そのときセットに戻った途端に現場の流れに乗ってるんです。あれはすごいなと思いました。よく家喜さんの家に行ってごちそうになりましたし、当時の演出部3人の絆は強かったですね。あのころは都築一興、撮影助手の藤井哲矢、ぼくの3人でよく遊びに行ってました。

――出演者の思い出はありますか?

皆元　すごい俳優さんだなと思ったのは緒形拳さん。人をとろかすような笑顔と冷徹な殺しの顔が一瞬にして入れ変わるんです。それで、どの表情もゾクゾクするくらいすばらしかった。とくに印象に残ってるのは『必殺必中仕事屋稼業』(75年)の三隅研次さんが監督した回、おふたりの会話が禅問答みたいでした。具体的な内容は覚えてないんですが、「え、これでわかるの?」という(笑)。山﨑努さんは凝り性というか、たとえば手のアップを撮るときに上腕部を縛って血管を浮き立たせたり、足に傷を負う回があったらその後ずっと足を引きずっていたりしたのが印象的で、表情だけでなく肉体まで変える……そういうのを自分からやってたような記憶がありますね。藤田まことさんは、そんなに思い出がないんですよ。器用な人だなという感じはしましたけど、藤田さんの中村主水が『必殺』の本当のメインになっていくのはぼくが離れたあとでしたから。

――とくに印象的な監督は?

皆元　やっぱり工藤栄一さんですね。ぼくが撮った作品に工藤さんの影響が出てるとは言いませんが、台本に書いてあることをどう処理するかより、ふくらませていく発想の仕方……しんどいけど楽しかったです。『仕置人』の撮影は夏でしたが、工藤さんは上半身裸で白い登山帽かぶって綿パンに抜き身の刀ぶち込んで、立ち回りの演出するのが強烈でした。まずは殺陣師にやらせて「そうやないやろ」と、刀を抜いてやって見せるんです。セットに入ると「このセットおもろうないな!」……夜中の12時過ぎてからスタッフ全員でセットを作り直す。その時間だと大道具さんも美術の担当者もいないのに、建具とか植木とかが撮影所のどこにあるかみんな知ってるから、勝手に持ち寄ってセットも庭も作っちゃう。製作部的には効率が悪いんですが、やはり熱気がありました。

『おしどり右京』の2話目（「炎」）が工藤さんでしたが、打ち合わせの席上いきなり「このホンはおもろうない。みんなほかせ！」と言って、台本をポーンと後ろに放り投げた。その場でストーリーをとうとうと語り始めて……キャラクターやテーマはあまり変わってなかったけど、展開は元の台本とぜんぜん違っていた。でも、そっちのほうがおもしろいんです。もちろん現場は大変でしたが、ゾクゾクしました。

『おしどり右京』や『斬り抜ける』はロケが多く、ときには食堂などがないロケ地に行くこともありました。当時、ぼくや一興は独身で弁当を作ることができなくて、撮影所前の食堂で弁当を注文することもできたんですが、薄給の身には少々つらいことでした。ところが、藤井哲矢の奥さんが多めに弁当を作ってくれるようになり、そうすると、家喜さんや照明部の南所登、録音部の広瀬浩一も多めに作ってくれて、われわれやサブちゃんは昼食にありつくことができました。その方たちの奥さんには多大な労力と出費を強いたと思いますが、そういうチームだったんです。みんな、自分が携わった作品は〝俺たちの作品〟だと思っていました。

「石原興に勝たないと俺らの未来はない」

皆元　三隅組は「よくああいう演出ができるなぁ、アタマの中なにを考えてるんだろう……」と思いました。工藤さんはある意味わかりやすいんだけど、三隅さんは完成して初めて「こうなるのか！」と理解できる。セットにペタンと座ると、ほとんど説明らしい説明もなく、カメラマンに「そっから2人を入れて」とか指示して進んでいく。蔵原（惟繕）さんは凝った長回しをするカットが毎回あって、その芝居の組み立て方は「あぁ、すごいな」と思いました。とくに男と女の演出、とおりいっぺんではない濃密な男女の関係を描く手腕です。逆に『必殺』らしい殺し方や立ち回りのシーンは、殺陣師や石っさん中心にやってた気がしますね。

松野宏軌さんになると、どうしても石っさん主導になりますよね。だから松野組は演出部にとっては非常につらい組で、監督と打ち合わせをしていろんなものを用意しても、それを現場で石原興にことごとくひっくり返される（笑）。無駄になってしまうし、準備したパートには嫌味言われるし……演出部は監督を立てたいんだけど、カメラマンが主導権を握っちゃうんで、われわれとしては複雑でしたね。松野さんもけっこうしたたかで、自分のほしいカットは石原興に拝み倒してでも撮る。「石っさん、頼むわ、撮って。このアップだけ！」「もう、いらんやろ」「お願い！　これだけ撮って！」みたいなやり取りをぼくらの目の前でやってました（笑）。

でも、必殺シリーズ監督数ナンバーワンは伊達じゃなくて、そのカットはやっぱり活きるんですよ。朝日放送の山内（久司）さんも評価されてましたが、とくに音楽を入れるとその拝んで撮ったアップが活きてくる。ただ、なんのためにそれを撮るのか説明がない。スタッフや俳優さんから疑問が出ても「まぁ、とりあえずやって」みたいな……人をかき立てる演出ぶりで現場を盛り上げてやっていくより、ご自分の美意識の中で撮る方でした。

――助監督として複雑な思いがあったんですね。

皆元　たしかに松野さんより石っさんの言うことのほうがおもしろい。説得力もあるのでスタッフもそっちに引きずられるわけです。だから東京で活躍してた監督が『必殺』に来て、思うように撮れなくて二度とやらないケースもありました。「京都映画は難しいところだ」という評判も立って、たとえば広瀬襄さんという監督は『必殺』で苦労したみたいです。帯ドラマでご一緒したとき、そっちには石っさんいないから、のびのびと撮られて「同じ撮影所でもずいぶん違う」みたいな話を聞いたことがあります。監督だから言うことを聞いてくれるだろうと思ってくると手ひどい目にあってしまう。そうなると〝石原興以下スタッフみんな敵に見える〟みたいなことはありますよね。こういう状況は京都映画の質の高さの証明でもあったけど、演出部にとっては大きな壁でもありました。あのころ「石原興に勝たないと俺らの未来はない」と、よくぼくや一興は言ってましたけど、それは石っさんだけでなく、カメラマンに負けてたんでは監督じゃない……現場でみんなに「おもしろい!」と思わせる演出を考えていこう、そんな監督になろうとは思ってましたね。

——先ほど『仕掛人』で松本明監督が撮った「おんな殺し」に感銘を受けた話をうかがいましたが、松本組にも参加したのでしょうか?

皆元　助監督としてついたのは1本か2本なんですけど、やっぱり松本さんの影響は受けました。もうその筋の人かっていう風貌で、坊主頭に長いモミアゲ、撮影所に乗りつけたBMWのキーをチャラチャラいわせながら「おう、元気にしてるか?」……このおっさんヤクザやなぁと(笑)。まさか後年、がっつり組んで仕事をするようになるとは、思いもよりませんでしたね。『必殺必中仕事屋稼業』に江戸のソープランドみたいな話(第12話「いろはで勝負」)があって、松本さんが出演者としてソープの女性を連れてきた。もう目のやり場に困っちゃって……ぼくはサードで桶にドライアイスと湯を入れて湯気を画面に送り込む係だったんですが、女性の真横にいるから見えちゃいけない部分がまともに見えてしまう。下を向いて湯気を送り込んでたら、カメラ横で助手の喜多野彰がニヤニヤしてましたね。松本さんもそうですが、工藤さんや三隅さんは台本に縛られずそれを超えたものを目指すというスタンスで、ぼくの目標になりました。

工藤さんは基本的に〝順撮り〟でした。普通、順撮りは効率の悪い撮り方とされていますが、工藤さんの場合は長回しが多く、おまけに役者やカメラも動き回るので、そもそも抜いて撮る利点がありませんでした。でも工藤さんは『必殺』とはまったくテイストの違う『犬神家の一族』(77年)を大映で撮ったときも順撮りを崩さなかった。東洋一と言われたスタジオに大広間の広大なセットを組んだ撮影初日、工藤さんは大ロングとアップの往復を繰り返す。だんだん照明部の表情が変わってきますが、以後も順撮りを続ける。「頼むから、抜いて撮ってぇ〜な」。照明技師の山下（礼二郎）さんがボヤいてましたよ。順撮りにこだわる理由を工藤さんに聞いたことがあるんです。「抜いて撮ると間を埋めるカットのとき、テンションを制限かけて撮らなあかん。それがイヤなんや。撮るカットはグィーンと行けるとこまでエネルギーを持って行く。次のカットもまた行けるとこまでグィーンと行く。そうやって撮りたいんや」と、エネルギッシュな工藤演出を表すような答えでした。

逆のケースだと、帯ドラマでついた監督ですが、長谷和夫さんはシーンをまたいで抜き撮りをしたがる。2シーンとか3シーン、セットでカメラの方向が同じカットをまとめて抜く。俳優さんの芝居は前後するし、スタッフも戸惑うし、お願いだから1シーンずつ撮ってよと思いました。大映の監督だと森一生さんも早かった。人物正面のライトが点くと間髪を入れず「テスト、用意スタート！　……カット。本番、用意スタート！」こんなテンポ。照明の南所登が「これからは正面のライトは最後に点けることにする」とボヤいてましたよ。

――70年代半ばには映画同人誌『太秦キネマ』に「友よ」という文章を寄せています。監督とカメラマン以外のスタッフが撮影現場で主体性を持てないことなど、けっこう批判的な内容と提言であり、学生運動をやっていた名残りを感じます。助監督仲間の都築一興さんとストライキを起こしたこともあったそうですね。

皆元　ストライキというか、撮影をボイコットしたんです。撮影所というのは現場に入ると休みがほとんどない。一興と一緒に会社と交渉して「せめて月1日この日は休むという日を作ってくれ。そうしないと独身のやつはデートもできないし、家庭を持ってる人は子供と約束もできない」と、休みの日を決めたんです。ところが何ヶ月か経つと、その約束が反故になってしまった。昼休みに製作部長や次長に抗議したら「こういう事情で撮影せなあかん」と突っぱねられたんで、撮影再開してもセットに入りませんでした。

――ほかに必殺シリーズの思い出はありますか？

皆元　ご存知のように『必殺』は現場で監督や石っさんを中心にホンを直しながら撮ることが多く、それが『必殺』

都築一興（左）と皆元洋之助（中央）の演出部コンビ

『必殺仕置人』第26話「お江戸華町未練なし」、上半身裸の工藤栄一監督が演出中。右端に皆元

らしさだったんですが、最近あまりにもホンの出来がひどいんじゃないかと、あるスタッフがプロデューサーに文句を言ったら外される事件があって、一時期は「ホンどおりに撮れ！」という指示が出てましたね。

松竹の櫻井さんは『必殺』生みの親のひとりでもあるし、低迷していた京都映画を活性化してくれた人なのですが、なにしろ強烈な個性の持ち主で、ぼくらはいろんな意味で〝悪党〟と言ってました。現場にしわ寄せを持ってくる人で、効率的にいい作品を撮るためには脚本を早く作るのがいちばんなんです。ホンが早ければちゃんと準備ができるし、無駄も省ける。それなのにホンが遅れて撮影がストップする。たまたま近くで聞いてたんですが、製作次長の小島（清文）さんが「ホンを早めに作ってくれへんか」と言っても「あぁ、それはできんな」と傲然と言い放つ。局からの注文もあるんでしょうが、そこもふまえてホンを作るのが仕事なのに、肝心なところで松竹と京都映画、親会社と子会社の力関係を利用するところもあって、そういう不満はありましたね。

また、朝日放送の仲川利久さんと櫻井さんが合わない……あんまり話をしないんですよ。ぼくらはぼくらで仲川さんのこと〝進駐軍〟って呼んでましたが、監督でも松野さんはプロデューサーの意見が統一されないしわ寄せをモロに被ったりしてましたね。三隅さんがやる予定のホンがロケハンから戻ったら松野さんに変わってたこともあって、三隅さんはホン直しで要求したところが直ってないと撮らない人でしたから。のちに中村勝行さんから聞いた話なんですが、「かんのんホテル」でライターが麻雀やってたら櫻井さんが来て「明日までにホンが必要なんや」。3人がかりで話を作って前半・中盤・後半で別々に書いて、それを朝、印刷屋が取りに来る……そんなことがあったそうです。ぼくらも「これ、1人で書いたホンとは思えないよなぁ」という話をしてたんです。千吉が万吉になっとるぞ、途中で名前が変わってるやんけ、みたいな（笑）。

歌舞伎座の現場は特殊で、台本7～8冊は持ってました

――やがて歌舞伎座テレビ作品の助監督となり、佐々木康之プロデューサーとの仕事が多くなります。

皆元　最初が『宮本武蔵』（75年）なんですが、今日までやって来れたのも佐々木さんに鍛えられた部分があって、助監督のセカンドのころからホン直しをさせられたんです。生原稿を読んで、ここがおもろうないと意見を言ったら「明日までに直してこい」。佐々木さんは邪魔くさがりなところがあって、チーフになるとAPみたいな仕事もやらされました。あるとき「プロデューサーにならんか？」と言われて、社員になれるのは魅力でしたが、演出部は1本終わったら打ち上げで終わりという達成感がある、でもプロデューサーは終わる前から次の準備しないとあかんから「エンドレスの仕事はつらい」と断りました。佐々木さんは〝いづう〟という祇園の老舗鯖寿司のお店の次男坊なんですよ。だからけっこうわがままで、カッとくるとすぐカミナリを落とすタイプ。デビュー作で予算オーバーして「乳母日傘でやってんじゃねえぞ！」と、めちゃくちゃ怒られました。でも、ぼくにとっては恩人だし『必殺』のメインスタッフも、みんな佐々木さんに育てられたそうです。監督で印象的だったのは倉田準二さん。俳優さんをとことん追い込んでボロボロになったところでカメラを回すという演出もしていました。

いわゆる大部屋の俳優さんはみんな仲間でしたね。松尾勝人さんは芝居ができるから「困ったときの松尾ちゃん」。平井靖さんはオールラウンドプレーヤーで、殺陣の上手い東悦次とは友達でした。ただ助監督時代は大部屋の俳優さんとの対立もありましたよ。丸尾ちゃん（丸尾好広）を中心に「なんでそんな動きせなあかんねん」と反抗して、セカンドやサードの若い助監督の指示を聞かないから、裏に呼び出してキツく注意したこともありました。丸尾ちゃんは大部屋のカシラで、役者としてのプライドもあったと思います。

――木曜ゴールデンドラマ『赤い稲妻』での思わぬ監督デビューのあと、歌舞伎座テレビの「斬り捨て御免！」「眠狂四郎」シリーズなどテレビ東京の時代劇を次々と手がけています。

皆元　監督として続けられたのは佐々木さんの存在が大きいのは当然ですが、歌舞伎座のプロデューサーの沢克純さんが使い続けてくれました。沢さんは藤原三郎、藤井哲矢、録音の広瀬浩一、照明の南所登といった面々とは仕事仲間であり、遊び仲間であり、『お耳役秘帳』（76年）のころから若手をどんどん使ってくれたんです。

――「斬り捨て御免！」シリーズ（80～82年）の主人公、三十六番所頭取の花房出雲役は中村吉右衛門さん。

皆元　非常に頭のいい方でしたね。佐々木さんの方針で吉右衛門さんには毎回印刷前の原稿を読んでもらって意見を聞いてました。そのストーリーのなかで自分がどう見えるか、ゲストの描き方で自分がどう引き立つかということを考えて、けっこうシビアに言ってくる人だったそうです。前もって俳優さんに原稿を読ませるというのは賛否のあるところですが、現場的にはスムーズでした。『必殺』と違って勧善懲悪だし、ぼくらも「主人公の魅力を第一に」とは意識してましたね。『斬り捨て御免！』のパート3は、吉右衛門さんが「『００７』みたいなテイストでやれないか？」と提案したんです。だからジェームズ・ボンドみたいに毎回ゲストの女優さんと色っぽいからみがあったり……あまり知られてませんけど、吉右衛門さんの意外な一面が出てるんです。

美術の太田誠一さんにはすごくお世話になりました。太田さんは大映の出身ですが、太田さんが来る前の京都映画の美術って、あんまり美術で見せてやろうという情熱が感じられないというか、基本的に台本に書いてあることをそのまま作る感じだったんです。旧松竹のベテランデザイナー、川村鬼世志さんなんか「明日、殺しのシーンあんねんけど」「あぁ、塀作っとくわ」（笑）。塀ばっかりやなあってよく言ってましたけど。『斬り捨て御免！』の場合、太田さんが意見を出して「このシーン、台本には座敷って書いてあるけど、おもろないやろ。全部畳剥がして縁甲板敷いて板の間にして、正面に格子窓を付けるからそこから光を入れて黒い床板を光らせよう」とか、そういう画づくりを提案してくれるんです。それまで美術はロケ場所に口を出す習慣がなかったんですが、ロケハンにも一緒に行ってくれたりして、美術に対する見方がぜんぜん変わりましたね。これぞ美術監督だと。

――とくに思い出の作品は？

皆元　『斬り捨て御免！』のパート3で、東映の斬られ役で有名な福本清三さんに出てもらった回（第18話「赤い人魚は死神の使者」）。軽業一座の殺し屋の役なんですが、東映前の夢屋で働いているデコちゃんという女性から「立ち回りのすごい俳優さんがいるんだけど、あんまりセリフが上手くないのでいい役がつかない」と福本さんの話を聞いてたんです。で、初稿の段階では日本人として書かれてたんですけど、プロデューサーに「福本さんを使いたいんだけど、あんまりセリフをしゃべらなくてもいい、唐人の役にしたらどうやろ？」と提案して、セリフを削った代わりに、すばらしいアクションを見せてくれました。

　歌舞伎座の現場は特殊で、主役が歌舞伎の俳優さんですから1ヶ月おきに舞台に戻るんです。だから主役が出てるシーンだけ先に撮って、吹き替えを使って残りを埋めていく……仕上げや準備も含めると同時に台本7～8冊は持ってました。1話をだいたい6日くらいで撮るんですが、3日撮って、残りの3日は次の月にまた撮る。準備や仕上げをふくめて実働が1本につき10数日だとしても、それが2ヶ月にまたがると、売れっ子の監督はスケジュールを押さえられない。そういう事情でぼくが入り込めた部分はありましたね。

――残念ながら『夫婦ねずみ今夜が勝負！』（84年）で歌舞伎座テレビの時代劇は終了してしまいます。

皆元　ちょうど日本のテレビ界で時代劇がバタバタとなくなっちゃった時期で京都映画も『必殺』だけになりました。撮らせてくれるんだったら『必殺』も撮りたかったですけど、佐々木さんといちばん近しいのが藤井哲矢と南所登とぼくなので、その3人にはお声がかからない。1本だけですが『必殺橋掛人』（85年）のチーフ助監督をやって、監督の松野さんと脚本の林千代さんとでホン直しをやったんです。「ここはこうしたら？」「いや、そうしてたんやけど櫻井さんがあかんと」「こっちをこうしたら？」「そこは局の辰野（悦央）さんが直したんよ」「じゃあ西崎みどりの役をこうしたら」「いや、櫻井さんから西崎みどりをあんまりふくらませるなと」……もうにっちもさっちもいかない。24シリーズ目ですが『必殺』のホン作りはそういう状態になっていました。

そんな失業中のころエクランからカラオケビデオのオファーがあって、最初はカメラマンの中村富哉さんに来た話なんですが、撮影と演出をやってコンテまで考えるのはしんどいと、ぼくに声をかけてくれたんです。照明は南所登。だからカラオケのスタッフは歌舞伎座のミニチームで、毎月6本とか12本とか撮ってました。

――エクラン社の会長は京都映画界の顔役・松本常保さん。

皆元　すごくかわいがってもらって、ぼくが松本さんの亡くなった息子さんに似てると娘さんから聞きました。「生意気なところが似てるんや」と。その筋の人も来るんですよ。「オジキ〜」って顔にキズだらけのおっさんが事務所に来たり、会津小鉄会のトップからお中元が届いたりしてました。カラオケはビクター音楽産業とやってたんですけど、やっぱり撮影所のスタッフが作るとクオリティが高いわけです。松本さんは『炎のごとく』（81年）という映画で大赤字を出したらしいんですが、カラオケをやることで張り切っちゃって。ふたたび気持ちをかき立てられたのか、ビクターの歌手で映画を作ろうとなりました。それが『舞妓物語』（87年）。小泉今日子が主役の予定だったのが、スケジュールが合わないので岡本舞子になりました。都築一興が助監督のチーフをやってくれて、予算が乏しいのにパリロケまであるし、苦労をかけました。撮影中にヤクザがイチャモンをつけにきて、そのあと松本さんが「そいつを連れてこい！　ドツキ回したる！」とか、そんな話はいっぱいありますよ（笑）。

――1989年からは東通企画と専属契約を結び、2時間ドラマや帯ドラマを中心に演出しています。

皆元　『舞妓物語』を監督したあとカラオケの仕事に疲れてしまって、大阪東通の旅番組を撮ったり、企業向けのVPを撮ったり、フリーで2年くらいやって収入も増えたんですが、スケジュールとギャラが決まったら仕事の半分は終わりみたいな感じになるのがイヤで、作ることに集中したいと思ったころ東通企画が「契約しないか」と誘ってくれました。じつは東通企画でのドラマ第1作も松竹芸能制作の木曜ゴールデンだったんです。

――『神さまが命もどしてくれた』（89年）ですね。

皆元　そのとき、副社長になっていた元上司の加藤さんに「君を京都映画に修行に出したとずっと思っていたんや」と言われて、つくづく自分はいい上司たちに恵まれたと思いました。東通企画の2時間ドラマだと、萬田久子さんの「花吹雪美人スリ三姉妹」シリーズなんて荒唐無稽ですけど、すごく楽しい作品でしたね。

――90年代後半からはプロデューサーと監督を兼任します。

皆元　バブルが弾けて会社の経営状況が左前になったとき、ドラマのプロデューサーが辞めていなくなったんです。佐々木さんの下でＡＰもしてたからＰ・Ｄ両方やるのに抵抗はなかったし、自分のバランスで「このシーンに予算かけよう」とかできますしね。それから東通企画の副社長と親しかった松本明さんにプロデューサーで入ってもらいました。松本さんと組むと〝転んでもタダでは起きない〟、たとえばトラブルで役者が来ないとなれば、そのことを利用したストーリーに現場で変更してよりおもしろくしたり。カット割りは全部事前に決めますが、なるべく柔軟に現場をおもしろがりながら撮る……そういうスタイルが松本さんとのコンビで確立されました。

　どんな作品でもスタッフ全員が関わる意味をできるだけ感じて、助手でも自由に意見が言える現場でありたい。その思いはありますね。それがぼくが育った京都映画の一番いいところだったし、そうじゃないとこの業界にいる意味がない。３Ｋの仕事だし、いまも待遇が悪すぎますけど、「これは俺たちの作品なんだ！」とみんなが言えるような現場を目指してきたつもりです。

2022年7月17日、元朝日放送の松本明監督が亡くなられた。享年88歳。故人と親交の深い皆元洋之助監督に、あらためて思い出をうかがった。

皆元　まず思い浮かぶのは、遊び心にあふれた人だったなということです。『仕置人』の山﨑努さんを拷問するシーンでは煙管の火を坊主頭の上に乗っけて、そこから煙が出る……ただの拷問ではなく、どこかユーモアを入れる。小道具を使うことが多いんですよ。煙管もそうだし、『仕掛人』で茶筅がくるくるパタンと倒れるのもそうだし、伊藤雄之助さんが演じた同心の地面を引きずる十手もそう。シリアスなものを正面からそのまま描くより、ちょっと外しながらよりいっそう効果的に描くのが印象的でした。

いわゆる〝監督〟という枠からはみ出した人だったと思いますね。『仕掛人』の松本さんが撮られた回はシナリオライターが全部同じ人なんです。『悪一代』の山田隆之さん、朝日放送で勝新太郎のドラマを一緒にやったライターです。ゲストの悪役も三國連太郎、津川雅彦、加賀まりこ……みんな松本さんと親しいスターさん。基本的にテレビの場合はプロデューサーがライターとホンを作って、そのあと監督に読ませますが、松本さんはホンもゲストも自分の人脈でやっちゃった。ぼくにはそれが松本明の〝遊び心〟をまっとうする最強の布陣だったと思いますが、そういうことをやりきる監督でした。

大阪と京都のスタッフが旧交を温める「七日会」という新年会が毎年ありまして、松本さんにも参加していただきました。2年半前が最後ですかね。愛車はずっとBMW。最初は三國連太郎さんから買ったそうですが、そのあともBMWに乗り続けてました。週末はゴルフに競馬。ヨットも持ってたし、そういう生活を続けながら演出をしたり、プロデューサーをしたり、すべて松本流のダンディズムだったと思います。ダンディズムと遊び心あふれるアウトローでしたね。

皆元洋之助

［みなもと・ようのすけ］

1947年広島県生まれ。関西学院大学卒業後、松竹芸能を経て京都映画の契約助監督となったのち、81年に『赤い稲妻』で監督デビュー。歌舞伎座テレビ「斬り捨て御免！」「眠狂四郎」シリーズなどを手がけ、『舞妓物語』で初の劇場用映画を監督。89年からは東通企画で２時間ドラマや帯ドラマ、旅番組を送り出す。近作にテレビ東京の「駐在刑事」シリーズがあり、『山本周五郎時代劇　武士の魂』第1話「大将首」は2017年の民放連賞・優秀賞を受賞した。

杉山栄理子

尺に関しては、ある程度「もういいや」と思っていました

記録、あるいはスクリプター。男性中心の撮影現場において、女性の職種として確立されてきた部署であり、監督のかたわらであらゆる事象を記録し、編集などの仕上げ作業まで一貫して立ち会う。京都映画に記録係として入社し、出産を機に現場を離れた杉山栄理子が初めて明かす必殺シリーズの舞台裏。

台本がバンバン変わっていくことが多かったです

杉山　太秦にはゴッドマザーみたいなベテランの記録さんが何人もいますから、わたしでいいのかどうか……7年くらいしか現場やってませんし、家事や子育てに追われてもうあんまり覚えてないかもしれないです。

――いえいえ、よろしくお願いします。『新必殺仕置人』（77年）などシリーズ中期の作品が充実していた時期にメインで参加されていたので、そのあたりのお話をうかがいたいと思います。

杉山　おタキさん……野口多喜子さんという先輩と分担してやってましたね。わたしのお師匠さんで、京都映画に入ったときに見習いで現場についていろいろ教えていただいて、一本立ちしたときも最初ちょっとだけ横について仕事を見てもらいながら〝お火の番〟してはりました（笑）。

――お火の番？

杉山　冬は寒いからセットにガンガン（石油缶を使った暖房器具）を出すでしょう。その番です。

――あ、なるほど。まずは記録という仕事について教えてください。

杉山　現場と編集部のパイプ役ですね。撮影は台本のシーン順じゃないし、同じシーンでもカットの順番どおりではなくバラバラに撮るんです。同じ方向のカメラ位置から何シーンも撮ったり、スケジュールがないときは別の回を一緒に撮ったりする場合もあって、そうすると役者さんの服装も持ち物も違う。それらを全部記録して、間違いのないようにチェックするのが仕事です。いわゆる「つながり」……バラバラのフィルムを編集したときに、ちゃんとつながるかどうかが大事なんです。『必殺』の場合は、役者さんのスケジュールの都合で全員が揃わないときには吹き替えを使って、同じ場所に何度かロケに行ってひとつのシーンを撮ったりすることがあったので、芝居のつながりを把握しないと編集できないんですよ。

あとはセリフが現場で変わったり、役者さんのアドリブもあるので内容に間違いがないか、その確認ですね。カメラは1台なので、先に撮ったカットと後のカットでセリフが違ったら編集で困りますから。カットごとの役者さんの動きとか小道具の位置とか、そういうつながりもチェックします。それと尺のチェックですけど……でも、わたしは尺のことはあんまり考えずにやっていました。テレビのスタジオものだとタイムキーパーさんって呼ぶんですが、ものすごく細かくて、1分くらいしかオーバーしちゃダメとか、尺にきっちり収める……そういうお仕事みたいです。わたしたち記録の場合は全体のつながりや編集をどうするか、そこがメインですね。

――『必殺』の現場というのは即興的だったそうですが。

杉山　台本がバンバン変わっていくことが多かったです。主水さんの家のシーンなんて、ほぼ毎回……藤田（まこと）さんが朝、新聞を持ってきて「こういうネタをやりたい」、それでスタッフがアイデアを出して話を作っていく。助監督さんがセリフを口頭で言うのを紙に書いて、号外を作りました。菅井（きん）さんや白木（万理）さんも慣れていますから、上手にやってはりましたね。カット割りも監督は台本に線を引いて「こういうふうにしたい」と仰るんですけど、やっぱり照明の中島（利男）さんやカメラの石っさん（石原興）がいろんなアイデアを出して、どんどん言うので変わっていくんです。

監督でも工藤栄一さんはあんまり線引いたりしなくて、ロングでずーっと長く（カメラを）回して、あとで「このアップほしいな」。そういう自由な撮り方でした。少々つながらんでも好きなようにやっていかはる。殺陣も自分でつけて、上半身裸で竹刀持って撮影所を歩き回ってましたね。三隅研次さん、あの方も長いこと回さはるんです。それこそ尺とか関係なく、お芝居を見て、ポンポンポンポン撮って、あとで上手に編集する。三隅さんは細かいことが全部アタマに入ってはって、お茶のお作法とか時代考証、いちばん詳しかったと思います。だから三隅組はピリッとしてましたね、小道具さんとかも。

——コンテに忠実な監督は？

杉山　田中徳三さん。事前にキチッと線引いて、そのとおりに進める監督でした。無駄なものを撮ったり、尺もオーバーしたくないタイプで、そういう作業が嫌い。でも、やっぱりおもしろいのは三隅さんや工藤さんでしたね。だから尺に関しては、ある程度「もういいや」と思っていました。足らなかったら困るけど、多いぶんには編集でどうにかなりますし。

『必殺』の真のエースは、松野先生だったと思います

——殺しのシーンはいかがでしたか？

杉山　どう殺すか、殺陣師さんや石っさんたちが現場で話し合って、そこは時間かかりますが、決まってしまえば早い……ポンポン撮っていったと思います。格子の間から目だけ出すとか、そういうカットは役者さんの位置やカメラのタイミングがあるから何度かやったりもしますけど。それより、あとで助手さんたちが撮るアップのほうが時間かかりました。殺しはね、わたし、市原悦子さんがいちばん好きだったんです。

――『翔べ！必殺うらごろし』（78〜79年）の〝おばさん〟ですね。

杉山　ブスッと悪い人を刺して、あの終わったあとの息づかいやセリフ、表情……現場で毎回「かっこええなぁ」と思いながら見ていました。ほかの普通の殺しとは違うというか……いちばん普通なんですけど（笑）、すごかったです。迫力ありました。

――ほかに出演者の思い出は？

杉山　先々代の中村鴈治郎さん。人間国宝みたいな方とお仕事できて、あのお顔が見られただけでうれしかったですね。山田五十鈴さんはキチッとした厳しい方に見えますでしょ。でもとても気さくで、京都映画に入られると夏はハワイのムームーみたいな服を着て、三味線のお稽古されて、じょんがら弾いてました。山田先生のことは「おかあはん」って呼んでましたが、現場は石っさんを中心に役者さんをうまくなごませて進めてましたね。鮎川いずみさんは、ごはんに連れて行ってくれたり、なんでもしゃべる気さくな人。当時〝京都の原宿〟と呼ばれてた北白川という場所があって、みんなでよく遊びに行ってたんですよ。

――『新必殺仕置人』（77年）はいかがでしたか？　藤田まことさん、山﨑努さん、中村嘉葎雄さん、火野正平さん、中尾ミエさんの五人組がアジトに集まるシーンの、それこそアドリブっぽいかけ合いが見ものです。

杉山　山﨑さんは緒形拳さんと一緒で「目だけですごい」というか、迫力ありましたね。正平ちゃんは台本も持ってこないでセリフは全部自分の言葉に変えてしゃべるんですけど、ちゃんと内容は合うてるので安心して見ていました。アングル変えても同じお芝居でちゃんとつながるし。でも、そこまで全員がアドリブというわけでもなかったですよ。嘉葎雄さんは基本的に監督の指示どおりやらはるし、山﨑さんも駄々こねたりしないし……藤田さんは〝できるだけおもしろく、かっこよく〟というふうにしたい方やから、いろいろ自分の意見を出して、監督とも時折ぶつかってはりましたね。松野先生に「それ違うんちゃう?」とか。工藤さんには言いませんでしたが。

――必殺シリーズ最多登板の松野宏軌監督ですね。

杉山　松野先生のことをよく言わない人もいたんですけど、わたしは松野先生おもしろいなぁと思っていました。人がよすぎて頼りなく見えてたかもしれませんが、ほかの監督が断った台本でみんなが現場で好き勝手なことを言っても、それを上手に受け止めて、自分なりにまとめてはりましたね。いつもパイロット版の1・2話で予算を使いすぎてそのしわ寄せが松野組に来て、エキストラの数は減るし、スケジュールはきつくなるし……でも、それにめげず年間15本以上も撮ってはりました。『必殺』の真のエースは、松野先生だったと思います。

――予算調整は連続ドラマの宿命といいますか……。

杉山　1回ね、勝プロの『新・座頭市』(76〜79年)の応援に行ったことがあるんですが、あれに比べたら『必殺』めちゃくちゃ楽です。早かったです。『座頭市』は勝新(太郎)さんが現場に入るたびに全シーン変わっていって、最初は口頭で言わはるセリフとかを紙に書いていたらあまりにも多すぎて、そのころ出たばっかりの録音機……小型のテープレコーダー買いましたもん。すごい凝ったセットを組んだり、スケジュールも延びたりで、ぜいたくな現場でしたね。勝さんがオーナーですから。若い監督さんがコンテを割って、勝さんが入ってくるまでに段取りやるんですけど、勝さんが入ると180度変わるんです。座頭市はマントのズレ具合が毎回変わるので、そこのつながりのチェックは大変でした。宝塚映画にも呼ばれて行ったことがありますね。

『必殺からくり人　富嶽百景殺し旅』第5話「本所立川」のセット撮影。左端に記録の杉山栄理子、ゲストの花沢徳衛を石原興が演出している

見習い何本かのあと一本立ちさせられてすぐに失敗

――さかのぼりまして、杉山さんが記録の仕事を始めたきっかけは？

杉山　大阪にある日本写真専門学校に通ってたんです。もともと営業写真とか結婚式とか子供の運動会とか、そういうスチールのカメラマンを目指していたんですけど、卒業のころ就職がなかなか決まらなくて、行きたいところもなくて。学校の映画学科にときどき遊びに行ってたんですが、そっちの先生から「京都映画がスクリプターという仕事を募集しているけど行ってみる？」と紹介されて面接に行ったんです。ちゃんとしたワンピース買うて（笑）。だから、ぜんぜん映画の世界のことは知らなくて。時代劇もあんまり見たことなかったんで、とりあえず撮影所で見るもの見るものが物珍しくて、全部新鮮でしたね。うん、まだ20歳ちょっとのころです。

――最初についた現場は？

杉山　緒形さんと林隆三さんの『必殺必中仕事屋稼業』（75年）。現場で録音部さんのことを「テイコーさん」「テイコーさん」ってみんなが呼ぶんで、長いこと録音のことをテイコーだと思っていたんですよ。あるとき応援で来た別の技師さんに「テイコーさん」って言ったら怒られて……テイコーさんというのは、二見貞行さんという録音の技師さんのお名前だったんです（笑）。

――あはは。当時、女性のスタッフは少なかったのでしょうか？

杉山　はい。それに結髪さんにしても衣裳さんにしてもベテランばっかりで、若い子は少なかったです。役者さんのお付きの人くらいかな。そういう子と仲良くなったりしました。でも現場は楽しくて、みなさん優しかったですよ。よく床山さんや小道具さんのお部屋に遊びに行ったりしてました。効果音に砂を使ったりするのも初めて知って、すごくおもしろかったですね。

わたしのお師匠さん（野口多喜子）はバリバリの方で、言いたいことは監督にもカメラマンにも言える記録さんでした。長い髪の毛をくるくるっと後ろで束ねて、そこに鉛筆を挿して留めてはりました。かんざしみたいに。あとは〝川島のおかあさん〟って呼ばれていましたが、もう大ベテランのおばあさんで川島庸子さん、それに竹田ひろ子さん、わたしの4人が当時の京都映画の記録係で、人が足りないと東映や大映の人が応援で来てました。もう少しあとに野崎八重子さんが来られて、最近まで現役バリバリでやってましたね。

――エンドクレジットを見ると、『必殺仕置屋稼業』（75～76年）の第11話から杉山さんのお名前があります。

杉山　人手不足だったのか、見習い何本かのあと一本立ちさせられてすぐに失敗してるんです。いまだに心残りなんですが、『仕事屋』で緒形さんと林さんと誰かがお酒を飲みながら話すシーンで、そのつながりを編集部さんから「これ、よくないいんじゃない？」って言われて撮り直しになりました。手の位置とか、細かい動きだったと思うんですけど。それでリテイクのとき「お猪口は口のところから始めてください」「箸はここから持ってください」みたいなことを緒形さんや林さんに伝えたんですが、本番でカチンコが鳴るときにはもう動いてはるから、二度は言えなくて。「これ、けっきょく一緒やん」……その失敗はずっと引きずってて、いまでも覚えてますね。

――現場で大変だったことは？

杉山　京都って夏は暑くて、冬は寒いんです。夏は日本手ぬぐいを首に巻いて、いまでもそれが習慣になってますね。冬は足元が冷えて、間人（たいざ）の海なんてすっごい寒くて。そのころ外国の雑誌にレッグウォーマーが載っていたんですが、まだ日本に売ってなかったので母に作ってもらいました。『必殺』は落合ロケ、保津川によく行ってたんですけど、わたしらが乗っていた舟に水が入って、一緒に沈没したこともありました。「動くな！　動くな！」ってスタッフが言うんですが、じわじわ舟は沈んでいって、陸に近づいたときにカメラだけ「ボンッ！」。助手の秋田（秀継）くんがカメラを抱えたまま勢いよく舟を蹴って岸に上がったんです。カメラは無事でしたが、わたしらは舟ごと……そういう事件がありましたね。

あとは撮影が終わると毎回、その日一日の内容を編集部に送るリストを書くんです。その作業をみんなが帰ってからやっていましたが、遅くまでかかると、もう銭湯も閉まってて……。当時は下宿に住んでいてお風呂がなかったので、撮影所の奥のほうにコンクリートで出来たシャワー室があったんですけど、裸電球しかない暗〜いところで。たぶん女の子はわたししか使ってなかった（笑）。そんな生活でした。

——スクリプターは編集やダビング（音の仕上げ作業）にも参加するのでしょうか？

杉山　はい。撮影しながらフィルムとリストは毎日編集部に送って、園井（弘一）さんがどんどん繋ぎますから、現場が終わったころには大体かたちになってるんです。そこから監督や石っさんがチェックして詰めていきます。編集は徹夜でしはるから、わたしはしょっちゅう長椅子で寝てました（笑）。

——やっぱり大変な仕事ですね。

杉山　だからギャラも、とってもよかったんです。一番が監督で、二番がカメラ、三番が記録って言われていたくらいで、おタキさんとか高かったと思いますよ。わたしは最初入ったときは5万円で親から仕送りもらって、ようやく上がってきたころに仕事やめたんですが、それでも一興さん（都築一興／演出部）……うちのおとうさんよりギャラがよかった（笑）。

八っちゃんは大好きな役者さんでした

——歌舞伎座テレビの『お耳役秘帳』（76年）や『日本名作怪談劇場』（79年）にも参加されています。

杉山　歌舞伎座の仕事はスタッフも大映の方が来たり、監督も初めてだったりでやっぱり緊張しました。『怪談劇場』の撮影は毎日夜中まで続いて……「四谷怪談」なんてスタッフは〝徹夜怪談〟と言ってました。カメラの藤原（三郎）さんも頑固で凝り性な人だったので、戸板返しのシーンなどなかなかＯＫが出ず夜明けまで撮影したりして。監督も貞永方久さんや中川信夫さんなどおもしろい方だったので、しんどかったけど楽しい仕事でしたね。

あと、すごいなぁと思っていたのが、エクランに所属していた大部屋の役者さんたち。どんな役でもイヤな顔せずにしはるから、あの姿を見て自分も仕事をがんばろうと思いました。八っちゃんというおじいちゃんがわたしの下宿のすぐ近くに住んでて、八っちゃんの家にも遊びに行きました。

――山内八郎さんですね。

杉山　八っちゃんはオープンセットを歩いているだけで画になるんです。提灯下げて「火の用心」と言いながら歩くとそこはもう江戸の町で、大好きな役者さんでした。それとエクランのどろちゃん（大迫英喜）という若い役者さんたちが、わたしと一興さんが仕事しているところを８ミリで撮ってくれて、結婚式のときに会場で上映してくれたんです。うれしかったですね。

――おふたりの結婚式は工藤栄一監督が仲人、藤田まことさんが司会だったとうかがいました。

杉山　式はしなくてもいいと思ってたくらいなのに、えらい大層なことに……鮎川さんが都ホテルのいちばん広いお部屋をタダで借りてくださって、花嫁衣裳は松竹衣裳、かつらは八木かつら、記念写真はスチールの牧野（譲）さん。ほんと結婚式というより、撮影そのもののようでしたね。

――結婚のきっかけは？

杉山　プロデューサーの櫻井（洋三）さんがくっつけたといいますか、よくごはんに誘ってくれてたんです、ふたり一緒に。職場の仲間というか友達というか、最初は結婚するなんて思ってなかったんですけどね。一興さんは一興さんで、ほかの女の子を追っかけてはったのも知ってるし（笑）。あの人はね、子供にすごく好かれる……子役は任せてって感じの助監督さんでした。ほかにも多かったですよ、職場結婚。カメラマンと女優さん、録音部さんとメイクさん、照明部さんと結髪さんとか。わたしは結婚したあと、お腹が大きくなるまで現場をやって、いちばん最後も『必殺』かな。セットで山田先生やスタッフのみなさんにご挨拶した記憶があります。

――現場を離れたのは、出産がきっかけでしょうか？

杉山　そうです。仕事は大好きだったし、できれば続けたかったんですけど、誰も代わりに見てくれる人がいなかったから子育てに専念して家庭に入りました。わたしの実家は岐阜の郡上八幡という田舎で、親が出てくるのも難しかったし、親戚も京都にいなかったので……やっぱり子供第一になりますから。記録という仕事は夜昼関係ないから、子育てをしながらの両立は無理でしたね。子供は2人で、下の男の子はおとうさんの背中を見て育ったのか、いま東京で映像関係の仕事をやってるんです。

このあいだ結婚41年目を迎えました。そう、今回の取材を受ける前にね、『必殺からくり人』（76年）を初めて見たんですよ。緒形さんが銀座の街中を歩くシーンから始まって、「え〜、あんなことやってたんや」と楽しみました。これからいろいろ『必殺』を見返していくのもいいかもしれませんね。

杉山栄理子

［すぎやま・えりこ］

1954年岐阜県生まれ。日本写真専門学校を卒業後、京都映画の記録係（スクリプター）に。『必殺必中仕事屋稼業』『新必殺仕置人』『必殺商売人』『必殺仕事人』『京都殺人案内』などに参加し、80年に演出部の都築一興と結婚。82年の『新必殺仕事人』を最後に現場から退く。

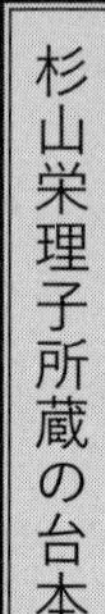

杉山栄理子所蔵の台本

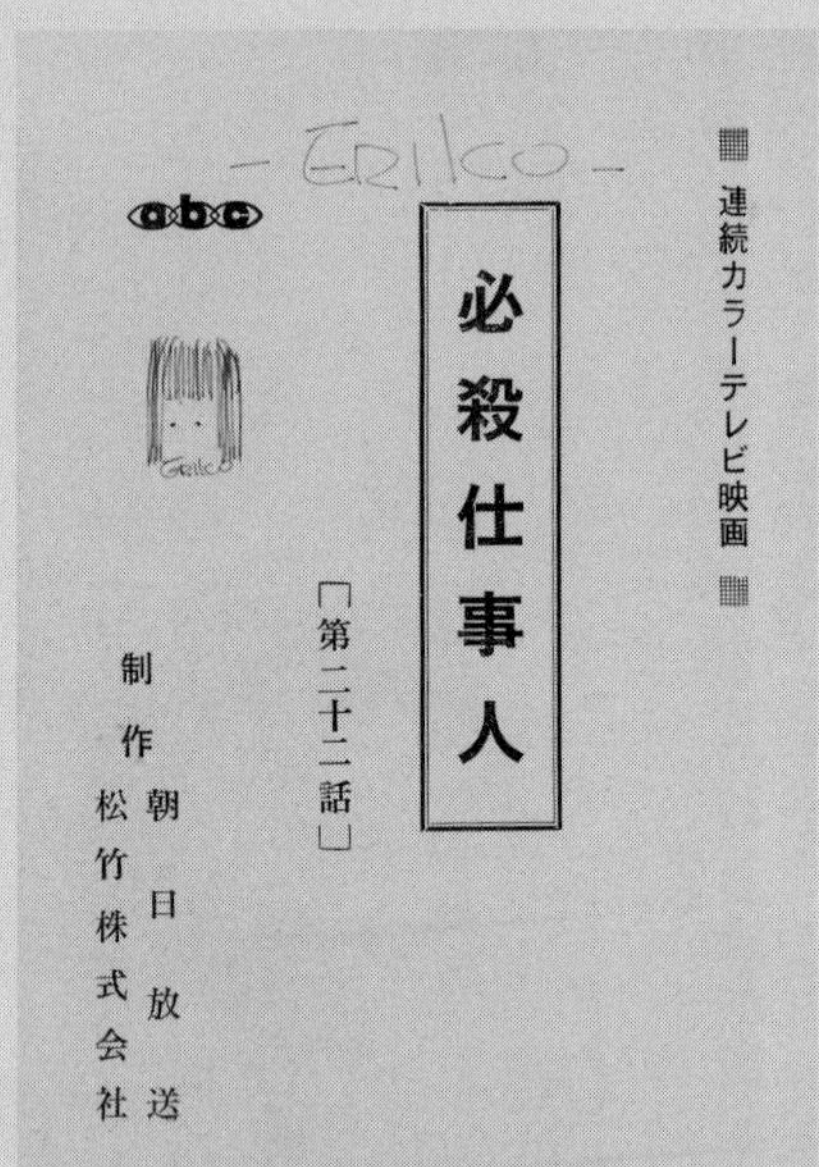

『必殺仕事人』第22話の台本表紙。ERIKOのサインとイラスト入り

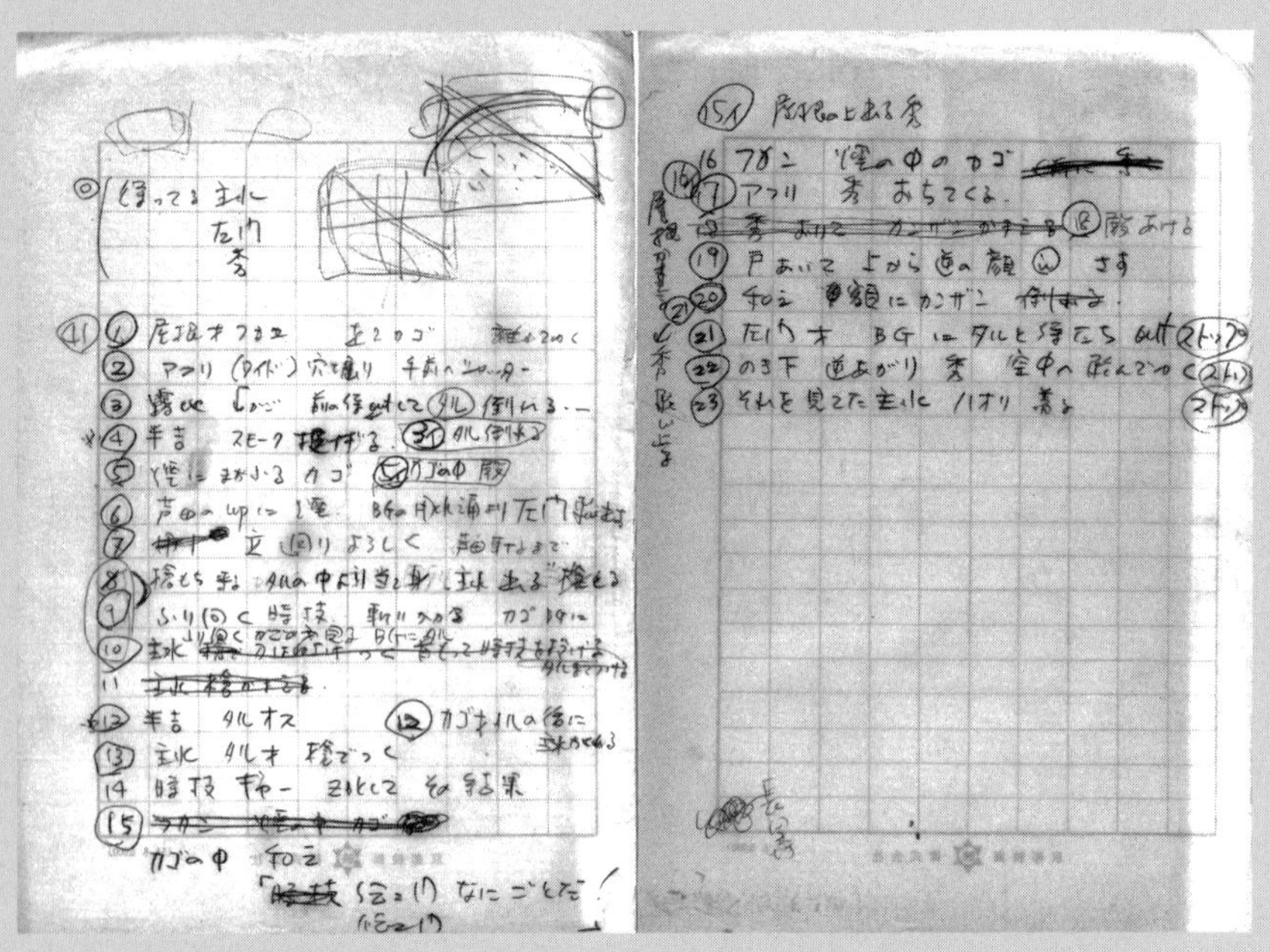

都築一興監督自筆による殺しのシーンのカット割り

必殺シリーズ52周年記念
立東舎×かや書房コラボフェア

「高鳥都の必殺本まつり」

購入特典小冊子

こんにちは、高鳥都と申します。『必殺シリーズ秘史』『必殺シリーズ異聞』『必殺シリーズ始末』という3冊の本の著者であり、『必殺仕置人大全』『早坂暁必殺シリーズ脚本集』の編者でして、この度ご縁がありまして「高鳥都の必殺本まつり」というフェアを開催することとなりました。まさに今テキストを読んでくださっているのは、いずれかを購入された方が多いと思いますので、5冊それぞれの思い出を刊行順に綴っていきますね。どうぞよろしくお付き合いください。

必殺シリーズの50周年に合わせて刊行された単著デビュー作であり、京都映画（現・松竹撮影所）のスタッフを主軸にしたインタビュー集です。立東舎の山口一光さんにお声がけいただき、雑誌『昭和39年の俺たち』（一水社）の連載「必殺シリーズ深掘りインタビュー」をもとにあらゆる裏方に取材しました。なにより助監督・監督を務めた都築一興さんとの出会いが大きく、『昭和39年～』の単発インタビューをきっかけに連載へと発展、本書でも多くの取材に同席してくださいました。必殺シリーズの光と影の映像を作り上げた石原興さんから念仏の鉄を演じた山﨑努さんまで30名、山﨑さんが「楽しかった。聞き手がよかった」とTwitterで呟いてくださったことも前評判を集め、スタッフ中心というストイックさを跳ね返す結果に。表紙のシルエットは『新必殺仕置人』の傑作「裏切無用」、それらを監督したのち製作主任に転じた高坂光幸さんの取材も思い出深いものでした。

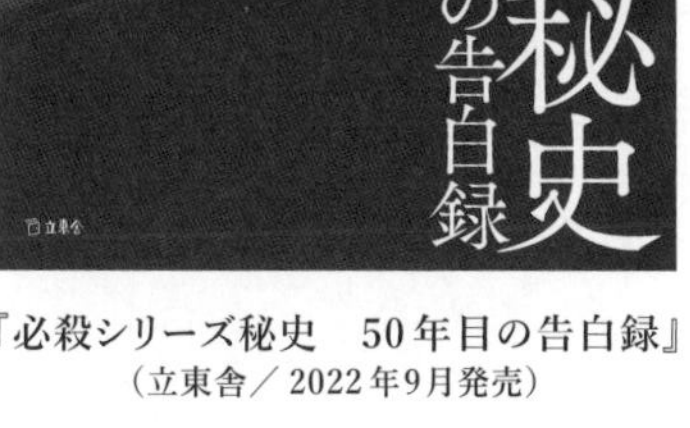

『必殺シリーズ秘史　50年目の告白録』
（立東舎／2022年9月発売）

3刷という前著のヒットにより実現した第2弾、目玉は松竹のプロデューサーとしてシリーズを支えながら引退後は表に出ることのなかった櫻井洋三さんのインタビュー。これまた都築一興さんとの出会いをきっかけに双葉社時代の『映画秘宝』で連載していたもので、じつは立東舎からのオファーも櫻井P記事の反響がきっかけだったのですが、1冊目の成功を確信していたので保証もないまま「次」に回してスタッフを優先したのでした。本書では亡くなられた脚本家の方々の貴重な取材原稿を坂井由人さん、春日太一さんより提供していただき、キャストも3名に増加。100ページ以上もオーバーして怒涛のカットが発生した『秘史』に対して、ほぼぴったり384ページに着地。反省点は……ギリギリまで人数が決まらず本の発表が出遅れてしまったことで、数字をタイトルに入れるのは危険だなと知りました。

『必殺シリーズ異聞　27人の回想録』
（立東舎／ 2023年4月発売）

『昭和39年の俺たち』の版元・一水社の岩尾悟志社長は複数の版元を経営しており、そのひとつ「かや書房」から出た編著です。シリーズ第2弾にして屈指の人気作、念仏の鉄（山﨑努）と中村主水（藤田まこと）が初登場した『必殺仕置人』の50周年に合わせて、鉄と主水がふたたびコンビを組んだ『新必殺仕置人』とのカップリングで全エピソードを徹底解説。岩尾社長の「中村主水で本を作れないか」というアイデアに対して「仕置人に絞りましょう」と提案し、このかたちになりました。もともと洋泉社時代の『映画秘宝』でムック本の企画として提出していた念願の企画であり、実現する前に版元が解散という憂き目に……。編著なので多くの先輩方に書き手として参加していただきましたが、なにぶんスケジュールが厳しく、各話のあらすじや解説、ゲスト紹介、脚本と完成品の比較検証は高鳥が担当。合計67話と分量が多すぎて死ぬかと思いました。書いても書いても終わらない！

『必殺仕置人大全』
（かや書房／ 2023年9月発売）

『必殺シリーズ始末　最後の大仕事』
（立東舎／ 2024年1月発売）

立東舎のインタビュー集の第3弾。『最後の大仕事』とあるようにシリーズ第15弾の『必殺仕事人』から始まる80年代の仕事人ブームを検証したものです。70年代らしいアウトロー時代劇からの変貌が読みどころ、キャストは三田村邦彦さんをはじめ仕事人を代表する5名が登場、各パートのスタッフもふくめて総勢40名という前代未聞の状況となり、ページ数は予定を二度も裏切る480ページに……『最後の大仕事』らしい始末と相成りました。中条きよしさんは議員になっていたので参議院会館でのインタビューを決行、鮎川いずみさんは「昔の仲間に会いたいから」ということで京都まで来てくださり、スタッフ各氏との旧交を温めました。祇園・権兵衛のうどんすき、おいしゅうございました。松竹撮影所のすぐ近く、「食べるラー油」で有名な菜館Ｗｏｎｇも昼食・夕食の定番コース。そのほかスタッフ同士の再会がいくつもあり、やってよかったとしみじみ思う大仕事でした。

脚本家の會川昇さんの紹介によって、西荻窪の今野書店で毎回行われていた必殺本の刊行記念トークイベント、『必殺仕置人大全』の打ち上げでポンと立ち上がった企画です。『必殺仕掛人』『必殺からくり人』などを手がけた故・早坂暁氏の全シナリオを収録し、各話ごとに識者の解説つき。石原興さん、都築一興さん、佐生哲雄さん、大熊邦也さんとこれまで取材してきたスタッフ各氏に早坂作品に絞ったインタビューを敢行。早坂夫人の富田由起子さんにも『必殺シリーズ異聞』でお話をうかがった経緯があったので、これまでの経験の総まとめのような本になりました。なにより必殺シリーズ初のシナリオ集が実現したことがうれしい。ひとつ内緒話を明かすと、解説の原稿を落とした方がいまして……『からくり人』の3話と8話は、それぞれ高鳥と會川さんが校了直前に大慌てで書いた「代原」です。

『早坂暁必殺シリーズ脚本集』
（かや書房／ 2024年2月発売）

『必殺シリーズ談義　仕掛けて仕損じなし』
（立東舎／2024年10月発売）

この小冊子を書いている最中、絶賛作業中の新刊です。まだ校了していないのですがインタビュー集の第4弾は、これまでの裏方至上主義というコンセプトを覆してレギュラー俳優陣をメインにしたもの。シリーズ第1弾『必殺仕掛人』で主人公の西村左内を演じた林与一さんをはじめ、10名以上の豪華キャストが登場する予定です。もともと俳優インタビューは辰巳出版の『時代劇マガジン』が各作のDVDリリースに合わせて行っていたので、そちらを単行本化するのが常道だと思っていたのですが、なかなか先方が動かないので、しびれを切らせて先に仕掛けることになりました。『最後の大仕事』で完結と見せかけての『仕掛けて仕損じなし』……ずばり『仕掛人』第1話のサブタイトルに回帰してしまいましたが、ご期待くださいませ。さて、この原稿を送ったら京都太秦の松竹撮影所に行ってきます！

高鳥都（たかとり・みやこ）
1980年生まれ。2010年よりライターとして活動。著書に『必殺シリーズ秘史　50年目の告白録』『必殺シリーズ異聞　27人の回想録』『必殺シリーズ始末　最後の大仕事』『あぶない刑事インタビューズ「核心」』、編著に『別冊映画秘宝　90年代狂い咲きVシネマ地獄』『必殺仕置人大全』があり、『漫画＋映画！』ほか共著多数。

必殺シリーズ52周年記念
立東舎×かや書房コラボフェア
「高鳥都の必殺本まつり」購入特典小冊子
2024年8月16日　第1版1刷発行
テキスト　高鳥都
デザイン・DTP　石原崇子
制作　立東舎／リットーミュージック

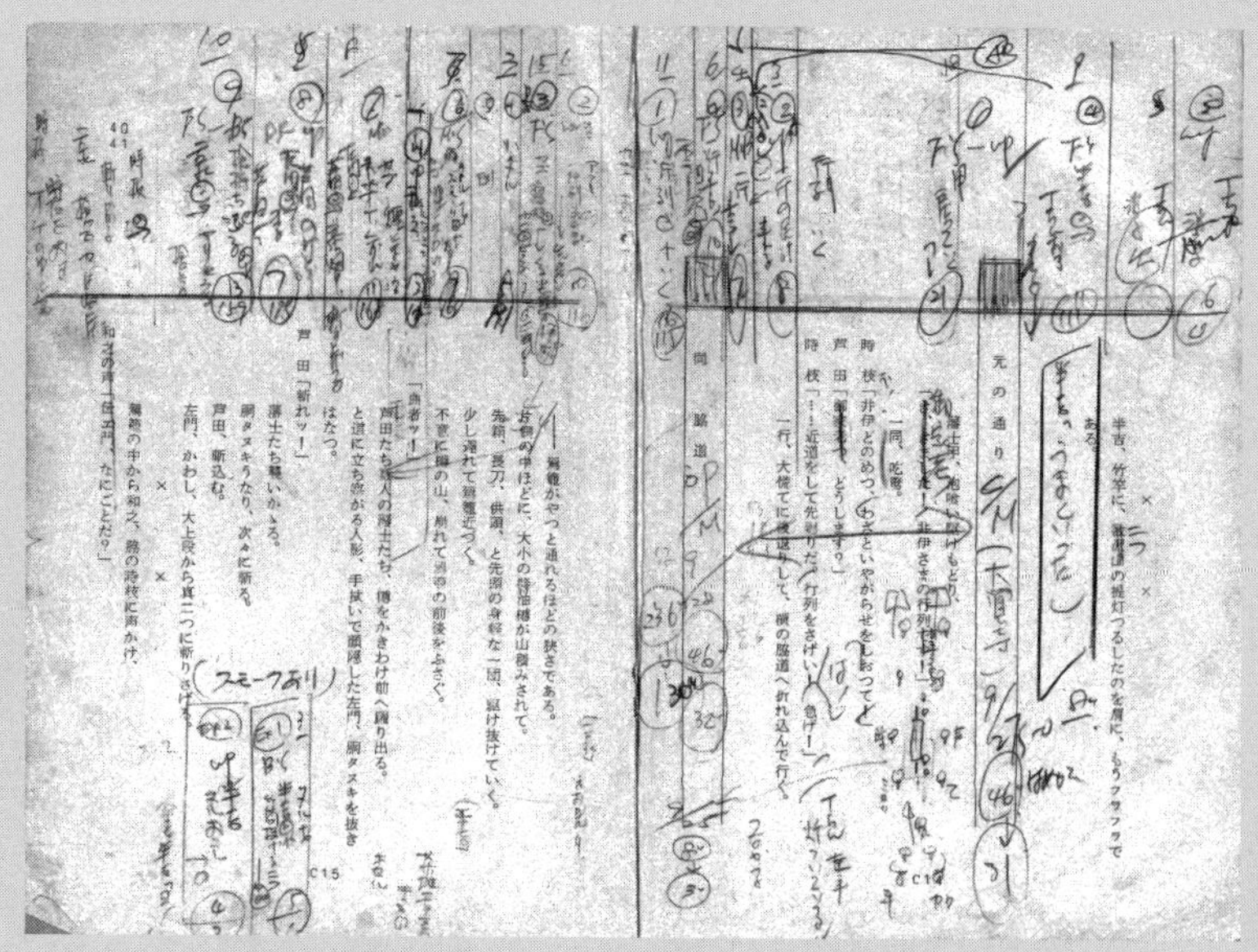

殺しのシーンの書き込み

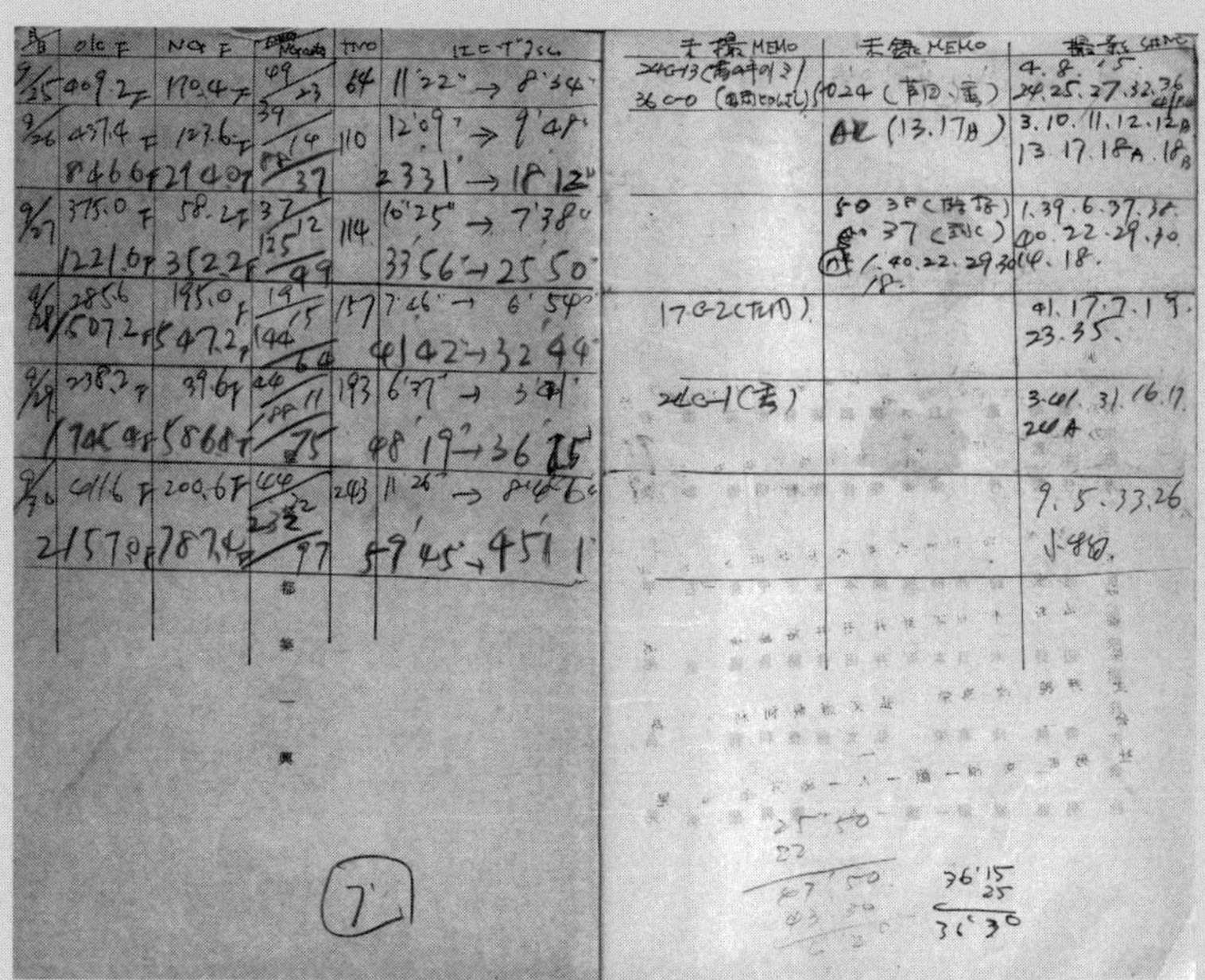

台本にはフィルムの使用量も記されていた

野口多喜子

松竹は同じ作品に長くつけるから愛着が持ててよかった

〝おタキさん〟こと野口多喜子――先にご登場いただいた杉山栄理子の師匠であり、『必殺仕掛人』から『新必殺仕置人』まで初期シリーズにおける現場の要となった記録係（スクリプター）が登場。取材順の掲載ではない『必殺シリーズ秘史』最後の対面インタビューは、京都駅のカフェでゆっくり優雅に行われた。

ファッション雑誌をコスチュームの参考にしてたんよ

野口　もうすごいアイデアマンやったもんな、石っさん（石原興）と中やん（中島利男）のコンビが。それで必ず相談してくれた。「今度こういう感じで行きたい思うんやけど、どない思う？」って、石っさんが男性用のファッション雑誌を持ってきて……いや、打ち合わせじゃなくて喫茶店でお茶飲んでるときとかに。「せやけど、照明がどう言わはるかわからへんし、中やんに聞いたほうがええで」って言ったら、中やんも「これでいこ、いこ！」ってOKしてくれた。石っさんはコート着てるんやけど普通のコートと違って、びゃーっと裾広がりで「あれマントになってるのかな？」思うたりしました。

――丈の長い衣裳も必殺シリーズにときどき出てきます。

野口　ファッション雑誌をコスチュームの参考にしてたんよ。それで撮り方も普通のカラーでなしにモノクロっぽく撮ったり、おしゃれやったよね。あと、石っさんのアイデアで大事なシーンはキャメラ目線にしたり。それと仕上げのミキサー（調音技師）のホンちゃん（本田文人）。あの音楽の強弱のつけ方もすごかった。田中徳三さんなんか東映行ったら「ホンちゃんみたいにやってえなぁ！」って言わはるねん。京都映画出身のミキサーがいて、わたしは「そんないらんこと言わんでもええのになぁ」って思って聞いてましたけど（笑）。ホンちゃんの下の鈴木（信一）さんも効果の入れ方が上手かった。画も音もいいし、出てる役者さんもよかったですよ。

――とくに印象に残っている出演者は？

野口　やっぱり緒形（拳）さんと山﨑（努）さんやな。藤田（まこと）さんの場合ある程度固まってきてからやし、そつがない人やから。（中村）嘉葎雄ちゃんは、山﨑さんと必ず飲みに行かはる。ある日「おタキさん、今日は早よ終わったんなら一緒に行かへんか？」と言われて、山田五十鈴さんに連れてもうたことがある上七軒のスナックやったから行ったんです。そうしたら嘉葎雄ちゃんが……いろいろストレス溜まってたんか知らんけど、やっぱり飲むほどに誰彼つかまえては、喧嘩を売るわけよね。だいたい飲みに行くいうと、みんなストレス発散で行ってるのに山﨑さんが〝なだめ役〟（笑）。

――シリーズ第1弾の『必殺仕掛人』（72〜73年）から参加していますが、とくに思い出深い監督は？

野口　それはやっぱり三隅（研次）さん。三隅さんは作品もさることながら、お人がね、ものすごい深みがある人。それと工藤（栄一）さん。そのおふたりかな。わたしはもともと東映系だったんですが、東映はスタッフがローテーションで次々と替わる。松竹は同じ作品に長くつけるから愛着が持ててよかった。『必殺』もそうですよ。東映のベテランの記録さんに「あんたら若手はテレビ要員やから」と言われて腹立って松竹に行きましたけど、そうしてよかった。〝ワンスタッフ〟のよさやね。

深作さんの粘りはちょっとおかしいから……

野口　昭和15年、京都の園部の生まれです。父が戦死してるんですよ。中国のほうに2回行ってて、3回目は中国から南洋のビアク島、そこへ転戦して亡くなってるんです。そやから母は、自分の父親と母親と子供3人を抱えてがんばって生きてきた。わたしは医学部に行きたかったんですよ。「とにかく手に職をつけよう」と、男も女も関係ない仕事がお医者さんやと思ってたんですが、奨学金が出なくて挫折して。で、従兄弟が大阪の鉄道局におったんです。野中広務という人なんやけど、野中さんが大映の偉い人を知ってて、「それやったらわたし記録になりたい」と頼んだんです。そんで野中さん経由で大映に話をしはったら「知らないところの娘さんやったら入社させるんやけど、あんなきつい仕事は大変やから知り合いの娘さんには紹介できん」と断られた（笑）。

そのあと野中さんが京都駅の観光デパートの仕事を紹介してくれたんですが、「なんで売り子みたいのせんならん」って言うて、ちょっと反抗して家におりました。そしたら新聞に〝記録募集〟って書いてある。毎日新聞の求人広告に。それが東伸テレビという会社で勝手に面接に行ったんです。花園のほうに大きな敷地があって面接したらOK。仕事を教えてくれたのは京都女子大を出た宝塚映画出身の記録さん、構木久子さんという方です。せやけど3ヶ月くらいで東京に行ってしまい「できるから大丈夫や！」って放り出された（笑）。

——なんと言いますか、自民党の故・野中広務議員の名前までノンストップで出てきてびっくりしたのですが、そもそも記録という仕事をしようと思ったきっかけは？

野口　医者と一緒ですよ。女でもずっとやれる仕事だと思った。母親が『婦人画報』を毎月とってましして、そこに島耕二監督の専属の記録……原益子さんという方の記事があって、「あ、これやったら医者にならんでも仕事としてずっとやっていけるわ」って。結婚する気はまったくなかったから。

撮影所のスタッフルームはバラックみたいなとこやねん（笑）。屋根やらはトタン板みたいな感じやったけど、食堂は案外ちゃんとしてて、食堂のおばちゃんもいはった。ステージは3つくらいあったんかな。オープンセットも広い広い。当時のテレビ映画はまだ30分ものが主流でした。初現場は『織田信長』（62〜63年）、記録はだいたい東映から来てたんですよ。

川島庸子さんという大正生まれのベテランがいはって、アタマは必ずその人がやらはるんです。その人が東映に帰るとき、若いもんに「あんた、これやりよし」（笑）。でも何年かして東伸テレビが潰れて、東映行ったらベテランの記録さんが口は優しいんやけど、もう細かいことばっかり言わはんねん。「あんたらテレビ要員の記録やから、まぁこの程度でえぇやろう」って、いじめられたりはしてへんけど、その言葉がイヤでね。せやから川島さんに誘われて松竹に行きました。松田定次さんが撮ってた『風』（67〜68年）とかもアタマは川島さんで、途中からわたしが。やっぱりテレビというのはテレビ局のもんやから局の監督が来ますわ。飯島敏宏さん、実相寺昭雄さん、そいで音楽の冬木透さん。局から来はる人は刺激になったし、勉強にもなりました。現場も仕上げもおもしろかった。実相寺さんなんか、もう全編モーツァルトで行かはったからね（笑）。キャメラマンは木下（富蔵）さんという人がセンスありました。階段あがってバーって行くのをワンカット、それかて手持ちでやったりして。

——当時の京都映画で、ほかに思い出に残っている作品は？

野口　五社英雄アワーの『雪之丞変化』（70年）はアタマを五社さんが撮らはって、次が深作（欣二）さん。そのとき亀岡へロケしに行ったんですよ。それで夜になって、劇団民藝の若い女優さんの服部妙子……矢田（行男）さんというキャメラマンの奥さんになってるけど、その人のシーンで監督が何回も何回もNGを出した。もう寒いしね。どんどん夜が更けてくるわけ。そしたら大滝秀治さんやったか、鈴木瑞穂さんやったか、誰か忘れたけど大人しいタイプの、ああいう人格者が「どこが悪いんだ！」って深作さんに怒らはった。

――鈴木瑞穂さんが3・4話にゲスト出演していますね。

野口　そうか、鈴木さんか。それで怒鳴って、本当にすごかったですよ。深作さんの粘りはちょっとおかしいから……。あれは三隅さんやらの粘りと違うわ。あんなん時間のムダやね。もったいない。もう疲れるだけ（笑）。ちょっと前の話になりますが、五社さんが『人斬り』（69年）で初めて大映京都に行かれたとき、大映の監督に挨拶したら三隅さんと田中徳三さんだけが親切にしてくれたそうです。三隅さんは「ええのん撮りや〜」って（笑）。だから『新三匹の侍』（70年）のとき、五社さんがおふたりに監督をお願いしたんですけど、三隅さんは勝プロの仕事があったからお断りになって、田中さんだけ京都映画に来られた。恩返しですよね。「おタキさん、あれはうれしかったでぇ」と田中さんも言ってましたから。

五社さんが石っさんのキャメラで1回やってみたいと言うたはったのは覚えてますね。本当にセンスのある人で、もう非の打ちどころがない。それで石っさんの助手でね、藤原三郎ちゃん。三隅さんは勝プロでもずっとやってはったでしょう。で、あの人はわたしのこと〝おタキさん〟言わないんですよ。

――なんて呼ばれていたのですか？

野口　〝おばはん〟（笑）。ほいで「おばはんなぁ、わし勝ちゃんにな、石原を紹介しよ思うてな」って言うてました。あいつが『座頭市』撮ったら、また違う作品ができると思うって。だから「そうですか。よろしゅうお願いします」。いや、うれしいわぁ」なんて言うてたら、勝さんいわく「石原はどっちかいうたら望遠や。藤原はワイドやろ」というわけで「わしは石原興より藤原三郎がええ」って言わはった。望遠は森田富士郎さんがいはったし、でも2人の仕事を見てたんやね。けっきょくサブちゃんも勝プロでの仕事はしてはれへん。『必殺』で忙しかったんもあるけど、ひとりだけで行ったんではね、潰されはせえへんけど、十二分に力は発揮できへんわ。

――『必殺』の撮影現場を勝新太郎さんが見学に来たという話を聞いたことがあります。

野口　それも三隅組ですよ。『仕掛人』で緒形さんやら山村（聰）さんやら（中村）玉緒さんやらみんな出て、一同に顔合わせするシーン。そのとき玉緒さんが翌日ＮＨＫの仕事で東京に入らんならん予定やったんです。なのに夜中、われわれはまだ一生懸命撮影をしてる（笑）。製作部の渡辺（寿男）さんが事務所に行ったり現場に来たり、もうハラハラしてはんねん。ついに勝プロの眞田（正典）さんというプロデューサーまで来た。粘り屋やから、その状況でも「あぁ、ちゃいまんな」言わはんねん、三隅さん。最終的に勝さんも「なんや、どんな現場やろ？」っていうことかどうか知らんけど見に来やはって、スタッフは「早う玉緒さん出せいうことや」って思いますよね。勝さんが来て、わーってなってるのに今度は三隅さん、「セットのあそこを直せ」って美術に注文を出した。ほんで、いよいよ出発せんといかんギリギリの時間……そうしたら三隅さん、どうしたと思います？　台本で2ページ以上あるのに、それをワンカット。人間を動かして、そいでキャメラがそこに来たらアップになったり。

――人物の動きとカメラワークを組み合わせてワンカットにした。

野口　そしたら時間ばっちりや。わたし、あれだけはびっくりしました。三隅さんはやっぱり大監督やなと思った。まさかワンカットで行くとは思わへん。帳尻ちゃんと合わさはったわ。それで「早よタクシー呼んで～」って。いや、タクシーはもうだいぶ前から待ってるわ（笑）。もうひとつ、三隅さんで印象に残ってんのは最後の作品。嵐山の太鼓橋いうところでロケしてて、その日は朝からうずくまって、しんどそうにしてはった。そのあとオープンセットで倒れはった。でも撮影はまだある。残りは松野先生が仕上げはった。

――『必殺仕置屋稼業』第13話「一筆啓上過去が見えた」（75年）ですね。松野宏軌監督が引き継いだとは、なるほどなんとなく納得できます。

野口　三隅さんが入院しはって、録音の二見貞行さんと一緒に病院へ行ったんです。そしたら面会アウトやって書いてある。帰ろうと思ったら奥さんが出てきて「入ってもろてって言うてます」……三隅さん、黄疸が出てね、もう顔が黄色かったですよ。「監督どうですねん、早うよくなってもらわんとかなんで。さびしいわぁ」とか言うたりしてたんやけど、それが最後やった。肝臓がんで亡くならはったんです。

ホン直しに高ちゃんとわたしが「かんのんホテル」に呼ばれて

――1972年にスタートした『必殺仕掛人』の立ち上げは牛田二三子さんが記録を担当しており、野口さんは松本明監督による第6話「消す顔消される顔」から参加します。

野口　牛田さんは大映におられたベテランです。あさま山荘の事件があって、鉄の塊でボーンとやってたでしょう。あれで撮影が進まへん。松本さんがごっついマフラー巻いて、ずーっとテレビ見てんの（笑）。助監督が行ったかてあかんから、わたしが見に行ったけど「あかんあかん。あんなん誰かて見たいわ」。『仕掛人』の前、『女人平家』（71〜72年）のときやったかなぁ。松本さんは早稲田の文学部を出てしっかりしてはんのやけど、第一印象はちゃらんぽらん（笑）。局の監督とか関係なく「作品をよくしよう」というので一緒にやってましたよ。大熊（邦也）さんはカンシャク持ちやった。

――ほかに『仕掛人』の思い出は？

野口　『仕掛人』というより『必殺』で覚えてるのは、高坂（光幸）ちゃんっているでしょう、助監督の。工藤組のどの作品かわからへんけど、とにかくホンが気に入らんねん。ホン直しに高ちゃんとわたしが「かんのんホテル」に呼ばれて工藤さんと打ち合わせしました。シーン1はこうやろ。シーン2はこう……ハコは監督が作らはんのや。そで、祇園の行きつけの店に出て行かはんねん。その間に、わたしと高坂ちゃんが前半と後半に分かれて書くの。そしたら蔵原（惟繕）さんが「書けてる？」ってのぞきに来はんねん。早坂（暁）さんが蔵原さんのホンを書いてはるんですけど、なかなかあがらへん。「もうインの日も決まってるのに……」とか長いこと話しはんのやけど、こっちとしては「早う部屋に行ってくれたらええのにな」（笑）。せやけど大監督やし、話も聞かんならんし。そいで工藤さんが帰ってきたら飲んでる間にアイデアが出るから「やっぱりこうしよう！」って、またイチからやり直し。大変やけどホンの勉強にはなったわね。高坂ちゃんもそうやと思うよ。

そんな経験があったから「いっぺんホンを書きたいな」思うて、書いてみたんですよ。それを櫻井洋三みたいなアレに見せてもあかんから、朝日放送の仲川利久さんに見せた。そしたら「まぁまぁ、イケるなぁ」言うてくれてOKになったんやけど、脚本のクレジットはわたしの名前じゃなくて仲川さんは小さい劇団をやってはったから、そこのスタッフの名前にしたみたい。

どんな話やったかなぁ。野川（由美子）ちゃんが主役……あの子がコロコロ回って歩くような話やったね。野川ちゃんを主役にはしてへんけども、活きてる場面が多いような話。気さくな子ぉや。それこそ好きなことポンポン言うような。わたしら好きやったね。的射てるんやったら言うたほうがええもん。監督は松野先生やったかなぁ。利久さんが5万円くらいくれはったのだけ覚えてる（笑）。

――あっ、もしかしたら野川由美子さんではなく中尾ミエさんではないでしょうか？『新必殺仕置人』（77年）に「抜穴無用」というエピソードがあり、中尾さん演じるおていがコロコロ回って歩くような話で「嵯峨忍」という謎の脚本家が松原佳成さんの共同でクレジットされています。演出も松野宏軌監督です。

野口　そうかもわからんね。野川ちゃんのあと、中尾さんが出てたんやね。忘れてた。あの子も明るくてええ子でしたよ。森繁久彌さんにかわいがられてました。中尾さんのお付きの子がうちに泊まったことがあって、中尾さんから丁寧なお礼をされたことがあります。そのあとのレギュラーの女優さんはちょっとアレやな……。

「お金より納得できる仕事のほうがええわ」

野口　松野宏軌さんはいい人やし、おもしろいね。わたし初めて映画につかせてくれたんも、映画の基礎を教えてくれはったんもあの先生です。山口瞳さんが原作の『日本一のマジメ人間』（66年）、長門裕之さんの人間プロと日本京映って貸しスタジオが作った喜劇。ほかの監督はどんな監督でも「監督」と呼ぶんですが、大映の森一生さんと松野宏軌さんだけは「先生」。わたしにとって「先生」いうだけでなしに、石っさんと中やんもそう。それまで15分の帯（ドラマ）やってたんが、30分や1時間ものの作品につかしてくれたという意味で「先生」なんやね。ただ、わたしらは敬意を持って呼んでるのに、若い子らはバカにして「先生」。意味がぜんぜん違うねん。中やんが「おタキさん、わかってへんのは怖いわ……」って言うてたね。

石っさんにも松野さんが教えてましたよ。『必殺』の前の話ですが、あるシーンをラッシュで見て松野さんが「イシ！」って。「灯籠を（画面の）端っこのほうに置いたらあかんねん。灯籠は真ん中に入れるんや」とアングルを教えてました。大覚寺の撮影で能舞台があるんです。あえて灯籠を真ん中に入れて、その奥に舞台を見せる。そこに人物が入ったら、手前の灯籠が意味を持って画が引き締まるんです。そないしてイチからきっちり松野さんが教えてはった。真ん中に灯籠を入れる……あれは忘れられへん。そうやって石っさんも腕を上げたんや。

――ほかに監督の思い出はありますか？

野口　渡邊祐介さんはコンテが細かいねん。ほんまに細かくて、「どんな監督かて一生懸命考えてはるからついて行く。監督の愚痴を言うたらあかん」というのを仕事の第一にしてたんですが、祐介さんだけは……もうイヤなんが顔に出てたね（笑）。せやから以心伝心で監督も「あの記録、かなわんな」思うてはったと思うわ。丹波哲郎さんの紹介で来はった原田雄一、あの人もコンテが細かいんです。セットに土俵を組んで、相撲をせんならんシーン

『必殺仕置人』第2話「牢屋でのこす血のねがい」のロケ現場。山﨑努と藤田まことの奥に野口多喜子、椅子に座ってスクリプトを取っている

があって「こんな細かいの、どないして（ライト）当てるねん！」って中やんが言うた。「監督にちょっと休んでもろて考えてもらえ。今日は中止や、もう！」って言うて、ほんまに中止になったことがある。

――『新必殺仕置人』第34話「軍配無用」ですね。原田雄一監督の必殺シリーズ初演出回。むしろ原田監督は『必殺商売人』（78年）などでトリッキーな長回し撮影をしていた印象が強いです。

野口　それからしはるようになったの。東映に行ったかて長回しや。「原田雄一って監督、ええ長回しするね」「なに言うてるねん」って、飲み屋さんで話した覚えがある（笑）。最初は千切り……いやいや、みじん切りや。

――京都映画の演出部からも監督が出てきます。

野口　家喜（俊彦）さんは真面目な慎重派、オーソドックスな監督やね。高坂ちゃんはやっぱり工藤さんやら三隅さんについてはったからケレンがある。（都築）一興ちゃんと皆元（洋之助）くんは好奇心旺盛やったな。『必殺』やってないときでも現場を見学してたような覚えがあります。わたしが京都映画で育てた記録は（杉山）栄理子だけです。あとひとり、大映に九鬼里伊子という子がおった。

もう、仕事が子供みたいなもんです

――『新必殺仕置人』第41話「解散無用」を最後に野口さんは必殺シリーズから離れます。

野口　洋三にホンの出来が悪いと文句言ったこともありますが、やっぱり栄理子を『必殺』につけて、わたしが大映に行ったんが原因です。京都映画の現場が少ない時期で、あの子ひとり遊ばしておくのもかわいそうやし、技術というのは経験積んでいって磨かれますから。ちょうど1本しか入ってへんときに工藤さんに横溝シリーズのオファーがあって、工藤さんも大映は初めてですから「一緒に行かへんか？」言うてくれはったんです。

――毎日放送による横溝正史シリーズの第1弾『犬神家の一族』(77年)ですね。

野口　京都映画の製作部長も「それやったら経費の面でもうれしいから、そうしてくれるか」って認めてくれた。だから、わたしは許可をもらって大映に行ったんですよ。それを櫻井洋三が怒るわけ(笑)。「『必殺』のメインスタッフをなんでよそに出すねん！」って。わたしは洋三なんかアレやし「まぁ、ええわ」と思うてましたが、スタッフがあり余ってるのに怒ったってしゃあないやん。それで『必殺』から離れました。

――その後、野口さんはフジテレビの時代劇スペシャルや連続ものなど映像京都や東映京都で活躍します。

野口　いちおう全部やったね。東映は時間内にやるのが第一。深作組は別やけど、時間内にやって予算内に収める。作品のええ悪いは別。そんな感じでしょう。映像京都は大映系やから技術者が強い。「昔の『必殺』はよかったけど、いまはお釣りでメシ食うてるようなもんや」って言われたこともある。わたしが東映で山下耕作さんとやってたときは、「おタキさんなぁ、『必殺』呼んでもろてんけど、キャメラが初めてのやつやった。知らん名前やったよ」と言うてました。それは一興ちゃんの弟の都築雅人くんが担当したんです。

――『必殺仕事人』第8話「仕事人が可愛いい女を殺せるか?」(79年)ですね。山下耕作監督唯一の演出回となりました。

野口　もちろん石っさんは山下さんとは合わへん。だからサブちゃんがキャメラやるのかなと思って、山下さんもそう思ってはったらしいけど、雅人くんが担当した。まさか京都映画に行って新人と組むとは思ってなかったからよっぽど意外やったみたいね。どういう理由かわからんけど。

――野口さんに必殺シリーズ復帰のオファーはなかったんですか?

野口　ないし、やっぱり映像京都のほうがよかった。『必殺』も後半は監督が悪くなってるし、ホン屋さんも違うしね。映像京都には児玉進さんや齋藤光正さん、東京からおもしろい監督が来てましたもん。まぁ、そのあとも京都映画で仕事しましたけどね。どっちもよかったな。いい監督、いいホン屋、いいスタッフに恵まれて。

——ご結婚はいつごろですか？　最後に西森康友監督との出会いを教えてください。

野口　わたしは一生できるようにと記録の仕事を選んでるでしょう。独身でいいと思ってたんですよ。そしたら法事のとき野中広務さんが来てはって、兄に「お前、なんで結婚せえへんのや？」「うちは女が3人もおって、誰が嫁はんに来てくれんねん」って。だから家を出んとあかんのかと思ってたところに東映の井沢雅彦さんという監督が「おタキさん、結婚する気はないか？　ええのがおんねん」……それで西森と出会いました。そのころ28か29歳で、西森は8つ上で「ちょっと頼りないけど、まぁまぁええやん」って飲みに行ったりしてて。まぁ結婚せなしょうがないかと思うてたら……装飾の稲川（兼二）さんが「おタキさん、結婚式するんやったらな、御所の前に私学会館いうのが去年できて、わしの娘がそこで結婚した。あそこはきれいやし安いからええよ」って言わはるさかい「あぁ、そうですか」って、昭和44年の11月3日に式を挙げました。

せやけど、わたしは仕事が入ったら夜遅いでしょう。東映の記録の石田照さんから「結婚したんなら名前を西森に変えんとあかんよ」って言われたんやけど、「いや～、わたしみたいに好きなこと言う女はいつ別れるかもわからんから、また戻すのも面倒くさいし当分これで行きますわ」と、そいで野口多喜子のままなんです。西森は記録映画や文化映画、毎日放送の教育番組をやってました。取材に行ったり、編集したり、そんな仕事です。

西森も去年亡くなりました。いまはひとり暮らし、手のリハビリを兼ねてステンドグラスの教室に通ってます。そう、今日もその帰りやね。子供はいません。せやから仕事を続けられたんです。もう仕事が子供みたいなもんでずっと記録やって、10年以上前に引退です。まぁ、そんなところでございますわ。

野口多喜子

［のぐち・たきこ］

1940年京都府生まれ。東伸テレビ映画、東映京都を経て京都映画の記録係（スクリプター）に。『必殺仕掛人』から『新必殺仕置人』まで必殺シリーズの多くに参加する。その後は映像京都と東映京都のテレビ時代劇を中心に活動。映画は『日本一のマジメ人間』『薄化粧』『竜馬を斬った男』『226』『女殺油地獄』『RAMPO　黛バージョン』『極道の妻たち　地獄の道づれ』など。『文藝別冊　五社英雄』において五社作品の思い出を語っている。

製作主任

黒田満重

いつも予算やスケジュールに四苦八苦でこんな仕事よう続けられたもんやと思います

予算やスケジュールを管理し、ロケ地を選定し、準備から完成まで現場が円滑に進むように仕切る製作部。黒田満重は京都映画の進行係（製作進行）として必殺シリーズに参加し、製作主任となって数多くの作品を支えてきた。現場たたき上げの製作一筋、80歳まで現役で活動した黒田が語る『必殺』の裏の裏。

製作部としては、やっぱり松野先生に助けていただきました

黒田　うちの親父が下鴨の撮影所の横で喫茶店やってたんです。それがきっかけで歌舞伎座プロダクションという松竹系の会社に入って、そのあと歌舞伎座が京都から撤退することになり同じ下鴨の京都映画に移りました。最初は製作部の進行係、台本に合うロケ地を探したり、いろんな交渉ごと……スタッフのスタッフみたいなもんで、要するに〝段取り〟が仕事ですよ。佐々木（康之）さんというプロデューサーがいて、その人の下でテレビの帯ドラマをやってました。それからだんだん太秦で撮る時代劇が増えていきましたね。

『必殺仕掛人』（72〜73年）のアタマはナベさん（渡辺寿男）が製作主任、鈴木のまあちゃん（鈴木政喜）が進行……このコンビでやってたんちゃうかな。ぼくは途中から入ったと思います。次の『必殺仕置人』（73年）、これは

アタマから進行やったな。ナベさんは松竹の本編出身のベテランですが、それはもう優秀で、ロケ地だけでなく俳優さんの出し入れも脇のキャスティングも予算管理も全部仕切ってて、その下で勉強させてもらいました。思い出いうたら、みんな好き勝手なことばっかり言いよる……ぼくは大人しいほうですから、まぁスタッフの言うことをなるべく聞いたふりしてやってましたよ（笑）。とにかく『必殺』はスケジュールがないから雨が降ったらセットに灯籠だけ並べたり、そんな綱渡りの毎日でした。

――製作部の仕事について教えてください。

黒田　まず台本もろうたら、ロケーションか撮影所のセットかオープンセットか、その話の全シーンをどこで撮るかを検討します。デイシーンかナイターかもありますから、プロデューサーと相談しながら予算やら効率やら俳優さんのスケジュールと合わせて全体の予定を立てて、具体的なロケ地に当たりつつ助監督のチーフと日々の撮り順を決めます。監督によっても撮るスピードが違うし、ここは早く終わるかなと思ったシーンが意外と時間かかったり。予算がかかったら会社に怒られる、安い早いで出来が悪くても怒られる。技術や美術にも文句言われる。憎まれ役の仕事ですよ。スケジュール優先で無理を言わんとあかん場合もあるし、やっぱりキャメラマンでも「どうしてもここで撮りたい！」というのがありますから。なるべくリクエストに沿いながら予算内という現実に落とし込もうとは思うんですけどねぇ、なかなか上手くは行かないんです。最初は『必殺』も大物の監督さんばっかり……そういう部分で製作部としては、やっぱり松野（宏軌）先生に助けていただきました。

『助け人走る』（73〜74年）のアタマだけ製作主任やってるのは、前の作品と同時並行でナベさんがそっちを担当してたからかな。「終わってから次」じゃなくて、前後で現場がダブってましたから。しばらく『必殺』やったあと、また佐々木さんが歌舞伎座テレビの大塚貞夫さんから仕事を受注するようになって、そっちに移りました。東京12チャンネル（現・テレビ東京）の『日本名作怪談劇場』（79年）とか『斬り捨て御免！』（80〜82年）とか、主役が歌舞伎の俳優さんですからスケジュールの調整がややこしかった。その枠が終わって、また『必殺』です。

――必殺シリーズの思い出はありますか？

黒田　とにかく間に合わせないかん。ある雪の日の撮影。藤田まことさんと白木万理さんが別々の舞台をやってて、2人のスケジュールが合うのが朝の2時間だけ。しかも白木さんが京都行きの最終に間に合わなくて、ぼくが東京まで行ってレンタカー借りて白木さんを京都まで……間に合うかどうか、激しい雪の中を必死で車を飛ばしましたね。それで朝なんとか京都に着いたら、今度はオープンセットが雪に埋まってた。なんとか放水車やバーナーで溶かして、ようやくおふたりのシーンを撮った覚えがあります。藤田さんは厳しいところもあったけど、スタッフには優しい人でしたよ。よう無茶も聞いてもらいました。

黒田　ときどきは映画もやりました。松山善三さんの『泣きながら笑う日』（76年）は広島県の福山で撮りましたが、坂本九さんがトラックの運転手の真面目な話。石っさん（石原興）も中やん（中島利男）もずっと『必殺』やってたから、ここまで離れたのは初めてやったんと違うかな。工藤（栄一）さんや深作（欣二）さんの映画、やっぱり製作部としてはしんどいですよ。でも、現場にエネルギーがあるし、ぼくらが苦労したぶんも画に出てると思います。出てないと困る（笑）。京都映画には製作部と別にPR映画やコマーシャルをやってる営業の部署があって、そっちは白坂（茂）さんや小辻（昭三）さんが担当してましたね。

『必殺』はナベさん以外が製作主任をやってもなかなか定着しなくて、ぼくと高ちゃん（高坂光幸）が渡辺流を受け継いだかたちです。鈴木のまあちゃんは生涯一進行、そういうポジションもあったんやけど、土曜ワイド劇場とか単発の2時間ものが増えた時期で会社的にそうもいかんかった。『必殺』のレギュラーが終わったあと、（中村）吉右衛門さんの『鬼平犯科帳』（89〜16年）が始まりますが、『鬼平』のほうが予算もあるからロケで遠くに行ったり、そういう手間はかけてました。『必殺』は制約のなかで、あの表現を突き詰めた感じなんかな。ただ撮影所のオープンだと移動は楽ですが、撮影が遅れて次の組とダブったりすると、やっぱり調整が大変でした。

――あらゆる調整に追われたんですね。

黒田　あと、時代劇の仕事が少ない時期はヤクザもんのＶシネをようやりました。中条きよしさんや清水健太郎さんが主役のやつ。手打ち式とか会談のシーンは時代劇のセットをそのまま流用できるから撮影所向きなんですよ。ちょっとしたシーンも撮影所の隅で撮ったり……どんどん予算が少なくなって「もうこれ以上は無理や」となって終わりましたが、あれも会社を支えた仕事だったと思います。ある組長役の俳優さんが自分より先にカレーを食べた若い衆に激怒して、カレーの皿を投げつけたりしてましたけどね（笑）。

『必殺仕事人２００７』からシリーズが復活して、製作担当をやりました。そのころには進行・主任・担当と製作部も分業が進んでて、上にラインプロデューサーを置く場合もある。演技事務もおるし助監督の人数も増えましたが、時代劇が撮れるようなロケ場所は年々減っています。『仕事人』のスペシャルを何本かやって、最後の現場は吉右衛門さんの『鬼平犯科帳　THE FINAL』（16年）。いつも予算やスケジュールに四苦八苦で、こんな仕事よう続けられたもんやと思いますよ。まぁ、性に合ったんでしょうね。

黒田満重［くろだ・みつしげ］

１９３６年京都府生まれ。高校卒業後、61年に歌舞伎座プロダクションに入社したのち、京都映画の進行係に。必殺シリーズでは『必殺仕事人』から本格的に製作主任を務める。そのほか『日本名作怪談劇場』『斬り捨て御免！』『眠狂四郎無頼控』『京都殺人案内』『鬼平犯科帳』『剣客商売』などに参加。映画は『オレンジロード急行』『必殺！Ⅲ　裏か表か』『忠臣蔵外伝　四谷怪談』などを担当。２０１２年に京都映画功労賞を受賞。

佐生哲雄

「テレビだから」というわだかまりもないとても活力のある現場でした

松竹の製作補（アシスタントプロデューサー）として『必殺必中仕事屋稼業』から京都映画に赴任した佐生哲雄。製作補というポジションの役割や「かんのんホテル」で過ごした監督や脚本家との日々——のちに『鬼平犯科帳』や『雲霧仁左衛門』のプロデューサーを務めた佐生が見習い時代を振り返る。

映画青年だったので蔵原さんは憧れの人だった

佐生　本社のテレビ部で経理やってたら、プロデューサーの櫻井（洋三）さんから「お前、京都来るか?」って言われたんです。ちょうど〝ディスカバージャパン〟が流行ってたころで、「あの『必殺』がやれて、京都に行けるんだったらこれはいい」と、二つ返事で引き受けました。もともと映画ファンで時代劇も黒澤明や工藤栄一のリアリズムものが好きだったんですが、そのころテレビの時代劇は『木枯し紋次郎』（72〜73年）しか見てませんでした。裏の『必殺仕掛人』（72〜73年）も、東映の作品も1本も見てなかった。でも、たまたま日テレのスタジオドラマに助手でついたとき、生田スタジオのテレビで『必殺』がやっていて。おもしろいなと思って見ていたら「あ、これもうちのテレビ部か」……それが『必殺』との出会いです。

——もともと櫻井洋三プロデューサーとは交流があったのでしょうか？

佐生　テレビ部の合同会議が毎月あって、そこでの面識はありました。『必殺』の助手もなかなかね……櫻井さんに合う人がいないんですよ（笑）。初代製作補の岩田耕治さんは助手というより本社の窓口みたいな感じで、役者の事務所に台本を渡したりする仕事でした。二代目の田中浩三さんは京都に行ったけど、朝日放送の仲川利久さんとあんまり上手く行かなかった。ぼくが三代目で「とにかく仲川さんについてくれ。ちょっと面倒で難しい人だから間違いのないように」と櫻井さんに言われました。だから仲川さんとべったり一緒、麻雀が好きなのでずっとお付き合いしました。ちょうど朝日放送のネットがＴＢＳからテレビ朝日に変わった〝腸捻転〟で視聴率が下がったところで、現場的には試行錯誤のタイミングだったんです。

——『必殺必中仕事屋稼業』（75年）ですね。

佐生　最初に見学した現場は蔵原（惟繕）さんが監督した瑳峨三智子の回（第16話「仕上げて勝負」）。ぼくは映画青年だったので蔵原さんは憧れの人だった。非常に丁寧な紳士で、その回の仕上がりもすばらしくて、すぐ蔵原シンパになりました。蔵原さんのように東京から来た監督は岡崎の「かんのんホテル」に泊まっていて、脚本家もそうなんです。で、わたしも出張扱いだったから、そこに泊まってみなさんと寝食をともにしました。とくに蔵原さんとは四六時中一緒だったような気がします。

だから、かんのんホテルがいちばんの思い出ですね。わたしの仕事は局プロの応対と、それからホン作り。とにかく脚本家にホンを書いてもらって印刷屋に放り込む。あとはキャスティング。監督とゲストを誰にするかを打ち合わせる。プロデューサーの助手って普通は朝から晩まで現場について役者の世話をするんですけど、ぼくは異質でした。視聴率は置いといて『仕事屋稼業』はおもしろかったですよ。とくに「負けて勝負」。

——殺しのない異色回ですね。緒形拳さんとゲストの津川雅彦さんがポーカーで勝負をします。

佐生　あれは圧倒的におもしろかった。松本明さんのケレン味はすごいんですよ。松本さんの現場の姿勢は「とにかく3日間で撮るんだ、俺は」。そういうことを豪語して、さっと撮ってさっと帰っていくんです。たしかに現場は早いかった。その代わり「カメラは石原（興）じゃないとダメだ」と、ご指名でしたね。

『仕事屋稼業』の最終回（第26話「どたんば勝負」）は村尾昭さんの脚本で、監督は工藤（栄一）さん。これはもう傑作だと思います。ラストで手配書を破って、緒形さんが振り向いたらバーンとストップモーション。あれは堀川という水のない川があって車がバンバン走ってるような大通りなんです。そこでカメラ縦引きの望遠で撮って、陽炎がゆらゆら……とても街中で撮ったとは思えない。工藤さんはそういう映像がすばらしいんですが、ただ……あの人は大変なんです。面倒くさい（笑）。

――工藤栄一監督と蔵原惟繕監督は、まったく違うタイプですか？

佐生　蔵原さんは本当に柔軟で、すごく助かりました。テレビの場合、作品のテーマに寄り添うタイプ。工藤さんはこだわりが強くて天才型なんで、自分が思いつくまでは話に乗ってこない。キャスティングでもホンでもそうなんです。蔵原さんは一緒に考えてくれて「じゃあこうしたら」とアイデアが出るんですが、工藤さんは止まっちゃう。動き出すまでがなかなか大変でした。まぁ動き出してからも大変なんですが（笑）。

「あれは〝京都のドン〟だから」

――当時の京都映画はどのような雰囲気でしたか？

佐生　まずバラックみたいなオープンセットにびっくりしました。大船の撮影所に比べたら狭いし、セットも小さいし、まぁ汚いんですよ（笑）。その次にびっくりしたのが大船はディレクターシステムなので監督が頂点で、ス

京都映画のオープンセットにて、佐生哲雄

左から佐生と蔵原惟繕監督。脚本の打ち合わせ中

タッフは各パートの仕事をやっている感じ。オールスタッフの打ち合わせも「ここはロケーション、ここはセット」と台本をもとに淡々と進むんですが、京都映画の場合「ここはおかしいんじゃないか？」と、いろんな人が台本にダメ出しするんですよ。まだ来たばかりだから誰が誰かもわからない状態で、その意見を言っていた女の人はスクリプター。あとは殺陣師とか照明とか、もちろんカメラマンも意見を出す。みんなで喧々諤々やってて「なんだここは……！」と衝撃でした。大船でもテレビ部が昼の帯ドラマをやっていましたが、やっぱり映画に比べて下に見られていて、労働条件も過酷だから敬遠されてたんです。ところが京都はテレビしかないし、若いスタッフがメインで「テレビだから」というわだかまりもない。とても活力のある現場でした。

——アシスタントの立場から見た櫻井プロデューサーの印象は？

佐生 びっくりしたのは、あの人は当時まだ課長なんですよ。だいたい松竹のプロデューサーは課長なんですが、本社のテレビ部のプロデューサーというのは部長や役員からいつも怒られて、虐げられて……下の喫茶店で愚痴をこぼす。プロデューサーといっても、力のない中間管理職だったんです。で、櫻井さんも課長ですから、そういうもんだと思って京都に行ったらすごいんですよ。撮影所に自分の部屋を持ってましたから（笑）。

——課長なのに！

佐生 個室にデスクがあって、なんか秘書みたいな人がいて……「えーっ！　櫻井さんすげえんだな」とカルチャーショックでしたね。役者も相当な方々なのに、緒形さんと話をしてもデスクの上に足を乗せてしゃべってる（笑）。それで撮影が終わると、祇園の店に役者を連れて行く。ある脚本家が「あれは〝京都のドン〟だから」と言っていました。櫻井さんもそうでしたが、プロデューサーは〝役者〟なんです。とくにテレビのプロデューサーは、とにかく役者で企画を通す……この業界、役者を押さえてるプロデューサーがいちばん強いということなんです。だからぼくはちょっと特殊でしたね。キャスティングしても会わない。役者を送り込んだら、あとは現場に任せる。

当時はそれでいいと思ってたんです。それじゃマズいっていうのは、後年気づきましたけど（笑）。

――朝日放送の山内久司プロデューサーの思い出はありますか？

佐生　とにかく山内さんですよ、『必殺』は。あの人は本当にすばらしいプロデューサーだと思います。監督や脚本家と議論になっても理屈で負かしちゃうんです。だいたい脚本家が嫌がっていたのは中村家のシーン、せん・りつを出さなきゃいけない。主水が殺しに行く寸前だって、女房と義母とのコメディリリーフが入る。ある脚本家が「どうしても入るところがない」って言ったら、山内さんが「関係ない！　どこにだって入るんです！」。たしかにそうなんですよ。ただ書くほうとしては流れの邪魔になる。音楽もそうですけど、テレビ的にあったほうがいいもの……それを突き詰めると番組は長生きするんです。

企画から内容から山内さんをメインに第1話が立ち上がって、その後のホン作りは仲川さんが中心だったと思います。もちろん櫻井さんもやりますけど、いい悪いを判断するのは仲川さんだった。櫻井さんは現場のプロデューサーなので役者の面倒を見たり不満を聞いたり、松竹と京都映画の間で予算をどうするかとか……プロデューサーというのはそういう能力が実際に必要なんです。わたしの仕事は小説家における編集者と似たようなもんですね。どうやったら気持ちよく書いてもらえるかを考えていました。

「中川梨絵どうですかね？」

――とくに思い出深い脚本家は？

佐生　圧倒的に野上（龍雄）さんと安倍（徹郎）さんですね。かわいがってもらって、いろいろ教えていただきました。野上さんは非常に頭のいい方で、東映育ちなのでエンターテインメントとしての構成をきちっと立てる。ただねぇ……みんな遅いんですよ（笑）。かんのんホテルに常時4～5人いるんですけど書かない。書かないのか書けないのか、もう書いてくれって思うんですけど……で、1人のときはパチンコ行くでしょう。2人になると将棋か花札、4人になったら麻雀、土日になると競馬。そればっかり（笑）。だから『仕事屋』はギャンブルをメインにしたんだと思いますよ。みんな博打が好きで、撮影所の中にも麻雀屋があったし、役者さんが待ちのときもやってる。メンバーが足りないと「ちょっと入れ」って、わたしもやってたりしていました。

――いちばん麻雀が強かった方は？

佐生　村尾昭さん。この人は全部強かったですね。パチンコも強い。まぁ損してるとは思うんですけど、勝ったことしか言わない（笑）。ただ麻雀と競馬は確実に強かった。野上さんが「またスッちゃったよ」ってボヤいてると、「いや～、惜しいことをしたよ。ダメだった」とか言うから、村尾さんも負けたのかと思ったら「本命を押さえてなかったから、これしか買わなかった」。当ててるのに惜しかったって（笑）。村尾さんは作風もギリギリしたような……レギュラーが殺されるとか、拷問されるとか、ああいう話は村尾さんでしょう。で、野上さんは違うんですよ。小さなエピソードがあって、ちょっとした事件が大きく広がっていくような。

――たしかに。『必殺仕業人』第3話「あんたあの娘をどう思う」（76年）は、殺された犬の恨みを主水がはらすという小さなエピソードで、マイベストの1本です。

佐生　そう！　犬のために「わたしの体を買ってください」って話ね。あれはいいホンで、この女の子を誰にしようかと考えて、わたしは日活の『八月の濡れた砂』（71年）が大好きだったので、テレサ野田をキャスティングしたんです。あれはよかったなぁ。工藤さんも野上さんのホンはあんまり直さなかった気がしますね。気に入らないと大変なんですよ。「こんなんでいいと思ってるのか！」と怒られたこともあります。そういうとき、いつも工藤さんはスクリプターの女の子を入れて一緒にホンを直してましたね。

安倍さんは、いちばん好きな脚本家でした。ぼくがプロデューサーになってからも何度もメインでお願いしました。女を書かせたら絶品です。安倍さんは池波正太郎さんからの信頼が厚くて、そのころ大作の映画を任されたんですけど失敗したんですよ。途中で書けなくなっちゃって、国弘（威雄）さんが引き継いた。

――松竹大船の時代劇『狼よ落日を斬れ』（74年）でしょうか。三隅研次監督の最後の映画です。

佐生　そうです。もともと池波さんの推薦で『仕掛人』に参加してて、「地獄花」とか圧倒的におもしろいんですよ。ところが映画で失敗したから、もう自分にはテレビしかない。それで『必殺』に戻って「自分はこういうことを書きたかった」というホンを書き出したんです。ひたすら本能のままに。酔っぱらっては「ここで書かないと書けなくなるから書いてるんだ！」と、のたうち回ってましたね。そうやって書き上げたのが、沖雅也の市松が幼馴染の初恋の相手を殺すという話でした。

――『必殺仕置屋稼業』第12話「一筆啓上魔性が見えた」（75年）ですね。

佐生　幼馴染だからなかなか殺せない……で、その女がなんの感情もなく蛾を殺すところを見て「やっぱり生かしておいちゃいけない」、そういうホンを書いたんです。蔵原さんが「この安倍さんの思いは簡単には映像化できないよ。真剣にやらなきゃいかん」と言われてキャスティングの話になりまして。ぼくはロマンポルノが好きだったので「中川梨絵どうですかね？」と提案して、彼女に出てもらったんです。日活では相当な女優さんですよ。で、蔵原組ということでテレビに出てもらったと思うんだけど……京都のスタッフは彼女を知らないわけです。だからゲストとしての扱いをふくめて、中川さんも大変だったと思います。バラックみたいな撮影所で、しかも役者さんの控え室がほとんどないですから。製作部の前にベンチみたいのがあって、役者はみんなそこにいるとか（笑）。部屋なんかなかったし、あったとしてもいられるような部屋じゃない。そういう意味ではひどい撮影所だった。沖さんは「テレビに初めて美学を持ち込んだのはこの番組だよ」って『仕置屋稼業』を非常によろこんでました。

——ほかに印象的なゲストのキャスティングは？

佐生　『仕置屋稼業』だと「業苦」の回、佐藤慶さんの役がなかなか決まらなかった（第19話「一筆啓上業苦が見えた」）。工藤さんが慶さんだと弱いって……それはネームバリューじゃなくて「もうちょっとグワッとした誰かいないか？」ということで。でも監督が望んでいるような人はいなくて、慶さんに出ていただいた。作品もすごいし、あの佐藤慶はよかったでしょう？　キャスティングっておもしろいんですよ。でも、そのうち苦労ばっかりになる。オファーしても誰も捕まらないという業苦を夢で見るくらい（笑）。

キャスティングで実現しなかったのは根津甚八さんですね。本当はレギュラーにしたかったんですが、まずは根津さんにゲストで出てほしかった。状況劇場が好きだったもんだから画策したんだけど、うまくいかなかった。その役は大和屋竺さんが初めて書いてくれたホンがあって、『血風編』の吉田日出子の相手役かな。

——『必殺からくり人　血風編』第7話「恨みに棹さす紅い精霊舟」（76年）ですね。

佐生　日出子さんに「この回のゲストは根津甚八のつもりだから」と言ったらよろこんでくれて、でもダメになったから、えらい失望されちゃった（笑）。そんなこともありましたね。

ショーケンや水谷豊が京都映画まで陣中見舞いに来た

——1975年から翌年にかけて『必殺仕置屋稼業』『必殺仕業人』と中村主水が2本続けて登場します。

佐生　藤田（まこと）さんがメインというのは『仕業人』のときに感じましたね。中村家に間借り人を出したり、牢屋でも毎回かけ合いがあって主水のシーンが増えた。もともとライバル番組だった『紋次郎』の中村敦夫さんがレギュラー入りして、あれはタイトルも公募だしみんな注目してるわけです。それで主題歌とは別に赤井剣之介のテーマ曲を荒木一郎さんで作りました。ぼくもレコーディングに立ち会いましたが、いい歌なんですよ。で、それを第1話で工藤さんがガンガン使った。「さすがにあそこまでやられると、あっちが目立ってしょうがない」という話になって、あの歌は最初のほうしか使われなくなりました。

――音楽のレコーディングにも参加していたのですね。

佐生　ときどきですよ。だいたいはお任せで、テープだけ京都に届くことのほうが多かった。テレビの音楽録りは時間がないから、少し失敗してもどんどんOKになっちゃうんです。あれは気になったな（笑）。1日くらいで録ってたと思いますけど、とにかく早い。でも、平尾昌晃さんの音楽が『必殺』を引き立てましたよね。

もうひとつ、音楽については重要な思い出があります。ある相手を殺さなければならない、でも主人公にも葛藤がある……工藤さんがそういう回を撮って、そうしたら音楽が合わないんですよ。いつもの殺しのテーマ曲が。だから入れなかった。それが内容にもマッチしていた。ところが試写で「これはダメです」。山内さんはラジオ出身なので音楽に関して非常に造詣が深くて、「テレビは見るだけでなく、聴くものだ」と主張した。たとえばメシ食いながら見ていて、いつもの音楽が流れてくると「お、やってるな」と、そこから真剣に見る人もいるから、そのへんのパターンを壊すのはダメなんだと工藤さんを説得していました。

たしかに悩んで殺しているのに「チャチャチャーン」という勇壮な音楽は合わない。だから作品としては音楽が入らないほうがおもしろいんです。しかし、それはテレビ的ではない。こういう言い方は語弊があるかもしれませんが、監督でも松野宏軌さんは平板な話が多くて、撮り方もわかりやすい。でもダビング（音の仕上げ作業）で決まりごとの音楽を入れると引き立つんです。だから山内さんは「やっぱり松野さんがいいんだよ」って言ってましたね。

――なるほど。たしかに松野宏軌監督の作品は、とくに音楽がよく流れている気がします。

佐生　ただ松野さんだけだと、役者への抑えがきかない。やっぱり工藤さんは人気がありました。ちょうど『傷だらけの天使』（74～75年）のあとでしたから、ショーケン（萩原健一）と水谷豊が京都映画まで陣中見舞いに来たことがあって、あれはすごいなと思いました。それぞれ個別に来たんです。工藤さんと違って、蔵原さんは〝一歩引いて遠くから〟というスタイルだから、そういうのが物足りない人もいたでしょうね。ぼくは蔵原シンパでしたけど、えらい血相変えて「あのヒゲは許せない！」って怒っている役者さんもいました。

そのころ〝工藤栄一待望論〟というのがあったんですけど、いざ映画をやると工藤さんはハズしてしまうんですよ。ぼくは深作（欣二）さんとも何本かやっていますが、深作さんは積み上げていく人なんです。「もっとおもしろいものはないか」って、ひとつずつ積み上げていく。ところが工藤さんは積むのではなく、いきなり向こう側に飛ぼうとする。ハマったら上手いんだけど、そうは問屋が卸さない。深作さんも現場は大変ですが、着実だから大きな外れはないんです。しつこいから付き合ってるとイヤになってきますけどね（笑）。

「鳩に豆鉄砲をどうぞ」の最後は『気狂いピエロ』

佐生　ホンが間に合わないから、ホンがないままゲストを呼ぶ……これまでの信用だけでキャスティングしたこともありました。『必殺からくり人』（76年）を早坂暁さんの脚本で全部やるという話になって、あの人は遅筆ですから「それは無理なんじゃないですか……」って思いましたが、早坂さんが書くということで緒形拳さんからも出演OKが出た。通常の脚本家は京都の「かんのんホテル」ですけど、早坂さんは大阪のＡＢＣ（朝日放送）の前にある「ホテルプラザ」で書くんですよ。それでね、案の定遅いんです（笑）。本当に遅い。まずホンが間に合わなくて、その前の『仕業人』をちょっと延ばした。

――話数調整のために2話プラスされています。そういう事情だったんですね。

佐生　まぁ遅いのはいいんですけど……いや、いいってことはないけど、嘘をつくんですよ、早坂さん。殺しの前に全員集合するシーン、みんな東京の仕事とかけ持ちだから役者のスケジュールを合わせるのが大変で、『からくり人』の場合その貴重な撮影日にホンが間に合わなくて「解散！」ということが何度もありました。早坂さんに「この日に撮らないとスケジュールなくなっちゃうんで、とにかくお願いします！」、そうすると「さすがに俺だって事情はわかるよ」って言ってくれて、なんとか段取りを組んだのに書けない。また解散。とうとう現場の製作部が「早坂暁を呼んでこい！」って、それは大変だったんです。あの温厚な渡辺（寿男）さんが怒鳴ったくらい。

早坂さんのおかげで印刷屋さんにも迷惑をかけました。「俺だってこんな苦しみから早く抜けたい。書けない俺の苦しみもわかってくれ！」って言われたことがありますね。とにかく遅いんだけど人間的な魅力があるし、あがってくるといいホンなんですよ。だから緒形さんも「しょうがねえなぁ」と言っていたんですが、ついに遅れに遅れて緒形さんのスケジュールがなくなってきた。最終回はもう出れないからラス前に死ぬことにして、そういうストーリーを早坂さんに頼んだら、ちゃんと書いてくれたんですよ、緒形さんのところだけ（笑）。全部を待ってたら間に合いませんから、そこだけ先にセリフを書いてもらって、あとはストーリーの流れの箇条書き。そんな原稿で緒形さんのシーンだけ撮って、間の抜けてるところは蔵原さんが「こういうシーンがあったほうがいいんじゃないか」と想像して、あらためて決定稿をもとに撮りました。前代未聞ですけど、これは相当いい作品になりました。

――第12話「鳩に豆鉄砲をどうぞ」ですね。緒形拳さん演じる夢屋時次郎が鳥居耀蔵を暗殺しようとする。

佐生　あれ、最後は『気狂いピエロ』（65年）なんですよ、ゴダールの。その回のゲストが赤座美代子……それが先ほどの話で、ホンのないまま信用だけでキャスティングしました。赤座さんは藤田敏八さんの当時の奥さんで、蔵原さんと藤田さんは日活の先輩後輩ですから「蔵原組なら」ということで出てくれたんだと思います。それまで『必殺』にも何本か出てもらってますし。

――けっきょく『からくり人』は早坂暁さんだけでなく中村勝行さんと保利吉紀さんも脚本で参加しています。

佐生　3本くらい書いてますね。ホンが独特なので、やっぱり難しかったと思います。勝行さんなんて普段かなり筆が早いんですけど、さすがに悩んでました。いえ、早坂さんからの元ネタはなかったと思います。あのタッチを受けて、勝行さんと保利さんがオリジナルで書かれたんじゃないですか。早坂さんは「書いたけど納得できないから捨てちゃった」ということがあって、それもたぶん嘘だと思うんですけど（笑）、勝行さんの場合は本当でしょうね。「ダメだ、これは！」と書いたものを途中で破り捨てたと聞きました。

――『仕事屋』『仕置屋』に参加している「素一路」という謎の脚本家、これは保利吉紀さんですか？

佐生　そうです。まだサラリーマンだったらしくて、本名は出せないから「もといちろ」という名で……どういう意味なんですかね。「松田司」は山内久司さんでしょう。でもホテルプラザの一派に対して「脚本家というのは、そういうものじゃないんだ」って、野上さんや安倍さんはいつも言ってましたね。かんのんホテルは現場サイド、ホテルプラザは局サイドに近いホンで、プラザで書いている若手……勝行さんや保利さん、田上（雄）さんのホンは山内さんや仲川さんの意向が強い。極端なケースだと提示されたストーリーをそのまま書くわけです。しかも早いんですよ。だって第1話より先に出来上がってくるんですから（笑）。だから野上さんが「あんな仕事でいいのかよ」。そのあと勝行さんたちが、かんのんホテルを恐る恐る訪れてノウハウを教わってましたけどね。

――『からくり人』と『からくり人　血風編』は現場のスタッフが別ですが、ほぼ同時に撮影していたという説と、『新必殺仕置人』（77年）の撮影が延期になって急きょ『血風編』を作ったという説があります。

佐生　そこまでダブってはいないと思いますけど……いや、ダブっていたのかな。ちょっと覚えてないですね。『血風編』も蔵原さんがメインで、脚本家が足りないから「俺が責任取る」ということで神代辰巳さんと大和屋竺さんを蔵原さんが呼んだんです。うれしかったですね。もともと蔵原さんは松竹京都で助監督をやってた人だから太秦で撮れることをよろこんでました。いや、神代さんに監督オファーした話は知りませんが、櫻井さんは東映の山下耕作さんとやりたがっていました。当時は実現しませんでしたけど。

――『血風編』の最終回「夜明けに散った紅い命」は工藤栄一監督が単独で脚本を執筆しています。

佐生　これがよくわからないんだ。ぼくもリストを見て「あれっ？」と思った。しかも監督が松野さんだし……誰かが書いたホンを工藤さんが直して、ほとんど直しちゃったもんだから工藤さん単独のクレジットにしたのかな。だって最初から工藤さんに頼むわけはないですから。そのあと工藤さんが『新仕置人』のアタマを監督するということで、松野さんに交替したのかもしれませんね。

『雲霧』ではアウトローの話を徹底的にハードボイルドで

――『新必殺仕置人』（77年）の前半で佐生さんは必殺シリーズから離れます。

佐生　若手の社員を映画のプロデューサーにしようという動きがあって、各部署から人を集めていたんです。テレビ部の部長の梅津（寛益）さんが映画の本部長になって、ぼくが映画好きなのを知っていて声をかけてくれました。もちろん『必殺』はイヤじゃなかったけど「このチャンスを逃したら次はない」と思って途中で抜けたんです。映画では幸運にも渥美清さんの「男はつらいよ」シリーズなどにつくことができました。その後、テレビと映画を行ったり来たりするようになったんです。

――『お待たせ必殺ワイド 仕事人vs秘拳三日殺し軍団』（88年）からプロデューサーとして必殺シリーズに復帰します。

佐生　大ブームになって、劇場版の興行も当たってシリーズになった。ぼくの好きな『必殺』とはちょっと違うなと思ってましたが、テレビ部に戻ったら櫻井さんから「とにかくやってくれよ」というわけで『必殺』を担当しました。櫻井さんが役員だった時期ですかね。現場的には、安定した娯楽時代劇を作っているという感じでした。山内さんも言っていましたが「どうにかして生き延びさせなきゃいかん」ということです。もともと山内さんは反骨精神の人で予定調和の勧善懲悪は作りたくない。ところが視聴率もいいし、局のプロデューサーとして「とにかくパターンで行くのがいちばんだ」と割り切った。きれいな男の子が出て、決まりきったストーリーで、最後は音楽が流れて華麗なる殺しのテクニック……もうそれでいいと。実際それでブームになったわけですから。まぁ、いまも続いてるんだから不思議な作品ですね。

――1989年に『鬼平犯科帳』が始まり、佐生さんはフジテレビの時代劇を数多く手がけます。

佐生　櫻井さんからはそれなりに信頼されていたんですかね。だから『鬼平』でフジテレビが打って出ようっていうときに「佐生にやらせますから」という話になったんだと思います。正統派のいい作品として続きました。じつは最初のころの『必殺』のほうが自分の資質には近いんです。『鬼平』というのは幕府側の話じゃないですか。だから盗賊が主役の回とか、ああいうほうが好きなんですよ。

山﨑努さんの『雲霧仁左衛門』（95〜96年）は、わたしから企画を出して、フジの能村庸一さんと一緒にやりました。アウトローの話を徹底的にハードボイルドでやる。監督も工藤栄一でいく。作品自体の出来はよかったと思うんですが視聴率が悪い。プロ野球のナイターシーズンでしたから、放映が飛び飛びで最後の3本がお蔵入りになってしまった。ところがインターネットで「なぜ途中で終わるんだ」「なんとかDVDを出して」と盛り上がって、いまだに人気があるんです。リマスター版まで作られました。音楽は梅林茂さんにお願いして、これもすばらしかった。もともとアウトローの話が好きでしたし、『雲霧』というのは本当に自分の思いどおりにやれた作品ですね。振り返ってみると、わたしの時代劇の原点が京都の『必殺』だったことは本当によかったと思います。

佐生哲雄

［さしょう・てつお］

1948年千葉県生まれ。早稲田大学卒業後、72年に松竹入社。経理部などを経てテレビ部に所属し、『必殺必中仕事屋稼業』から『新必殺仕置人』まで必殺シリーズの製作補を務める。プロデューサーとして『鬼平犯科帳』『鍵師』『雲霧仁左衛門』『剣客商売』などを担当。映画は『喜劇役者たち　九八とゲイブル』『忠臣蔵外伝　四谷怪談』『サラリーマン専科』ほか。

京都映画撮影所小史

必殺シリーズの撮影は京都府右京区太秦堀ヶ内町にある京都映画（現・松竹撮影所）を拠点に行われてきた。１９４６年、松竹の傍系会社として設立された京都映画は太秦で漫画映画のプロダクションとしてスタートし、現像業務へと転換する。50年に下鴨宮崎町の松竹下加茂撮影所が大火事となり、映画部門は太秦撮影所に移動。その2年後、下加茂撮影所は京都映画に引き継がれて貸しスタジオを主な業務とし、やがて『浪人街』（57年）など松竹配給の映画を自社で手がけるようになる。ややこしいが撮影所の表記は戦前からの松竹時代は「下加茂」であり、京都映画に変わって「下鴨」となった。

松竹テレビ室による初のテレビ時代劇『変幻三日月丸』（59～60年）からテレビ映画の制作を受注し、30分の子供向け時代劇や15分の帯ドラマをコンスタントに送り出す。また、企業や自治体のPR映画や記録映画を請け負う部門もあり、編集やダビング（音の仕上げ作業）も所内で行っていた。

１９６５年、映画界の斜陽化によって太秦の松竹京都撮影所が閉鎖。「松竹第二製作所」として再開し、京都映画が受注したテレビ時代劇が撮影されるようになる。現代劇は下鴨、時代劇は太秦……しかし東映に比べて松竹のテレビ時代劇に大きなヒット作はなく、いよいよ太秦の撮影所が（また）閉鎖という噂が流れたころ、72年に『必殺仕掛人』が始まり、人気シリーズとなる。74年には下鴨から太秦に本社機能ごと移転——以来、今日にいたるまで必殺シリーズのほか『鬼平犯科帳』『剣客商売』などのテレビ時代劇や2時間ドラマ、劇場用映画、オリジナルビデオシネマが撮影されてきた。95年には京都映画から松竹京都映画に改称、２０００年の大船撮影所閉鎖後は松竹グループ唯一の撮影所となった。

２００８年に「松竹京都撮影所」という新組織となり、社屋やステージもリニューアル。産学官の連携によって立命館大学の映像学部が入り、２０１１年には松竹撮影所と社名が変更された。「京都映画」の4文字はなくなったが、いまもプロダクション業務とスタジオ業務を主軸に撮影所は続いている。

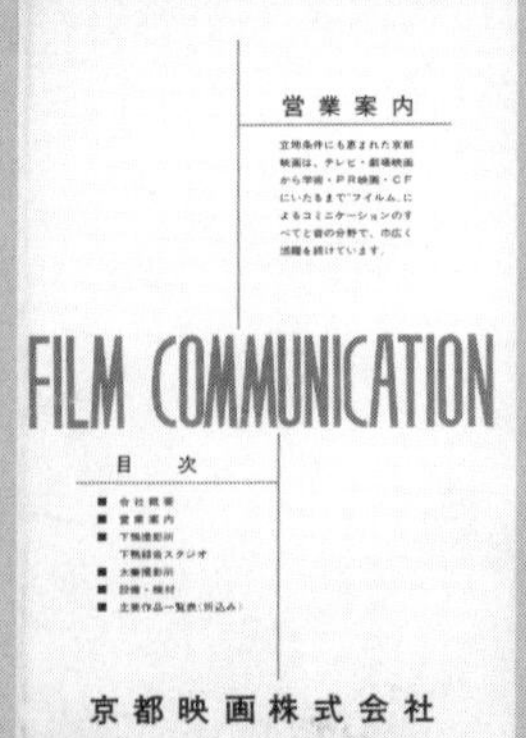
営業案内

立地条件にも恵まれた京都映画は、テレビ・劇場映画から学術・PR映画・CFにいたるまで"フイルム"によるコミニケーションのすべてと音の分野で、巾広く活躍を続けています。

FILM COMMUNICATION

目次

- 会社概要
- 営業案内
- 下鴨撮影所
  下鴨録音スタジオ
- 太秦撮影所
- 設備・機材
- 主要作品一覧表（折込み）

京都映画株式会社

1969年に発行された京都映画のパンフレット。当時は下鴨と太秦に撮影所があった

2022年現在の松竹撮影所のオープンセット。右の建物は「清兵衛さん」と呼ばれており、『助け人走る』が由来

必殺シリーズ以前、松竹京都撮影所時代の全景。敷地の一部は住宅街となった

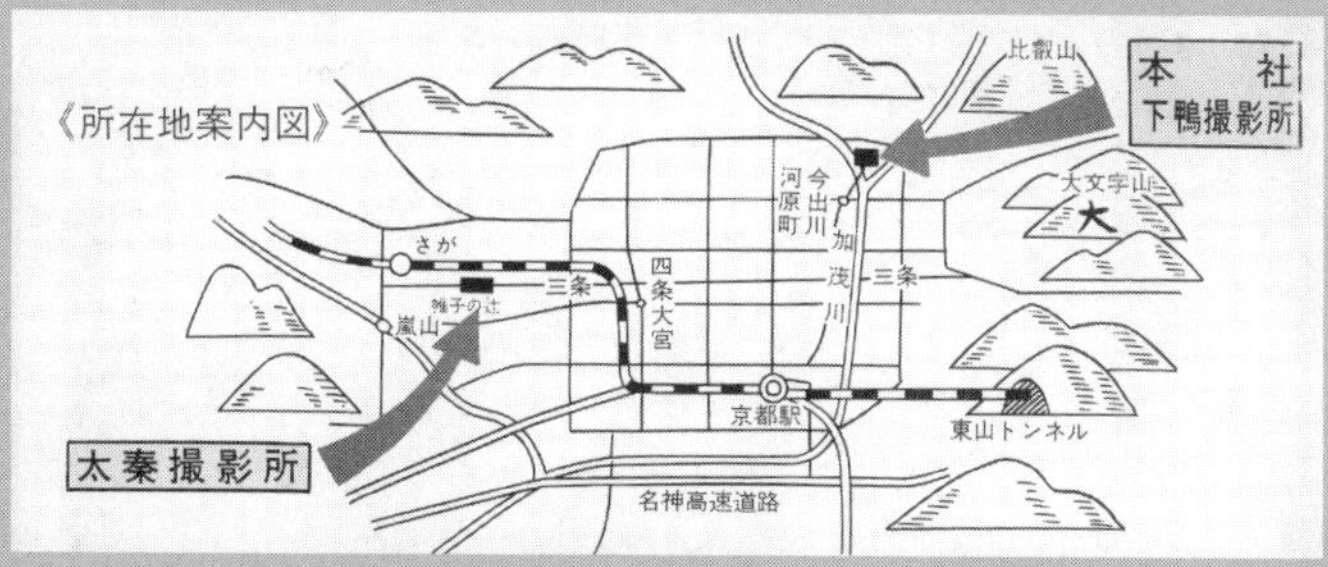

スタインベックというフィルム編集機

撮影所の生効果室には中村家の表札などがずらり

さまざまな小道具や衣裳を使って効果音が作られていく

R-3

現場で撮影されたフィルムは「仕上げ」を経て完成する。
バラバラの素材をシーンごとに繋げてドラマを組み立てる編集技師、
そして同録のセリフに音楽や効果音を加えてミキシングを行うダビング班。
最終段階の仕事ぶりに迫る。

編集　園井弘一
効果・調音　竹本洋二
効果　藤原誠
調音　上床隆幸

園井弘一

監督ラッシュでは提示するだけの話で それからがほんまの編集だと思ってます

バラバラに撮影されたフィルムを繋ぎ、再構築し、1本の作品に仕上げる編集作業。園井弘一は1972年の『必殺仕掛人』から2022年の『必殺仕事人』まで京都映画（現・松竹撮影所）によるすべての必殺シリーズを手がけてきた編集技師である。いまも現役の園井が明かす50年の編集テクニック——。

ぼくはちゃんとしたお師匠さんについてないんです

園井　「嘘やん！」という感じですね（笑）。こんな歳まで仕事をしているとは思わなかったし、オファーをいただくのはありがたいんですけど。昔、ぼくらが思ったのは、60歳ではもう引退やろうな、と。だからちょっとびっくりですね。仲間がだんだん少なくなるというか、若いときにご一緒した監督さんなんかは、やっぱり10歳か15歳ほど上ですから、亡くなられて寂しい限りです。三隅（研次）さんもいないし、田中（徳三）さんもいないし。『必殺』を全部やってきた誇りみたいなものはありますよ。ただ、それがよかったのかどうかは別ですわ。声に出しては言わないけど、「わしがやる！」というのがよかったのかどうか、ほかの人に代わったほうがよかったのか……それはわかりません。なんとはなしですね。

――たとえば病気や冠婚葬祭などで編集できなかったこともなかったんでしょうか?

園井　もちろん手伝ってもらったことはあるんです。ただタイトルは、ぼくのクレジットで出てると思いますね。2～3日だけ手伝ってもらって、最後は自分でケリつけていますけど、そういうのはあります。いっぺんだけ同じ松竹の裏番組と重なって、助手さんの名前で出てる作品があったかな。

――『必殺スペシャル・新春　せんりつ誘拐される、主水どうする?』（92年）ですね。

園井　じつは、ぼくの家内がこの4月に亡くなったんですよ。そのとき2本の作品を頼まれてたんだけど、もうこれはできひんと思って断ってたんです。ところが撮影が延びたり、仕上げのスケジュールが変わったりして……2ヶ月ほどは家でずっと介護してましたんで、本人も「好きに仕事しいや」って亡くなったんかもわかりません。いまとなっては「最後までお付き合いさせてほしい」という気はあるんですけど、まぁどうなることか。

――1972年の『必殺仕掛人』から始まってテレビシリーズが31本、スペシャルドラマや映画版もあります。

園井　藤田（まこと）さん、山﨑（努）さん、緒形（拳）さんのときの『必殺』は、もう夢のように時間が過ぎましたからね。日常から殺すときのシリアスな芝居の転換で「う～ん」と唸ったのは、やっぱりあの3人です。藤田さんはものを食べさせたら上手いしなぁ。主水の家のシーンも人気が出ましたが、たいてい食事のシーンでしょう。緒形さんは目やな。山﨑さんは表情、笑ったらものすごいかわいらしい（笑）。山﨑さんにちょっと怒られたことがあって「いつも編集で小芝居を切られてしまう」って、そんな話を人から聞いたことがあります。

しかし最後に手をつける人間としては「この曜日にできないと放送が飛んでしまう」というようなスケジュールが10年ほど延々と続きました。だって最初の『仕掛人』、深作（欣二）さんのときなんて1話の放送時に、まだ2話目を撮ってましたからね。大ピンチは撮影所が火事になったときですよ。セットの火事とオープンセットの火事とがあって、オープンのときは「もうあかんなぁ」という感じやった……けど間に合った。

――まずは編集技師の仕事について教えてください。

園井　テレビの編集というのは撮影現場やダビング（音の仕上げ作業）と違って、最初は監督が携わらないポジションなんですよ。いろんな方がおられると思うんですけど、ぼくはそういうやり方でやらせていただいています。まずは監督抜き。いま言いましたようにスケジュールが忙しかったこともあります。もう撮影終わったら2～3日後には監督ラッシュをせないかんというようなことですから。ぼくが手をつけるときはまだ監督さんは最終日か、なにかを撮っているときで立ち会いたくても物理的にできない。

ぼくはちゃんとしたお師匠さんについてないんです。石原（興）くんもそうですけど、いわゆる〝亜流〟なんですよ。ぼくらが京都映画に入ったころは、松竹の本体の撮影所が閉鎖になるかならんかっていう時期で、松竹から編集の技師さんがいろいろ来られて、ぼくはその方々の助手をしておりました。お師匠さんがいないので、自分で「あ、この人はええなぁ」とか「この人はどうも……」とか、それは生意気にも勝手に自分が思っていたことですよ。ええなと思ってたのは太田和夫さん、太秦が閉鎖になって大船に行かれて『砂の器』（74年）を繋いだ方ですけど、非常に発見がありましたね。先輩に段取りは教えてもらいましたけど、技術的な教えはちっともないんで、撮影のあと自分ひとりで編集することに抵抗はまったくなかったんです。ある種の独学で覚えていった技術ですね。

佐々木康之さんが若い連中を引き上げて育ててくれた

――京都映画の編集部に入ったきっかけを教えてください。ご出身は京都ですよね。

園井　もう京都しか知りません。井の中の蛙で（笑）。高校を出て2年ほどサラリーマンをしました。服に付いてるラベル、織りネームという部品を作ってる会社でした。そこを辞めまして、ぼくの従姉妹（園井安子）が下鴨の京都映画で編集の仕事をやってたんですよ。それで「見に来いひんか」というような話になりました。入ったあと、年代的に10数年空いていたということもあって助手は2〜3年。技師になったのは24歳のころです。最初は『おんな川』（67年）という帯ドラマやったと思います。お昼の15分枠で毎回11分の仕上げ、1週間5本のワンクール。当時は全部アフレコの時代で、監督は松竹の野崎正郎さんという方でした。

――2〜3年の経験しかない助手が技師になるのは早いですよね。

園井　みんなそうですけど、ギャラが安かったから（笑）。帯ドラマなんて高い人を呼べる予算がないんですよ。だから石原くんも最初は帯やってたと思うし、それでチャンスをつかんだかどうかは別として、単純に安いからやったと思います。京都映画に佐々木康之さんというプロデューサーがいて、その人が若い連中を引き上げて、育ててくれはったんです。「お前、これせえ」ということで、きっかけをくれたんは佐々木さんでしたね。京都映画というのは母体じゃないんで、松竹がテレビ局から仕事を受けて、そこから京都映画に下りてくるわけです。歌舞伎座プロや山崎プロという会社もあって、そこの仕事もやりましたね。その後は1時間のドラマ……最初はなんやったかな？　自分にとってポイントになったんは関西テレビの松山善三さんの作品です。

――松山善三プロダクションと松竹による共同制作のドラマですね。

園井　『がめつい奴』（70年）とか『口紅と鏡』（71年）とか……『遠い夏の日』（71〜72年）なんて、とくによかったですけどね。そのあと松山さんとは映画も何本かやりましたけど、最初はミーハー的に「松山善三、うわー！」っていう感じでしたよ。高峰秀子さんの旦那さんですし、「メジャーや！」って（笑）。だから松山プロの作品を最後までやらせていただいて、ちょっとは自信がつきました。

石原くんもそやったと思うけど、もうすべて〝試されている〟というアタマしかないんですよ。松山さんからしてみれば、まだ若い連中やし「こいつはどれほどやれるんや」という。ムビオラという小さい編集機があるんですけど、『がめつい奴』の最初は松山さんが来てやりだして、せやけど3日ほどしたら、もう任せてくれました。「ここで切る」ということを最初は指示してたんですが、アタマからケツまでは時間的にやれない。ぼくが繋いだシーンと松山さんの指示で繋いだシーンと両方あったんですけど、まぁそれなりにやれるということで認めていただいて、2話目からは完全に任せてもらえたんです。松山さんから教わったんは、技術的なことではないんですけど「フリーというのは仕事を断れる」と仰ったのが、ずっと残っていますね。それだけが強みや、と。その代わり、2年間仕事がなくても食えるだけは貯めろ……つまり「貯金せえ」と。ぼくも『必殺』の途中からフリーになりましたが、2年間食えるほどは、なかなか貯まりませんでしたけどね(笑)。

――1970年には『雪之丞変化』『新三匹の侍』とフジテレビの五社英雄アワーも担当しています。

園井　ぼくは別に「ああだ、こうだ」って意見の相違はなかったですね。わりにお任せでしたけど。五社さん自体が監督されているだけでなく、フジテレビのプロデューサとしての仕事がとっても忙しい。肩で風を切っている時期やったと思うんです。だからそんなに現場でどうこうというのはなかったです。

深作さんも石原さんも〝アップの人〟ですね

――そして1972年に『必殺仕掛人』が始まります。

園井　もう絶対に第1話ですわ。『仕掛人』の第1話。50年やってどの回よりも思い出があります。びっくりしたし、「これはええで!」と思うたですよ。あのお寺の石段の塀から、ひょいっと出てきた緒形さんの顔。あの顔ですよ。草笛を吹くのはあんまり好きやなかったけど(笑)。ちょっとやり過ぎやなぁと。ちょうど深作さんが『軍旗はためく下に』(72年)でロシアの映画祭から帰ってきたころです。イケイケドンドンで長いことかかりますけど、おもしろかったですよ。『仕掛人』では初めて視聴率というものを意識しました。『木枯し紋次郎』（72〜73年）のこともあって、そういう情報が頻繁に入ってきましたから。五社さんのときは、5％とか8％でも別に問題ないけど視聴率は悪かった（笑）。だから『必殺』で初めて〝全国区の作品をやった〟という意識がありました。週刊誌のマンガにまで仕掛人って言葉が出てきましたからね。

そのころ「やっぱり東京に行かんとあかん」と思うてたんです。編集の機械でもなんでも、東京から2年遅れてたんですよ、京都は。だからこういう仕事をするなら東京やと思うてた。京都映画もどうなるかわからんような時期で、この作品が終わったら東京に行こうと3人で言うてたことがあるんですよ、石っさんと中やん（中島利男）とぼくと……先輩たちはヘタってからグループとか会社を作ってやってるから、わしらいいときに行こうぜって。でも10何年続いたら、もう世の中が変わりますわ。自分の家だって変わります。子供が中学生になったりね。そのあと『鬼平犯科帳』（89〜16年）でまた池波正太郎さんのお世話になるとも思いませんでした。

――まず最初に第1話「仕掛けて仕損じなし」の脚本を読んだときの印象は？

園井　こんな殺し屋の話をテレビでやってもええのかしらんという（笑）。やる前から「これはすごいものになるぞ」とは思いませんでした。基本ワンクール、そのころは13本単位やったから五社さんの作品と一緒でワンクールだと思ってました。ただテレビがモノクロのころにやってたら、もっとシャープやったでしょうね。カラーだとリアル感が出てきてしまって、別世界の話じゃないみたいな感じ……色がついてしまうと、ちょっと甘いというか。最初に編集するラッシュはモノクロですから、もっとシャープやったんですよ、見た感じが。とにかく2話を撮ってるときに、まだ1話のダビングやってて、深作さんを京都ホテルまで迎えに行ったことがありますわ。寝てるやろってことで。あのオープニングは、本編の編集より後だったと思います。「こういう画にしよう」という基本は監督が決めて、目玉のアップやらは石原くんが自由に撮ってるんやと思うけど。

――第1話で議論になったのが、ワルの作事奉行（室田日出男）が斬られて血が吹き出るシーンです。

園井　血の分量がすごかった。たしかあれはモノクロにしてなかったっけ？

――いえ、カラーでした。ただ同ポジで間をカットしています。

園井　モノクロでやろうという話もあったんですよ、残酷だから。朝日放送の山内（久司）さんも「これはちょっとキツいなぁ」っていう話はしてはりました。そこは監督とプロデューサーの力関係ですね。テレビのコードとしていいかんのかどうか、まぁ「せっかく撮ったんやから、これで行ってくれたらええのに」と思ってましたけど、大問題になりましたね。あのシーンをどうするかで1日くらい遅れたんちゃうかな。それで間をつまんで随分と短こうなりました。ハイスピードというスローの撮影で延々撮ってましたから。

長屋の暴動シーンは深作さんらしい手持ち撮影ですが、合間にピュンっと素早いパンが入ったりしますよね。これは撮影の途中の画ではなくて、なにが映ってるのかはわからんような〝パン流し〟だけ別に撮ってきてましたから、それは「よきところで使って」ということです。使う場所まで指定があるわけではなく、編集のほうで好きなところに挟み込む。深作さんが編集に付き合うということはなかったと思います。

――編集として腕の見せどころですね。

園井　いま見てもそう思いますけど、深作さんも石原さんも〝アップの人〟ですね。やっぱり躍動感とアップですよ。だからこれだけわあわあするシーンが上手なんでしょう。ぎょうさん撮ってきてくれて、ぼくのところに届いたあと編集の時間はそれ相応にかかるんですけど、ないよりはあったほうがええですよね。ないもんは繋げない。どうしようもないですから。

――後年の映画ですが『忠臣蔵外伝　四谷怪談』（94年）のお岩さん（高岡早紀）が毒を飲むシーンは、3カット別々のアングルから同じアクションを3回見せる。これは園井さんから深作監督に提案されたそうですね。

園井　好きにしましたけど、なんにも言わない。ラッシュで見てなにも言わなかったら、それはＯＫやろうと思うわけです。最初はやっぱり好きにやりますね。もちろん「なんでこうなんの?」って聞かれたら答えますけど。映画とテレビで違うのは尺（時間）ですわ。映画は前後5分くらいの許容がありますけど、テレビは1秒もないですからね。だから監督が映画でショットを端折ろうというのと、テレビで端折ろうというのでは違う。絶対に時間に収めないかんのやから。作り方としてはテレビのほうがひょっとしたら難しいというか、大変なのかもしれない。映画は逆に「これでええのか?」という最終判断が難しい。

――先ほど深作・石原の両氏は〝アップの人〟で躍動感という話が出ましたが、『仕掛人』の3・4話を撮った三隅研次監督はいかがでしたか?

園井　三隅さんというのは〝静〟ですね。ピシッとしてました。ズームなんかあまり使わないですけど、カット割ってアップに寄るときにものすごいドキッとするようなところで寄っているときがある。やはり画面は静です。テレビがモノクロからカラーになって、あれは『仕掛人』の三隅組のときやったかな。「こんな仕事するんやったらカラーテレビを買わなあかんよ」ってテレビ買うお金をくれはった記録さんがいた（笑）。ということは記録さんのほうがギャラが高かったんでしょうね。

ぼくの場合、理屈より感性のほうが多いですわ

――ほかに必殺シリーズで印象に残っている監督は?

園井　田中徳三さん。最初のころ好きやったんです。かわいがってもらいました。後年は「いや〜、こんなんやったかな?」と思うくらいになりましたけど。「こんなにぎょうさんアップいらんで」ってくらいカットが細かくな

りましたね。徳三さんは移動のカットがものすごく上手いと思ってたんですよ。あんなんで撮ったらええのにと思ってましたが、時間的な余裕なんですかね。移動車を敷いたら時間かかるとか、現場の事情はよう知りませんけど、ちょっと変わらはった。

工藤（栄一）さんの印象は、それほど強烈ではないんですけども、「よう撮ってきはったな、これ」というショットがたくさんありました。ただ工藤さんはホンを直してシーンが長くなったり、撮りすぎるので、けっきょくテレビの尺に収めないかんときに「ショットを短くするか、シーンごと外すか」という作業をせんならんですよね。それがしょっちゅうありました。工藤さんはひょっとしたらテレビの人じゃないという感じがしましたね。やっぱり映画を撮ったら上手いのになって。

——必殺シリーズの場合、完成尺が45分前後として監督ラッシュの段階での尺はどのくらいですか?

園井　ものによりますけど、たいてい5分から10分ほどオーバーです。10分以上多いと、ちょっと大変ですよ。それこそ工藤さんみたいな撮り方だと、これは移動の途中で切ってしまわんとしょうがないとか。そうするとその移動があんまり効かんようになったりね……。だから、ぼくは撮影現場にはあんまり寄らないようにしてました。1時間かけて撮ったショットを「こんなんいらんで」というようなことを言う仕事ですから。名前は出しませんが「このカットは時間かかったんだ。残してくれ」、そういう監督もおられました。だけど残したのが正解なのか、切ったんが正解なのかはもうまったくわからない。できた尺が正解でしかないから、テレビとしてはね。

外国のエディター（編集技師）の本を読んだことがあるんですが、監督は現場が終わって2週間ほど空けてから編集室に行くということになっているそうです。撮影というのは修羅場ですよ。時間とか俳優さんの契約とか天気やとか、いろいろな制約がある状況であやこうや言いながらやってる。とにかくそのアタマを冷静にしてくださいっていう意図みたいです。名前は忘れたけど、編集の前に山登りをしてきはってから帰ってくる監督もいると聞

16ミリフィルムを手にする園井弘一

必殺シリーズで使用されたムビオラというフィルム編集機

きました。だけどそのくらい冷静になられたほうが本当はええんです。駆け足の勢いでドワーって行ってしもうたら、「しまった！」というのがあるかもわからんしね。

小説でも絵画でもなんでも、これ以上足せないというもんじゃなくて、これ以上引けないというのが、完成品やと思うんです。だからやっぱり、あれを引くんやったらこれも引かなあかんというのが出てくるんですよ。しかもテレビの場合は、若い人から年寄りまでわかるようにしないといけない。「こんなもん、ほっといてもええやろ」というのができないわけです。そこは難しい。けっきょく尺がオーバーして切っていくと、話そのものがわかりづらくなってしまう。ただ反対に照明でも「これ以上当ててもしょうがない、これは見せんでもええやろ」という割り切りの選択がよかったんだと思うんですよね、『必殺』の場合は。

――編集という仕事の難しさは？

園井　究極は時間ですけど、そういう叙述の重なりみたいなことはしょっちゅうありますね。だから編集者としては、ガチャガチャやってるようなシーンよりもサイレントのほうが難しいんですよ。セリフのあるシーンは、セリフが先行しますからね。たとえば、やっぱり立ち回りがおもしろいのはサイレントやから。少々アクションを飛ばそうがどうしようが、別に問題ない。ここで間を作ったりアップ入れても構へんし、というようなことです。

時代劇にはよく書面のアップがありますよね。「へー、そうかぁ」と思たんは、息子がまだ中学か高校のころゲームが流行ってて、そのゲームの画面にセリフが出てくるんですよ。で、ぼくが見てたらね、ものすごう早いこと文字が消えるんです。それで「お前わかってんのか？」って聞いたら、わかってると。それから書面のアップの尺が短うなりました。自分が読み切るまでつけたんを少し早めました。『必殺』の場合、小判やお金のアップが出てきますよね。恨みをはらす話ですから、お金のアップは長く見せるように意識してました。

――編集作業において理屈と感性のどちらが重要ですか？

園井　ぼくの場合、理屈より感性のほうが多いですわ。基本的に『必殺』は現代劇でええかと思ってました。「この作品やからこうする」というルールはそんなにないけど、『鬼平』なんかは行儀のええ作品ですから、はちゃめちゃな編集はしません。まぁ『必殺』はなんでもありで何十年やってたかな。

——必殺シリーズの見せ場といえば殺しのシーン。悪人を糸で吊り上げたり、体を二つ折りにしたり、実際にはありえないようなことを編集で組み立てていきます。

園井　それはやっぱり撮り方が重要ですよ。編集よりも現場のカット割り。テンポは編集で作りますけど。ぼくらが最初にやってたころは、いかにその標的の至近距離まで近づくかということで、飛び道具があんまりなかった。もうパターンになってしまったんやけど、いかに殺される人物がひとりになるか、いかに殺し屋が寄って行けるか……あのナレーションどおり「人知れず仕掛けて仕損じなし」やったんです。だから音楽が効いたんやと思います。いまはもう「人知れず」なんて言うてられへんけど（笑）。いえ、殺しのシーンの編集も音楽をガイドに合わしたりはしません。ちょっと長めに繋いで「ここから音楽入れてや」というお願いをダビングにするときはありますが、基本的に音に関してはミキサー（調音技師）にお任せです。

——殺しのシーンでも、ほかのシーンでも、もちろん現場でカット割りして撮影された素材があってスクリプトがありますが、すべてをそのとおりに繋ぐわけではなくて、たとえば細かいカットバックやインサートに関しては園井さんの判断が加わるわけですよね。

園井　それはあります。腕の見せどころというか、それも監督によって違うわけですから「こんなんいらん」「こんなにカットバックせんでもええやろ」って思わはる人もいます。監督ラッシュをオールラッシュの前にやりますが、それは「こんなんでどうや」という提示をするだけの話で、それからがほんまの編集だと思ってます。監督ラッシュのときに、もはや意図から外れてるかもわからんけど（笑）、とにかく監督ラッシュは「こんなんでどうや」

という提示だけですから、尺のことなんかぜんぜん考えんと繋ぐわけです。最初からやっても、どうせその尺にならへんから。尺はあとから。いらんものがあったら外していくというのが最初ですね。

――あらためて編集作業の工程を教えていただけますか？

園井　まずポジのフィルムで編集します。音はテープがありますから、それを同期させてテープとポジで作業します。フィルムは手で触りますが、ビューワーだとわからないんですよ、長さが。だからムビオラという小さい機械で見てました。定速で動く編集機ですね。

――そして繋いだものを監督ラッシュに。

園井　ぼくと監督とスクリプター、あと1人か2人でとにかく見るということですね。それで、ここを伸ばそうとか詰めようということを話して、そのあとだいたいの尺に合わせたのがオールラッシュで、それをプロデューサーとかが見て、それからさらに詰めて尺が確定する。プロデューサーも、そんなに細かいとこまではみなさん仰らないですよ。あそこがわかりにくいとかこれはちょっと展開が早すぎる、ここで心変わりするのは早すぎるんじゃないか……『必殺』の場合、そういう俯瞰の話が多かったと思います。

そこからダビングに回して、音を付けていきます。その間に編集はポジでやってますけど、もう時間がないときはネガを切る。昔はダビングが終わってからネガを切ってたんです。せやけどダビングが終わったらすぐプリントを焼かなあかんっていうときがあって。ダビングが終わったらロールごとに切るんですけど、シンクロ（音合わせ）やってるとものすごく遅うなるんで、とにかく空いているロールは先に切っていこうというときもあります。1時間ものの場合、CMなんかを挟んで4ロールあります。

――編集をポジでやって、最終的な完成版はネガで繋ぐ。その作業はどなたが？

園井　助手がやります。ぼくも技師になる前はネガを切ってました。カットごとのネガをフィルムセメントで繋げるとき、削りが細すぎるとフィルムが外れてしまう。でもあんまり厚いと画面の上下に入ってしまうんです。これが難しい。昔のテレビのオンエアは1割くらい画角がカットされてたんですが、最近はフルサイズに近い収録ですから、カット変わりで繋ぎ目が見えてしまうこともありますね。

ビデオは機械ですから尺の感覚をつかむのも大変でした

――園井さんがフリーになったのはいつごろですか?

園井　昭和54年です。それから2人か3人で編集のグループを作りました。いえ、会社じゃなくてグループというかたちで、助手さんもぼくが探して、ギャラもトータルの予算で受けてたんです。一時期は2本、3本かけ持ちしてましたからね。忙しいときは「家で3時間寝られるんやったら帰ろう、3時間寝られなかったら徹夜でええわ」、そう思ってました。会社で2時間ほど寝れる……それが10年、もっと続いたのかな。あとは仕事が複層しても全部朝日放送やったからできた事情もあります。『必殺』と『斬り抜ける』(74〜75年)とか、それで成立したんです。「あんたんとこのやってるから、こっちまだなんや」って(笑)。テレビ東京の仕事とかやったら言えへん。だから歌舞伎座テレビとの両立はキツかったですわ。そちらは途中から河合勝巳さんに替わりました。河合さんはもともと東映の出身で、『水戸黄門』で家建てはった人。しかし、あんなことなんでできたんやろなぁ? 24時間が30時間になるわけやなし。なんとなくできてたんやな。

――『必殺仕事人』(79〜81年)が高視聴率を記録し、その後は意図的なパターン化とともにシリーズがソフトな方向にシフトします。

園井　それはそれで大変でしたよ。新聞からネタを拾うて、毎週「ちょっとなぁ」と思うような……エリマキトカゲが出てきたときはびっくりしました。ええか悪いんか、それはわかりませんけど。

――その後、ビデオの編集も手がけています。『必殺仕事人　激突！』（91〜92年）は最初からビデオ編集でしょうか。それともフィルムで繋いだものをテレシネして最後のテロップ作業だけビデオでしょうか？

園井　当時の『必殺』はすべてフィルムやったと思ってたんやけど、この歳になるといろいろなものを忘れてますね。最初からビデオで撮影されたやつは当然ビデオ編集ですが、やっぱり苦労しました。フィルムは切って貼るから途中で直したり画をインサートするのも簡単ですが、ビデオは1カットずつ順番にテープに記録するから戻るのが大変。尺を変える場合、そこからやり直さないといけない。インサートするのでも消してインサートせなならんから。その部分からの続きは全部もういっぺんやるか、コピーしたやつを貼るしかなかった。京都映画はお金がないさかい、編集の機材もＶＨＳしかなかったわけです。もう、2回コピーしたらガバガバですわ。画がボケてしもうて。フィルムは手で触りますが、ビデオは機械ですから尺の感覚をつかむのも大変でした。

――現在はパソコンでのノンリニア編集ですよね。

園井　そうです。アビッドというソフトを使っています。アビッドのデモンストレーションを大阪に見に行ったんですが、概念がフィルムと一緒やったんです。おそらくフィルムをやったはる人が開発したんやと思いますけど、これはええなと思いました。ディスクの中にデータが全部入ってる……手で触らないというのはものすごくカルチャーショックでした。いろいろ細かいこともあるんやけど。ぼくはもうええ。覚えてられへん（笑）。『必殺仕事人２００７』でヒガシさん（東山紀之）が入るとき、もう昔のスタッフでやらんでもええやろとも思ったけど、わりに話題になって人気が出て、新しいブランドとして今日まで続いてるわけですよね。普通ならテレビ局も撮影所も年々人材が変わりますが、『必殺』の編集に関しては全部自分でやってしまった。もうこの歳になってしまうと「これでええのや！　よかったんや！」と思うしかないですね。

園井弘一

［そのい・こういち］

1943年京都府生まれ。高校卒業後、会社員を経て63年に京都映画に入社。編集助手を経て、67年に『おんな川』で技師デビューし『必殺仕掛人』から必殺シリーズの編集を手がける。79年にフリーとなり、現在も松竹撮影所で活躍中。そのほかの作品に『京都殺人案内』『鬼平犯科帳』『剣客商売』など。映画も『典子は、今』『必殺！ THE HISSATSU』『忠臣蔵外伝　四谷怪談』『おもちゃ』『憑き神』ほか多数。

竹本洋二

『必殺』の効果音の大前提は「身の回りにあるものから作る」ということ

あらゆる殺しを引き立てる効果音、映像制作の最終工程である音の仕上げを担う京都映画のダビング班にはミキサー（調音技師）の本田文人をトップに選曲や効果の担当者がいた。本田や鈴木信一のもとで効果音を作りあげ、のちに東映京都で活躍した竹本洋二が『必殺』のサウンド技術を振り返る。

ぼくが作った「ポシュッ」っていうのも川の音から

竹本　殺しの効果音で有名なんは秀（三田村邦彦）のかんざし、「シュピーン！」ってやつ。これはジッポーです。家にあったから、今日は持ってきた。このピンって開ける音に、別の音を足して加工して。

――えっ、これが実物なんですね。

竹本　いちばん苦労したのは、勇次（中条きよし）の三味線の糸ですわ。あの口にくわえて伸ばす音。いろいろなもんこすったけど、最終的にはお琴の絹糸。三味線の糸って短いんですよ。だから琴の糸をくくって、引っ張りながらこするんです。で、引っ張ったら音程は上がりますやん。「ビュウーン↗」って。で、ゆるめたら「ヒュウン↘」って下がる。あとは、なにでこするかが問題。最初に試したんはボールペンのグリップの部分。でも、あれではストロークが足らんので、いろいろ探して最終的には試験管洗いですわ。細いタワシみたいなやつ。これだとストロークが取れる。それをピンと張った糸に当てて、自分でもアホやなぁと思いながら……ただ画に合わせたら、けっこう合うたんでね。

糸を投げるときの「ピュー！」、あれも同じ糸。最後に「ピン！」って弾くのも同じですけど、いろいろなものでこすったり弾いたり、何本切りましたか。で、三味線のお師匠はんにお褒めの言葉をいただいたの。「わたし、これ弾いてたら糸が切れて首にからまるんとちゃうやろか」（笑）。ぼくらにとってはお褒めの言葉やった。それくらい印象的な音ということやからね。

――『必殺仕掛人』（72〜73年）の藤枝梅安（緒形拳）の針の殺しから、必殺シリーズに効果音は欠かせない存在です。あの「プチュ」という刺す音は川の音を早回しにしたことが広く知られています。

竹本　『仕掛人』のアタマ、あれはぼくらの音じゃないんです。じつは初代の効果マンは倉嶋（暢）さんという大映のベテランなんです。ただね、この人のギャラが高かった。それで「予算がないねん。お前らでなんとかせぃ！」。それからは自分たちでやってました。わたしは『仕置人』から正式に〝中〟に入りましたが、京都映画のダビング班は下鴨撮影所の系統です。ミキサーの本田（文人）さんは『仕掛人』からずっと。ダビングはセリフや音楽、効果音のバランスを整えて仕上げる映画作りの最終工程で松竹は「調音」、ほかの会社は「整音」、現場ではミキサーと呼ばれてます。当時の選曲は鈴木（信一）さん。初期は本田さん、鈴木さん、効果の陶山（秀雄）さん、映写担当のスタッフなど合計6人が〝中〟のメンバーでした。

――『必殺仕置人』（73年）に登場する念仏の鉄（山﨑努）、あの骨外しの「ボキボキボキ……」は映写機にサウンドトラックをかけるときの音をもとにフィルムを切り刻んで作ったと、鈴木信一さんが『秘録必殺シリーズの舞台裏』という本で語っていました。

竹本　そう、あれは鈴木さん。なんかの骨を折ったりもしたけど、あかんかったみたい。『仕置人』に関しては、沖雅也がガチャって手槍をはめて回しますやん。「キリキリキリッ……」って。あれは、ぼく。車のパンク修理で、ホイールを外すのにコキコキ回すラチェットレンチの音なんです。それのピッチを変えてる。いまでこそパラメータがあるけど、昔はテレコ（テープレコーダー）を手で回してたんですよ。昔は6ミリテープやから、レコーダーのピンチローラーというテープが回っている部分の口径を変えるんです。太くしたら速く回る。あとは手で回したりして、だからしまいには「機械壊れるで」って言われる（笑）。

ぼくが作った「ポシュッ」っていうのも川の音から。仕事してて、そろそろ片づけようというときに、テレコのヘッドからずっと音が出る状態で、ちょっと触れたら「プチュッ」って音がしたんです。それがおもしろくて、左側のテープを止めて右の巻き取り側にあるテンションアームのリフトの反動を利用したら「ポシュッ」。でも、できたときは時間切れで、抜く音ができひんかった。それで冗談半分で「突くの反対が抜くやろ。逆さまに回してみよ」と思ってやったら「チュボッ」。あ、これでええわって。リバース（逆回転）です。

――その「ポシュッ」は、なんの音ですか？

竹本　突き刺す音。『仕置人』から使うてましたね。そのあとは竹串であろうがなんだろうがあの音です。

――『必殺仕置屋稼業』（75〜76年）の市松（沖雅也）ですね。

竹本　あれで問題になったんは……最初のころはなんともなかったんですが、首元のアップで、グッと刺さってググって押し込む音まで付けた。そうしたら、やっぱりエグいと。だから「押し込む画があるときには音を付けるな。オフでアクションが見えないときは付けよう」と、そんなやり取りがありましたね。画があってその音もあると、ちょっとエグすぎる。それは朝日放送のプロデューサーから。仲川利久さんやったんちゃうかな。

秀のかんざしの「シュピーン！」という効果音に使われたジッポー

現場で苦労した音を知らないといいミキサーにはなれない

――さかのぼりまして、竹本さんが京都映画に入ったきっかけは？

竹本　親父が役者やってたんです。もともと毛利菊枝さんの劇団くるみ座の団員で、体を壊して栗塚旭さんのマネージャーやってて、ほいでここ（京都映画）に出入りしたはった。で、ぼくが武田鉄矢やないけど、ギター狂いのバカ息子やったの。大学すべって浪人する気もないし、朝からパチンコ行って、昼からボウリングやって玉突きやって、遊び倒してた……ボウリングでカモを見つけては賭けビリヤード（笑）。すさまじい生活してました。それから親父の紹介で京都映画に入った。もともと製作部系統の人と仲良かったからね。小島（清文）さんとか渡辺（寿男）さんとか。ほいで「うちの息子入れたってえなぁ」って。そんな感じですわ。

――お父さまのお名前は？

竹本　竹本幸之祐。

――あっ、『てんびんの詩』（88年）の竹本幸之祐さん。近江商人をめぐる企業用教育映画のプロデューサー。

竹本　京都映画に入って2年か3年後かな。ある日、会社のなか歩いていたら親父が営業のデスクに座ってる。「なにしてんねん？」「プロデューサーや」。親父は『近江風土記』というびわ湖放送の番組をやってて、けっこう評判よかったんですが、「京都人がなに言うてんねん。京都の人間が滋賀のことをうじゃうじゃ言うな」とか言われて、ほいで滋賀で日本映像企画を立ち上げた（笑）。だから、ここのプロデューサーは短かったですよ。

――竹本さんが京都映画に入ったのはいつごろですか？

竹本　1970年。万博の年の夏。録音部には音楽あるさかいって連れてこられて、最初は現場の録音助手……7月31日、暑い日で外は30度ですやん。セットに入ったら32度、足場に上ったら35度。どこに歌があんねん！　それから人手不足でダビング班に回されて「あ、ここのことか。音楽があるっていうのは」。最初の仕事は6ミリテープの繋ぎ目の多いとこをほかす。そういう整理をやりながら、テープの切ったり貼ったりを勉強させてくれました。『仕掛人』のころまでは出たり入ったりしてましたけどね。

――そして『仕置人』からダビング班に。

竹本　「中に入るか?」って誘われたんです。でも現場で2年もやってたし、二見（貞行）さんに相談したんですよ。そうしたら「ミキサーになるなら中に入れ。現場で音録りやるんやったらこのままやれ」と。またイチから覚えるのもイヤやったけどね、でも音楽が好きでここに来たんやから、ほなダビングに行きますわって。でも、現場をやっててよかったと思う。現場で苦労した音を知らないと、音を軽視してたらいいミキサーにはなれない。

ほんで倉嶋さんが外れて、陶山さんも歳やし若い感覚でいけへんから、ぼくが鈴木さんを引き継いで効果やることに。でも、まだ映像がないんですよ。針がプチュって入るのも〝小物〟いうて、現場がアップする間際にしか撮らないんです。だからまずは台本の文章でイメージを持って、音を作り出してましたね。「首筋に針が入る」って書いてあってもわからへんからね。とりあえず「ボシャ」「バシャ」「ピシャ」とかいろいろ作っておいて、画を見て「あ、これがいちばん近いか」。現場がアップして、ダビングから放映まで1週間くらいしかない作品やったし、だいたいシリーズが始まって3週か4週目までは音が決まらへん。放送を見て「ちょっと細いな」とか「もうちょっと派手にしよう」とか考える。だから、わりと好き勝手に作ってました。

あとは〝フォーリー（効果アフレコ）〟と呼ばれる生音づくり。たとえば右足に下駄はいて、左足は草履はいて、手に錫杖を持って……鈴木さんなんか1人で3人やったはる。これは器用やったね。草むらを歩く音は、使い古しの録音テープ。動きに合わせてガサガサって音を立てる。普通の草でやってもあの音は出ないんです。

〝中の仕事〟は自分のペースで動ける。ぼくがずっとこの商売をやってられたのは、そこが大きい。東映ではダビングまでに1週間あるわけですよ。だから「今日は気が乗らんから休む」とか、自分のペースで動ける。まぁ『必殺』の場合はダビング当日の朝にフィルムが届いたりするわけやけど（笑）。

――では音の仕上げ作業の流れを教えてください。

竹本　オールラッシュが終わったらすぐ打ち合わせで、まずは編集の直しやとかプロデューサーの意見があって、それが終わってからダビングの打ち合わせ。お任せの監督も多くて、明くる日にはダビング。朝10時スタートで、まずフィルムが届いたら最初に〝タイム取り〟をする。殺すシーンとか全体の「このきっかけでこの音を」というタイム書いて……で、監督からの指定がない場合は音楽のインポイント、アウトポイントを全部自分らでやらなあかん。タイム取りが終わったらフォーリーやって、それで午前中は終わり。お昼ごはんを食べたあと、鈴木さんは選曲、わたしは効果音の仕込みに入るわけです。で、前半が終わった段階でダビングが始まる。

――最終のミックス作業は何時から？

竹本　だいたい2時か3時ごろ。それで7時か8時には終わっちゃうんです。全部で12時間もかからない。

――ミキサーの本田文人さんは、どのような方でしたか？

竹本　キザな人やったね。おしゃれやし。青のブレザーに赤のベストを着て、下は黒とかセンス的にものすごい。いまでこそボリュームのデータを書きますけど、あんだけセリフの間で音を上げたり下げたりというのを、全部人力でやってるわけです。「♪パラパ～」で入って、セリフが入ったらフェーダーを下げて、また上げて……あの動きはすごい。本田さんのフェーダーと、選曲の上手い鈴木さんがおって、ぼくらはなんぼ助けてもうたか。2人とも「この音あかん」とは言わへんのですよ。任せてくれる。「今度の音、よかったな！」っていう言葉だけ。

工藤さんは音の使い方が上手かった

――『新必殺仕置人』第20話「善意無用」(77年)、念仏講の集まりに潜入する殺しのシーンのミキシング技術がすごいと思っていまして、本来ずっと同じレベルの音量で流れているはずのお経がセリフや音楽とのバランスで細かく調整されていて、しかも違和感がない。一緒に見ていきたいと思います。

竹本　さっき言おうとしたのはね、本田さんはこの音楽、テストがあって本番だから1回しか聞いてないんですよ。しかもダビングのとき、台本を置いてない。あの人はオールラッシュを見て、朝もう1回タイム取りのときに見て、どんな音楽を使うてるか知らないわけです。テストで初めて聞いて、当たりをつけはる。それで次は本番。だから〝ここで雰囲気を絞って、ここで音楽を上げて〟なんて、一切テストはあらへんのです。それがすごい。上げたり下げたりを一発でやってる。普通のダビングルームやったらね、必ずミキサーのところに台本が置いてある。「ここで上げる、下げる」とか書いたりするのが一切ない。ぼくらも最初に必要な材料は書きますよ。せやけど東映でもダビングの最中は台本を置かない。それは本田さんを見習いました。

アタマに入れなあかん、感覚的に覚えなあかんというのがあの人の教え方やったんです。本田さんのフェーダーさばきは感覚的に高揚してくるんですね。おおーって。いまのお経が下がって、音楽が上がってくるところも、それがものすごい顕著。で、「え、もう本番行くの?」ってくらい早いし、あれだけ音のメリハリがついてくる。本田さんが休んだとき、代理の人がミキサーやったんですね。でも(フェーダーが)上がらない。鈴木さんが後を継いだけど、鈴木さんも本田さんまで上がらない。やっぱりミキサーとしては本田さんが別格ですよ。

――(「善意無用」を見ながら)ここでまたお経の音がせり上がる。先ほどまで消えていたのに違和感がありません。セリフや音楽、効果音とのバランスも絶妙です。

竹本　ダビングのとき、大映やったら「セリフだけ持つ人」「音楽だけ持つ人」「効果音を持つ人」……そうやって3人が分担してやってることを本田さんは1人でやってるんです。フェーダーを全部自分でやって、よっぽど手が足りんかったら「悪い、お尻だけそこ絞っといて!」と指示する。でも基本的には3つとも、ほとんど自分でバランスを取ってやってる。ようあんなことやらはったなぁ。でも耳が難聴かなんかになって「この商売はあかん」っていう話は聞きましたけどね。ものすごい感覚を持ってました。

鈴木さんはぼくみたいなおしゃべりちゃうから、あんまり仕事のことを言わへん。だからストレス溜まるんでしょうね。すごかったですもん、酒飲むと。ふっと見たらダルマ(のボトル)が2本、3本並んでる。ぼくと鈴木さんと編集部の4人で行って、気がついたら一晩でダルマが6本。ほいで「わし、酔うたから帰れへん。お前、連れて帰れ!」のクチなんです。あの人も亡くなられて、それを今回の取材で教えてもらったんも悲しいね。

——監督による個性の違いはありますか?

竹本　工藤(栄一)さんでも三隅(研次)さんでも、あんまり効果には注文なかった。松竹の人は多かったですね。貞永(方久)さんとか広瀬(襄)さんとか、わりと松竹の人は細かい。大船がそんな感じなんかな。効果マンに言うとかないと、その音が出てこない。だからドア開けて3歩で玄関で靴を履いてって、そういうところまで言わなあかんみたい。でも京都映画に来はったら「監督、そこまで言わんでもええ」(笑)。いちばん注文なかったのは松野宏軌さん。もう「やっといて」。いつもどおりって言われても、毎回話は違うんやけどね。工藤さんは音の使い方が上手かった。「タケちゃん、この音いるか?　なくてもええんちゃうか」……要するに、これをなくしたら次の音がものすごく効くとかね。足すのは大変なんですけど、外すことはいつでもできる。土曜ワイド劇場の『京都殺人案内　花の棺』(79年)のとき、北海道でパトカーを撮ったら道警がわざわざサイレン流してくれて、その音を中路(豊隆)さんが録ったわけ。そのあと工藤さん、東映の仕事でパトカーのシーンがあって、うちに走ってきはった。「タケちゃん、あのパトカーくれ!」(笑)。

——あはは。『野獣刑事』(82年)のエピソードですかね。

竹本　「北海道で中路が録ったやつ！」って（笑）。せや、渡邊祐介さんの話、知ってる？

――えっ、いえ、たぶん知らないです。

竹本　祐介さんが大船で『仕掛人』の本編を撮ったとき、ダビングやってて針で刺す音に「これは違う」（笑）。ほいで、その効果マンが京都映画に来たとき「同じ松竹なんやし、もろうたら」って言ったけど、向こうにも意地があるんやね。受け取らんかった。で、２回ダビングしたけどあかん。けっきょく３回目はテレビの音やった。「あ、この音やん。もろうたん？」って祐介さんが聞いたら「いや、テレビから録りました」（笑）。言うてくれたら送ってあげたのに。あの「プチュッ」っていう音がやっぱり違ったんやな。で、祐介さんが京都映画に来はったときに「お前んとこ、音を出したらあかんのか？」って、その話をしてくれた。いやいや、東映やったらあかんやろうけど、松竹やったらかまへんのちゃうのとか言って笑いましたよ。

あと、『必殺』には色街がよく出てきますけど、そこの鳴り物なんかも一切指示がない。東映みたいに和楽の人がいるわけやないから、こっちが適当にライブラリーの中から引っ張り出していく。ああいうのは２〜３種類しかないから毎回ほとんど使い回しです。「ジャンジャカジャンジャンジャカ」っていう。

――たしかに。長屋で子供たちが走り回って「わーい、わーい」、あれも毎回同じような気がします。

竹本　そう。現場の子役はエキストラやから、下手したら関西弁でしゃべりよる（笑）。だからこっちで。

だいたい紐系統、針系統、刀系統、ほかに変わった殺しがあるパターンかな

――また、いくつか効果音の話を聞きたいと思います。必殺シリーズは斬る音も「ブシュッ」と太いです。

竹本　あれは『仕掛人』の前からあったけど、中村主水（藤田まこと）のやつは鈴木さんが作ったはる。主水は最

後までずっと同じ音なんです。斬る音も、突く音も、刀を抜いて血振りする音も全部一緒。主水さんの羽織が茶色になったのと同じで、こっちも歴代シリーズ全部あの音です。殺しの音楽がスローになったんはね、ぼくらが聞いたのは「殺したくないんや……」と。いろいろなものを背負いながらやらなあかん中村主水の哀愁を出すために、そういう曲に変えたそうです。逆にリズミックな曲は若者で行け、それは背負うているものの違いやと。

――刺したあとの食い込む音は、手に石鹸をつけてグシュグシュやったそうですね。『必殺必中仕事屋稼業』（75年）のカミソリも斬る音ですか？

竹本　刀じゃなくて、刃物で切るという系統ですね。山田五十鈴さんのバチと一緒です。あれはちょっと太めとか細めとか、あとは回転やとか長さで苦労しました。でもカミソリはそんなに苦労せんかな。斬る系統の音からいちばん太いところを抜くわけです。それで繋ぐとどんな音になるとか試していく。ひとつの音がシネテープにあったら、2コマずつバラバラにして組み合わせていくんです。

（芦屋）雁之助さんと研ナオコさんが夫婦役で、瓦を飛ばすんですね。あの飛ばす音は、すり鉢。ギザギザがついてますやん。あれをこすると、「シャーン」ってなる。瀬戸物系統でなんか変わった音を出せへんかなって思って、あれはギザギザあるから、こすったら音が出た。組紐が飛んだりするのは着物の帯なんです。帯を足に挟んでピンと張って、スプーンで「キキキキキ」ってやる。その動かし方で音が変わる。京本政樹の組紐は帯と鈴の音の2つを混ぜて、飛んでいるときは「チリチリチリン」、回ったときに「キュキュキュ、キューン」、最後のトドメは「ギュッ、チャラーン」。そういう使い分け。基本的にはどこかで鋭さがないとあかん。それと飛び道具は最後の〝止め〟が大事。だいたい紐系統、針系統、刀系統、ほかに変わった殺しがあるパターンかな。

――たしかに分類化できますね。

竹本　『必殺』の効果音の大前提は、シンセサイザーみたいな電子的な音を使わないこと。そういうのは心臓つかみの心電図の「ピー！」しかないんです。

――『暗闇仕留人』（74年）の大吉（近藤洋介）ですね。

竹本　内臓をボロンボロンボロンってやって、「グチョ！」っていうのもあったな。

――『必殺渡し人』（83年）の大吉（渡辺篤史）ですね。

竹本　あの「ボロンボロン」は、車の中に傘をしまうやつですわ。そのままやと車がビショビショになりますやん。だから折りたたみ式で、伸ばしたらボロンボロンボロンボロン。たまたま買い物に行ったら、なんか置いてある。「これなにするもん？」「車の中に傘を入れるもんですわ」。サンプル品を伸ばしたらボロンボロン……これはええわ（笑）。だから全部「身の回りにあるものから作る」ということが基本。ということは、みんな聞いたことがある音なんです。だから嫌悪感を持たれない。たとえば雁之助さんがビクをかぶして殺すやつ。

――『必殺からくり人　富嶽百景殺し旅』（78年）の宇蔵ですね。あれも「メキメキメキ、ピョロロロロロン」みたいなヘンな効果音でした。

竹本　骨を砕く「バリバリバリ」だけではえげつなさすぎたんです。それで赤ん坊をあやす、ガランガランって振るやつありますやん。あれを混ぜたんです。ちょっとはソフトになるのと、誰でも聞いたことがあるような音やから、それを加工して……まず鉄則は身の回りにある音なんです。

――たしかにリアルすぎるより「そんなアホな」みたいな音が目立ちます。『新必殺仕置人』の巳代松（中村嘉葎雄）の竹鉄砲だと、当たったときに「カチーン！」という金属音が付くこともありました。

竹本　撃つ音は打ち上げ花火の鳴り笛、ヒュ〜〜〜って上がっていく。あの音の系統なんですね。あれが飛んでくるようなイメージで作ったと思うんですけど、金属音は覚えてない。順ちゃん（ひかる一平）の投石器もわけわからん音を付けたけど、やっぱり飛び道具はあんまり好きじゃないな。接近戦で、大衆の中ですれ違いざまに殺して、音もなく相手が崩れていく。それが『必殺』やと思いますよ。楽しんでやってたのは、やっぱり『仕事人』のあたりかな。芝居を見てても落ち着いてるし、長いシリーズだから効果音も長持ちする（笑）。

――効果音を作るのに悩むこともありますか？

竹本　映像がないまま、台本のト書きだけじゃわからんこともあるし、あと困るのは……思い浮かぶとなったらすぐ浮かぶんですけど、浮かばんとなったら沈みっぱなしですわ。でも自分で悩んで、悩んで「この音どうしよう？」……で、車で家に帰ってガレージに停めて、ふっと見たら〝こんなん〟がおる。上にね。で、ずっとついて来る。ほしたら、明くる日に音ができてるの。「えっ、なんでこの音できんねん？」っていう。

――〝こんなん〟って？

竹本　円盤。わたし、見えるんです。ＵＦＯも見えるし、お化けも見える。車をぱっと降りたら、突然ね、視線を感じるんです。それでふっと見たらアダムスキーですわ。クルクルクルクル。で、「気持ち悪いなぁ」と思うて5分くらい歩いてると、ずっとついて来てるんです。家の前まで来て、まだおるなって思うて嫁はんに「おい、ちょっと出ておいで」言うたら、もうおらへん。だから「あ、わしだけ教えてもうたんやな」。そんなん多かったんですよ。さっきの赤ちゃんのガランガランじゃないけど、そんなこと誰も教えてくれへんしね。

「監督、ここあと3秒伸ばしてください」

――局に納品するフォーマットを聞きたいのですが、画と音が一緒になった16ミリフィルムのプリントと音だけ収録されたシネテープの両方ですよね。シネテープのほうが音質はいいのでしょうか？

竹本　そうです。オンエアの音はシネテープ。ぜんぜん音の幅が違うんですよ。フィルムと一緒に光学録音のサウンドトラックを記録するためには、ある音域を切ってしまう。それだと音が悪いんで、ちょっとでもいい音で聞いてもらおうとフルレンジが入っているシネテープを出すんです。そっちは磁気録音で単体だから幅も広い。シネコーダーという再生機にシネテープを1コマ2コマ遅らせたり上げたりする機能がついてて、「あ、遅れてきたな」となったらリアルタイムで修正したりするんですけど。再放送やDVDの音は光学フィルムだと思います。

——劇場版のダビングも京都映画でやっていたのでしょうか？

竹本　いえ、東映に行きました。映画の音は別もんですから、東映の広いダビングルールを借りて、そのときに72時間かな……ぼくらは寝んとあそこで仕事をしたわけです。3日間。深作組のときですわ。

——うわっ、『必殺4　恨みはらします』（87年）ですね。

竹本　もう最後は朦朧としながらやってた。置いたリールがどこにあるかもわからん。それを東映のミキサーが見たはって「3日も寝んと仕事するアホがおる」ということで（笑）、『必殺』のレギュラーが終わるころ、仕事なくなるんやったらということで東映に呼ばれたんです。なぜか向こうが先に知ってた。「『必殺』終わるんやて？」って電話かかってきて、10月から始まる『三匹が斬る』（87〜88年）に誘われた。声かけてくれたのは、東映のミキサーの荒川（輝彦）さん。ぼくらが72時間寝てないのを見てた人（笑）。

で、ひとりで東映に行ったら絶対に潰されるんで、後輩の和田（秀明）くんと一緒に行った。それと引き継ぎもあるし、しばらくはフリーで京都映画と兼務してたんです。『三匹が斬る！』に関しては『暴れん坊将軍』じゃないものにしたいということで「ああいう細い音じゃ困るんや。『必殺』みたいにバシャーっと斬ってほしい」という注文で、東映のライブラリーの音をバラバラにして組み合わせて、新しい音を作りました。東映には浜口十四郎さんというミキサーがおって、もともと京都映画の出で鈴木さんの先輩なんです。だから同じ系統の人間ということで次々と仕事が来て、テレビプロと撮影所の両方やるようになって、本編の『極妻』や『仁義なき戦い』の新しいシリーズもわたし。効果と整音、いろいろやりましたわ。

——現在は大阪芸術大学映像学科の特任教授を務めています。

竹本　これも荒川さんの紹介。中島貞夫さんが学科長のときに、ついて行かはった。中島先生も『新極道の妻たち』(91年)のときに「お前、おもろいな」って言うてくれたことがあって、ラッシュを見て「監督、ここあと3秒伸ばしてください」って提案したんです。それは相手の組長をバーッって撃ったあとの余韻……岩下志麻さんのアップに、もっと硝煙の余韻が欲しいからあと3秒伸ばしてくれますかって意見した。「そんな効果マン、お前くらいや」って認められて、そういう経緯もあって荒川さんに誘われて大阪芸大に行ったんですわ。

もう先生やって16年目です。やっぱり教えてる子に感化されるんですよ。すごい刺激をもらえる。それがなかったらとっくに辞めてますわ。作品を撮ったときの目のキラキラ。あれ見てると「あぁ、やっててよかった」って思います。ぼくの基礎を作ってくれたのは、やっぱり京都映画ですよ。

竹本洋二

［たけもと・ようじ］

1952年石川県生まれ。70年に京都映画に入社し、録音助手を経てダビング班で必殺シリーズの効果を担当する。その後、東映京都と契約。「三匹が斬る」「暴れん坊将軍」「京都迷宮案内」「科捜研の女」シリーズなどの音響効果を手がけ、そのほかの作品の整音も担当。映画は「極道の妻たち」シリーズや『蔵』『長崎ぶらぶら節』『新・仁義なき戦い。』『ぼくんち』などに参加。

藤原誠

効果音は〝遊び〟の部分がいちばん難しくておもしろいところです

『必殺仕事人2007』以降のシリーズで音響効果を担当している藤原誠。現場の録音助手からダビング班に転じ、いまも現役のベテランが語るサウンドエフェクトのテクニック。斬る音、刺す音、さりげなく気づかない環境音まで、『必殺』と『鬼平犯科帳』の効果音の違いとは？

シンクロ（同時録音）のほうが確実に雰囲気がいい

もともと撮影志望だったんですが、照明と録音に空きが出たので筋力がなくてもできそうな録音部を選びました。初現場は歌舞伎座テレビの『眠狂四郎無頼控』（83年）で、『必殺仕事人Ⅲ』（82〜83年）の後半から必殺シリーズに参加して、セカンドのマイクマンをやりました。

録音部として初めて現場に入ったとき、なんとなく疎外感がありました。とくに照明部や撮影部と仲良くない。原因のひとつは画角が広いとマイクが離れる、ライトの影があるとマイクが離れるので音が悪くなる。ワイヤレスマイクは音質が悪いので使いたくない。ということで、画角を詰めろとかライトを消せと無理強いしたり、大切なシーンだと録音部内で揉めることもありました。録音部には撮影後すぐセリフだけを録音するオンリー録り（サウンドオンリー）という裏技があるのですが、シンクロ（同時録音）のほうが確実に雰囲気がいいのです。

もうひとつの原因はロケ場所で雑音が多い場合はアフレコにすることが多く、録音部は現場に行かず、待機したり帰宅していました。あるとき照明部が「楽でええな」と嫌味を言ったので、その日の夜間ロケから録音部代表としてわたしが勝手に行くことにしました。そうやって手伝っていると、照明部がライトの羽根や黒紙でマスクしてくれたり、マイクが出ているとカメラマンが早めに教えてくれたりするようになりました。険悪な現場よりいいですよね。

「朝はスズメ」「夕方はカラス」

『必殺剣劇人』（87年）で毎週のレギュラー放送が終わり、京都映画の作品が激減しました。仕事がないので京都映画から離れるスタッフが相次ぎ、仕上げのダビング班の竹本（洋二）さんと和田（秀明）くんも東映に移籍したので、わたしがそっちに回されることになりました。

ミキサーの本田（文人）さんは退職していたので直接学んだことはありませんが、昔の『必殺』を見ると音楽レベルのダイナミックな調整に感心します。鈴木（信一）さんは選曲のセンスがすばらしく仕事も早いんですが、音楽編集は大雑把でした。鈴木さんの仕事を見て学んだのはエコーの飛ばし方。竹本さんからは「刺す」「斬る」の効果音を6ミリテープの雨や川から作る方法をうかがいました。

当時はフィルムのダビングですから、画のマーク（パンチのバッテン）をきっかけに6ミリデッキを数台かけ持ちし、効果音を架け替えしながらの〝ポン出し〟で、失敗せず無事に終わることだけを目標にしていました。効果音に関しては「朝はスズメ」「夕方はカラス」みたいなパターンだったので、監督から追加のオーダーがあると段取りが変わって軽くパニックになることもありましたね。

ミキサーの上床（隆幸）くんは効果助手からの叩き上げなので『鬼平犯科帳』（89～16年）などの効果をやっていましたが、『必殺』から蓄積された効果音が何万種類になって探すだけで大変ですし、折角の知識や経験が別担当になることで後継者に伝わらず失われることを危惧して、わたしが専門にやるようになりました。

セリフ、音楽、効果音でいちばん大切な音は圧倒的にセリフです。セリフがすべての音の基準になります。セリフはレベル調整と音質調整、ノイズカットが集約されたまさしく〝整音〟という作業で、当たり前ですが好き勝手にいじれない。映画のように現場の録音技師が整音もする場合、責任もあるけどセリフは楽しいと思います。

『必殺』の効果音、『鬼平』の効果音

『必殺』と『鬼平』では効果音も違います。『必殺』の斬る音は基本が竹本・鈴木で、そのほかの殺しが竹本・和田・上床・藤原です。昔の『必殺』の斬る音は派手なコミック調で「太い」「遅い」「エグい」と思います。『鬼平』の斬る音は基本が上床、それ以外がわたし。『必殺』のようにゆっくり刺したり斬ったりしないのでスピードが速くなって鋭く、オーソドックスな感じになっています。

『必殺仕事人２００７』以降はわたしの担当ですが、殺しの音が細くなったのが過去のシリーズとの違いでしょうか。これまでの『必殺』に使われていた太い音が映像に合わなかったのと、キーーンという音がおもしろかったのでしょうね。それと音域の問題もあります。太い音だとVUメーターの針がバンバン振れてしまう。だからといって下げると低域が頼りなくなるし、さらに音楽の低域でマスクされて聞こえなくなる。逆に細い音、高い音は音楽があっても聞こえやすいんです。だから低域の多い音はあまり使わないか、加工して使っています。

自然音に関して『必殺』は必要最低限しか入れていませんでした。鳥、川、雨、縁日など……当時のテレビ時代劇は自然音が少ないんです。『鬼平』の初期も『必殺』と同じようにしていましたが、吉田啓一郎監督にダビングのとき「セットになんで鳥が入ってないねん」と指摘されました。スタジオのセットで撮影されたシーンでも、物語上は〝外〟なのだと、当たり前のことを認識させられましたね。また『鬼平』は江戸情緒の雰囲気が大切なので、そういう効果音がだんだん増えていきました。

監督はほとんど指示しません

だいたい数百の効果音を付けますが、殺陣が多い作品だと千以上もざらです。効果音が付くに従って作品を包み込みはじめ、物語の世界観が出てくるとホッとします。

監督は効果音をほとんど指示しませんので、わりと好き勝手に音付けをしますが、監督の好みや作品の方向性も考慮します。初めての監督や新しい作品は常識的な範囲で多めに付けて、効果的なシーンがあれば遊びます。この〝遊び〟の部分が、いちばん難しくておもしろいところです。使いどころで感情を揺さぶる効果音というのもあって、汽

笛、梵鐘、ヒグラシゼミ……とくにヒグラシゼミは秀逸ですが、夏と初秋しか使えないので出番は多くありません。

映像に写っている環境は、音がなくても見ている人が脳内で補完しているので、川音や雨音、雰囲気はセリフの邪魔にならないよう違和感なく目立たなくします。アクセントや劇的に使用する場合は、極端に割り込ませる。

物売りはセリフの中にセリフで割り込んで来るので、タイミングと音量が難しい。あとは現代人に理解できない物売りをセレクトしないように気をつけていますが、それだと毎回同じになるので、たまに孫太郎虫売や定斎屋など、わかる人にしかわからないものを使ったりもします。

わたしはMA本番の日、最初のテストで「こんな感じにしました」と披露するのが大切だと思っているので、テストのあと監督やプロデューサーから修正が入れば効果音が合わなかったのか、やりすぎたのか、やらなすぎたのかと考えて修正を施します。演出・演技・編集が効果音的にすごくうまくつながるカットが数年に1回程度ありますが、そのときはダビングで音楽が入らないことを願いながら音付けをしていますね。

藤原誠

［ふじわら・まこと］

1962年兵庫県生まれ。大阪写真専門学校卒業後、京都映画（現・松竹撮影所）に入社。録音助手を経て、ダビング班に。『鬼平犯科帳』『剣客商売』『京都殺人案内』など多くの作品の音響効果を手がける。必殺シリーズは『必殺仕事人2007』以降、2022年のスペシャルまでの大半を担当している。

上床隆幸

最終的な音のバランスというのは自分の〝感覚〟を大事にしています

仕事人ブームの真っ最中、京都映画のダビング班に助手として参加した上床隆幸は『鬼平犯科帳』の効果を担当し、やがて音の最終的なバランスを担う調音技師（ミキサー）として活動する。アナログからデジタルへ――『必殺仕事人2007』以降のシリーズを手がけている上床にサウンド技術の変遷を聞いた。

最初は音の整理をしながら覚えていきました

京都映画に入ったのは『必殺仕事人Ⅳ』（83～84年）が撮影されてるころでした。あれよあれよと話が決まったので、『必殺』を撮っている会社だとも知らず（笑）……好きな時代劇のひとつでよく見てたんですけど、会社の名前までは気にしてなかったんで。面接に来て製作室のところで待ってたら、窓の外を藤田まことさんが歩いていて、「あぁ、そうやったんか！」。もともとは演出志望で、専門学校ではホンを選ばれて監督やったりしたんですが、商業ベースで仕事をしたかったのと実習では音も自分でやっていたからですかね。最初は現場の録音部を1年ほどやって、それから仕上げ班のメンバーが1人欠けるという話になって〝中〟に移りました。

最初は音の整理をしながら覚えていきました。竹本（洋二）さんらが作業する側について、手伝えるところは手伝う。「見て盗む」という昔の職人的な勉強の仕方ですね。まずはテープ出し、フィルムに〝パンチ〟と呼ばれる油性の色鉛筆みたいなもので印を付けて、そのタイミングで6ミリデッキから手出しです。ベースになる川音や風音、夜だと犬の遠吠えや火の用心の拍子木の音……そういうものは画のタイミングで出してます。6ミリテープという磁気テープ用のプレーヤーが4台か5台ありました。

「ブシュッ」って斬ったりする細かい効果音は画と一緒にビューワーにかけながら映像に合わせて竹本さんがフィルムと同じサイズのシネテープというものに切り貼りして、鈴木（信一）さんは選曲作業です。

ミキサーの本田（文人）さんは大胆な方でしたね。音のレベルに関していまほど放送局からの制限がない時代ですが、やっぱりメリハリがあって強く出すところは「ドーン！」と。ミキサー卓から1メートルくらいのところに、ちょっとした劇場用のスピーカーが吊り下がってたんですよ。そこから思い切り大きな音を出してやっていました。退社されたとき、まだ50代だったと思いますね。若かったです。鈴木さんは神経質そうな感じかなと思ったら、わりと臨機応変になんでもできはる人でした。音楽のことをよく知ってましたね。

セリフに関しては、現場でナグラを使って録音してきた6ミリテープを鈴木さんがリレコ室で再生して音を聞いて、イコライジングで「ここは高い音を足したほうがいいな」とかいう細かい調整をするんですが、そのときに必要だったらノイズリダクションも使うんです。ドルビー社の機械で音に合わせて事前に調整できるんです。

でもそれは後半からかな？　基本はイコライザーと、あとは6ミリテープにダーマトグラフの白でチェックを入れて、それが通過するタイミングでボリュームの上げ下げをする……要はノイズの部分をそれで切って、セリフが出てくるタイミングで上げてノイズ軽減をしていました。そうすると、いまだとセリフがあるところだけバックのノイズが「ゴー」って目立ちますが、当時はテープ自体にヒスノイズが乗ってますからそこまで気にならずに放送できてたんだと思います。ただテープの性能も年々よくなってくるから、それもなかなか難しいところはあったんですけど。

やっぱり水系の音ですね

ダビングはワンロールずつ、1時間番組だと4つです。監督でも工藤（栄一）監督や原田（雄一）監督はわりと早くて、すぐ決断して指示を出すタイプ。松野（宏軌）監督は性格が寂しがり屋なんでしょうか（笑）、それは本田さんが言ってたことなんですけど、ちょっと音楽がないようなシーンがあると「そこにも足してよ」という指示を出す。「音ないと寂しいやん」ってどんどん増やされて、鈴木さんが苦労してました。

『必殺』のレギュラーが終わったあと竹本さんたちが東映に行かれ、ぼくと鈴木さんだけになった時期が一瞬ありました。それで現場の録音部をふくめて相談して、藤原（誠）が中に入ることになったんです。その時点では、ぼくが効果を担当していて『鬼平犯科帳』（89〜16年）が始まりますが、「『鬼平』には『必殺』みたいな効果音は付けない」という話になりました。「主水刺す」という名前のSEがあって、あのグシュグシュというエグい音が京都映画の看板だったんですが、イチから作り直しました。

やっぱり水系の音ですね。京都映画の場合、水っぽい音が入っているほうが、牛の肉をバスっと包丁で切るより合っている。東京の効果さんと話をしたとき、その方は予算のある作品では豚肉を買って切ったと言ってはりました。『鬼平』は刀を使っても、みね打ちのように鋭いもので殴る音が多いんです。でも斬ったり刺したりする音がおろそかになったら、いざ（中村）吉右衛門さんが最後に盗賊を斬ったときに爽快感が出ない。見ている人がイヤにならず「あぁ、よかった」となるような音を目指しました。

ぼくが担当したころから、「効果もタイトルに出さなあかんで」って話になって実現しました。それまで1時間番組に効果というクレジットは存在しなかった。ぼくの代になってようやく会社側に交渉してきたことが叶えられたかたちですかね。

それからVシネもふくめて作品が増えて藤原が効果専門となり、ぼくは調音に回りました。現場では飛行機が飛んだり、撮影所のオープンセットで撮ってても周囲の自動車の音まで入ってきます。ロケーションなんか余計にそう。だんだんマイクの性能がよくなってノイズが入ってくるようになりました。デジタルだとコンピュータのソフトがそういうノイズをカットしてくれるので、昔より気になって手間がかかったりもしますね。音質も細かく変えられますが、まずは自分の第一印象を大切にしています。

「自分が納得できるようにちゃんとしよう」

『必殺仕事人２００７』からは調音を担当しています。

選曲もぼくがやってますが、石原（興）さんは「画を見たらわかるやろう」と打ち合わせをしてくれないので（笑）、基本的には自由にやっています。いまMAミキサーさんが選曲を兼ねてるのは、うちの会社くらいでしょうね。東映さんは完全に分業だし、東京では〝音効さん〟と呼ばれる音響効果の担当者が音楽も用意する。

セリフは直せるところに限界があるし、『必殺』なんかは完全に任されちゃっているので選曲をやるのは楽しいですよ。卓はヤマハの02Rが2台で、1台がダイアローグ用でセリフと音楽が立ち上がって、もう1台はSE用で使ってましたが、今後の松竹撮影所の作品はMAスタジオが本社に変わるんです。お台場にある松竹映像センターにぼくが行ってミックスするんですけど、そういう時代になってしまいましたね。

京都映画で学んだことは……なかなか言葉にしづらいんですけど、あえて言葉にすると「自分が納得できるようにちゃんとしよう」ってことなのかな。本田さんのように大胆でありたいとも思うんですが、それができているかどうかはわからない。けっきょく最終的な音のバランスというのは自分の〝感覚〟を大事にしています。

上床隆幸
［うわとこ・たかゆき］

1963年大阪府生まれ。大阪写真専門学校卒業後、京都映画（現・松竹撮影所）に入社。『月影兵庫あばれ旅』『鬼平犯科帳』などの音響効果を手がけたのち、90年代後半よりミキサーとして調音を担当する。『剣客商売』『京都殺人案内』『鬼平外伝』など多くの作品に参加し、必殺シリーズは『必殺仕事人2007』以降、2022年のスペシャルまで全作を担当している。

とらの会会長・山田誠二が語る、必殺プロデューサーの思い出

必殺シリーズのプロデューサーを務めた元朝日放送の仲川利久氏が2022年7月10日に亡くなられた。享年88。必殺シリーズファンクラブ「とらの会」会長として多くの関連書籍を執筆し、現在は作家・劇画原作・映像演出などで活躍する山田誠二が仲川氏、故・山内久司氏から受けた薫陶を振り返る。

仲川先生の脚本づくり

必殺シリーズが50周年を迎えた今年、その生みの親のひとりである功労者の仲川利久先生に50周年の感慨を拝聴することは叶わなくなってしまいました。はい、プライベートでは常に「仲川先生」とお呼びさせていただいておりました。仲川先生との出会いは、わたしが中学生のとき。物心ついたころから映画への道を志していたわたしは、とくに必殺シリーズのスタッフのすばらしい仕事ぶりに魅了されていました。

やがてその気持ちは「いったいどんな人が、どうやって作っているのだろう?」という興味となり、朝日放送に電話をして山内久司プロデューサーとお話することができました。いまにして思えば暴挙ですよね。最初は「出演者のファンが撮影所に行きたい」というような先入観でいた山内プロデューサーも、わたしの熱心な……というより小僧なりの必死さで語った『必殺』や映画への愛を意気に感じいただき「まずは朝日放送に来なさい」ということになりました。

山内久司プロデューサー

当時の旧社屋の正面にはホテルプラザがあり、待ち合わせはそのロビーです。山内プロデューサーは仲川先生とおふたりで訪れ、わたしを見て「君か!」と声を揃えて驚かれた。わたしは自分の年齢を告げていませんでしたし、山内プロデューサーと仲川先生も『必殺』は大人向けのドラマなので、それなりの年配者が来るという先入観があったんです。

いろんなお話をさせていただき、山内プロデューサーは「現場は仲川くんに任せているから、あとは仲川くんとよろしく」と言い残して局に戻られました。それから仲川先生とわたしは『必殺』から離れて映画や創作についての話題で大いに意気投合。仲川先生の口利きで朝日放送と撮影所に出入りが許される

仲川利久プロデューサーと山田誠二

ことになったんです。

撮影所では出演者とスタッフのみなさんが、小僧の質問に真摯に答えてくださいました。当時のファン活動から長じてプロの世界へとフィールドを移して以来、ことあるごとに脳裏に浮かぶのは、先達の名俳優・名監督・スタッフ諸氏から拝聴した〝生〟の現場の声です。「どうしたらいいのだろうか」「困ったことになった」……そんなときは先達の方々の金言を思い出します。

脚本の作劇では、まさに仲川先生が師です。必殺シリーズを担当されていたときも仲川先生は脚本のクオリティに徹底的にこだわりました。漠然としたダメ出しではなく、仲川先生の脚本づくりには〝哲学〟がありました。わたしは間近でその哲学を徹底的に叩き込まれましたが、どうしてなかなか一朝一夕には会得できるはずもありません。仲川先生はよく「山内さんの発想力はすごい。それをいかにドラマとして脚本にするかは怖いことです。すばらしい発想も脚本がダメでは死んでしまいますから」と仰っておられました。

テレビマンとしての卓越した企画力・発想力の山内プロデューサーと、映画志向で本格的なドラマ作りにこだわり抜いた仲川先生のおふたりは、まさに名コンビと呼ぶにふさわしかったですね。普通、局のプロデューサーは撮影現場には出向かないんです。現場にはさまざまな不満が渦巻いていて、その不満は撮影所のどこかの部署なり担当者なりが処理するわけですが、そこに発注元の最高責任者が顔を出すと「ちょっと聞いてくださいよ」と愚痴が始まることがしばしばあります。でも仲川先生は現場が好きで、撮影所に足を運んでは出演者やスタッフと交流していました。ただ好きというだけで出向いているわけではなく、自分が作品を作るときの人脈のためでもありました。

「連続テレビ時代劇 仕掛人・藤枝梅安」

仲川先生は人と話をすること、なにかを教えるということが大好きでした。わたしもその恩恵にあずかり、今日があります。山内プロデューサー的発想と仲川先生的な脚本の哲学を常に座右の銘としています。朝日放送を退職されてからの先生は行政の文化事業などで演劇や脚本講座の講師をされていましたが、わたしとの交流は続いていました。

さいとう・たかを先生の劇画版『仕掛人 藤枝梅安』の脚本を担当するようになってからは、毎号ありたがい講評とお褒めの言葉で勇気をいただきました。わたしが原作・脚本を担当している劇画『必殺仕置長屋』も同様で、いつのころからか「君と本物の時代劇を作りたいね」と仰るようになりました。

「そうですね」と、わたしは夢のように捉えていましたが、仲川先生は本気でした。ある日、阪急ホテルの喫茶室でお会いしたとき、先生は企画書を差し出されました。表紙には「連続テレビ時代劇　仕掛人・藤枝梅安」……興奮して眼を通すわたしを見て、仲川先生は「どうだい?」とニヤリ。

基本概要はこう。時間は30分、放送時間帯は早朝4時。有名俳優は一切使わず、キャストは一般からのオーディションとする。放送は関西ローカルに限定……つまり関西でしか見られない番組として希少性を持たせる。予算は1本700万円。監督には高坂（光幸）さん、脚本はわたし。脚本家として起用されるのは「仲川先生にやっと認めていただいた」ということで大変うれしかったです。

企画は具体的に進行して行きました。そのなかで仲川先生の哲学にもとづく説得力に、あらためて敬服したことがあります。プレゼンに行ったテレビ局の担当者は「キャストに有名人がひとりもいないのでは視聴者にアピールできない。主役くらいは有名人にできないか?」と言いました。それに対して仲川先生はきっぱりと反論しました。

「おなじみの時代劇というものは、役者以前にキャラクターが有名で視聴者のなじみも深い。時代劇が好きな人なら水戸黄門、遠山の金さん、銭形平次とキャラクターはもう知っている。その場合のキャスティングは、俳優の知名度より〝いかに適役か〟ということに尽きるんです。この番組を見る視聴者は仕掛人を、梅安を見たいのです。演じる俳優が無名でも視聴者が見て〝なるほど、これは梅安だ〟と納得できればよいのです」。担当者も大いに納得し、紆余曲折の末、テレビ局も決まり、あとはスポンサー探しとなりました。大手広告代理店だと作品の内容に物言いが入る可能性がなきにしもあらずなので、中小の代理店に任せることに。しかし、今度はテレビ局側が「大手の代理店でなければ不安だ」と申し出てきた。

結果的に仲川先生が希望する代理店と大手の代理店の合同で話はまとまったのですが、その後また紆余曲折があり、仲川先生最後の〝仕掛〟は実現しませんでした。しかし、最後まで本物を追及し、作品づくりにこだわられた哲学は失われることはありませんでした。つい昨年末もお電話でテレビ談義を元気にされていたので、年が明けての訃報は、ありきたりの表現となってしまいますが意外でした。必殺シリーズ50年の底流には「仲川先生の哲学が脈々とある」ということをお伝えしておきたいと思います。先生との交流は、わたしにとってかけがえのない時間でした。

山田誠二（やまだ・せいじ）
1963年生まれ。京都府在住。79年に必殺シリーズファンクラブ「とらの会」を設立。現在は作家・劇画原作・映像演出・映画評論などマルチに活躍中。著書に『必殺シリーズ完全百科』などがあり、山内久司『必殺シリーズを創った男　カルト時代劇の仕掛人、大いに語る』、仲川利久『秘録必殺シリーズの舞台裏　カルト時代劇に賭けた男たち』では企画・構成を担当した。

R-4

画面に映り込むあらゆるもの。美術がセットを設計し、
飾り込みが行われ、衣裳が準備される。
殺陣師や大部屋俳優、宣伝用のスチールに各話のサブタイトルも
欠かせない存在だ。ロール4では画の中に関わる各パートに光を当てた。

美術　倉橋利韶
美術　原田哲男
装飾　中込秀志
殺陣　布目真爾
衣裳　塚本豊
俳優　平井靖
俳優　東悦次
スチール　牧野譲
タイトル　竹内志朗

倉橋利韶

テレビ映画の美術というのはパズルのようなもの

必殺シリーズにおいて、あまり注目されることのなかった美術デザイナーの仕事。松竹京都出身の倉橋利韶はテレビ映画ゆえの制約のなか各話ごとのセットを設計し作りあげてきた。高齢ゆえ取材は叶わなかったが、授業用に氏が残したメモを再構成し、ご家族の協力のもとお借りした各種資料を掲載する。

テレビ映画と呼ばれる1時間の連続ものの場合、劇場用映画と大きく違う点は台本が配布されてから撮影日までの準備期間が少ない。ひどいものになると台本が届いた翌日より、もう撮影にかかる場合もあります。

台本が届くとまず中身を検討し、シーンごとに分類します。1時間ものの場合、だいたい60シーンくらいに分かれていますが、それを「ロケ」「オープンセット」「セット」の順にまとめます。たとえばロケの場合、寺や神社で撮影し、その付近で複数のシーンをまとめて撮れるようにするわけです。ロケには画面に映る美術や装飾関係のものだけでなく、現代の風景を隠すためにボサと呼ばれる葉付きの木の枝や大きなヨシズも用意します。

オープンセットとは撮影所内にある江戸の町並みです。そして各話の台本に応じて必要なセットを組みます。毎回出てくる奉行所や主人公の家などは同じセットを使い回しますし、ときにはロケで撮るような自然の風景をセットで作る場合もあります。

セットを作る場合、まずデザイナーが設計図を描きます。実際に組み立てる上での美術系統は「装置（大道具）」と「装飾（小道具）」に分かれており、それぞれが細かく分業制になっています。装置には大道具を担当している別会社の班長がおり、まず「木工事」と呼ばれるセット建て込みの工作と建具工作を担当します。

そのあと「張物（建具の下張り）」「塗装（塗料の吹付）」「建具（障子、襖、板戸、格子戸）」「仕上げ（柱や床のワックスがけ）」「背景（書割、切出、ホリゾント）」「造園（植木、穴掘、石敷、石垣、池）」のスタッフが入って、それぞれの作業を行ってセットが完成します。撮影中は壁や建具の取り外しや植木などの移動などを行う「セット付」というスタッフが立ち会います。撮影が終わったあとは「解体（バラシ）班」と呼ばれる業者が入り、「釘しまい」による片付けと清掃も行なわれます。

その人たちの集結した力によってセットが出来上がり、ひとつの作品が撮影されていくのです。テレビ映画の美術というのはパズルのようなもので、同じセットが武家屋敷にも商家にも貧乏長屋の一室にも変化します。予算やスケジュールといった条件に合わせながらセットを作るのが美術デザイナーの仕事です。

（KYOTO映画塾の授業用に準備されたノートより抜粋・再構成）

倉橋利韶

［くらはし・としあき］

1933年京都府生まれ。高校卒業後、松竹京都撮影所の美術助手を経て61年に映画『ひとり寝』でデザイナーに。65年の松竹京都閉鎖後は京都映画と契約、77年から2年ほど建設会社に勤務したのち京都映画に入社する。『必殺仕置人』ほか数多くの必殺シリーズの美術を手がけ、『京都殺人案内』『額田女王』『鬼平犯科帳』『剣客商売』などを担当。映画は『忍法破り　必殺』『めくらのお市　地獄肌』『典子は、今』『花のお江戸の釣りバカ日誌』ほか。

倉橋利韶所蔵の美術資料

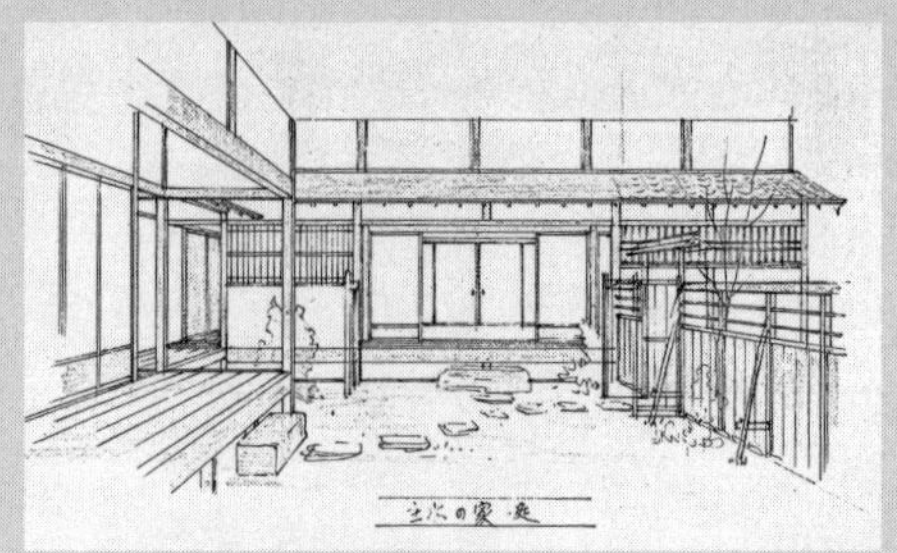

『必殺仕置人』に登場した初代中村家のセットイメージ画

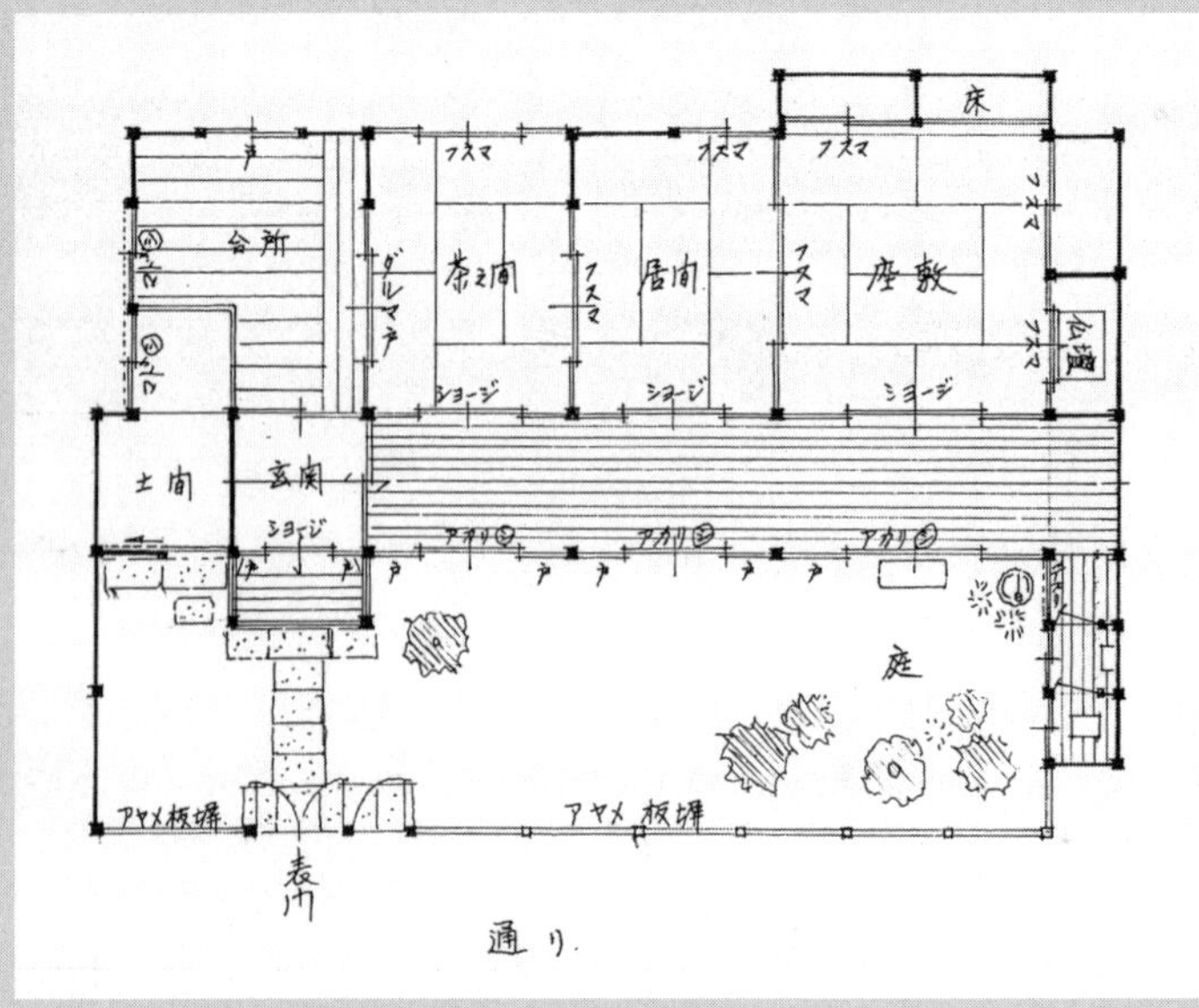

『必殺仕事人』以降の中村家のセット図面。基本はこのかたちが採用された

中村家の表と座敷

『必殺仕置人』棺桶の錠が暮らす長屋の室内

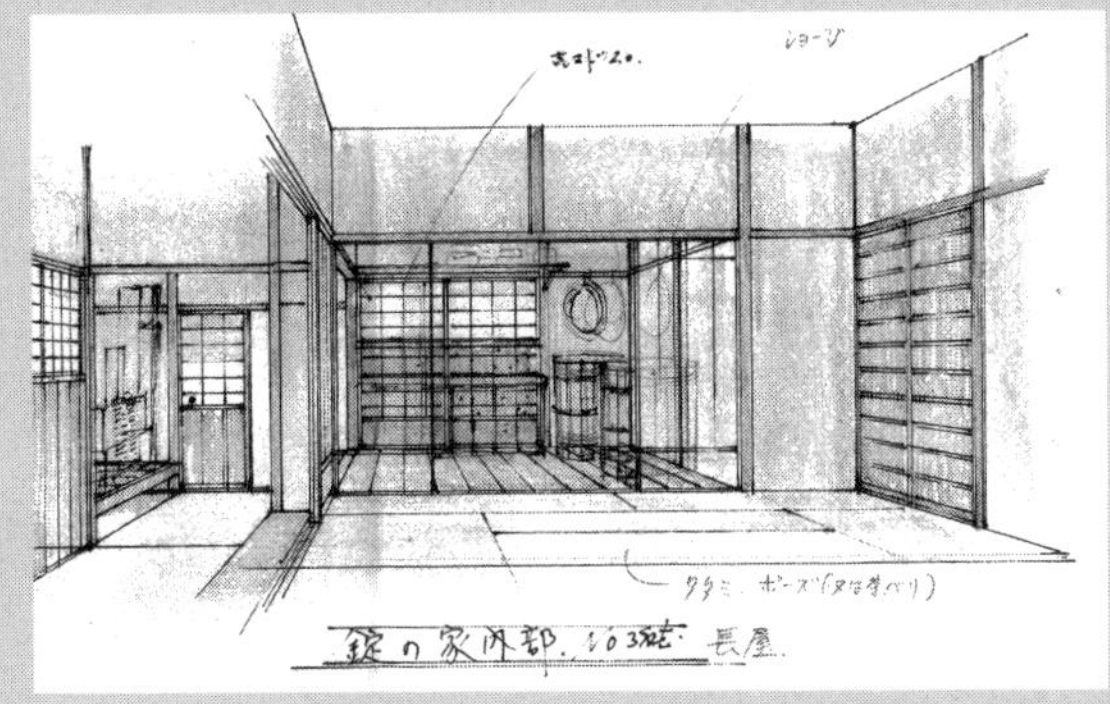

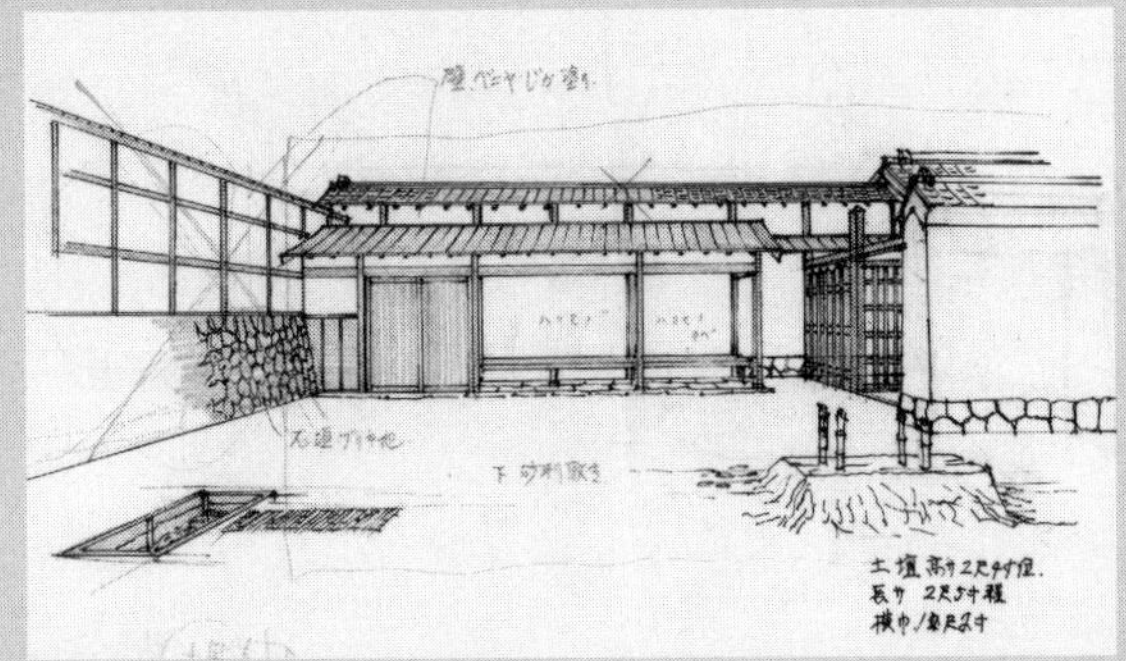

『必殺仕置人』第1話「いのちを売ってさらし首」小伝馬町牢屋敷の処刑場

同じく第1話に登場した浜田屋の外観

助手時代の倉橋と美術デザイナーの「鬼さん」こと川村鬼世志。初期から中期にかけての必殺シリーズは松竹京都出身の2人が交互に美術を担当した

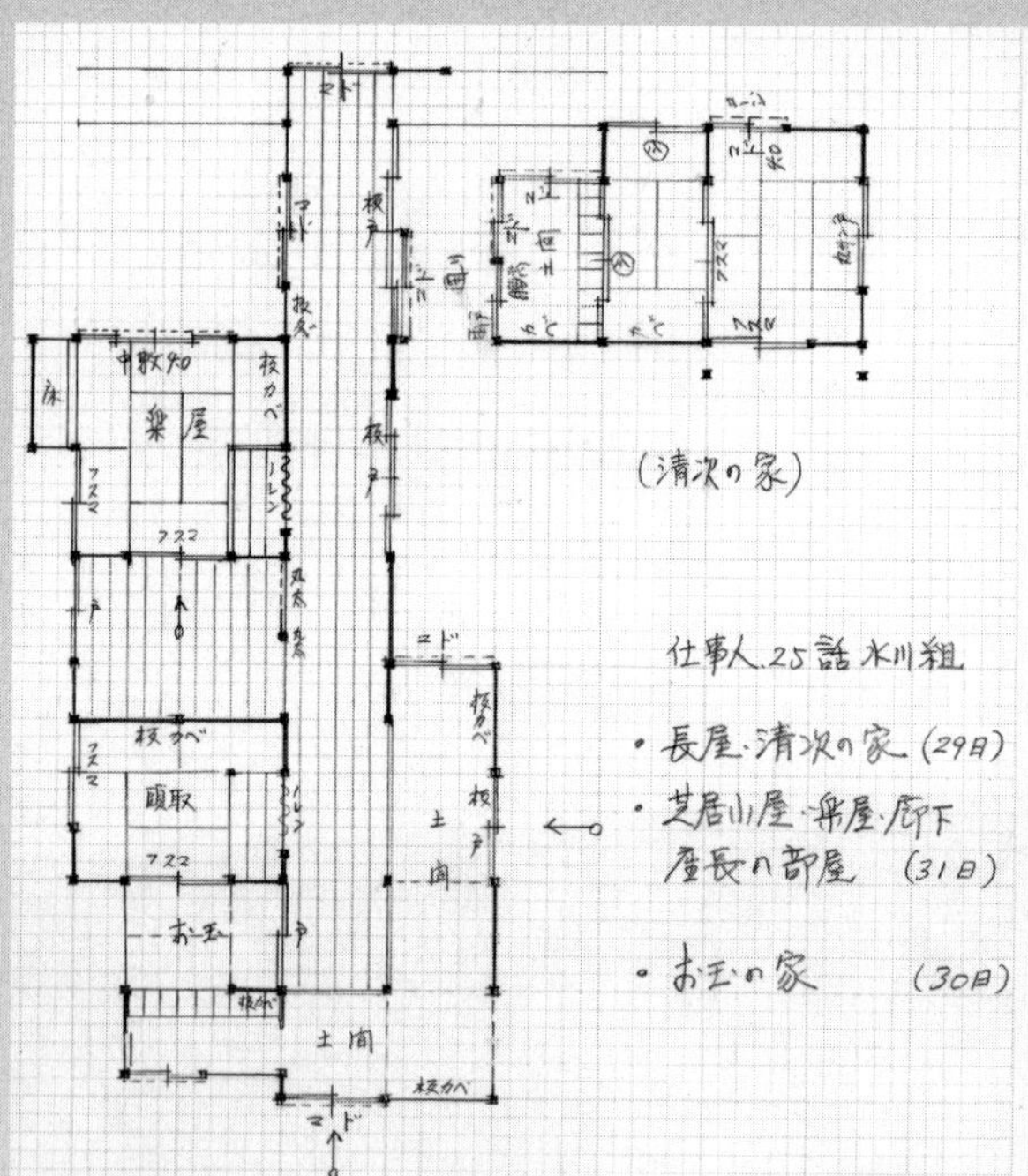

スタジオの常設セットは武家屋敷、商家、料亭など回によって模様替え。『必殺仕事人Ｖ　風雲竜虎編』第11話「大江戸F.F.騒動！」では清次の家、芝居小屋、お玉の家と3ヶ所のセットが組まれた

映画『必殺！　THE HISSATSU』に登場した潜水艦のイメージ画。試作段階のもの

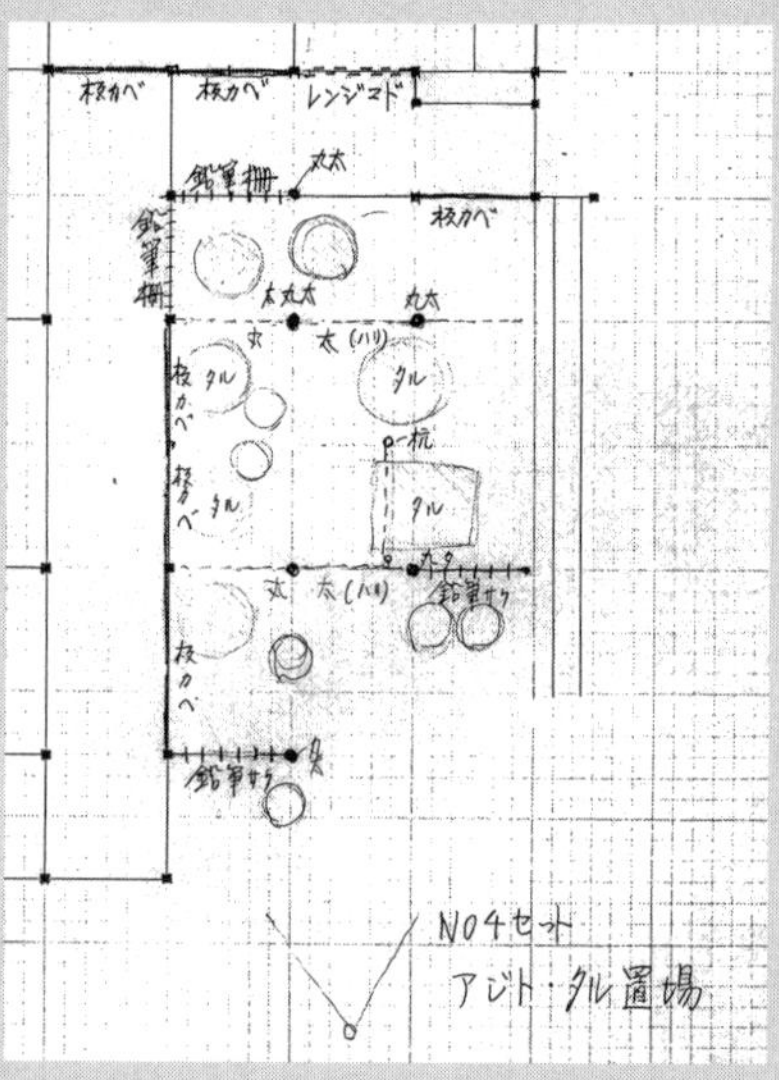

仕事人が集まるアジト。樽や柵を使ってセットが設計された

オープンセットを改装した際の池まわりのイメージ画

2022年現在の松竹撮影所
のオープンセット

セットデザイン中
の倉橋。トレード
マークはベレー帽

資料提供：
山田三千代（倉橋利韶長女）

原田哲男

倉橋さんは全方向を作る人なんですよ

倉橋利韶のもとで美術助手を務めた原田哲男は、松竹撮影所の美術デザイナーとして活躍中。2015年には映画『日本のいちばん長い日』で日本アカデミー賞最優秀美術賞と毎日映画コンクール美術賞を受賞、『関ヶ原』『燃えよ剣』などの大作を手がけた原田が語る、倉橋の仕事ぶりとは。

1991年から92年、ぼくが美術助手をやっていたころは『鬼平犯科帳』と『必殺仕事人　激突！』を同時に撮影してて、倉橋さんが両方をこなしてたんです。「なんと器用な人なんだろう」と思いました。どちらもテレビの連続ものですから、なぜちゃんとできているのか不思議でしょうがなかったです。おだやかな性格で、現場でギャーギャー怒鳴るようなタイプではありません。「絶対こうしなきゃいけないんだ！」という強烈な主張があるわけではなく、そつなく組み立てるといいますか……石原（興）さんはセットがなきゃないでその条件で撮るような人ですが、逆に美術がしっかり作ってもそっちをまったく映さずに「そこだけかい」みたいなこともよくあります（笑）。

そういうのも踏まえた上でかもしれないですが、倉橋さんは全方向を作る人なんですよ。必要なところだけ選んで「ここところを重点的に」という作り方ではなく、わりとまんべんなく、どこからでもぐるりと撮れるようにセットをデザインする人でした。うん、ぐるりと作っちゃう人でしたね。

倉橋さんはテレビの連続ものを多く手がけていたので、すでにあるものを利用して手早くセット替えをしたり、そういう技術に長けている人だと思います。後年に西岡善信さんの助手もやりましたが、大映出身の巨匠ですからテレビであっても『鬼平』のスペシャルであったり、ある程度まとまった予算が取れる作品で映画的なセットの作り方をされていました。どちらが優れているということではなく、それぞれのお仕事が勉強になりました。

もともと東京で小道具をやってたんですけど、縁あってコマーシャルの美術の会社に入ることになりまして、当時のボスが顔の広い人でしたから「人が足りない」と松竹の大船撮影所で助手をやり、その流れで京都に放り込まれました。確実に〝日本一汚い撮影所〟でしたね（笑）。

『雲霧仁左衛門』（95〜96年）は1話から4話まで倉橋さんが担当されてたんですが、そのあと体を壊されて5話からぼくが引き継ぐことになりました。それがデビューで、突然でしたからこなすのに精いっぱいでしたね。美術というのは監督がやりたいことを助けるポジションだと思います。まずは自分の印象でセットの提案をして、監督の狙いやイメージと違えばそちらに合わせることを大事にしています。ひとりではできない仕事ですから、いろんなスタッフに助けてもらってますね。

原田哲男

［はらだ・てつお］

1965年北海道生まれ。横浜放送映画専門学院卒業後、小道具から美術助手となり、京都映画へ。95年の『雲霧仁左衛門』からデザイナーとして活動を始める。映画『さくや妖怪伝』『最後の忠臣蔵』『日本のいちばん長い日』『関ヶ原』『燃えよ剣』などを手がけており、現在も松竹撮影所の美術デザイナーとして活動中。必殺シリーズは『必殺始末人』『必殺！三味線屋・勇次』『必殺仕事人2007』『必殺仕事人2009』などを担当。

中込秀志

京都映画の場合 けっこう現場で変わるんですよ

画面に映る数々の道具や小道具を担う装飾部。必殺シリーズの初期から装飾を手がけていた稲川兼二、玉井憲一の両氏は故人のため、彼らの下で助手を務めた中込秀志が当時を回想。いまや松竹撮影所最古参の装飾として活躍している中込が『必殺』の現場で学んだものとは――。

現場に入ったきっかけはね、とりあえず田舎から東京に出て、目的もなくプーやってたんですよ。そうしたら友達が東京美工って装飾会社にいて「忙しいから手伝えよ」って言われて、最初は緑山スタジオのジャリ番（子供番組）で椅子並べてた（笑）。で、3ヶ月か4ヶ月したら京都の時代劇が忙しくて、人手不足の大騒ぎということで関西美工に移って、東映テレビプロの時代劇をやってたんです。

それから2年くらいして、関西美工は松竹と東映の両方に出入りしてたから「次どっちやる？『必殺』か、『影の軍団』か」という話になったころ、先輩が東映の坂道をリ

「次どっちやる？『必殺』か、『影の軍団』か」

もともと東映で装飾やってて、それからこっちに移ったんです。『新必殺仕事人』（81～82年）の6話目から入ったのかな。いや、来てよかったと思いますよ。あくまで俺の感想ですけど、東映はスターシステムが確立した立派な撮影所の雰囲気で、京都映画は中小企業みたいなもんでけっこうファミリー的なんですよ。だから藤田（まこと）さんは「おとうさん」、山田（五十鈴）さんは「おかあさん」、鮎川（いずみ）さんは「おねえ」とか、そういう感じ。

アカーに荷物いっぱい載せて押してたんですよ。それを見たら『影の軍団』の千葉（真一）さんとかみんなの刀や武器がどっさり重たいボテに入ってる。もう罰ゲームみたいに。かたや『必殺』は刀、かんざし、三味線の糸……「絶対こっちのほうが楽や！」ってなって（笑）、それからずっと『必殺』ですわ。

当時の装飾部の親方は稲川（兼二）さん。その次が草川（啓）さん、玉井（憲一）さん。京都映画のベテランはいたけど、若いのが抜けたんでしょうね。それで関西美工からの出向で尾崎（隆夫）さん、長谷川（優市呂）さん、俺が入って一緒にやってた。『仕事人』の秀とか勇次のシリーズは長谷川さんがアタマで俺が現場付き。その組み合わせが多くて、基本は2人体制でした。

稲川さんはすごく控えめな人というイメージ。歳が離れてたせいか、やっぱりちょっと近づきにくい感じで、そんなに話をした記憶はないかな。玉井さんはまた違ってて、お酒が大好きなおっちゃん。いい時間になったらもう大体みんな部屋で飲んでましたから。昔ながらの職人ですよ。

飾りに関しては、セットの設計や大きなことを美術がやって、なにを置こうとか細かいところが装飾の仕事。時代劇というのは決まりごとが多い世界なんで、奉行所だろうとなんだろうと慣れてきたら楽といえば楽なんです。置くもんも、持ってるもんも全部パターンがあるから。

ただ京都映画の場合、けっこう現場で変わるんですよ。カメラマンが「あれ持ってこい！」とかね。ベテランは5時で帰っちゃってるから、現場付きが全部それをクリアせなあかん。東映とはぜんぜん違うシステムでした。

美術の思い出は……倉橋（利韶）さんがセットの枯れた松の木に緑のスプレー吹いてた（笑）。セット中がくさくて、「おい、これなんの匂いや？」「いや知らんで」とか言ってごまかしてたけど、なんでもスプレーかけてた気がする。で、関西美工はそのころ大物スターを集めてゴルフ大会やったりして羽振りよかったんですが、社長がアホなことして潰れた（笑）。そのまま俺は京都映画に残って、尾崎さんと長谷川さんは東映に行ったんです。

山田さんが殺しで使う三味線のバチは、ご本人のもの

中条（きよし）さんの糸でもね、どんどん進歩していくわけですよ。カメラ前で放した糸がピューって遠くに飛ん

で行くのを、リバース（逆回転）させると向こうから飛んできたように見えるとか、人を吊り上げるとき木に糸を引っ掛けたら煙が出るとか。あれは竹に綿を入れたのをくりつけてあって、そこに四塩化チタンを浸す……空気に触れると危ない煙が出るやつがあるんですよ。それを竹筒の中に入れて糸を通して、引っ張ると糸に付いた四塩化チタンから煙が出るわけ。（ひかる）一平ちゃんのライデン瓶も四塩化チタンを使いましたね。

あの糸は実際に黄色です。くわえているのは本物で、投げるのも本物。ワルを引っ張ったりするのは、工事現場の黄色いビニールひも。さすがに三味線の糸で5メートル、6メートルというのは存在しないんで。それで100何人と吊りましたよ。人力で、スタッフ一丸となって「せーの！」で。でも、申し訳ないけど3人ほど落としました。ごめんなさい。吊るすのは本来うちらの管轄じゃないんだけど、俺が入る前に誰かがやっちゃったんだろうね。小道具が特殊効果みたいな仕事までなんでも引き受けてたから。そのへんの仕掛けは殺陣師には無理だし、宍戸大全っていうスタントの親方もいたけど、あんまり……。

山田さんが殺しで使う三味線のバチは、ご本人のものです。首にめり込むカットのときは、実際にくり抜かせてもらいました。みーちゃん（三田村邦彦）のかんざしを刺す首のダミー、あれは台所で使ってる洗い物のビニール手袋。裏地にちょっと毛が生えているやつを切って、ひっくり返してカポックに張って、そこにドーラン塗ったら人間の肌になる。カツラかぶせたら完成です。それを週1回は作ってました。

主水の十手は、持つところにぶら下がっているのが木の札だったり、寛永通宝だったり、何パターンかある。いちばん長いのが「中村」って書いてある木の札かな。同心なのに錆びちゃっても平気なのが主水の十手。あれも特製で、ちょっと長くて格好いいんですよ。

いっぺん工藤組やったら惚れちゃいますよ

監督だと、やっぱり工藤（栄一）さんにいろいろ教わりました。監督に教わるという経験自体が初めてだった。工藤さんはね、スタッフがミスしたときも絶対その人のせいにしません。「俺が悪い」っていう男気がすごい人だから、いっぺん工藤組やったら惚れちゃいますよ。ある日、中条

秀のかんざし、おりくのバチ、主水の十手2本

さんが拷問されるシーンでいきなり工藤さんが「豚肉買ってこい!」。豚肉? 豚肉でなにすんねんって思ったら、中条さんを柱にくくりつけて、裏に豚肉くっつけて、焼きゴテを押しつけたら、すごい煙が出る。カメラは中条さんの正面、そっちから見えないところにある豚肉を焼きゴテでブワー……背中を焼いているイメージですね。

穴を掘ったり、大雨降らしたり、樽なんかも自分で直してましたからね、工藤さん。水が漏れてたら「よし貸せ!」とか言って、樽をひっくり返して樽屋さんみたいにコンコンコンコンって(笑)。タガを締めるわけですよ。

あとは火事ね。俺が入る前は風呂屋の釜場のセットが燃えて、『必殺仕事人Ⅲ』(82〜83年)のときはオープンセットが大火事で燃えた。これはかなりの規模で、長屋も商家も木工場だった蔵も全焼して、10軒以上なくなりましたね。昼間にセットで撮影してたら製作部のおっちゃんが「ちょっと手ぇ貸して!」、出たら大火事で報道のヘリも飛んできた。オープンの奥のほうはそのときに建て替えたんです。

そのあと、小道具倉庫も燃えました。稲川さんや玉井さんが抜けて、俺が『必殺』のアタマやってた時代に。いや、レギュラーの武器とか刀とかそのへんは無事だったんですが、簞笥なんかが燃えて、東寺や天神さんの古道具市で新しいのを買ったり、高津商会から借りましたね。

画のおもしろさ優先でやってたのが『必殺』

美術に関しては『鬼平犯科帳』（89〜16年）で西岡（善信）先生が入ってきて、セットやオープンが変わりましたね。立派になりました。まぁ、予算もぜんぜん違うし……極端なことを言えば『必殺』はレギュラー5人にワルと被害者が何人かいれば成立する話で、『鬼平』は同心部屋にレギュラーがみんな集まるだけでとんでもないことになる。やっぱり人物が多いと大変です。持道具もあるし。

画のおもしろさ優先でやってたのが『必殺』で、『鬼平』の場合は器ひとつにしてもちゃんとやらないとダメ。（中村）吉右衛門さんが最初に『鬼平』で来たとき、あごひもが1ミリ太いとか細いというので大騒ぎになったんです。浪人の格好をして着流しで町を見回るのに編笠をかぶる……そのひもの太さ。俺らから見ると「ちょっと太いかな？」と思うんですけど、歌舞伎で使ってるサイズが自分の顔に合うというわけで、そう言われてみれば、みんな納得しましたね。時代劇といっても『必殺』や『鬼平』というのは〝京都で作られた江戸〟なんです。だから根本は嘘なんだけど、やっぱりなるべくリアルさを追求したい。その嘘のリアルがいいんですよ。そこが作品を見ているお客さんに伝わるかどうかが問題ですね。

うちの妻（竹内美年子／記録）との出会いも『必殺』です。お互い遅くまで残って仕事してたから、まぁ、それでなんとなく……。もう20年くらい前かな、美年子が監督した「くノ一」のVシネマが何本かあったんですが、低予算ですから俺が美術と装飾の両方ともやって、カメラマンのエバ（江原祥二）がプロデューサーやって、それこそファミリー的に作りました。

けっきょくスタッフ全員で学んでいくパターンですね、ここの撮影所のよさは。カメラマンだけでなく照明、録音、美術、装飾……みんなが意見を言うわけです。いい方向に作品を持ってきたいから。小道具で入ってきたばっかりの子でもね、思ったことは言うたらいい。それが正解か不正解かなんてことじゃなくて、そうやっていかないと成り立たない。それが松竹の撮影所ですね。いまもそういうところは引き継がれていますよ。

撮影所の小道具倉庫にはあらゆるものが収蔵されている。仲川利久の著書『秘録必殺シリーズの舞台裏』では故・玉井憲一が初期シリーズの殺し道具をめぐる秘話を明かした

中込秀志

［なかごみ・ひでし］

1957年長野県生まれ。高校卒業後、関西美工を経て京都映画（現・松竹撮影所）の装飾部に所属。『必殺仕事人V』で一本立ちし、必殺シリーズのほか『鬼平犯科帳』『剣客商売』などを担当。映画は『隠し剣　鬼の爪』『最後の忠臣蔵』『超高速！参勤交代』などを手がけている。

布目真爾

必殺シリーズ最大の見せ場である〝殺し〟を担当するのが殺陣師の役割。大映京都ニューフェイス出身の布目真爾は、楠本栄一・美山晋八の補佐とともに殺しの道具を担当し、やがて殺陣師として一本立ちを果たした。現在も特殊小道具としてシリーズに関わっている布目が明かす、あの手この手の殺しのテクニック。

だって『必殺』なんやから やっぱり殺しをちゃんとやっとかんと

わしは3本目の『助け人走る』から呼ばれたんかな

布目　まぁ、あんまりいい思い出はないね。とにかく忙しくて、眠たかったことしか記憶がない。いまは現場も余裕あって夜の10時までに終わるけど、当時は5日で1本撮ってたからどうしても……やっぱり〝殺し〟は時間かかるんです。台本どおりじゃなくて、現場でいろんな意見が出て、どんどん変わるから。仕掛けも大変なことばっかりやし、殺しの場合は4～5時間かかったかな。徹夜も多くて、だから眠かった（笑）。

　勇次（中条きよし）の殺しでも、糸で吊り上げるのをどこでやるか……場所から考えて足場を組んで、ロープを垂らして、「こうなるやろう」という想定のもとでスタッフが入る前に準備しました。殺しの道具でも、いろいろ作りましたけど自前だから苦労しました。余分なところにお金がかかるし、何回も試作を作らんことにはできない。

ほとんど持ち出しで作ってたから百均みたいなところで材料を集めて、いま考えたら哀しいですわ。せっかく話すんやから、そういう苦労をしたのは強調しておきたいですね。

『必殺』の最初はやってないんです。楠本（栄一）さんと美山（晋八）さんが先にやってて、わしは3本目の『助け人走る』（73～74年）から呼ばれたんかな。もともと役者やってたからね……そっちのほうが楽やねん。自分のことだけやるほうが楽。人に教えるということは、ものを考えとかんといかん。で、こうやってこういう動きでやってくださいと指示もせんといけないし、なかなか難しい。

――大映京都のニューフェイス出身だったそうですね。

布目　市川雷蔵さんのところへ居候してたんです。なんとなしにね、映画界に入りたかったことは入りたかったから、誰かの紹介があって運よく拾うてもろうたんやな。最初はなんにもわからん世界で「礼儀正しくしろ」とだけは言われて、まぁ肩凝ったね（笑）。

――市川雷蔵さんを紹介してくれた方は？

布目　大映の菊野昌代士さんというベテランの役者さん。その息子が安藤仁一朗いうて役者やってた先輩で、あとから演技事務になった。ともかく雷蔵さんは研究熱心やった。時代劇と現代劇で見た目が全部違うでしょう。1年くらい雷蔵さんのところで付き人みたいなことやって、それからちょっと間が空くんですが、ニューフェイスの試験を受けて合格して、養成所を出たあと社員になったんです。やっぱりどうしても〝雷蔵一家〟ではありました。当時まだ300人くらい役者がいましたからね、「雷蔵さんのとこの子や」という扱いがなかったら続けられなかったかもしれない。大映の同期で、いま残っているのは藤村志保さんくらいです。

印象に残ってる作品いうたら『剣』（64年）ですね。雷蔵さんが主役で、監督は三隅研次さん。剣道部の部員の役で寄り（アップ）も撮ってもらったし、あれは覚えてますね。三隅さんはアタマの切れる人で、なかなか納得してもらえない。『必殺』でも三隅組が入ると緊張しましたよ。いえ、大映にいたころは殺陣師やってません。なる気もなかった。テレビの『木枯し紋次郎』(72〜73年)をちょっと手伝って、あのとき美山さんの助手をやったんかな。『紋次郎』は運動会ですよ(笑)。いわゆるチャンバラをシャンシャンやるんじゃなくて、足で稼いでリアルに走り回る。とにかく運動会。中村敦夫が殺陣できない代わりに崖であろうがなんであろうが走りまくるんやもん。だから「えらい!」。

——殺陣師の助手をやりながらカラミの斬られ役を?

布目　そうじゃないと日当が取れない。金にならんからね。『紋次郎』の最初のころに大映が潰れて映像京都ができた。だから大映のスタジオが使えなくなって、天神川にあった日本京映という貸しスタジオのセットや宿場町のオープンで撮影やってました。初めて本格的に殺陣やったんは岡村清太郎さんの『笛吹童子』(72年)、これは楠本、布目、美山の順で3人ともクレジットに出てるはずです。その子供番組が全部終わって、人が足りんから「こっちへ来いや」ということで行ったんが『助け人』。わしらはみんな映像京都の所属という扱いでしたから。最初に来たとき思ったのは、やっぱりセットの差かな。大映では本柱を使ってて「これがセットかいな……」というくらい並外れたもんでした。でも京都映画は安っぽい。だってベニヤを張りつけて柱にしてるから。まぁ、本編やってた時代は知らんけどね。オープンは隣同士やし、松竹だったころはもっと広かったと思う。

三味線の糸が飛ぶなんて、そんなありえないことを一生懸命考えた

——殺陣師の楠本栄一さん、美山晋八さん、それぞれの思い出は?

布目　楠本さんは……あんまり印象がないんだよね。こういう立ち回りをつけてたとかいう。オーソドックスに組

み立てる、大映伝統の殺陣なんかな。わしも口答えするほうやから「次の手なに?」「こうする」「おもろないやん、もっと違うことしたらええんちゃうの?」って。なんか言わんと、ただいるだけじゃ意味がない。意見を言えば次のことがやれるから。師弟関係という感じでもないんです。いや、美山さんもそんな勉強になってへん。ただ〝ひねる〟というか、いかにも『必殺』らしい変わった殺陣をつけるタイプではあったと思います。細かい動きを取り入れたりして。もっと細かいことを担当してきたんは、わしのほうやね。殺しの道具なんかほとんど作りましたが、小道具さんとかスタッフと相談しながら好きなようにやってました。

『必殺』も最初と中盤でだんだん変わってきたんですよ。プロデューサーの山内(久司)さんがいろんなことを言われて、「ほんなら、まぁ考えますわ」と。最初は〝イントロ〟ちゅうのがなかったんです。それで山内さんに「なんかないか?」と言われて、ちょっとずつ入れたんがイントロの始まり。

――イントロとは?

布目　殺しの前の儀式というのか、武器を研いだりするのが最初はなかった。で、ある日、試写を見た山内さんが「すぐ殺しかい。なんかないか?」。それからイントロを考えて「こういうことしたいんです、監督」と言ったら「そんな邪魔なことせんでもええやろ!」。だけどプロデューサーからの要望やから、ワンクッションあって殺しに行ったほうがええんちゃうかって監督を説得するのに苦労しました。

――その監督は?

布目　田中徳三さん。大映の監督はみんな「そんなんいらん」(笑)。いまは定番になってますけど、そういうテレビ的な演出意図を説明して、納得してもらうのが大変でした。監督でも工藤(栄一)さんはバイタリティの人やからね。「こうこうするんや! ええか!」って、だから「はい~」って(笑)。三隅さんは細かいから「それでええのか?」って聞かれて、「はい!」言わなしょうがない(笑)。いちばん楽といえば楽やったのは松野(宏軌)

さん、殺しに関して「こうしてくれ」とはあんまり言わんから。原田（雄一）さんも簡単に行かしてもらえる。あの人が初めて『必殺』撮ったときは一緒に相撲の稽古を見に行きましたね。高坂（光幸）さんはすぐ製作部のほうに行っちゃって、なんで監督やめたんか知らんけど、考え方はけっこうおもしろかった。やっぱり考え方がおもしろくないと、おもしろいこと考えられへんし。殺しのカット割りを考えて、紙に書いて監督に渡したりもしましたよ。「次、こういうふうに撮るんやな」ってわかるように。

――『必殺』の場合、もちろん殺陣師が動きをつけますが、それに対して監督だけでなくスタッフが意見を出すのが定番だったそうですね。

布目　もう行き詰まってくるねん。1週間に1本やってたら、なにをしていいかわからんようになる（笑）。いや、本当に。たしかに京都映画は外野がうるさいんやけど、まぁ「言われてなんぼや」って思うてましたから。ともかく眠いし、早よ終わってくれって（笑）。中条きよしの殺しなんか人を吊ったりするでしょう。そうするとスタッフにお願いせなあかん。糸を張ったりするのは自分だけでもできるけど、滑車で人を吊るすのは頼まなあかん。

――『新必殺仕事人』（81〜82年）から登場した三味線屋の勇次の殺しは、どんどん進化していきました。

布目　糸が飛ぶカットは、どうやったら〝輪っかになって飛ぶか〟をみんなで考えた。あのカットは普通に正面から撮っても糸は飛んでいきませんよ。じゃあ上から落とそう、カメラをこうやって上に向けよう……それでも糸が軽いから、ただ落としてもあかん。オモリを付けてもあかん。付けても一直線に落ちるだけやから、おもしろくない。で、どないしたかいうたら、まずカメラのレンズに筒をかぶせるんです。そこに糸をぐるぐる巻き付けて、向こうからゴムで引っ張る。輪ゴムを三重くらいにして「引っ張ってや〜！」……そのあとカメラ側の糸を外したら、ビューンって飛んでいく。レンズに巻いてたやつが向こう側に行く。そのフィルムを逆回転させると、画面の奥から糸が飛んできたように見えるんです。最終的には正面から撮ったけど、上向きで撮ったパターンもあったな。三味線の糸が飛ぶなんて、そんなありえないことを一生懸命考えた。リアリティにこだわってたら、そんなことできませんよ。

糸を口にくわえて引っ張る動きも、最初は屋形船の上で両手が使えんからそうなった。

——飛び道具といえば、『新必殺仕置人』（77年）の中村嘉葎雄さん演じる巳代松は手製の竹鉄砲を使用して、毎回バーンと破裂します。

布目　あれは小道具の玉井（憲一）さんに作ってもろうた。怖いよ、目の前で火薬が爆発するし、怪我したらえらいことや。やる本人……嘉葎雄さんもビビってたんやから。バーンって破裂するけど、火薬も量が多かったらどんだけ飛ぶかわからへん。でもうまいこと爆発した。で、ビューンって弾が飛んでいくやつは、わしが作った。あれはロケット花火。一発勝負やから失敗はできひんねん。そら役者やってたほうが楽ですよ。

殺しに関しては、山内さんがいちばんうるさかった

——いろんな殺し技がありますが、企画段階から殺陣師も参加するんですか？

布目　殺しの道具を考えるのは自分たちですが、最初の出発点で「どれをやろうか」っていうところは知らない。お題をもらって、それから考えて作りました。沖雅也さんだったら、竹串の殺しがあったでしょう？

——『必殺仕置屋稼業』（75～76年）の市松ですね。

布目　竹というのは時間が経ってくるとまわりが白くなってきちゃうの。だから朝イチで竹串を作って、水に浸けとくんです。で、殺しのシーンになったら出す……そうしないと竹の色が変わるから、まずは水に浸けておく。そういうのは自分で考えて、せやから大変やった。いらんこと受け持ちした（笑）。沖雅也はクールな人でしたよ。

だんだん「直してくれ」いうてね、あの竹串も最初はもっと短かかったんやけど、途中から長くした。それを着物の襟からピュッと出す。長いほうが出しやすい。短いと格好つかんからね。

――竹串を首に刺したあと、ポキンと折る動きも加わりました。

布目　山内さんから「刺したあと、なんかないの?」って言われるから。それで考えますわな。だから折ったあとにグッと押し込む動きをつけた。殺しに関しては、山内さんがいちばんうるさかった。(仲川)利久さんはそんなん言わへんから。櫻井(洋三)さんも言わない。やっぱり殺しは山内さん。ラッシュを見て「なんかないか?」言われるのが、いちばん怖い。それとね、グサッと刺すときの手のアップ、あれ全部わしがやってるんですよ。

――『必殺仕業人』(76年)のやいとや又右衛門(大出俊)は真っ赤な針を手にしています。

布目　ほんまに焼いた針を持ってなあかん。それを作りもんの肌にピュンって刺す。これがものすごう熱い。赤うなったら本番っていうんで、ピュン……毎週やってた。まぁ、いろんな手ぇやりました。レントゲンの撮影も『暗闇仕留人』(74年)からは全部わしの手。心臓づかみしたり、骨外したり……心臓は作りもんで、あれは空気を送ったりする医療器具。骨外しは作りもんの骨をレントゲン室に持っていって、自分の手で直接ポキッと折ってた。長いこといると体に悪いから「休憩!」って、そんなアホなことやってたね。

NGもあった。抜いて赤い血がポチって出るくらいはええけど、バーって吹き出すのはNG。残酷だから。緒形(拳)さんが相手の喉元にカミソリを当てて、あとは手ぬぐいを使った。絞ったら血が出る……それはOKやけど、喉から吹き出すのはあかん。間接的に見せるほうが怖いしね。どっちか言うたら「そりゃありえへんで」みたいな殺しがウケた。体をサバ折りして屋根の上から転がすとか、石段のところで転がす……あれはタイヤに着物をくくりつけただけ(笑)。屋根から落ちたあと、逆さになってるのもわしの足や。落ちるカットは宍戸(大全)さんのチームのスタントマン。

『必殺仕置人』の念仏の鉄（山﨑努）による骨外しはシリーズの名物に

『必殺仕置屋稼業』の市松（沖雅也）は竹串を駆使した華麗な殺し技を披露

――『必殺仕事人』（79～81年）の畷左門（伊吹吾郎）による人体二つ折りも布目さんが？

布目　そう、上半身は悪役の俳優さんで、下半身はわし。そんなん代役おらへんから自分でやるしかない。あれもタイミングが難しかった。さっき言うたイントロ、伊吹さんの赤い糸もそうですよ。背骨を親指で押したら、指に結んでた糸がピュッと切れる……あれは指の下にカミソリの刃を仕込んでおく。グッと指を押したら、細いカミソリをちょっとネジる。それで刃が当たって糸が切れるんです。いや、本人じゃなくて第三者がプツッと。カメラから見えないところにカミソリを仕込むから怖かったですよ。

――『翔べ！必殺うらごろし』（79年）の若（和田アキ子）は殴る蹴るという原始的な殺し技でした。

布目　あの時分、ジャッキー・チェンの映画が流行ってたんかな。それで相手の体に飛び乗って「バキッ！」とかやってた気がする。だから、ああいうアクションなんや。でも女の人やし、なんぼこうやっても、あんまり画にならんかった。それは殺陣師が悪いんよ。動きをつけるのはわしらなんやから殺陣師の責任です。役者さんはみんな箔があっておもしろかったもん。

殺しのシーンで積極的に意見を出してたのは藤田さんくらいかな

――藤田まことさん演じる中村主水は、刀を使ったオーソドックスな殺しです。

布目　やっぱり役者やね。他人には出せん味がある。殺しになると、ヘラヘラした顔がキュッと変わる。目が変わる。顔で人を殺すっていうのは、なかなかできへん。『必殺』の場合、ええ役者さんの顔と目、そこに一瞬の光が入ればきっちり成立するんです。藤田さんも最初は普通に斬ってたの。でも、やっぱり人知れずやらなあかんから、脇差で刺すような地味な動きが多くなった。いや、藤田さんの年齢は関係ないと思う。ドラマ的に「ああいうシンプルな殺しが怖いやろう」ということで、大より小のほうが素早いしね。それと昼間や人混みのなかで相手を殺すのは難しい。だから柄のほうに仕掛けをして……。

――柄に刃を仕込んでの不意打ちですね。『必殺仕事人V』（85年）から登場しますが、あの目釘を抜く動作が格好いい。

布目　あのアイデアは藤田さん。それを小道具の玉井さんが作った。殺しのシーンで積極的に意見を出してたのは藤田さんくらいかな。ソフトか、ハードかで、ぜんぜん変わってくるから。あとは殺す相手による。町人を殺すのにアホみたいに派手にやってられへんから、そこは静かにスッと。

――刺殺系では『必殺うらごろし』の市原悦子さんも印象的でした。

布目　おばさんね！　おもろい人やったな。セリフをしゃべりながら殺す、あの普段の感じがええよね。また市原さんも上手やから。女優さんだと京マチ子さんも刺して殺すやつ。女の人の手も全部わしですよ。白塗りにして、スッと。本人に「怖いわ」言われるくらい、スムーズに手が動いている（笑）。

――京マチ子さん主演の『必殺仕舞人』（81年）に合気道指導でクレジットされている〝武榮道〟は、若き日のスティーヴン・セガールだったとのことですが。

布目　そんな記憶がない。現場に出てくるまでに京さん個人で訓練してたんかな。覚えてない。

――必殺シリーズに限らず、とくに殺陣が上手かった俳優は？

布目　若山富三郎さん。刀が伸びるからね。小さく振ってくれたら楽やけど、振りが大きいんです。だからまわりのカラミが遅れると、誰かどつかれる。『子連れ狼　冥府魔道』（73年）のときは汚い現場で……地面に血のりが流れてて、そこで殺陣するから足が滑る（笑）。半歩ほど遅れると、肩をバーンってどつかれる。遅い人は怪我してた。やっぱり顔で斬らはるから、あの大きな目玉をグッと剥かれると初めてのカラミはビビりよる。まぁ本数や。だんだん本数を重ねると上手くなっていく。だから経験が役者を育てるんです。三田村（邦彦）くんが屋根の上を走るのでも、最初はおっかなびっくりだったけど、だんだん上手になって地面に飛び降りるまでワンカットでやった。出陣のシーンでも足に1本ずつスモークをセットして、火を点けたら即「スタート!」。全力で走ったら煙がブワーッ、真っ白になってフォーカスマンがピント失敗した(笑)。

――出陣シーンをふくめて『必殺』といえば光と影のコントラストですが、殺陣をつけるときに現場が暗かったり逆光の照明が眩しかったり、そういうことでやりづらかった思い出は?

布目　それはない。その前に明るいとこでテストやってるから、そこは心配せんと大丈夫(笑)。あとは真っ暗に映ってても、それはカメラで絞り込んでるから現場としてはちゃんと薄明かりがある。実際は肉眼で見えるんです。いや、シルエットとかそういうのを殺陣師から提案することはない。それはカメラや照明の仕事やね。そこがいちばん時間のかかることだし、でも現場としてはおもしろかった。

だいたいの監督さんは、みんな任せてくれました。こっちが手をつけるほうが先やから、その動きに対して「こうしてみよう」といろんなスタッフが意見を出す。眠たかったけど、手は抜けない。だって『必殺』なんやから、やっぱり殺しをちゃんとやっとかんと。そういうことで、だんだん東の空が明るくなってくる(笑)。

楠本さんが勝プロや映像京都の仕事をやってる間も、わしは『必殺』に残ってた。一緒に行ったりはしてない。重要な話をしますとね……『必殺』も殺陣師それぞれにギャラが出るんやったら問題ないけど、まとめてやから苦労しました。上の人は所帯もってるし、わしはまだ独身やったから。だから仕事を覚えたんはええけど、生活は大変でした。小道具も自前で作ってたし。なんべんか交渉したけどプロデューサーも融通が利かない。よその仕事やったら「外出たらあかんで!」って怒られるし。美山さんが途中から抜けたのもそのへんが理由です。けっきょく3人でやってると……ね。

――楠本さんが亡くなられて、『必殺ワイド・新春　久しぶり!主水、夢の初仕事　悪人チェック!!』(88年)からは布

目さんがメインの殺陣師となります。

布目　楠本さんはガンやった。あっけなかったな。それからわしが引き継ぎましたが、しんどかった思い出しかない。アシスタントがいいひんから、ひとりで全部やらなあかん。楠本さんのときは、わしが段取りしとくわけや。やっぱり補佐がいないと、ひとりで5日に1本は無理ですよ。もうバンザイや。ほんま人間の能力って、そんなに考えられへん。しかも作品がダブってくるから同時進行で「真ちゃん、こっち始まるでー!」って呼びに来る。「あっち来い」「こっち来い」言われて……A班B班で「こっちの殺しや!」って突然言われても「うーん」って。そのうち新しい殺し屋が来て、また考えなあかん（笑）。

――『必殺スペシャル・春一番 仕事人、京都へ行く 闇討人の謎の首領!』（89年）では、俳優の東悦次さんが共同で殺陣を担当しています。

布目　そんなんある？　まぁ、いちおう東も殺陣ができるからね。別の作品とダブってて、わしが立ち会えない箇単なところをやってもらったんかな。あんまり覚えてない。東京から宇仁（貫三）さんの弟子に来てもらって、B班をやってもらったこともありましたね。滝田栄さんの殺陣だけはノータッチやった。わしが最初つけてたんやけど、なんやしらん間に東郷（秀信）さんが来ばった。

――12時間ドラマ『大忠臣蔵』（89年）を筆頭にテレビ東京の時代劇の殺陣も多く手がけています。

布目　『大忠臣蔵』は大変で、あのときはそれこそ「もうやめたい」と思った。チャンバラが多いから、あんなん単独ではやりきれへんよ。誰か助手がいないと、殺陣の〝型〟を見せていけへんから。人数や手数が多いときは型で見せんと。『必殺』とは別もんですよ。まぁ苦労しただけや。「これをやったろう!」という気はない。その代わりとにかくやらんとあかん。いまテレビを見てたら「あぁ、こういう殺し方がええ」ってなるけど、それをイチから考えなあかん。それは無理やわ。ほんまに限界感じてた。よう切り抜けてきたわ。

『必殺仕事人　激突！』（91〜92年）でレギュラーが終わって、わしはよそに行ったんです。スペシャルとかそんなん年に1回でしょう。それじゃメシ食えへん（笑）。時代劇の本数も減って、もう仕事ないからサラリーマンやってたの。ちゃんと正社員で雇ってくれたら厚生年金がつくから、7年間……定年になるまで普通の会社のサラリーマンやりました。そういうわけで撮影所ともすっぱり縁が切れてたんやけど、『必殺仕事人2007』のときに黒田さんが「真ちゃん、特殊小道具やらへんか?」って声かけてくれた。

――製作主任の黒田満重さんですね。

布目　あれこれ現場でやっとったんを見てくれてたんやね。それから松岡（昌宏）さんたちの殺しの道具を作って、いろいろ現場でも聞かれるから、殺陣も手伝わなあかん。ポーズとか間合いとか「こういうふうに」ってアドバイスして、本人もそれで納得してくれますから。石原（興）さんも昔からいろいろアイデア出してたけど、いまは監督やし自分で考えてはるから、わしゃ「はい、はい！」って言うだけですよ（笑）。

――殺陣師から特殊小道具へ。必殺シリーズならではの〝特殊〟なポジションで復帰されて、いまも現役です。

布目　まぁ、殺陣師として仕事やったんはほとんど『必殺』だけやね。ほかの作品はしんどかった。でも『必殺』があったから、ここの撮影所も保ってるんやから。たぶん『必殺』やってへんかったら残ってへんと思いますよ。しかし『必殺』の殺陣師は難しいわ。あんまりやらんほうがええ。「次どう行くねん！」って、急かされてばっかりやった気がするな。

布目真爾

［ぬのめ・しんじ］

1940年大阪府生まれ。大映京都第2期フレッシュフェイスとして映画界入り。72年の『新諸国物語　笛吹童子』から殺陣師となり、楠本栄一・美山晋八の補佐として必殺シリーズに参加。88年の『必殺ワイド・新春　久しぶり！主水、夢の初仕事　悪人チェック!!』より単独で殺陣を手がけ、『必殺スペシャル』『大忠臣蔵』『月影兵庫あばれ旅』『参上！天空剣士』『必殺仕事人　激突！』などを担当。『必殺仕事人2007』以降は特殊小道具として参加している。

衣裳

塚本豊

「ちょっとこの衣裳は飽きたなぁ」って思ったら次のやつ作ってみたりね

必殺シリーズの衣裳は、松竹の関連会社である松竹衣裳が一貫して担当し、京都映画撮影所のなかに衣裳部を構えてきた。レギュラーの俳優陣からゲスト、エキストラまであらゆる衣裳を扱ってきたプロフェッショナル、シリーズ初期から参加してきた塚本豊が中村主水の羽織秘話ほか『必殺』の衣裳を語る。

棺桶の錠の半纏はGパンの生地を継ぎ接ぎしたのかな?

塚本　最初のね、『仕掛人』は別の仕事をしてたからやってないんですけど、2作目くらいから関わったんちゃうかなと思うんです。山﨑(努)さんが出てたやつ。

——『必殺仕置人』(73年)ですね。

塚本　特別な思い出いうほどのことはないけど、はっきり言えば、すごい適当にやってたんですわ、その時分は(笑)。『仕置人』がどうのではなしに、とにかくテレビの流れでね、「まぁ、こんなんでええんとちゃうか?」いうのでやってた。これといって、なんかしようということもなく。山﨑さんは「赤襦袢にしよう」とか自分から言うてたかな。あとは時代劇の流れで、時代劇でやっている普通の格好でいいんじゃないかいうことで、だから同心は同心の格好でいいし。

——藤田まことさんの中村主水は、たしかに普通の黒羽織です。

塚本　なにもしようがないしね。家紋も適当に〝丸に唐花〞を付けたら、それがそのまま何十年（笑）。

——沖雅也さん演じる棺桶の錠は、ちょっと短めの職人風の衣裳です。

塚本　半纏みたいなのをね……あれは普通の素材ではおもしろないから、Gパンの生地を使ったのかな？　Gパンをほどいて、継ぎ接ぎにして半纏を作った記憶があります。その流れが三田村（邦彦）くんまで行ったと思うんです。『斬り抜ける』（74〜75年）の近藤正臣さんもそういう素材ですね。「こういうかたちにしてくれ」いうのは言いますけど、会社に縫製係がありますから、そっちに出すだけのことです。

——当時の衣裳部の体制は？

塚本　テレビの場合、だいたい2人です。現場付きと、部屋のほうにいてるのと。現場付きが助手で、役者がしょっちゅう出入りしますから、着付けをしたりして部屋にいるのがチーフ。とりあえず5日くらいで1本の作品をあげなきゃいけないし、それで次のホンが来て、その段取りもしなきゃならない。だから忙しいのは忙しかったですね。レギュラーは決まってしまえば同じのでずっと通しますから、あとはゲストの衣裳をどう段取りするかですけど。昔の役者さんはそんなにうるさく意見出す人もいなかったし、だいたい監督と相談しながら「これでいこうか」「あれでいこうか」いうことで決めていきました。

色がかぶらんように、そのへんを考えて監督に「こんなんでどうや？」って。「ちょっと違うな」っていう監督もいるし……細かいのは三隅（研次）さんですわ。それで、わけのわからんことを言うのが工藤（栄一）さん。なにを言い出すかわからん（笑）。「時代劇でこの組み合わせはおかしいですよ」「ええんだよ、おかしくても！」って、むちゃくちゃ言い出す。三隅さんは「うーん、違いまんな」、それだけ。楽なんは、いちばん数を撮った松野（宏軌）

監督ですね。ほとんどこだわりないから、逆に石原（興）がコチョコチョ言ってくるくらいで（笑）。「これ違うやろ～！」って。いや、うるさいことはないけども「ちょっと違うやろ～！」って。

――それは衣裳を決めたあと、現場に入ってから？

塚本　そうです。「ちょっと変えてきて～」って。だから部屋にいると、現場付きが帰ってくるから「なんや？」言うたら「衣装を変えてくれって」。そら、こっちも「なんでやッ！」ってなりますよ（笑）。

――昔の衣裳さんや小道具さんは怖かったと今回の取材でうかがいました。

塚本　噂ですよ。昔から〝鬼の床山、蛇の衣装〟だっけ？　昔は職人気質の人が多かったから、京都は怖いという噂が広まったのと違いますか。

「時代劇の基本だけは崩したくない」いうのはありました

――さかのぼりまして、松竹衣裳に入ったきっかけは？

塚本　高校を出たあと仕事やめて、大阪でブラブラしてたんですけど、新聞広告を見て「ちょっと行ってみようか」いうんで、なにもわからんと入った。いや、ファッションが好きとか、映画が好きとか、そういうことでもないです。それで大阪の松竹衣裳で舞台とかそっちのほうをやって、しばらくしたら「撮影所に行け」と言われて、ここがまだ松竹の、映画の撮影所やった時代です。最初が仲代達矢さんの『切腹』（62年）。同じシーンを長いこと、何日もかけて撮ってました。

それから閉鎖になるまでずっと撮影所にいて、ぼくがちゃんと関わりだしたのは『三匹の侍』（64年）です。血ぃばっかり出してね。いや、チーフは松竹の人で、ぼくは現場付きです。あの時分は五社（英雄）さんも元気やった。

ぼくが五社組をやったのは、最初の『三匹』と最後の『女殺油地獄』（92年）、その2本。最後のときはだいぶ体が弱ってましたけどね。それで松竹が完全に閉鎖になったあと、大阪に戻って舞台とか踊りをやって、栗塚旭さんの『風』（67〜68年）……あれの途中からまた帰ってきたのかな。

――映画とテレビ映画の現場に違いはありますか？

塚本　けっきょくテンポでしょうね。テレビは時間が取れないし、予算もないからスピードが求められる。テレビの連続ものも予算は1話ごとです。1話なんぼっていうことで、ただ安いからなかなか値段も上がってこないのに人件費は上がる、材料費も上がる……それに衣裳代が追いつかないから大変でした。東映の場合は衣裳代だけで人件費は別やからある程度の余裕があるけれど、こっちは全部一緒。けっきょく松竹衣裳も京都映画もアタマが松竹ですからね、そのへんの採算は苦労させられました。

――必殺シリーズの話に戻りますが、『必殺仕業人』（76年）で中村主水の羽織がいったん茶色になり、のちのシリーズでも茶色が定着します。

塚本　ちょっと着古した感じを出したいと藤田さんから言われて、しかしなかなか着古しの感じを出せない。それで最初から色焼けした感じで染めてみようかっていうことで染めだしたんですけどね。新調しても黒い色を落とすのは何十年かかりますから、日なたに出してもなかなか抜けない。まぁ、そのへんはレギュラーやからずっと着るのでどうってことはないんです。単発でややこしいもん作らされると、ちょっと困る（笑）。主水の羽織は、いろんなん作って5〜6枚はあったんですけど、いまは2枚くらいしか残ってない。倉庫にありますけどね、あとで見に行きましょうか？

――あ、ぜひぜひ。羽織が茶色になった『仕業人』から主水はマフラーみたいな襟巻きをつけるようになり、その後もトレードマークになります。

塚本　なんかのときに「ちょっと顔隠そうか」いうことになって、そのへんにあった切れ端を「これどうや?」って（笑）。殺すときだけ口に巻いて、色味とかそんなん考えんと「こんなんでどうや?」「それでいこか」。あのアイデアは本人からじゃなかったかな?　細かくは覚えてないんやけど。

こだわりはあんまりないんですわ、藤田さん。衣裳に対して、うるさいことも言わない。ただ裃を着るシーンのときに、普通の裃を出したら「あかん、もっとボロを出せ!」って（笑）。で、肩の骨の折れたやつを出したら「こんなんでいいんじゃ」って、ずっとそれでやってた。「こんな裃、主水には上等すぎるやろ。ボロはないんか?」言うてましたね。あれは印象に残っています。

『必殺仕舞人』（81年）のときは、京マチ子さんの衣裳合わせで東京のご自宅まで行きました。あの覆面は新調ですけど、口元まで隠して目のところだけ見せて……こんなんでどうやろうって話をしました。『仕掛人』の緒形（拳）さんも頭巾……あれは黒子の衣裳ですね。たまたま頭巾があったから、これを被るいうことやったと思うんです。目を隠す薄い紗は、ほんまはもっとあったのを、長いから切ってるだけ。目を隠したり、口を隠したり、そういうのはいろいろ出てきましたね。

とりあえず「時代劇の基本だけは崩したくない」いうのはありました。基本は基本であって、それから多少は工夫しようという……最近みたいに、基本もなにもなしにやられるのは、ちょっとついて行けないけど。やっぱり『必殺』でも基本は崩したくない。工藤さんは基本を知ってるんですわ。知ってる監督が「こうしよう」「ああしよう」いうのはわかるんですけどね。

勇次の背中の〝南無阿弥陀仏〟は、ぼくが勝手に付けたんちゃうかな

――『必殺からくり人』（76年）から始まる山田五十鈴さんのシリーズには、〝浅草 寶扇堂久阿彌〟という衣裳提供のクレジットがあります。

塚本　山田さんがそこで衣裳を決めて、全部仕立てて送ってきてくれたんです。だから山田さんに関しては楽でした。山田さんが反物を見て「これ仕立てといて」。しかも衣裳の予算がかからない。寶扇堂の宣伝費やから、タイアップのハシリみたいなもんですよね。

――『翔べ！必殺うらごろし』（78〜79年）の若の衣裳はGパン系ですか？

塚本　いや、和田アキ子さんは剣道着でしたね。黒に白糸の刺し子だったんですけど、白糸ではおもろないなと思って、マジックで糸だけ赤く塗ったんですわ。黒い道着の刺し子の白い糸を、マジックの赤で、ぶわーっと。こんなんやってたらラリるぞって言いながら（笑）。市原悦子さんもあんまりきれいな衣装やなしに……監督の森崎（東）さんのこだわりやったと思うんですけど。ちなみに脇役の衣裳も全部こっちで担当します。前の日に予定が出て、誰がどの役やるいうのがわかるから、ある程度はその人の寸法に合わせて用意して。やっぱり人数が多かったりすると大変でした。

――『新必殺仕事人』（81〜82年）から登場する三味線屋の勇次（中条きよし）の衣裳は、殺し技の進化とともにどんどん派手になっていきました。

塚本　あれもどうしようかって考えながらやってて、「ちょっとこんなん作ってみたろか」って。羽織のかたちも普通じゃおもろないしって思いながら変えてました。薄く抜ける糸を紗で作ってみたり、着物と羽織を同じ色で作ってみたり、あのへんは全部新調で最初から染めさせたものです。背中の〝南無阿弥陀仏〟……あれは、ぼくが勝手に付けたんちゃうかな。「このへんにちょっと入れてみたれ」と思って。あの文字は縫いじゃなくて、染めてるだけです。箔を切って、箔を置いているだけなんですわ。金箔とか銀箔の箔……それを使ってます。ぼく個人で「ちょっとこの衣裳は飽きたなぁ」って思ったら、次のやつ作ってみたりね。5〜6点は作ったかな、中条のは。まだ2〜3点は残ってると思います。

『仕事人』なんて何年やったかわからんくらい次から次で、とりあえず（撮影に）入るまでの余裕がほとんどなかった。「次これやで!」ってなって、役者が決まって入るまでに時間がないから最初はありもんの衣裳で、途中から「ちょっとなんかしよう」ってだんだん変わっていくパターンも多かったと思います。

——さらなるキラキラ系として、『必殺仕事人V』（85年）から組紐屋の竜（京本政樹）が登場します。

塚本　あれはもう、どうでもええわと思って（笑）。こんな生地あったから、これでやってみたろうかなっていうくらいですわ。監督でも深作（欣二）さんは、ああいうキンキラが好きでしたね。

——ほかに思い出深い出演者や作品はありますか?

塚本　レギュラーの人たちなんかも、ほとんど流れでやっているから、思い出いうのはないんですよ。仕事でやってましたからね。それにぼくらはあんまり役者と直接付き合ういうのを……そら現場ではありますけど、現場が終わったら基本的にしないんです。けっきょく〝なあなあ〟になって、衣裳のことであれこれ言われると困るから。そのへんは一線を置いてやってました。

定年過ぎて7〜8年はいたのかな。68のとき会社を辞めました。たまに忙しいときに応援に来たりはしてますけど、最近はほとんどやっていないです。もう歳も歳やし。えらい仕事もあったと思うけど、そこも全部忘れてしまってるし。作品でもそうで、「これはよかったな」みたいなことはあんまり記憶にない。好きな衣裳とかもない。まぁ「こんなもんだろう」っていうのでやってきた（笑）。テレビの場合、間に合わせるのが第一ですから。

塚本豊

［つかもと・ゆたか］

1941年兵庫県生まれ。高校卒業後、松竹衣裳に入社し、テレビや映画の衣裳を担当する。テレビは必殺シリーズをはじめ『女人武蔵』『金田一耕助の傑作推理』『鬼平犯科帳』『岡っ引どぶ』『阿部一族』『剣客商売』など、映画は『炎のごとく』『女殺油地獄』『忠臣蔵外伝　四谷怪談』などに参加。

平井靖

もうね、どんな作品でも岡っ引きなら平井でした

京都映画（現・松竹撮影所）の専属俳優として『必殺仕掛人』から最新作の『必殺仕事人』まで50年、欠かすことなく出演しているのが平井靖だ。温厚そうなタヌキ顔をトレードマークに主水の同僚や配下の岡っ引き、町人、職人、行商人と、あらゆる役柄を演じてきたベテランが〝情景としての芝居〟を語る。

東映の養成所では毎日馬の稽古

平井　あと3ヶ月で80歳です。俳優生活61年、18歳で東映京都撮影所に入りました。そのころまだね、東映の大部屋は300人以上いましたから、それはもうものすごい縦社会ですよ……あ、『必殺』の前に、わたしの生い立ちから話させてもろうていいですか？　岐阜の生まれで、高校がね、無線学校行ってたんですよ。船乗りになりたかったんですが親に反対されまして、当時はテレビ会社がいっぱいできてましたから、東海テレビの技術部に入社が内定したんです。ところが、たまたま二本立てで見た勝新太郎さんの股旅ものに感激して、それから時代劇にどっぷり。大川橋蔵さんのモノマネをしたり……学校で先生が教室に入ってきて、たとえば遠山先生なら「遠山先生のご出座～～！」なんてね（笑）。そうしたら友達が勝手に東映のオーディションに書類を出して、合格したんです。

でも、就職は決まってるし……悩みましたが、親父の反対を押し切って京都に出たんです。

――アイドルのデビューみたいですね。

平井　それから東映京都撮影所付属芸術研究所という俳優の養成所に入りまして、月に2000円ほど月謝を払って、毎日馬の稽古です。立ち回りは週に1回、日本舞踊も週に1回、セリフの芝居は月に2回くらい（笑）。そっちをやりたいのに、毎日馬の練習。当時は戦国ものの映画が多かったから、馬に乗れる人間が必要だったんです。1年くらいやりましたが、立ち回りでも三重の列です。市川右太衛門先生の立ち回り、まずお気に入りのカラミがいて、その外に剣会（つるぎ）、その外に先輩の契約者……そのさらに外がわたし（笑）。35ミリのシネスコ画面で、左に右に走ってばっかり。あとは馬に乗る日々でした。このまま東映にいても無理かなって思ってたら、大映京都撮影所で長谷川一夫先生の映画があったんです。当時は五社協定がありまして、端っこの役者でも他所には行けなかった。でも、どうしても長谷川先生の作品に出たかったので東映を辞めて大映に移籍。そうしたら市川雷蔵さんの『忍びの者』（62年）の撮影に入るところで、雷蔵さんの手下のような下忍の役……1ヶ月ずっと出させてもらいました。東映の日当は260円で、残業が1時間40円。それが大映は400円です。さらに5000円の役手（役の手当）がついた。初めて大映でもらった給料はうれしかったですね。

ところが、ちょうどそのころテレビ映画が流行りだして「東伸テレビ映画株式会社」というのができた。東映の馬を管理してた高岡（昌嗣）さんが立ち上げた会社で、「いま来たら、セリフのある役がもらえるぞ」という話で東伸テレビに移籍。林真一郎が主役の『織田信長』（62～63年）で、「申し上げまーす！　なんとかかんとか」ってセリフが、どうしても出てこなくてNGの連発。当時はアフレコですから、もう「いろはにほへとって言うとけ！」となって、後ろ向きのカットやからそれでOK。でも、アフレコしたら早すぎて間に合わずに困りました。それから『戦国大統領』（63年）や『風雲半次郎』（64～65年）に出たんですが、東伸テレビが3年で倒産してしまい、みんな失業です。当時は成人映画が繁盛していた時代で、京都だと八千代館にかかるようなやつ……それを1年くらい、スタッフ兼役者でやりました。ロケーションに行ったら、製作進行と助監督、技術の手伝いをやりながら出演する（笑）。ちょうど東伸テレビの倒産と松竹京都撮影所の閉鎖が同じ年、昭和40年。そのあと松竹でテレビの時代劇を撮る……立ち回りできる人がいないから集めてくれと言われて、そのころ足立伶二郎さんという殺陣師が東映と揉めて浮いてたから、主演の田村正和さんが「ぜひ足立さんでやりたい」。それで東伸テレビの残党が集まって、足立伶二郎剣友グループを結成した。

――その作品のタイトルは？

平井　『新吾十番勝負』（66年）。昭和42年に入るといろんな作品を撮るようになりまして、『神州天馬侠』（67年）、『海の次郎丸』（68年）、『まぼろし城』（68年）、それから大瀬康一さんの『黒い編笠』（68〜69年）に『白頭巾参上』（69〜70年）、岩下志麻さんの弟さん（岩下亮）が主役の『千葉周作　剣道まっしぐら』（70〜71年）。そのあと昭和47年に『必殺仕掛人』（72〜73年）が始まるんです。足立伶二郎さんのときは剣友会で、そのあとすぐ〝京都映画専属演技者〟という肩書になりました。いまは〝松竹撮影所俳優部〟……だから55年以上、ずっとここにいます。テレビの場合、ちょっとのセリフでも主演の人やゲストとからむ役が回ってくるでしょう。それはうれしかったですよ。最初の『仕掛人』で覚えてるのは、緒形拳さんにブスって針でやられる忍者の役。彦根城のロケがありました。

――第11話「大奥女中殺し」ですね。

平井　緒形さんを襲うのに、高い石垣の上から降りないかんのです。殺陣師さんの思いつきで「そこから飛んでこい。そのほうがおもろいやろ！」……楠本の栄ちゃん（楠本栄一）が言うた。普通は地面に炭俵なりダンボールなりを置くのに、なんにもない。さすがに躊躇しました。でも、緒形さんは上手いもんや。「とにかく俺んとこに降りてきたらええよ！」……それで飛び降りて、ぶじＯＫ。その次に殺されるアップを撮ってもらいましたよ。

――演出は松野宏軌監督です。

平井　松野先生はね、わたしら台本をもらうでしょ。「さぁさぁ、てえへんだ、てえへんだ！　ゆんべ神田川に女の水死体が浮いたよ！」とかいうセリフがあったら、その日の朝に「平井ちゃん、ちょっとこれ足して」。もう覚えるのに精一杯でしたが、とにかく松野先生は思いつきでいろいろなことをやらせてくれる監督でした。『必殺まっしぐら！』（86年）のとき、わたしが役人の役で「おい、この男を見なかったか！」……西郷（輝彦）さんとからむシーンが終わった。後日撮影所のオープンセットでその他大勢の町人をやってたら、また役がついた。酒を買いに行ったら、値上がりしてて……という客の役。もう別の役でセリフしゃっべてるのに「いいから、いいから。製作部に言うて、役にするから」。ただ役手を請求するのに、同じ話で2回、平井靖では出せませんから昔の仲間の名前を使って、三文判まで買ってごまかしました（笑）。松野先生はとにかくカット割りが細かくて、現場で揉めることもあるんです。でも、映像を見るといいんですよ。そういうところが局受けしていました。

――ほかに印象的な監督は？

平井　三隅研次さんという大映の監督さんがおられまして、女優さんをよく泣かすんです『助け人走る』（73〜74年）だったかな。最後の最後のシーンのアフレコで、女優さんがなかなか泣き芝居ができなかった。「あなたー！」って泣く。それを「嘘泣きや！」ってOKが出ない。冬の寒い夜中ですよ。わたしたちはそれが終わってから立ち回りの「えい！」「やぁ！」「おのれ！」とかがあるのに、出番が来ない。最後は女優さんがほんまに泣いてしまって「わたし、できない。できない……」、そうしたら「本番行きまひょう！」って三隅さん。「えっ？」「いいから行きまひょう！」、ほんまに泣いているからよかったんでしょう、「キャーットーー！」って猫が鳴きました（笑）。「キャット」いう声が監督のOKなんですよ。それでやっと終わり。家に帰ったら夜明け前、三隅組はそんなんでした。夏なんか3時半くらいで終わり。夜が明けてきたから、ナイトシーンが撮れへん。

とにかく『必殺』は夜の撮影が多かった。で、同時に歌舞伎座の作品もやっていますから両方に出て、夜中の3時、4時に終わる……ぼくの家は撮影所から近いんです。でも翌朝のロケが8時出発。羽二重したまま、そのまま楽屋で寝てましたよ。すぐカツラかぶって出発できるように。子供がまだ小さいときなんか、寝ている間に出ていくでしょう。で、また子供が寝てから帰る。何日も顔を見んときがありました。だから「お父さん、今度はいつごろ来るの?」(笑)。たまに休みになったら、1日中べったりやったね。幼稚園のころは息子を公園に連れて行って、ウルトラマンやゴレンジャーごっこやったらキャッキャよろこんでくれてました。

「平井ちゃん、独り言のように言うのがええよ」

――中村主水役の藤田まことさんはどのような方でしたか?

平井　優しい方でした。現代劇もやっておられまして、『京都殺人案内』での地方ロケなど、ときどき専属の運転手でした。「平井さんの運転やったら安心して寝られる」って言うてくれはって……もちろんドライバーさんもいたんですが、運転が下手なんです。だから製作主任の黒田(満重)さんに頼んで、レンタカーを借りてもらって。「そばを食うと長生きできるから」って藤田さん言うてはりまして、おそば屋さんによく連れていってもらいましたよ。「こういうときはこうやる」って、ようお芝居も教えていただきました。厳しいところもあって、下手な俳優さんがいたら「代えてくれ」って製作の人に言ってましたね。最初から「これは合わへん」とか、そこはシビアな人でした。主水の上司役なんかでも、ちょっとやりすぎなところがあると主水が浮かへんでしょう。昼行灯やけど、いざ裏になったら……それがウリやから、そういうのを消すというか、邪魔するような俳優さんは代えてほしい、と。

亡くなられるちょっと前あたりは、ボランティアで通行人を雇ったんですけど、藤田さんが「タダの素人なんか雇うな。いつもの人たちを使え」。わたしが休みなのにボランティアを使ってたら、怒ってくれました。藤田さんと山城新伍さんは、その他大勢の町を歩く人でも、役者の心得がなかったらあかんってこだわっておられました。

――大部屋俳優の場合、セリフがある役だけでなく通行人として背中の演技を求められます。

平井　ただ歩くだけではなく、情景にぴったりハマるようにやらないといけない。情景としての芝居なんです。だからみんな自分で、今日はどんな生業の役をやるのか把握して、役になりきってやれよって言うんです。台本を読んで、今日やるシーンを把握して……人足だったら人足、豆腐売りだったら豆腐売り、それぞれの生業があって日当を稼ぐために生きている。そういうのを自分で想像して演じる。ただ歩くだけならボランティアと一緒ですから。

――藤田まことさんと共演したときの思い出はありますか？

平井　松野先生の回で、主水と小者の2人が火にあたって、お茶飲んでて、そこに田中さま……山内としおさんが「中村さん！　なにボヤボヤしてるんですか！」って入ってくる。そのシーンのときに藤田さんか松野先生の思いつきで「あぁ、花札やろう」となって、小道具さんに用意してもらって……わたしが有利なんですよ。「はは、出ました！　これはもう」って調子に乗ってたら、「馬鹿野郎！　小者が昼間っからバクチやっていいと思ってんのか！」って扇子で叩かれる。そこへ田中さまが入ってきて、慌てて花札をひっくり返す……ああいうお芝居は即興でやってて、おもしろかったですね。

――『新必殺仕置人』第41話「解散無用」（77年）でも番屋の小者を演じています。巳代松（中村嘉葎雄）を解き放つためにやってきた主水を拷問部屋に案内する役です。

平井　あぁ、半分死んでる状態ですよね。ここの芝居はね、藤田さんが「平井ちゃん、独り言のように言うのがええよ」ってアドバイスをしてくれはったのを覚えています。主水に言うんじゃなくて、「旦那、もう死人同然ですよ。大きな声じゃ言えませんが……こんな酷い拷問を」って独り言のように。藤田さんはそういう細かいところを少しずつアドバイスしてくださって、結果的にもいいシーンですよね。だから非常に大好きな俳優さんでした。

――「解散無用」は原田雄一監督です。

平井　原田さんは、ごくごく普通の監督でしたね。俳優さんの言うことを聞いて、「はい、そうですね」って柔軟に対応する。こちらにも特別な注文はない。たとえば工藤栄一監督は「平井ちゃん、そんな遠慮しとったらあかん。もっと思いっきり行け！」、そういうタイプ。雨降らしでも中途半端な雨じゃないしね。大きな扇風機持ってきて芋粉をふりまいたり、工藤監督はそういうのが好きやった。

津島勝さんも工藤監督タイプで、なんでも動きをつけてしっかりやる監督でした。ある殺しがあって役人たちが検死に来ている。その被害者である有名な絵師を主水が知らない……ぼくは捕り手だったんですけど、その絵師のすごさを説明したいとなって「平井さん、下っ引きに着替えてくれ」、急に役が変わったことがありました。でも、それはうれしいですよ。その場の即興で「旦那、ほんとに知らねぇんですかい？」って藤田さんとお芝居をしてね。津島さんは真面目な監督できっちりやるし、どんな俳優さんでも、その人独特のものがあるでしょう。そういうところを引き出してくれる監督でしたね。

杭に引っかかった水死体をやったこともあります

――必殺シリーズの大部屋俳優のみなさんは、京都映画とエクラン社に所属が分かれていたそうですね。

平井　太秦で京都映画がテレビ映画を始めたあと、1年くらい経って日本電波映画という会社が倒産して、そこにエクラン社があったんです。それから京都映画の中にエクラン社が事務所を構えた。エクラン専属の人もおるけど、一般からエキストラを募って、そういう斡旋の免許を持ってましたね。一時期、京都映画の演技者が4～5人にな

岡っ引きの扮装をした平井靖。『必殺仕置人』のころ

奥に扇田喜久一、手前に平井と山内八郎。八っちゃんは92歳まで現役の俳優を続けた

左から松尾勝人と平井。オープンセットの長屋にて

って、スタッフが予定を両方に出すのが大変やからという理由でエクラン社預かりになったこともありました。そのときは「エクラン演技集団」という名前やったかな。

——京都映画の専属俳優は、平井さん以外にどなたが？

平井　亡くなった丸尾好広。彼は日本電映が倒産してすぐにわたしらのグループに入れてくれ言うて、京都映画の演技者になったんです。重役と話をして「エクラン辞めてきたから入れてほしい」と。丸尾ちゃんはそういうの早いわ。パッと入りよったから。で、その後の人たちは入れなかった。みんなウロウロしてたところで丸尾ちゃんはスパッと見切りをつけて、早いこと日当稼いだほうがええからって京都映画の専属になったんです。あとは扇田喜久一、小泉一郎、徳田伊佐夫……徳田は四国の出で仲良かったんですが、3年くらい前に亡くなりました。それと山内八郎さんというおじいちゃん。そのほか若い人もいましたけど、続きませんでしたね。

——丸尾好広さんも必殺シリーズの顔といいますか、屈強な侍の役がぴったりです。

平井　いい顔してたから。悪役もできるし、殺陣が上手い。丸尾ちゃんはケチなの（笑）。日当が当時2000円か3000円で、それを絶対に使わなかった。わたしらはすぐパチンコ行ったりしていたけど、丸尾ちゃんは安いギャラを貯めて、とうとう家まで買ったの。それはすごいわ。だから〝二合五勺の男〟いうてね……アテもなしで、酒を一升買うて、それを4日で飲む。で、アテはなんやいうたら預金通帳（笑）。今日なんぼ入ったとか、通帳を見ながらチビリチビリ。みんな笑ってたけど、最後に家を買いましたから。打ち上げとか、タダの酒やったら飲んで二日酔いしてましたけどね。丸尾ちゃん、殺陣は上手いけど、セリフは……「これは緊張とちごうてな、酒のせいや」って（笑）。本人は酒のせいにしてたけど、日本電映におったころから長いセリフは苦手……。

——長いセリフのある役どころは、エクランの松尾勝人さんや伊波一夫さん、そして平井さんがもっぱら担当していた印象があります。

平井　まっちゃんは上手かった。真面目な方で、後輩に無償でお芝居を教えてました。撮影が終わったあとにね。あの人も病気で亡くなりました。まっちゃんの家族はよかったですよ。男の子3人でわたしら〝だんご3兄弟〟って呼んでました。まっちゃんは後輩の面倒見がよくて、ああいう人になりたいなと思いました。

伊波一夫さんも亡くなりました。昔から舞台をやられていて、器用な方でしたね。女衒とか居酒屋の亭主がぴったり。ただ、ちょっと〝くさい〟ところがあって、もともと時代劇ってくさいんですけど、あの藤田さんが「伊波さんの芝居はくさいからなぁ」ってよう仰ってました（笑）。大衆演劇の出身だから、大げさなんです。

東悦次、あいつは後輩に立ち回りを教えてたんやけど、若いやつに厳しいんです。目をつけた後輩に「こっち来いや」って……よう、わたしが間に入って助けましたよ。ヘタな立ち回りしたら怒りよるけど、だって最初はしょうがないんやから「東、よけいなこと言うなよ！」って何度も止めに入りました。

――なるほど。東悦次さん、役のまんまのイメージですね。

平井　エクラン社と京都映画の演技者の親睦のために、俳優部のみんなで海水浴に行こうやって東が言い出した。7月31日と8月1日、全員で海水浴に行ったんです。毎年ちゃんと会社に許可を取って、撮影があってもその日は東映から応援に来てもらったりしてとにかく全員で行った。そのカンパを東が主演の人とかゲストから集める。それをやりたかったんやな（笑）。だから1人いくらって参加費を集めるんやけど、けっきょくは全部そのカンパでまかなえる。1泊2日2食付きで夜、宴会になったときに、東が「余ったぶんを全部バックするわ」ってみんなで分けて……で、差額をちょろまかしとる（笑）。やっぱりネームバリューのある人が、1000円や2000円じゃあかんじゃないですか。5000円とか1万円とか出してくれる。藤田さんなんか、もっとだったと思います。まぁ、気難しそうな俳優さんのとこにも東は平気でカンパもらいに行くんですよ。そういう点はすごい。

そういえば、杭に引っかかった水死体をやったこともあります。浜畑賢吉さんが出てた『必殺』で、嵐山の桂川のロケーション。山﨑さんと浜畑さんが、その死体を見ながら「これは俺の昔の仲間だったやつだ」とか言ってて、その間ずーっと杭に引っかかってなあかん。これは大変でした。

――『必殺からくり人　血風編』第3話「怒りが火を噴く紅い銃口」（76年）ですね。あの水死体は平井さんでしたか！

平井　冷たいし、動いたらあかんし。それで本番もう1回、「平井さん、大丈夫?」「大丈夫や!」……そう言うしかない（笑）。あれも工藤組でしたね。映像京都の作品で、真冬の間人に行ったこともあって、7〜8人の水死体が浜辺に打ち上げられるシーン。ワカメやらコンブやらあれこれ付けられて、打ち上がってるんですよ。でも寒いから、どうしても顔がぶるぶる震えてしまう。止まらないんです。「あかん、みんな下向いとけ!」って、それで全員下向き。あんな死体あらへんわ（笑）。

――あはは。大部屋俳優の役の振り分けは製作部の仕事ですか?

平井　いえ、製作主任じゃなくて助監督のチーフです。無理なことばっかり言ってきた助監督さんもいたな。水野（純一郎）さんや。役の扮装して現場に行ったら「すぐチェンジしてくれ」とか。それが何回も何回もやったから、いっぺん怒ってね、カツラ脱いで帰ったことがある。製作部の部屋で渡辺（寿男）さんに「思いつきでやられたら、かなわん。今日は腹が立ったから帰ります」って言って、しばらく水野とは口きかへんかった。そのうち製作のほうに移ったら優しくなって、食事にも連れて行ってもらいました（笑）。最後は撮影所の重役になったのに、早くに亡くなられて……お別れに亀岡の斎場に行きました。チーフでも（都築）一興さんは大阪に移ったあと、何度も呼んでいただきました。『近畿は美しく』という毎日放送の番組もだいぶ出ましたね。琵琶湖のロケで絵描きの安藤広重の役。時代劇の衣装のまま、現代の名所を案内するという役をやったり。『鬼平』などの助監督だった加島ちゃん（加島幹也）にも呼んでもらいました。やっぱり外からお声がかかるのはうれしかったですよ。

――ほかにスタッフで印象的だった方は?

平井　口の悪い照明さんが、ようけおりましたね。中山利夫さんなんか「俺は男が嫌いやから平井の顔なんか当てんでええ」、そんなこと言いながら、ちゃんと当たってましたけど（笑）。それと〝若〟……録音の広瀬（浩一）さん。若も口が悪いんやけど、あんまり文句言われなかったね。広瀬さんは京都映画で最初にピンマイクを使ったの。セリフによっては、あんまり大きな声でしゃべると違和感が出るときあるでしょう。さっきの「もう死人同然ですよ……」みたいなセリフ。逆に中路（豊隆）さんは「平井ちゃん、もっと大きい声！」って、あの人はレベル上げて録る……ガンマイクだから、はっきりしたセリフを求めるんです。だから「てえへんだ！　てえへんだ！」みたいなときは中路さん、しんみりとボソボソしゃべるときは広瀬さんがいいですね。役者の立場としては。

――東映京都の俳優部とも交流はありましたか？

平井　大矢敬典さん。あの人はわたしと東映の同期だったんです。舟漕ぎもできますからね。熊本の島原かどこかの出身で、子供のころから舟が上手だった。それから福本清三さん、あの人も寡黙な人でね。威張らへんでしょう。トム・クルーズの映画……『ラスト・サムライ』（03年）に出たりしても、福本さんは偉そうなこと一切言わへんし。仕事に関しては厳しいですよ。あの人も舟ができる。また上手なんや。香住の出身やから。

ぼくも舟は勉強させてもうて、福本さんや大矢ちゃんには及ばないけど、大矢ちゃんに「いけるようになったな」と言ってもらったことがあります。ええ、梶芽衣子さんにも『鬼平』で褒めていただきました。最初のころはぜんぜんできなくて、大矢ちゃんの舟漕ぎを見て、やっぱり現場で覚えましたね。ときどきスクール（松竹アクターズスクール）で舟を教えてるんですけど、ここの池では思うように教えられへん。やっぱり近江の八幡堀とか琵琶湖に行かないとダメですね。うちの俳優部にも若い子が4人ほどいて、操船できるようにやっています。わたしはそろそろ終わりやろうなって思いますけど……伝えられるもんは、伝えていきたい。

ときどき撮影所を一般の人に案内するガイドをやってるんですが、ステージの前に桜の木があるんです。あれは

『必殺必中仕事屋稼業』（75年）を26本撮って、もうすぐクランクアップする記念に植えようって緒形さんが提案して、小さな苗木を買ってきた。草笛（光子）さんと一緒に、わたしも土をかけた覚えがあります。その場所がトイレの横（笑）。当時は汲み取り式やから、その栄養がよかったのか、どんどん大きくなって、すごくきれいな花が咲くんです。そうやって続いてるというのは、すばらしいですよね。

――俳優生活61年、さまざまな役を演じてきましたが、とくに好きな役柄というのはありますか？

平井　岡っ引きですね。大川橋蔵さんの銭形平次じゃないけど、わたしは岡っ引きが好きやったんです。上には同心がいるし身分は町人ですが、偉そうにできるじゃない。「おい、てめえ！　見たか見ないのか、はっきり言え！」とか、十手をチラつかせて、捕物もできる。主水と一緒に見回りに出て、「旦那、ここですよ！」とか……もうね、一時期はどんな作品でも岡っ引きなら平井でした。いちばん格好も似合うし、裏表なくできる。だから仲間からは〝銭なし平次〟と呼ばれてました（笑）。お金がないから。

亡くなった人も多いですけど、やっぱり食べられなくてやめていった俳優さんはたくさんいます。結婚して子供ができて、どうしても学校に通わせなあかんとかなったらね、仕方ない……。でも、ぼくは18歳のとき京都に出てきて、食べられなくても時代劇の仕事がしたいと思ってきたので、その一心で続けてきました。大先輩に山内八郎さんという方がおられて、92歳で亡くなられましたが、最後まで現役でした。最後は渡辺謙さんの『御家人斬九郎』（95～02年）で、火の用心……ちょっと足がヨタヨタしながらね。よかったと思いますわ。フジテレビの能村（庸一）さんが山内さんに敬意を表して、クレジットの順を上にして名前を大きく出したそうです。わたしもここまで来たら、最後まで現役の俳優として生きていきたいと思っています。

平井靖

［ひらい・やすし］

1942年岐阜県生まれ。高校卒業後、東映京都の大部屋俳優に。大映京都、東伸テレビ映画を経て、66年に京都映画の専属となる。必殺シリーズや歌舞伎座テレビの時代劇をはじめ『京都殺人案内』『鬼平犯科帳』『剣客商売』『雲霧仁左衛門』などに出演。現在も松竹撮影所俳優部に所属し、後進の指導に当たっている。京都映画以前のキャリアについては『映画人が語る日本映画の舞台裏　撮影現場編』のロングインタビューに詳しい。

俳優

東悦次

主役に怪我をさせない これがカラミの矜持です

凶悪なキツネ顔がトレードマークの俳優・東悦次、やくざや浪人役を得意とした殺陣の名手が『必殺』の日々を振り返る。引退から30年以上を経て初のインタビュー、京都映画やエクラン社だけでなく日本電波映画、さらには幻の特撮テレビ映画『アゴン』のスーツアクター秘話まで問答無用で語り尽くす。

あのころ「俺は日本一のカラミや!」と思ってました

東　生まれは昭和18年、もうすぐ79歳ですわ。『必殺』に出ててもこの顔でしょ、「お前、目立ちすぎや!」と怒られたことありますよ。思い出すのは三田村(邦彦)くんと大覚寺で真冬のロケ、堀の中での立ち回りがあって、照明のセッティングとかするのに時間がかかる……その間、ずっと水の中に入ってないとあかん。三田村くんと鼻水たらしながら待ちました。あとは伊吹(吾郎)さんとの立ち回りで、下にツルハシがあって、斬られたあとそこに勢いよく刺さったように演技せなあかん。危険ですけど仕事ですから、そんなん当たり前のようにやらされました。

——やはり東悦次=殺陣のイメージが強いです。

東　あのころ「俺は日本一のカラミや!」と思ってました。東映の連中より、大映の連中より、俺がいちばん上手いと。仕事終わったあとでも、撮影所のオープン（セット）で若いやつに立ち回り教えてましたからね。やっぱり殺陣の基本ができなかったら侍の役はできない。浪人の役もできない。浪人の歩き方、町人の歩き方、大名の歩き方、全部ちゃいますから。ただ歩いてるだけじゃあかん。それと殺陣できなかったら画にならないでしょう。

――『必殺シリーズ10周年記念スペシャル　仕事人大集合』（82年）では、知らぬ顔の半兵衛（緒形拳）にカミソリで喉を裂かれる用心棒の役でした。

東　あれは今宮神社ですわ。急に言われたんですよ、立ち回り。現場に行ってから殺陣師さんが足した気がします。早かったです、撮影は。テストやって、日が暮れるとすぐ立ち回りやって、ハイOK。拳さんは一緒にお茶飲んだり、まぁ普通ですよ……「東よぅ、お前よぅ」みたいなしゃべり方で（笑）。あの回の監督は工藤（栄一）さん、うるさいおっさんや。ぼくと丸尾（好広）さん、なんかあったら怒りますね。「こうせい、ああせい」と立ち回りにヘンな注文つけてくるから「なんでやー！」、よう喧嘩しました。

テレビ東京の『大忠臣蔵』（89年）で浅野内匠頭が切腹するシーン、工藤さんが「小刀の鍔とか柄とか全部外すのをやってくれ」。懐紙を置いて、切羽を取って、目釘を抜いて、バラしてきれいに置く。その手元のアップをワンカットで撮る……それを見てた近藤正臣が「お前うまいなー」と感心してね、「お前は現代劇にも出てるけど、俺はこれ一筋や」言うてやりました（笑）。とにかく殺陣に関することで「できへん」とは言えませんからね。あと、しつこいのは深作さん。なんべんも同じこと繰り返すからムカムカきて「深作欣二がなんぼのもんじゃい！」と、ロケから帰ったこともある（笑）。

――映画版の『必殺4　恨みはらします』（87年）でしょうか？

東　そう。その前にセットで侍が大勢出てたシーンで、ぼくは後ろのほうにいてたんですよ。そしたら深作さんが「おい、後ろのやつ！」、そらもう「後ろのやつって誰じゃい！」ですわ。人の位置がダブってたんでしょうけど、それをアルバイトの学生みたいな感じで言われたら腹立ちますよ。「わかっとるわ！　誰にもの言うとるんじゃい！」って（笑）。でも何年か経って深作さん、「今度の舞台に東ちゃんも出てほしい」と気を遣ってくれたんです。立ち回りのシーンがあってぼくのこと探してくれたんですが、もうエクラン辞めてましたから連絡つかんかった。あとで彦一……京都映画で助監督やってた松永彦一からそんな話を聞きました。

日本電波映画は怖いおっさんばっかりのおもしろいところ

——さかのぼりまして、俳優になったきっかけを教えてください。

東　生まれは和歌山ですけど、育ったんは大阪。西淀川区です。ヤンチャというより、カルシウムが足らなかったんでしょうね、すぐムカッとくる性格ではありました。ある日、友達が役者になりたいと言い出して、日本電波映画という京都の会社が新人を募集してたんですわ。で、そいつに付き合うてくれと言われて、終わるの待ってたんですよ。日本電波の撮影所は蚕ノ社（かいこのやしろ）にありまして、その前が畑で嵐電が走ってた。そこをぶらぶらしてると製作部の人が来て、事情を話したら「お前もやれよ」「いや、俺は仕事してるし」……そのころ溶接屋やってたんですわ。親父は板金工で、ぼくは板金より電気溶接がおもしろくて、そっちをやっとったんです。そんで親父に「俺あっち行くから」「まぁ好きなようにせえや」。20歳のころですわ。

——日本電波映画の撮影所は、どんなところでしたか？

東　おもしろいところだと思いましたよ。怖いおっさんばっかりでしたけど。大部屋の先輩連中……丸尾さんとかが『噂の錦四郎』（63〜65年）の立ち回りやってて、チャンバラ教えてくれ言うたら「アホかっ！」。丸尾さん、そのときから大部屋の幹事ですわ。一緒に入った友達はすぐ辞めてもうたけど、ぼくは「なにくそっ！」と耐えました。坂東好太郎さんの息子で坂東勲さんという方がいて、その人にお願いして立ち回りを教わりました。日本電波の殺陣師は二階堂武さん、日本舞踊を柱にした華麗な殺陣なんです。東映みたいな平場じゃなくて、舞台専門のきれいな殺陣で、当時もうおじいちゃんでしたね。松山容子さん、あの人の立ち回りに負けへんようにがんばろうと思って、毎日撮影が終わってから殺陣の練習ですわ。まだ大阪から通うてましたから、終電車の直前まで稽古してました。ぼく左利きなんですよ。だから右の殺陣を習得するのが大変で、よう木刀で叩かれました。手にもマメ作ってね。で、3ヶ月くらいでなんとか立ち回りのカラミやれるようになりましたが、ぼくらは日雇いで〝剣美会〟に入ると契約してもらえる。東映の剣会に対抗して剣美会……当時9本入ってたんです、日本電波だけで。だから蚕ノ社だけでなく亀岡にも撮影所を作って、広かったですよ。

——そして東さんも剣美会のメンバーに。

東　いや、入れなかった。その前に潰れてもうた。『明治天皇』(66年)という読売テレビの大型ドラマが打ち切りになって、不渡り出してもうたんです。最後のころは給料が出なくて、危ないなとは思ってました。

——日本電波映画の代表は、京都映画界の顔役・松本常保さん。松竹との縁が深く、もともとエクラン社の映画プロデューサーとしても活動していました。

東　晩年は好々爺でしたけど、電波のころは貫禄があって、ちょびヒゲ生やしてて、そばに寄れなかったですよ、怖くて。助監督やってた息子さん(松本丈夫)が亡くなられたときも葬儀の規模が、そらもうズラーッとすごかった。会長の縁でそっちの筋の人をたくさん雇ってましたから、照明部さんでも肩や背中に〝もんもん〟入ってて、「出すな」言われてても夏場で暑くなると脱ぎますやん。刺青姿でレフ板を構えてて、その反射する光の前をうっかり通ろうもんなら「こら!　おんどれ、殺すぞ!」ですから(笑)。とくに照明部さんと製作部さんは、その筋の出身が多かった。まぁ、入って1年くらい経ったら、こっちも文句言われても「うるさい!」でしたけど。

――特撮テレビ映画『アゴン』では、怪獣アゴンのスーツアクターを務めています。64年に撮影されながらお蔵入りとなり、日本電波映画倒産後の68年に放映された作品です。

東　大橋（史典）さんという監督の工房に行きました。ぬいぐるみを作ったあと何人か入ってぴったり合うてたんが、ぼくなんです。いちばん細いから。国広富之の親父（国広鷹夫）が製作部長で、「ええもん食わしたるから、ギャラ上げたるから」と言われて……けっきょく何もなかった（笑）。重たいし、硬いし、動きにくいし……恐怖心ですよ。ロケーションは琵琶湖が多かったんですが、水の中に帰って行くシーンは浮いてしまうんです。スタッフが「こらあかん！」と慌てて、足のところに穴を空けました。そのあとでミニチュアの街を壊していくシーン、これは電波のオープンセットで撮りましたが、火薬仕込んで爆発させると火がピューッと入ってくる、その穴から（笑）。「アツいー！」、それでも動かなあかん。

大橋さんは優しい人でした。背が高い、でっかい人でね。もうひとりの監督、峯徳夫さんも静かな人で特撮の現場にも立ち会ってました。『アゴン』の照明技師やってた松本久男さんも会長の息子で、甥のやっちゃん（松本靖男）は電波が潰れたあと、いっとき京都映画で進行やってました。そら、やりたいのは怪獣よりも立ち回りですよ。ほかの連中は時代劇に出てるわけですから、重たいぬいぐるみに入りながら「なんで立ち回りのできる俺がこんな仕事を……」と思ってました。まぁ、仕事だからやらなしゃあない。

――やはり殺陣に自信があったんですね。

東　内田良平さんが電波に来たとき、「みんな集まれ」とオープンで15人くらいが輪になって、千円札を石で置いて居合やらせたんです。いちばん素早く刀を抜いて収めたやつが勝ち。よーいスタートで、みんなが鞘に収めてるとき、ぼくもうお金もらってましたよ（笑）。そしたら良平さんが「俺は収めるだけ、お前は抜いて収めろ」……10回やって10回とも勝って、また1000円。けっきょく内田良平から3000円もらいました。

「あずまーっ！　お前、京都映画のボスやろ。なんとかせえ！」

——日本電波映画の倒産後、そのままエクラン社に移ったのでしょうか？

東　いえ、若い連中とカラミのグループを作って新歌舞伎座とか舞台の仕事をもらってたんです。それから香港に行って、1年間そっちで仕事しました。ショウ・ブラザーズですわ。製作主任の渡辺（寿男）さん、あの人も香港映画やってたから、行く前にアドバイスくれましたよ。『必殺』でもお世話になりましたが、渡辺さんは松竹のあと日本電波で部長やってたんです。香港の仕事は1年契約で実質1ヶ月やったかやらんか……でも毎月給料は出ました。日本から来た照明のスタッフさんがセットの上から落ちて亡くなったことがあって、あれはショックでしたね。その前の晩、一緒に麻雀してるんです。それが24歳のころで、そのあとエクランに。

エクランは丸橋茂さんという人が仕切ってて、松本さんは会長。太秦の旧松竹の撮影所に事務所も移りました。京都映画の専属が丸尾好広、平井靖、扇田喜久一。エクランは松尾勝人、伊波一夫……ぼくがいちばん若いのにボスで、ふんぞり返ってましたわ（笑）。やっぱり殺陣ができましたからね。平井や扇田もそこそこ上手かったけど、彼らは現場で覚えた殺陣なんです。ぼくは基本から仕込まれた。槍の使い方でわかるんです。刀はある程度できても、長いもん持たすと差が出ましたね。

『女人武蔵』（71年）では殺陣師をやりました。ぼくが若い連中に稽古つけてるところに松山善三さんが来て、「殺陣やってくれ」。びっくりしましたよ。それで川の中の立ち回りで濡れたまま1日、風邪かと思ってそのまま無理してたら結核になった。当時、京都映画の製作部のあったところがボウリング場だったんですけど、ボウリングやってたら喀血して即入院。太秦病院に行ったら「こら、あかん！」と宇多野病院に移されました。美鷹（健児）とか広田（和彦）とか、エクランの若い連中が見舞いに来てくれました。

――いわゆる〝大部屋俳優〟という言葉がありますが、京都映画の撮影所にも大部屋があったのでしょうか？

東　大部屋じゃなくて小部屋（笑）、製作室の正面に8畳くらいの部屋がありました。エクランと京都映画は別々で、京都映画の専属俳優は衣裳部のある建物の2階のもっと小さい部屋でした。そういえば、部屋で寝転んでテレビ見てたら、プロデューサーが怒鳴り込んで来たことありますよ。『女人武蔵』のセットで、扇田が高杉早苗さんに動線と立ち位置のことで確認をしたんです。それを扇田が命令したようにスタッフが勘違いして、プロデューサーにご注進。ぼくは部屋にいて知らんかったのに、櫻井（洋三）さんがドア開けて「あずまーっ！　お前、京都映画のボスやろ。なんとかせえ！」……それで扇田に聞いたら勘違いですやん。松竹から歌舞伎の俳優さんが来たときもすごかった。ある俳優さんのことを〝若さま〟と呼べと言われて、「そんなん言えるか。アホかっ！」（笑）。

――殺陣が上手だった俳優は？

東　松方弘樹さん。『江戸の紅葵』（70〜71年）という関西テレビのスタジオで撮ってた時代劇があって、あの人は立ち回りで芝居しはるから、それに合わせないとダメなんです。弘樹さんの間を理解しないとできない。手がちょっと動く、目線が動くのがきっかけなんですよ。静から動、その間を理解しないといけない。弘樹さんの殺陣は抜群でしたね。殺陣師は大映の宮内昌平さんでしたが、「東ちゃん、残ってや」（笑）。いちばん最後のカラミ、ようやらされましたよ。

主役に怪我をさせない。これがカラミの矜持です。自分が怪我をしても、シンになる人……主役さんには絶対に怪我をさせない。安心して殺陣ができるように、からんで行きます。殺陣師の段取りどおりじゃなくて、本番になったら殺陣師関係なく、主役さんとカラミの間合いですから。でも、東京から来た礼儀知らずの役者や生意気なタレントには合わせません。痛い目に合わせます。本番で、バチーンとね、当てちゃう。だって関東の人は殺陣できないでしょう。ふんぞり返ってるようなやつには「お前なぁ……お前と俺の間にはギャラという差がついてるやろ。

それ以上、偉そうにするなよ！」と脅してやりました。

――まるで『蒲田行進曲』の世界ですね。そして『必殺仕掛人』（72〜73年）から必殺シリーズが始まります。

東　忘れられないのは、山田五十鈴さんですね。拷問のシーンで、吊るされてる山田先生を鞭で打つのをキャメラ俯瞰から撮る。その役を若い人がやってて、ぼくは違う組でロケーションに行ってたんですよ。そしたら撮影がストップしたみたいで、山田先生のご指名で迎えが来た。ああいうシーンは割れ竹で叩くんですけど、もろに当たると痛いから〝怖い〟が先立って、芝居ができない。ぼくがやると当たる手前で止めるんです。止めると、しなる……竹の先が帯に当たって「パシーン！」と音を出してくれるんです。ほんまに当ててしまうと音が出ない。だから、当たる手前でパシーン。それだと山田先生もお芝居しやすいんです。音に合わせますから。草薙幸二郎さん、あの人も拷問のシーンのあとで「こんなに痛くないのは初めてだよ」と、びっくりしてはった。覚悟してたらしいんですが、パシーン、パシーンと当たるのは帯の先だけ。えらい感心してくれました。

――『必殺商売人』第10話「不況に新商売の倒産屋」（78年）ですね。あの奉行所での拷問はフルショットで迫力ありました。牢屋敷が舞台の『必殺仕業人』（76年）など、処刑場での首斬り役も東さんが定番です。

東　よくやりましたね。浜田光夫さんを斬るときに……あれ本身なんですよ。本物の日本刀。石っさん（石原興）が「あかん、本身使え」って。キャメラは穴の下から狙うんですわ。浜田さんには「絶対に動くなよ。かけ声かけないから」。声かけると絶対ピクって動くんです。それで本番、できるだけ首の近くで刀を止めました。

――『必殺仕業人』第2話「あんたこの仕業どう思う」では、斬ったあと首がレンズ目がけてボトッと落ちる演出もありました。

東　これはジュラ（ルミン）ですわ。俳優さんも動いてるしね、本身やったら死んでしまいます（笑）。下からのアングルだと、キャメラの前にガラスを置いて首斬るのと同時に血のりをダーッと流すような撮影もありましたね。

あれもタイミングは一発勝負です。ドバっと血が流れて、画面が真っ赤になる。

『斬り抜ける』のとき、足折ったんです

――必殺シリーズの殺陣師は楠本栄一さんと美山晋八さん、大映京都出身のおふたりが交互に担当しています。

東　晋八っちゃんには、よう相談されましたよ。「この殺陣どう思う？」って。複雑な手をつけるんやけど、それをこなせるカラミがいない。できんことはないけど、NGが出るのが確実な立ち回りをやらせようとするから、「あんたな、殺陣の流れ考えてやれよ。思いつきだけでやるなよ」と言ったことありますわ。楠本さんは、ときどき京都映画と映像京都の仕事がダブるんです。それで楠本さんが『必殺』やって、映像京都の立ち回りをぼくが代理でやりました。『岡っ引どぶ』（81～83年）だと、田中邦衛さんがすっぽんぽんのおねえちゃんに襲われるシーンとかね。エクランのカラオケビデオや入川保則さんが撮った同和問題の映画、そういう作品の殺陣もつけてますよ。

――布目真爾さんとの共同で『必殺スペシャル・春一番　仕事人、京都へ行く　闇討人の謎の首領！』（89年）の殺陣も担当しています。

東　真ちゃんに頼まれてようアドバイスしてたから、一緒にやりました。『大忠臣蔵』のときも最後の討ち入り……部屋でテレビ見てたら急に呼ばれて、手伝ったことありますよ。真ちゃんは楠本さんについてたけど、真ちゃんの下には誰もおらんかったから。ある日ね、仕事終わって麻雀やってたら電話かかってきて「ちょっとワンカットあるから来てくれ」。いまダメや言うたらスタッフが飛んできて、「石っさんが東じゃないとあかん言うてる」と、お願いされたこともありました。真っ暗なセットにスモーク焚いて、電線を垂らして、飛んでくる手裏剣を刀で弾き返して火花を散らす……小川眞由美さんの吹き替えです。ほかの役者さんがやってたのにできない。本番は真っ

知らぬ顔の半兵衛（緒形拳）にカミソリで喉を裂かれる用心棒役の東悦次。『必殺シリーズ10周年記念スペシャル　仕事人大集合』の1シーン

暗で、電線がどこにあるかわからないまま、手裏剣を弾き返した。ワンカットOKで、また麻雀（笑）。

——麻雀が好きだったんですね。

東　ぼくは一滴も飲めませんから、麻雀かパチンコですわ。あと思い出すのは、林隆三とよう遊んだ。野球してね。嵐山の公園に球場があって、ぜんぜん知らん人らも集めてよう試合しました。一般の人はびっくりしますよ、林隆三がいるから（笑）。正月前になると、撮影所のオープンで餅つき。ぼくが音頭取って、まずは櫻井さんに寄付もろうて、藤田（まこと）さんや草笛（光子）さんにもカンパしてもらって、ぎょうさん餅米買うてきて、3年くらい続いたのかな。藤田さん、ようけ出してくれました。立ち回りも上手かったですよ。ほんまに人を殺してるように見えますから。藤田さんの吹き替え……主水の後ろ姿は丸尾さんがよくやってて、これがそっくりなんです。

『必殺』だと、南座の舞台にも出ましたね。山伏の悪役で三味線の糸で首を吊られる。映像との連鎖で、首に糸がキュッと引っかかるとこまで映して、そのあと実際に……あれ大変でしたよ。南座は廻り舞台になってるんですが、高い所に吊るされて仕掛けを外すとき、どんどんどんどん首が締まってくる（笑）。

あの二日酔いのおっさん……勝新（太郎）には御園座のときアタマに来てね……トチってばっかりなんですよ、カラミが。だから毎晩、終わったあと稽古させられる。「なんで俺まで行かなあかんねん」と文句言うたら、勝さん「お前はいいよ」。でも自分だけ帰るわけにはいかんからやりましたけどね。関西テレビの『ザ・スター』って番組でも勝新ぐでんぐでんになって、スタジオで最後の立ち回り、ぼくは一対一で斬られる役。なんか言ってきたけど、もう言うことききかんと「早いんだよ」「早いことないやろ」、それで斬られた瞬間「おつかれ〜」って帰ったった。なんであんな酔っぱらいに協力せなあかんねん。それから勝プロの仕事は呼ばれても行きませんでした。

待つのは仕事ですからなんてことないんですが、勘違いでヘソ曲げられて困ったことありましたね。貞永（方久）さんが監督で、三田村くんを水桶につけて拷問するシーン、誰かが「かわいそうに……」と言ったのをぼくらが言ったと勘違いして。滝譲二と一緒に外で待ってたら文句言ってきたから、「そんなん言うてるかー！」。もう出番になっても「待っとけー！」ですわ。監督でも松野宏軌さんは〝なあなあ〟でしたから、昼間に相国寺のロケ……侍が走るシーンを笑いながらテストやってたら、夜、嵐山で水の中を何度も走らされた。「これ絶対に監督の仕返しや」……平井や松尾と言うてましたよ（笑）。

――ほかに大変だった撮影は？

東　『斬り抜ける』（74〜75年）のとき、足折ったんです。上り框の下に藁束が置いてあって、和泉雅子を抱えて下りるときに足を乗せたら藁束がグニャッとなって、そのまま踏んばったらパキーンと、音がしましたよ。最初はスタッフも「なにやってんねん」と笑ってましたけど、そのまま動けずに戸板で運ばれた。ほんまに時代劇ですよ（笑）。1ヶ月くらい入院しました。馬にもよう乗りましたが、『お吟さま』（78年）という映画で、お寺さんの境内の人が大勢いるところを馬で疾走するシーン。助監督さんが人の配置をしてたんですが、「大人はいいけど子供は出さないでくれ、萎縮して動けなくなって跳ねたら死んでしまうから絶対に出すな」と言うてたんです。で、本番。思いっきり馬で走ってたらキャメラ前に子供が2人！　もう逃げようがない。しゃあない、手綱引いて、左に体重かけて馬ごと転びましたよ。腹が立って、腹が立ってね……膝から落ちて、いまも時たま疼きますわ。

――映画の話もうかがいたいのですが、菅原文太さん主演の『炎のごとく』（81年）は松本常保さんプロデュースによる任侠大作です。

東　会津小鉄の話ですから、気合い入ってましたよ、会長。ぼくらの顔見たら「手ェ抜くな。ええか、しっかりやれよッ！」。監督は加藤泰さん、演技指導が大変でした。そのカットをやる前に細かく説明されるんですよ。シーンの意味とか、動きとか。ぼくが文太さんに柄杓を投げる場面、最初から外して投げたらバレますから、ギリギリの位置を見定めて、思い切り投げつけましたね。撮影所の向かいにある2階の喫茶店、そこに会長が毎日来てて

「茶たかりに行こうや」ってよく顔出しました。頃合いを見計らって（笑）。もう好々爺でしたけど、怒鳴られたこともありますよ。エクランに佐波（正彦）って製作進行がいて、そいつに文句つけた。そしたら会長が「あずまっ！お前なに言うとんねん！」。佐波は役者出身の後輩なんですが、エクランのスタッフやから身内という意識があったんでしょう。そういうケジメですわ。

——東映の『肉体の門』（88年）にも出演しています。かなりクレジットは上のほうですが、すみません。あんなに目立つ東さんが、どこに出ていたのか何度見てもわからなくて……。

東　トップシーンに歌が入るでしょ。あれ、ぼくが歌ってるんです。

——えーっ！

東　完成して東映の試写室に行ったらスタッフが「東さん、すごいよ。トップから東さんや！」「えっ、出てへんで」言うたら、自分の声が流れる。びっくりしましたよ。サングラスかけた目の見えん傷痍軍人の役ですわ。「このガリガリの体がええ」と五社（英雄）さんに指名されて、上手く歌うたらあかんと言われました。かたせ梨乃さんにお金を払ってからむシーン、普段の立ち回りとはぜんぜん違うから緊張しましたよ。五社さんは、ヤクザでいうたら兄貴分みたいな……優しい人やった。ぼくのことも「兄貴」「頼むで、兄貴」、そんな監督さんでした。

——90年代に入ると、東さんの姿をテレビやスクリーンで見かけなくなってしまいます。

東　丸橋さんのころはよかったんですが、会長が亡くなったあとエクランを引き継いだ人と合わなかったんです、お互いに。それで辞めざるを得なくなった。もう役者を続けようとは思わなかったし、すっきりしました。それから？　なんにもしてません。ヒモですわ（笑）。たまに殺陣師の声がかかって、京本政樹の舞台の立ち回りやったり、あとはカラオケビデオ……野村将希さんの歌の撮影で北海道まで行ったり。『必殺』はいま思えば青春でしたね。いちばん楽しい時期を撮影所で過ごさせてもらいました。つらいこともあったけど、楽しかったですわ。

東悦次

［あずま・えつじ］

1943年和歌山県生まれ。溶接工を経て、63年に大部屋俳優として日本電波映画に参加。同社倒産後は香港映画への出演などを経てエクラン社に所属、必殺シリーズや歌舞伎座テレビの時代劇ほか京都映画の作品に多数出演する。殺陣師として『女人武蔵』『信濃天露伝記』『必殺スペシャル』などを担当。90年ごろ俳優を引退したのちも、舞台や映像の殺陣を手がけた。

スチール

牧野讓

山田五十鈴さんですよ あの人のおかげで写真展を百貨店で開催できました

新聞や雑誌に掲載される宣伝用のスチール写真。牧野讓は『必殺仕掛人』から『必殺仕事人　激突!』まで一貫してカメラマンを務め、「ここぞ!」という瞬間にシャッターを押してきた。歴代シリーズのオープニングにおける光と影の人物写真も牧野によるもの。そこにはドラマ本編とは異なる秘話があった。

見たら1枚で内容がわかるようなものを目指しました

牧野　スチールは『必殺』の前から12年くらい。いわゆるポートレートは動かない写真で、昔のブロマイド的な考え方。ぼくはそういう撮り方じゃない、とにかく「そのまま」。俳優さんの動きのなかで撮る。ヤラセは、ほとんどしたことない。本番前のテストやリハーサル。それで撮れへんのやったら、カメラマンやめたほうがいい。わざわざ照明当ててね、「こうしてください、ああしてください」っていう、いわゆる〝作り〟……ヤラセは昔の映画のスチールの方法論なんです。スチル（静止）ですから。

——本番のあと、スチールマンが指示して、出演者が止まったまま撮る〝作り〟こそスチールの主流だと思っていました。たとえばブレだったり、ピントだったり、動きのなかでスチールを撮る難しさは?

牧野　でも、そのブレがいいでしょう。『必殺』やと、とくに。（ある写真を指して）これ見てわかる？　これは作りなんです。もうパッと見てわかりますよ、止めて撮ったのが。動いてる人物をシャッターで止めているのではなく、止まってもらって撮っている。根本的に最初から作りはやらないという制約があった。もちろん作りでやったら早いですよ、絶対に。だけど、それは現場の流れを止めるからね。ぼくが撮ってきた『必殺』は、見たら1枚で内容がわかるようなものを目指しました。たとえば処刑場で泣き叫ぶ女の子がいて、その柵の手前に役人としての無力な主水がいる……これはヤラセじゃ撮れないですよ。そもそもスチールって映画用語なんです。ぼくが最初、テレビの世界に入ったときには、スチールって言葉を聞いたことがなかった。

――どう呼ばれていたんですか？

牧野　「写真」ですね。ぼくがやり始めたのはテレビの初期で、カラーテレビがこれからという時代。力道山って知ってはる？　当時は高級なカメラぶら下げてればカメラマン、「スピグラ」……スピードグラフィックっていう大きなカメラをリングサイドで構えたら、力道山がポーズしてくれるの。そんな時代。あとは野となれ山となれで、今日まで……。

――最初はテレビ局で仕事をしていたのでしょうか？

牧野　局の中に入っている写真専門の会社です。8チャンネルだから関テレ（関西テレビ）ですね。でも言っちゃ悪いけど、何十年おっても一緒ですよ。テレビ局のセット、あんな箱の中で写真を撮ってたら何回シャッター切っても一緒。冷暖房つきやしね。真夏なんか1日中セットにいて外に出たら身震いしたもん。「セットほんまに寒いなぁ」言うたら、技術部が「お前らのために冷やしてへん。機材のために冷やしてる」。ごもっとも（笑）。

京都映画の話があったときは、松山善三さんが『がめつい奴』（70年）をスタートさせた年で、それで声がかかった。ぼくもスタジオの対談もんなんか飽きていたから「ほな行きますわ」と、松山善三プロダクションの仕事を何本かやって、それをきっかけに撮影所に……。

――テレビ局と撮影所の違いは？

牧野　人種が違いますよ。撮影所なんてハンチングかぶったおっさんばっかりで「どわ〜〜！」って思ったもん。空気も違う。テレビ局のスタジオはカメラが動くから下はきれいなコンクリートで、撮影所に行ったら土ぼこりでしょう。「ずいぶん汚いとこで撮ってるな……」って思いました。女優の二宮さよ子が『必殺』のゲストで出たとき、東京に帰って津川雅彦に言ったらしいんですよ、汚い撮影所だって。だけど、放送を見たらぜんぜんよかった。だから外観と中身は違う……撮影所が汚いから出来上がりもそんなもんやろうと思ってたら、ぜんぜん違った。それはスタッフの腕がよかったからですよ。カメラもそうやけど、やっぱり照明がよかったと思うんです。中島（利男）が『必殺』らしい照明しはったから、ぼくも『必殺』らしい写真を撮れた。照明ひとつでガラッと違いますもん。

――『必殺仕掛人』（72〜73年）ではオープニングからキャストの写真が使われています。牧野さんの仕事ですよね。

牧野　そうです。とにかく全部ぼくが撮りました。最初だけかな、中島がやってたのは。あとのシリーズはチーフ（助手）の照明マンがやっていた。ぼくは中島より助手がやってくれたほうがやりやすかったんですわ。「こうしてくれ、ああしてくれ」というのが言えるから（笑）。

山村聰の顔ね。こんな俳優さん、もういてへんよ。プリントしたやつがありますけど、やっぱり見て「ハッ！」とします。役者っちゅうのはほんまにええですわ。こういうコントラストはデジタルでは出せへんと思う。緒形拳さんもなりきりはるから、撮りがいあった。あとは田村高廣さん、岡田英次さん……そういう人とめぐり合ったときはうれしいですね。ギャラとは関係ない。そういうことで長続きしたんちゃうかなと思います。金をもらうためじゃなくて、自分の肥やしになる。

――そういうことで全部撮られてきたわけですね。

牧野　いや、食べるためですわ（笑）。いまでも家でブツブツ言うてますよ。まぁ、息子２人を『必殺』で大学まで行かしたたし、ＡＢＣ（朝日放送）には世話になったけど、そのぶん奉仕したからね。放送に間に合わないとき、フィルムをＡＢＣまで運んだんやから。

――京都映画の専属だったのでしょうか？

牧野　みたいなもんやけど、社員にはなりません。なんでか言うたら、いつでも外に出れるから……よその週刊誌の仕事なんかもやってました。でも『必殺』やってたら、ほかの仕事はできなくなったけどね。

「父親が『必殺』やってるなんて友達に言われへん」

牧野　最終的な話としては、この人と出会ったことが、ぼくにとっての『必殺』ですよ（山田五十鈴の写真を指して）。それが行き着いたところですわ。ある夜、製作の部屋で笠かぶってうつむいて、ずっと出番を待ってはった。で、封筒に何枚か写真を入れて、山田さんに渡したんです。黙って、スッと。何日か経ってマネージャーに呼ばれて山田さんの部屋に行ったら、「わたしの舞台を牧野さんも撮ってくれへん？」。それから25年撮りました。会場の90％は東京。毎年正月は帝劇（帝国劇場）なんですよ。大晦日が通し稽古で本番と同じ衣裳と明かり……そこへ行って撮って、最終の新幹線で帰る。正月に舞台があるときはずっとそうしてました。

山田さんとお付きの人と３人でマイアミに行って、黒い着物の山田さんが白い砂浜に座りはった写真も撮りました。これはすごかった。そんなん普通の女優さんじゃできないですよ。その写真がきっかけで、朝日放送に「山田さんの写真展をやりたい」って言うたんです。百貨店でやりたかった。全部で60点くらい作ったんかな、写真は。テレビの１点をのぞき、25年間の舞台写真。「山田五十鈴　華麗なる瞬間」という個展です。

――その個展には、必殺シリーズの写真も？

牧野　1枚だけ。葦が背丈以上にバーって生えてる原っぱを、破れ笠をかぶって暮れの明かりで歩く……その写真はええですよ。目がええんよ、ニコッて笑ってて。ラストシーンやからそんな表情になったのかな。山田さんもええんやけど、照明がええ。これを畳一畳のサイズで、35ミリのフィルムから引き伸ばして……最初は東洋現像所に断られましたけど、それを写真展の入口に飾ったの。あとは山田さんの舞台の写真です。

うちの息子がよく言うてたの。「父親が『必殺』やってるなんて友達に言われへん」って。始めはエロが多かったから、友達に言えない仕事や（笑）。だけど山田さんの写真展をやってから変わったんですよ。髙島屋に行ってから、父親を見る目が変わった。それまでは火野正平が障子紙を結わえつけて飛んでる写真とかを見て、「親父、こんなもん撮ってるのか」ってバカにしていましたから。

――スチールは宣伝に使われるので、朝日放送の広報担当とのやり取りもあったのでしょうか？

牧野　川戸（文夫）さんがいちばんよかった。丁寧やった。撮ってほしいシーンを紙に書いて、車のフロントにポンって貼ってある……いい加減な担当もいてましたよ。『必殺』は最初のころ宣伝の仕事もやってて、ぼくがＰＲの記事を書いたり、ゲストの俳優さんにインタビューしてたんです。それで山田さんの前に、瑳峨三智子さんにも会うたし。

――瑳峨三智子さんは『必殺必中仕事屋稼業』第16話「仕上げて勝負」（75年）にゲスト出演しています。

牧野　汚い控室でね……ほんま昔の撮影所は「ようこんなところに入れたはるわ」っていう感じ（笑）。あのころ嵯峨さんは岡山でバーかなんかのお店をやってて、インタビューで覚えているのは「撮影所を岡山に作ったらいいのに」（笑）。あそこは天気がよくて、雨が降らないから……それは昔から言いますわ。山田さんも娘が出たのをオンエアで見て、それで出演ＯＫしたわけでしょう。

山田五十鈴の写真展に展示された必殺シリーズ唯一のスチール

——やはり仕上がりに感心したそうですね。スタッフで印象に残っている方は？

牧野　仲良いのは録音技師の中路（豊隆）やね。山田さんも中路は好きやった。どうしてかいうたら、やっぱり音も大事でしょう。あの人は三味線やりはる……曲とか歌とか、自分の注文に全部中路が応えたから。人間的にもええ男やし、だから彼とはずっと付き合っていますよ。ほいで、山田さんがぼくと中路を京都の川床に連れて行ってくれたはったりね。名古屋で舞台いうたら京都から車で行きましたもん。挨拶っていうか楽屋見舞いに。もう亡くなられて、今年で10年目です。

カメラの〝絞り〟は、あくまで撮影の段階からやっとかんと

——先ほど「動きのなかで撮る」という話がありましたが、必殺シリーズは本編の撮影も望遠が多く、パンやズームを組み合わせた流れるような映像が特徴です。

牧野　石原（興）はそういう撮り方やったわけでしょう。人物が動かないならカメラが動いている。山田さんが言うてはりましたもん。「石原さんのカメラは、ほんまに困る」って（笑）。望遠で撮るからどこまで映ってるか、わからへん。カメラがそこらにあったらサイズわかるでしょう。それを望遠だからボーンって距離を離して、あっちこっちにライトを当てて。ぼくも山田さんに「どこから撮ってるねん」って言われたことあるけど。オープンで椅子に座ってタバコ吸ってはるのを、なんとかして撮ってやろうと思ってね……望遠で。でも知ってはった（笑）。

——光と影のコントラストも写真に反映されていますが、現像は自分でやっていたのでしょうか？

牧野　もちろん。普通の写真屋に持って行ってもできないですよ、あそこまで陰影のあるやつは。それとね、黒の締まり……カメラの〝絞り〟は、あくまで撮影の段階からやっとかんと。ましてや常用感度のフィルムで撮りませ

んから、『必殺』は。たとえば富士フイルムがＡＳＡ２００までやったかな。コダックも４００やったけど、それでも増感しましたもん。だいたい４００かな。４００だと、それだけ〝絞り込める〟いうことです。じゃないと人物全員にピントが来ない……３人バラバラの位置にいたりするから、だいたい絞りはＦ８。それだと全員にピントが合う。開放なんかで撮ったら、この人にピントが合ってても、手前の人はボケボケになるから。ムービーのほうは逆に開放に近くて、絞りはＦ２・８とかＦ４くらいやったと思う。全部にピントが合ってるやつよりも、そういう深度の浅い画で動いてパンしたらきれいやから。

当時のカメラの重さは、最低でも2キロくらい。もっとあったんちゃうかな。それで80ミリから２００ミリのズームレンズ。これはレンズが２・８で、明るいんですよ。暗い場合は、そこにモータードライブを付けて。モータードライブっていうのは1秒間にパパパパパって連射できる。だけどリハーサルやっている間にバシャバシャやってたらどう思います？　邪魔でしょ。だから自分の勘で「ここぞ！」というときにタイミングよくシャッターを切る。そのあとオートフォーカスのカメラが出た。でも、ピントを合わせるのに音が出ますからね。スタジオがシーンとしてるときに、そんなことしたら録音の中路が文句言うでしょ（笑）。

――カメラを覆う防音装置（ブリンプ）は？

牧野　そんなんで写真が撮れるんやったら苦労しない……動いてないもん撮るんやったら別ですよ、対談とか。

――使用していたカメラは？

牧野　カメラはニコン。最初がＦ、それからＦ2が2台、Ｆ3……Ｆ3はいいカメラですわ。風格がありますよ。場合によっては現場で3台持ってた。なぜならカラーとモノクロの両方を撮らないといけないから。で、カラーいうても、ぼくらが撮ってたのはスライドですから印刷用のものです。あと残りの1台はカラーネガを入れてました。というのはポジからのプリントは高くつくし、ポジからプリントを焼ける現像所は決まってたから。ぼくは京都の東洋現像所がなくなるまでやってました。そう、カラーは自宅では現像できない。システムが違うから。モノクロは全部やりました。自分でやったほうが早いし、納品のこともあるしね。

――『必殺仕事人』（79〜81年）のロングランによって、シリーズがソフト路線にシフトします。

牧野　もう、やめたいばっかりやったね。でもさっきも言うたけど、テレビ局の箱の中におったら何十年おっても同じやから。それでようやく『必殺』が終わって、『鬼平犯科帳』（89〜16年）が始まった。言っちゃあ悪いけど、質が違うわ。再放送やってても『鬼平』はちゃんと見ますよ。ほんま大人の時代劇やと思う。（中村）吉右衛門さんがいいでしょう。あの表情と身のこなし、顔だけずっと撮って、しゃべらなくても耐えられる。しかも人殺しの話ばっかりじゃなくて、人情味もあるからね。

『必殺』も初期はおもしろかった。『助け人走る』（73〜74年）くらいまでかな。ぼくは山村聰さんにインタビューしたことがあって、同じ考えやった。もともと32話かなんかで契約しているわけ。で、視聴率がいいから話数が延びたんやけど、スタッフは知ってるのに自分の耳に入ってこない。金のためだけやったら「延びた！」ってよろこぶけど、そら「もう降りる」ってなりますよ。そういうズボラな話はいっぱいあります。言わんけど。視聴率がいいからって甘えてるんよ。『仕事人』のシリーズで藤田（まこと）さん、三田村（邦彦）くん、中条きよしで30%台、そうしたら役者がみんな天狗になる。よう三田村くんとも言うてたんです。

――いろいろあったんですね。

牧野　やっぱり山田五十鈴さんですよ。あの人がいはったから、やってよかったと思える。うん、ほんまにそうですわ。あの人のおかげで写真展を百貨店で開催できました。いちばん心に残ったのは山田さんですね。

牧野譲

［まきの・ゆずる］

1941年大阪府生まれ。関西テレビや読売テレビで番組写真を担当したのち、京都映画のスチールを一手に引き受ける。70年の『がめつい奴』から始まって、必殺シリーズや歌舞伎座テレビの時代劇、土曜ワイド劇場、火曜サスペンス劇場、『鬼平犯科帳』『阿部一族』『雲霧仁左衛門』などを担当。

タイトル

竹内志朗

糸見さん特有の〝かすれ〟を表現したいなと思って『仕掛人』のタイトルは銅板で脚色しました

必殺シリーズの題字は書家・糸見渓南によるもの。その文字を映像用に加工し、毎週のサブタイトルとエンドクレジットを担当してきたデザイナーが竹内志朗だ。舞台装置家として藤田まことの演劇に長らく参加し、『必殺仕事人2007』以降のシリーズも手がけた竹内が語るタイトルデザインの裏側。

「後ろの配役は明朝体でいきましょう」

竹内　いま88歳です。藤田まことさんと同い年。大阪テレビ放送の開局以来ずっと手書きタイトルの仕事をやっていまして、京都の映画会社にも出入りするようになったんです。東伸テレビ、山崎プロ、松竹系の京都映画……それらの作品のタイトルを書いてきました。東伸テレビの『織田信長』（62〜63年）からプロデューサーをやってこられた朝日放送の仲川利久さんと親しかったし、局とも映画会社ともお付き合いがありましたから、そういう流れで『必殺』をやることになりました。仲川さんもつい先日亡くなられて、残念でなりません。

――『必殺仕掛人』（72〜73年）から題字はずっと糸見渓南さんですが、そちらに竹内さんがデザインを施された。

竹内　糸見さんは『必殺』のチーフプロデューサーの山内久司さんとお友達。それで「糸見さんの文字をテレビ用にちゃんと脚色してくれ」ということで、ぼくが細工を担当することになったんです。『仕掛人』の文字は凸版印刷の印刷用の大きな銅板で文字を浮かしました。凸凹があるので文字のとこだけ歯磨き粉で磨いて、そこにライトを当ててピカーッと光らせたんです。だからライトの動きひとつで字の印象が変わる。それを京都映画に持っていって、16ミリのカメラで撮影してもらいました。

糸見さんは畳一枚くらいの大きな紙に書いてきますんで、それを写真に撮ってからテレビ用にわたしがアレンジするんです。糸見さん特有の〝かすれ〟を表現したいなと思って、銅板で脚色しました。あのかすれに魅力がありましたし、ベタッとしたもんではおもしろくない。だいたい当時の時代劇というのは、太い字で書かれていたんです。糸見さんの字は細めですので、いかに時代劇の感じを醸し出すかというのがわたしの役目で、トドメを刺すようにピカーッと光らせる。そんなタイトル見たことがないから、京都映画のみなさんは「なんだこれは」と違和感があったと思います。だから「大丈夫です。ワンクールもすれば馴染んできますから」と説得した思い出がありますね。

――『仕掛人』のタイトルは本編同様まさに光と影ですが、先に本編は見ていたのでしょうか？

竹内　オンエアで初めて（笑）。そのころは忙しくて、24時間体制ですから余裕はまったくなかったです。最初、太秦の撮影所に行って監督の深作（欣二）さんと打ち合わせしましたが、カレーライスをパクパク食べながらダーッとエネルギッシュな方でしたね。そこで「後ろの配役は明朝体でいきましょう」とか、そういう話をしました。

――エンドクレジットの明朝体は竹内さんの提案ですか？

竹内　そうです。当時の時代劇の配役は、わりに手書きの文字で楷書とかそんなんが多くて、あんまり明朝がなかったもんですから。毎週木曜日、編集が終わって4時ごろ仲川さんから電話かかってきて「配役が決まりました」ということで、その晩に書いて京都の撮影所まで直接届けに行きました。サブタイトルもそのとき一緒に書きます。あの内容を考えてたのはだいたい仲川さんだと思いますよ。彼は舞台の脚本や演出をやっていましたし、いわゆる出来の悪い脚本は全部あとで手直ししてましたから。

――配役の人名は明朝ですが、役名やスタッフの肩書きは丸ゴチックです。

竹内　そのころのテレビは525本の走査線でしたかね。明朝で小さい字を書くと横線が出ないんです。途切れてしまいますので、ああいう小さな字はゴチックです。糸見さんに「『必殺』のタイトルで気に入ったもんありますか？」と聞いたことがあって、『仕掛人』『助け人』『仕事人』の3本だと仰ってました。

――『助け人走る』（73～74年）のタイトルの背景は実写の夕陽。『必殺仕事人』（79～81年）の背景はデコボコした立体感があります。あれは絵ですか？　それとも立体物なのでしょうか？

竹内　立体です。発泡スチロールかなんかを切り出して、積み上げて作ったんだと思います。ああいう背景はタイトル撮影の人と一緒に毎回「こうしよう、ああしよう」と、わりに緊密に打ち合わせした覚えがあります。「中村主水　藤田まこと」みたいな決まりの配役は作品ごとに1回作ったら使い回しです。わたしが撮影所に出入りした最初のころは新聞紙2ページぐらいの大きな黒い紙に文字を書いてたんです。だから時間がかかって仕方ない。でも、もともとテレビには〝フリップカード〟という台紙があって、それは縦26センチ・横36センチほど。だから「そっちにしてほしい」とお願いして、ある時期から京都映画は全部フリップカードで撮るようになったんです。

――明朝の文字も手書きですが、あれは定規を使うんですか？

竹内　ぼくはフリーハンドで書いてました。そんなん物差し使ったりね、定規使ったりするとものすごい時間かかるんですよ。だいたい1時間か2時間で書かないかんから。ニュース番組のフリップなんて「何十秒で書け」って言われるような世界ですから、まぁそんな感じで鍛えられました。

――サブタイトルは筆だと思いますが、エンドクレジットは？

竹内　あれも筆です。サブタイトルは太い筆とか平筆とかいろんな筆を使ってて、配役のほうは細での筆なんです。

あの文字は黒い紙に白い絵の具で書きました。〝スーパー〟と言いまして、それを撮って下画と合わせると重ねて焼けるんです。黒のところは透けて映らない。大阪でタイトル書いて、京都で撮影して、それを現像してから画面と重ねて、また現像……よっぽど段取りよくやらんと放送に間に合わんという。1時間ずれると間に合わん状態のときもありました。最近も『必殺』の再放送があるでしょう。あれがものすごいイヤですね。サブタイトルで下手な字が出るからイヤなんです（笑）。若いときの仕事ですから。

サブタイトルも毎回共通のパターンがありましたが、「主水なになにする」になってからは無理矢理で、こんな内容で大丈夫かということもあったと思います。仲川さんがプロデューサーを降りたときから、ちょっと雰囲気が変わりました。仲川さんはほとんど怒らない人。いちばんテレビでは話が合いました。

藤田さんの舞台装置の95％くらいはぼくのじゃないかな

――竹内さんは舞台装置（セットデザイン）も手がけており、藤田まことさんの舞台を多く担当しています。

竹内　藤田さんの舞台装置の95％くらいはぼくのじゃないかな。『必殺まつり』もやりましたし、『その男ゾルバ』なんて思い出に残ってますね。長いお付き合いで、亡くなられるまで45年ほど……役者さんと書きもんの人間の交流いうのは珍しいと思います。最後の藤田さんとの仕事はね、ホルモン屋さんの内装（笑）。藤田さんのファンの方が大阪の新世界でホルモン屋をやりたいということで相談しに行ったんです。〝必殺〟という名前の店やりたいと。ところが藤田さんも専門外やから、ぼくとこに電話かかってきたんです。

――藤田さんとの出会いは舞台ですか？

竹内　そうです。新演技座という劇団を始められたんですね。そのときからぼくが装置をやってます。藤田さんだけの劇団で、いろんな人を呼んできて大阪の中座で芝居をやりだした。おおらかで面倒見のええ人で、いろんなことに気ぃついてくれるんですよ。『必殺まつり』は南座でやってましたが、京都映画のプロデューサーの佐々木（康之）さんが〝いづう〟という有名なお寿司屋さんの息子で、いっつも大きなお盆にお寿司をてんこ盛りに持ってきてくれました。あれはおいしかったなぁ。

――さて、フィルムでの撮影・編集だった必殺シリーズも『必殺仕事人　激突！』（91〜92年）はビデオ仕上げになり、エンドクレジットが電子テロップになりました。

竹内　その何年か前から、配役はもう書いてません。全部写植で打ってましたから。ちょっと太いんですよ。サブタイトルは相変わらず毎週でしたけど、エンディングの作業がなくなったのはだいぶ助かりましたね。

――『必殺仕事人2007』以降のシリーズもタイトルを手がけています。

竹内　とにかく時間に間に合わせなあかんので、あんまり深く考えてないですね。市原悦子さんのナレーションあるでしょ、アタマのやつ。そこに明朝のテロップが出てきますね。あれも全部手書きです。

――あ、そうなんですね。明朝とゴチックの中間のようなフォントだと思っていました。

竹内　いえ、あれもわたしの字です。監督の石原（興）さんから「これ全部手書きにしてくれ」ということで、ちょっと変わった字にしたいなと思うて、あのように書きました。

――最後にお聞きしたいのですが、『必殺』のタイトル費の支払いは朝日放送ですか？　松竹ですか？

竹内　松竹からでした。「これ以上出せん」と言われて、えらい安いなって（笑）。京都まで持って行く交通費引いたら、なんぼ残るんやろという感じで……まぁ、笑い話として書いといてください。でも長いこと続けさせてもうたからね。編集の名人である園井（弘一）さんやいろんな方とお付き合いができて、池波正太郎さん原作の『鬼平』や『剣客商売』も担当させていただきました。わたしにとって京都の仕事は財産です。

竹内志朗

［たけうち・しろう］

1933年大阪府生まれ。関西を中心に舞台装置家として演劇活動を始める。56年に大阪テレビ放送（現・朝日放送テレビ）の開局とともにタイトルデザイナーとして参加し、71年に株式会社シュプールを設立。必殺シリーズのほか数多くのテレビ番組のタイトルを手がけ、商業演劇の舞台装置も並行して担当。著書に『舞台道具帳』『テレビと芝居の手書き文字』がある。

「スマート」のマスター・元木脩が明かす必殺の日々

「スマート珈琲店 太秦店」——いまも松竹撮影所の道向かいにある喫茶店は、必殺シリーズのスタッフ・キャストが集う憩いの場であった。店主の元木脩が明かす藤田まこと、芦屋雁之助、そして照明技師・中島利男らとの交流録。

藤田さんは心遣いをしてくれはる人

うちの店は京都映画のスタッフルームみたいなもんやったんです。撮影を8時開始にしたらみんな怒りよった。「スマートに行く時間がないやないか！」って（笑）。うちで昨日の反省会から、今日の〝殺し〟の相談から……そやからヘンなお店ですよ。どうやって殺すかなんて、みんな興奮して話しているわけやから。ロケのときは製作部がポットで珈琲取りに来るし、現代劇のロケにも使われて〝第二スタジオ〟って呼ばれとったんです。

藤田（まこと）さんは、朝イチから必ず。スタッフがバーって来る……そしたら藤田さんが「昨日はよ終わって、どこに行ったか？」をみんなに聞く。パチンコに行って、そのパチンコがどういう展開で勝ったか、負けたか。それから野球ですわ。野球、パチンコ、ゴルフ……そんな話やったね。藤田さんもパチンコしはるんです。ひとりでポツンと行かはる。

早いこと撮影が終わったら、あの方はスタッフを連れて食事に行かはるのが好きやった。で、なぜか珈琲屋のおっさんもそこに参加してる（笑）。ようゴルフにも誘ってくれはった。細かい心配りをしてくださる方で、藤田さんの思い出はいっぱいありますよ。

藤田さん、中条（きよし）さん、照明の林利夫、俺の4人でゴルフに行ったときのこと。普段は藤田さんが全部出してくれはんのやけど、その日はまったくのプライベートやから各自精算ということで。そしたらクラブハウスから出たときに「マスター、いくら払った？」って聞かれました。

もう忘れもしないけど、1万8千円。そうしたら中条さんが「俺は6千円や」……これは芸能人価格。でも、そのことを知った藤田さんが「同じように朝から晩まで一緒に遊んでて、料金が違うのは気分が悪い。みんな割り勘にしよう」って。たかだか何千円の話ですやん。そやけど、そういう心遣いをしてくれはる。めちゃくちゃうれしかったですよ。
ハワイまでゴルフに行ったこともありました。そのときは白木（万理）さんも参加されてて、全員で20人くらいやったかな。みんなエコノミークラスで、『必殺』のスタッフと一緒に珈琲屋のおっさんもおる（笑）。
そしたら「7名か8名、ファーストクラスに空きがありますので、どうぞ上がってください」って、パーサーが言うてきた。藤田さんの〝顔〟やんな。ところが白木さんや女の人を上げて、あの方はエコノミーに座ったまま。ほんで、そこに大阪のおっちゃんらが「藤田さん、サインしてなぁ！」ってやって来る。そういうのもぜんぜん嫌がらなかったです。気さくにサインしてました。

芦屋雁之助さんとも深いねん。うちの濃い珈琲が大好きで、親友やったんです。雁之助さんも藤田さんも、苦労したはるからね。まだ売れてないころ、一緒に営業の仕事で琵琶湖に行った。そのとき玻璃丸とかいう観光船に乗ったら、雁之助さんも藤田さんも船底に案内されて、ポーンと冷たい弁当を渡されたそうなんです。

ほんで、ふたりで「金持ちになろうなぁ」って言い合った……それは雁之助さんに教えてもらった話なんです。で、明くる日、藤田さんに「玻璃丸事件を覚えてはりまっか？」って聞いたら「忘れまっかいな」（笑）。藤田さんは「雁さん」、雁之助さんは「まこっちゃん」って言わはるから、雁さんのほうがちょっと歳は上なんかな。

あるとき藤田さんに「尊敬する役者は誰か？」って聞いたことがあって、森繁（久彌）さんとかそのあたりの方の名前が出てくるのかなと思ってたら「雁さん」って言わはった。これは意外でしたね。

中やんがしゃべりだすと帰れへんのや

『必殺』が始まったころはここの近くにスーパーがあって、その一角がうちの店やったんや。衣裳を着けても来てくれはるけど、役者さんは撮影に入る前が多かった。緒形拳さんなんて、うちでドーラン塗ってたもん（笑）。忘れもせん。榮太樓のど飴の缶にドーラン入れて、トーストを食べながらどわーって。「指のかたちが付いてますやん」「えぇのや！」って、拳さん鏡も見んと塗ってた。
パチンコ屋でも、カツラ着けたままやっとったもんね、みんな。それで誰も振り向きもせえへん、そんな町やったんです。

山﨑（努）さんも来てくれてますよ。山﨑さんは照明の中島利男……中やんと仲が良かった。風体が似てて、一緒にいると兄弟みたいや。山﨑さんは大の巨人ファン。ちなみに藤田さんは近鉄ファンでしたね。三田村（邦彦）さんはスタッフのみんなにかわいがられてました。それもあって人気が出たのかな。
何年か前、息子さん（中山麻聖）がシャレで秀の格好してうちの店に来ましたけど、やっぱりまだ親父のほうがハンサムやな（笑）。

監督やと三隅（研次）さんは大の珈琲好きで、いま帰らはったと思ったら、また来たりして。工藤（栄一）さんは見てのとおりの豪快な人。メガネが印象的でしたね。もうレンズってプラスチックになってきましたやん。でも、工藤さんは重いガラスのレンズにこだわってはって、しかも大きいレンズや。脚本家の保利（吉紀）さんが言うてましたけど、あの人は北海道で伝説の秀才やったって。
ま、『必殺』いうたら松野（宏軌）先生ですね。困ったときの松野先生。競輪場に行ったりして、いつもひとりで行動されてました。

1970年、『がめつい奴』撮影中のスマート旧店内

プロデューサーの櫻井（洋三）さんも常連で、押しの強い人でしたな。こないだひさしぶりに来てくれたけど、相変わらず元気や（笑）。中やんも石っさん（石原興）も、「もうイヤ、堪忍して！」ってくらい来はった。うちの嫁さんがよう往生しよったよ。店を仕舞おうと思うころに中やんが入ってくるねん。そうしたら煙草が灰皿に山盛り。ほんで、10時まで帰らせてくれん。現場では本番中もくわえ煙草で、移動車の上に乗ったまま集中しとったんか、その煙草を消すのに、あるスタッフの足の甲で消しよったそうです（笑）。

そういう映画野郎ばっかりが集まってたんですわ。前日の反省から今日はどう撮ろうか……そんなんで監督がやり玉にあがるわけ。山田五十鈴さんでも東京でコマーシャルを撮るとき、石っさん、中やんをご指名ですわ。

「自慢するわけやないけどな、タイトルは撮影／美術の順で、照明はその次やった。それを撮影の次に照明を持ってきたのは俺の功績や」って、これは中やんから聞いた話。「画づくりは照明がするんや。真っ暗な世界で、光を当てたところだけが画になるんや」とも言うてました。

サイズとかアングルはキャメラマンのもんやけど、画づくりは照明のもんやって。そうやって画づくりをする……そんなんやから、中やんがしゃべりだすと帰れへんのや（笑）。だけど、ええ話をようしてくれました。

まぁ、50年前はみんなピチピチやった。それがもうベテランになってしもうて……この前の『雲霧仁左衛門5』（22年）。7話と最終回の8話が井上組……井上昌典さんは必ず石っさんにキャメラをお願いしてるみたいなんです。あれ、ものすごく画が気持ちええわ。ほんで俺は電話したんですよ、石っさんに。「あの石原いうキャメラマン、がんばっとったで！」言うたら「そうけぇ、おおきに！」って（笑）。ま、いろんな思い出がありますわな、珈琲屋のおっさんにも。

元木脩（もとき・おさむ）

1945年京都府生まれ。66年にスマート珈琲店太秦店を開業。現在もマスターを務める。

16ミリフィルムの撮影機・アリフレックスSTを手にする石原興、手前に三隅研次監督

Special Interview

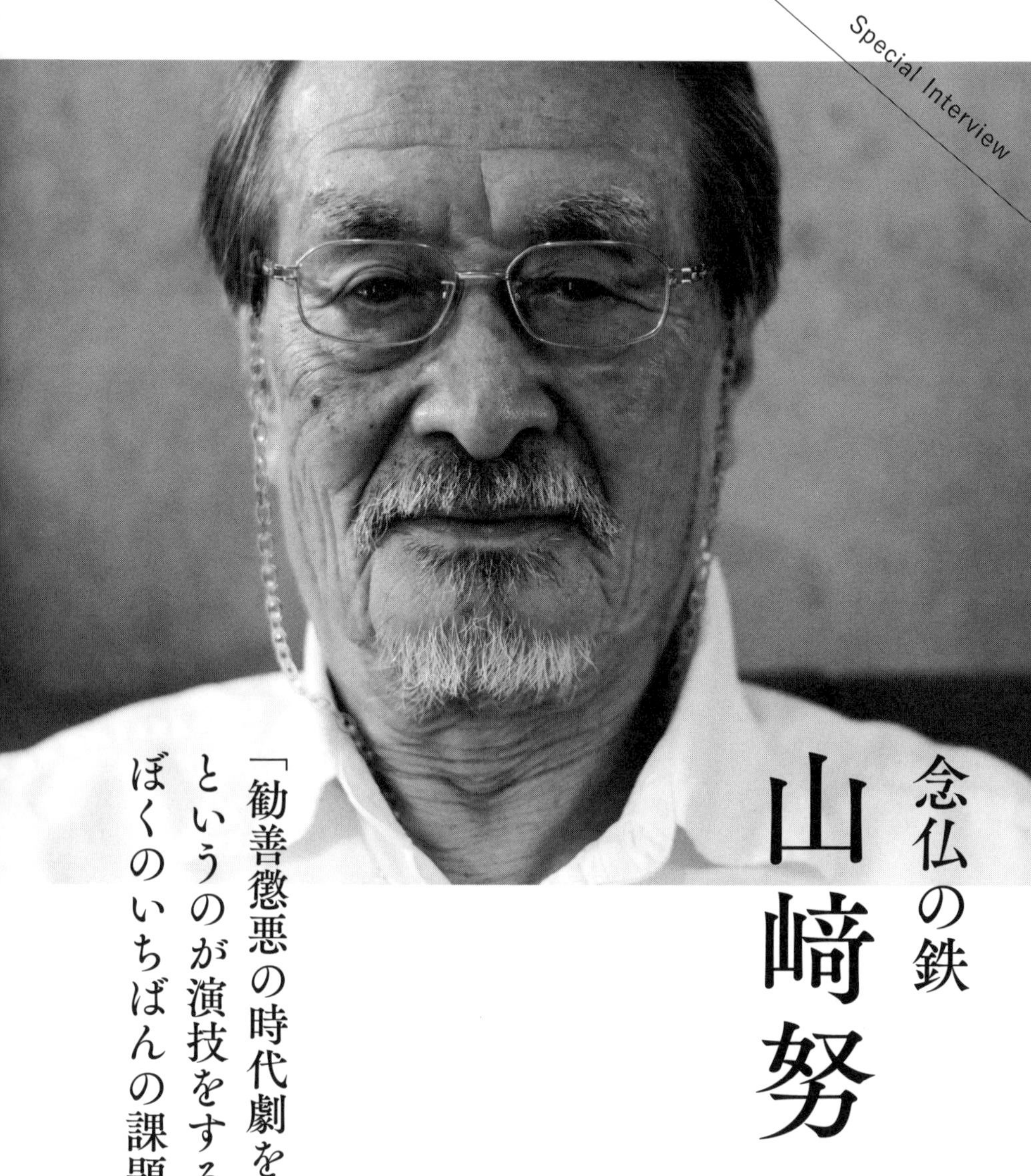

念仏の鉄
山﨑努

「勧善懲悪の時代劇をどう外すか」というのが演技をする上でのぼくのいちばんの課題だった

『必殺仕置人』『新必殺仕置人』で念仏の鉄を演じた山﨑努が、本書のエンディングを飾るインタビューに登場。京都映画での自由な撮影の日々を振り返る。必殺シリーズ屈指の殺し屋は、いかにして演じられたのか。いかにして散っていったのか。山﨑努が大いに語った1時間半、10000字の告白録！

役を壊したいという気持ちがありました

山﨑　ぼくは自分の出た作品って見返さないんですよ。だから『必殺』もＤＶＤのパッケージは全部もらってますが、まだ封を切っていないくらいで。ところが先日、ちょうど再放送でやっている『仕置人』を妻が見ていて、後ろからチラッと見たらなんだかおもしろそうでね（笑）。そのあと3本くらい一緒に見たのかな。

――『新必殺仕置人』（77年）ですね。嵐寛寿郎さんがゲストの第11話「助人無用」について、ツイッターで思い出を語っていました。

山﨑　アラカンさんの回、あれは実感だったね。大ベテランの先輩に対する「すごいなぁ……」という実感がラストの顔に出ていました。それで懐かしく思っていたところに今回のインタビューの話がきた。もう何年か前ですけど、京都映画に行ったら石っさん（石原興）が待っていてくれてね。手紙もときどきくれるし、会ってもべつになにを話すというわけではないんだけど。うん、高ちゃん（高坂光幸）も出てきてくれる。

照明の中やん（中島利男）が亡くなったとき、ぼくはお葬式に行けなかったので高ちゃんに頼んでね、中やんの家に一緒に行って、お線香をあげてお別れしてきたんです。体調が悪いということは聞いていたし、病気になってからも、ぼくが京都映画で別の作品をやったときにわざわざ会いに来てくれて、ちょっと話をしたりはしていたんですけどね。

――中島利男さんが亡くなられて、20年近くが経ちます。

山﨑　もうそんなになりますか。石原と中島、けっきょくあの2人が現場を全部リードしてました。工藤（栄一）さんが来たときは工藤さんにお任せでしたけど、ほかの監督の場合はほとんど石っさんがリードしてましたよ。中やんとのコンビで。でも1回あいつらが喧嘩してね……ぼくが『必殺』やめてずいぶん経ってからだけど、そういう噂を聞いて、ちょうど深作（欣二）さんの『阿部一族』（95年）のときに2人がついたんです。それで呼んでね、ずっと一緒にやってきたんだから仲良くやれって言ったんです。そうしたら中やんが「そやなぁ、わしら〝お神酒徳利〟やからなぁ」って。もちろん長いコンビだからいろいろあるのは当たり前なんだけど、でも「喧嘩すんな」と言いました（笑）。

――『必殺仕置人』（73年）に山﨑さんが出演されたころ、まだ2人とも30代前半です。当時そこまで若い撮影・照明のコンビが仕切る現場も珍しかったと思うのですが、初めての京都映画はいかがでしたか？

山﨑　ぜんぜん自由でね、やりやすかったですよ。「勧善懲悪の時代劇をどう外すか」というのが、演技をする上でのぼくのいちばんの課題だったんです。どうしても脚本は定番で勧善懲悪の部分がありますし、出来不出来もある……それをどう味つけして、どうひねくり回しておもしろいものにするか。それがぼくらの仕事なわけです。鉄の場合ほとんど脚本どおりにやっていませんからね。アドリブばっかり。

なんとなく前の晩に考えておいて朝、石っさんを呼んで……というか、もう習慣になっているから石っさんが必ずぼくのところに来て「おとうさん、今日はなにやりまんねん？」。ぼくのこと「おとうさん」って呼んでましたから。だから「今日のシーンはこうでこうで、こうしよう」って言うと、「わかった。今日はロケや！　○×寺や！」って、本当は撮影所のオープン（セット）だったりセットだった予定が、ぼくとの会話で変わってしまう（笑）。あのころはナベさん……製作主任の渡辺（寿男）さんが電話すると事前に撮影の許可を取ってなくてもやらせてくれたんですよ、お寺さんが。もうおなじみになっていて。

――そこまで即興の自由さがあったんですね。

山﨑　お寺がダメだったら広沢の池に行こうとか（笑）。

――当時の山﨑さんが「いかに役を崩す、壊すか」を意識していたことは過去のインタビューでも語られていますが、

音楽家の芥川也寸志さんとの対談で「現代劇のほうが些末な部分にとらわれがちで、時代劇のほうがある意味では自由度が高い」と語っており、そういう部分も鉄につながったのかなと思いました。

山﨑　要するに、ちょうどぼくが37歳で劇団を辞めて、40前後なんですよ。もうウキウキしていたんです。いや、それは劇団が悪かった、つまらなかったということではなくて、「さぁ、もうなんでもありだ！」っていうことで、イケイケの気分だったんです。そういう感じが出てるから、いま見ると「あぁ張り切ってるなぁ、元気だなぁ」って思いますね。ピアスをしたり、ブレスレットをつけたり、イケイケって感じでしょう。

――たしかに『新必殺仕置人』はイケイケです。少しさかのぼって『必殺仕置人』に出演したときは劇団雲の所属だったと思いますが、オファーの経緯は覚えていますか？

山﨑　はっきりは覚えてませんけど、劇団の指示で行ったんじゃないかな。当時の仕事は映画もみんなそうでしたから。どうしてもやりたくないものは「いや、それはちょっと」と……ぼくは犯人とかそんなものばっかりやっていたので、いわゆる定番の二枚目だけは勘弁してくれって断ってました。なにかちょっと発見できそうな、キャラクターがおもしろそうなものを選んではいましたが、基本的には劇団に来たものです。鉄の前にどぶ……『岡っ引どぶ』（72年）という時代劇で似たようなアウトローの役をやってましたしね。

ぼく自身、そのあと劇団を辞めてますし、モヤモヤしてたんですよ。当時30代の後半で、それまでの劇団生活を一度ぶっ壊したかった。大冒険だし、うまくいくかどうかまったくわかりませんけど、とにかくひとりでやってみたい気持ちがあった。そのころだったんだな、きっと。役を壊したいという気持ちがありました。

――シリーズ第1弾の『必殺仕掛人』（72〜73年）はご覧になっていましたか？

山﨑　見てなかった。もともとテレビをあまり見ないので、まったく知識がなかったんですよ。

――『仕掛人』は元締の下に殺し屋がいる組織の話で、『仕置人』は全員アマチュアというのが大きな違いです。プロの

殺し屋ではない鉄、錠、中村主水の三人組が〝怒り〟をもって殺し屋になります。

山﨑　ひとつには池波正太郎さんの原作ではないということですよね。ぼくも池波さんが原作の『雲霧仁左衛門』（95〜96年）を工藤さんとやりましたけど、いい意味での制約というか「あんまりデタラメにやらないでくれ、原作に忠実にやってくれ」という決まりがあったんです。だけど『仕置人』は原作がないので、現場のわれわれは本当に「よしきた！」ってなもんで（笑）。もともとは朝日放送の山内（久司）さんの企画力だと思います。なにか新しい作品をやりたいという気持ちと、現代的なセンスがいいんだよね。やっぱり企画のほうでは山内さん、現場は石原だと思うね。（櫻井）洋三さんにはけっこうわがままも言いましたが、その代わり週に3日、なるべくスケジュールを渡して京都に通いました。帰りにちょっと時間があると、京都駅の中の床屋に寄って刈ってもらう。それで東京に帰るの。あれは楽しかったな。

――「よしきた！」というわけで、念仏の鉄という役をどう演じようと思いましたか？

山﨑　あとで考えたら、あの鉄というキャラクターは、ぼくが3歳のときの記憶……たぶん初めての記憶じゃないかなと思うんだけど、親父の背中におぶさって散歩をして、それが日課みたいになっていて、親父の実家まで行って帰ってくるコースが多かったんです。その実家に行く途中に橋があって、そのたもとに〝お乞食さん〟がいた。もう戦前の話ですが、当時は町中に必ずそういう浮浪者がいたもんですよ。ぼくのイメージでは狂人なんだけど、どうもよく考えると狂人ではない気もする、そういう独特なお乞食さんだった。

年齢的には30代後半くらいのイメージですが、なにせ肩越しに見ている記憶ですから……で、ぼくの親父はそいつが好きで、めちゃくちゃ無口な男だったんだけど、そいつとだけはよく話すんです。でも、ぼくは怖くてね。重ね着の垢まみれ、イメージでは裸足です。みんなからもらった着物、浴衣なんかを重ね着していて、そのなかに女物の赤い襦袢があったんです。それがすごい怖くて怖くて、記憶に残っていた。とにかく親父はそいつと長話をして、ぼくは早く終わりにしてほしいんだけど、なかなか終わらない。あるとき、ぼくがむずがったんだろうな。それで靴を落としたんですよ。その靴がじょうろ型の排水溝から川に落ちちゃった。そうしたらそのお乞食さんがダーッて土手を走り下りて、もやってあった舟を漕いで流れていく靴を拾ってきてくれた。
そういう幼い記憶があるんですけど、『仕置人』の撮影が終わって、なにかのときに「あの鉄という役は……え、あれっ？」と思ったんです。鉄は赤い襦袢を着ていて、その衣裳はぼくが選んだわけだから、赤い襦袢の原点はあれだと思った。鉄という人物の最初のイメージの種は、そのお乞食さんだったんですね。だから鉄っていうのは、ぼくにとって特別なキャラクターなんです。
現場も楽しかったし、ぼく自身も俳優としての原体験みたいなものを発見できたので、なおさら印象が強いんです。しかも、その親父の実家の橋をね……たまたま昨日、うちの娘がお墓参りに行って写真を撮って送ってきたという。すっかり変わっていますけど、あの小さな橋がまだ残っていた。あとで見せますよ。

なんにも考えてない監督は最初のワンカットでわかる

――『仕置人』の第1話には、藤田まことさん演じる中村主水の「男30過ぎていい格好しようなんざ、落ち目んなった証拠よ」というセリフがあります。藤田さんとの共演はいかがでしたか？

山﨑　上手い俳優さんだなと思いました。品もあるしね。俳優としての育ちは違うわけだけど、そういう違いもふくめておもしろかったです。やっぱり演技の質が合ったのかな。ぼくみたいなむちゃくちゃはやりませんけど、藤田さんもアドリブは得意だし、そういう意味でも現場が日々刺激的でしたね。

――棺桶の錠を演じた沖雅也さんはいかがでしたか？

山﨑　沖はプライベートでぼくの家に遊びに来るくらい仲良くなってね。早くに亡くなっちゃったけど、いいやつでしたよ、あいつは。

――最初の1・2話を手がけたのは松竹の貞永方久監督。とくに第1話「いのちを売ってさらし首」はシリーズ有数のすばらしい仕上がりだと思います。

山﨑　貞永さんとは正直言って、そこまで合わなかった。これは体質でしょうね。考え方も違うし……だから勝手にやってましたよ。ほかにも合わない監督はいたし、やっぱり『必殺』だと工藤さんがすばらしかった。だから石っさんも工藤さんの場合は一歩引いて、普通のカメラマンとして仕事をしていました。それは見事な画を作っていましたけど、それ以外の現場だと石っさんが「あれやる、これやる」って（笑）。

――連続ドラマの場合、監督は入れ替わりでキャストとスタッフはそのまま撮影を続けます。そういう影響もあったのでしょうか？

山﨑　それもありますが、もうひとつ。ぼくらは夢中になってやっていました。ところが当時、テレビ映画というのは〝本編〟と呼ばれる劇場公開映画に比べてちょっと下に見られていたんです。1週間足らずで1時間の作品を撮るわけですから、お小遣い稼ぎで来るような監督もいるわけです。お小遣いだか生活費だか知らないけど、だから勉強もしてきていない。『必殺』に限らず、ぼくから言わせると「本当にお前、ホンを読んでいるのかよ」ってくらい、いい加減な監督がいました。そういう態度は、すぐにわかりますよ。つまらないホンでもどうやってふくらませるのか、なんにも考えてない監督は最初のワンカットでわかる。それで大喧嘩したこともあります、ふざけるなって。当時の〝テレビ映画〟と称されるジャンルの実態については、この機会にきちんと言っておきたい。ぼくはテレビ映画を差別することが嫌いだったし、いい加減な監督はいじめてやりました。

――テレビ映画は、映画に比べて厳しい条件で撮影されています。しかし京都映画の場合、他社に比べてスケジュール

に余裕があったそうですね。

山﨑　普通は1時間ものを4日で撮るとしたら、1週間かけていましたから。三隅（研次）組なんか徹夜もあって十分に時間を使ってね。しかもスタッフが優秀ですから、待っている時間なんてあんまりない。それは見事ですよ。中やんの照明なんか早いんです。だから俳優の待ち時間はほとんどなかった。ああいう映像だからさぞ時間がかかると思うでしょう？　でも、ぜんぜん……しかもぼくが「こうで、こうして」って現場で言ったりするわけじゃない？　そうすると「よしわかった！」ってパパッとすぐ準備ができる。やっぱり腕がありました。

――念仏の鉄といえば、骨外しのレントゲンが評判になりましたが、あの映像は撮影の時点で入ることを知らされていたのでしょうか？

山﨑　ぜんぜん知らされてない（笑）。完成した映像を見てびっくりしましたよ。

――手をボキボキする動きは？

山﨑　あれも台本になかったと思うから、たぶん石っさんか監督のアイデアかな。ぼくには映像的なイメージはないので、自分の提案ではないですね。最初から完成されてたわけではなく、どんどんアイデアが積み重なっていったんだと思います。ぼくは連続ものが苦手でね、同じ役を演じていると飽きるんですよ。だから『仕置人』でも途中からびっこを引いてみたり……ところがそれを忘れちゃって（笑）。石っさんに「おとうさん、〝うみやま、うみやま〟やろ！」って。びっこのことを京都弁でそう言うらしいんだけど、注意されました。退屈だから、なにか新しいことをやりたいと思って自分からやっていたのに忘れちゃうんですね。

――足を引きずるのは第19話「罪も憎んで人憎む」で拷問を受けたあとからですが、撮影中に怪我をしたわけではなく演技だったんですね。たしかに最終回の処刑場乱入などは普通に走っていました。

山﨑　いい加減なんだよ（笑）。

――なにか大変だった撮影はありますか？

山﨑　真夏だったかな。くそ暑いときにね、立ち回りがあって怪我しちゃったんです。というのは、相手の振ってくる剣をダッキングして避けるという立ち回りで……ところが下手な俳優って剣の切っ先が下がるんですよ。立ち回りの専門家じゃないから。それでスパッとおでこが切れて太秦病院に行ってね……なにかあると、すぐ太秦病院（笑）。あとは「ここで豆を食いたい」とかって言うと、すぐ駅前のスーパーに行って買ってくれる。

――よくアジトでピーナッツとか食べていますね、鉄は。

山﨑　やたらとね（笑）。その怪我をしたシーンは石っさんがワンカットで行くって言って、手持ちでずーっと追っかけて、廃屋のなかをカメラがぐるぐる動く立ち回りだったんです。で、なぜか石っさんが障子の桟にノコギリで目を入れてる……「なにしてるの？」って聞いたら「ちょっとな」。なんだろうって思ってたら、本番で石っさんが持っているカメラを障子越しに外へ投げる。そうすると助手が待っていて、サブちゃん（藤原三郎）だったと思うけど、彼が受け取って撮って、また石っさんに戻すという長回しをやった。あれは見事でした。誰もあんなバカなことはやらない（笑）。でも、カメラをぶん投げるなんて発想がおもしろい。それがひとつ。

――もうひとつありますか！

山﨑　どこかの河原で土手を全力疾走で走るからって言ったら、石っさん「ええよ」って。これも手持ちで、ぼくは全力疾走ですよ。普通はカメラがついて来るから、ちょっと加減するじゃない。でも全力疾走。石っさんも全力。カメラを抱えて走って、ぜんぜんフレームを外さない。で、バチっと1回でOK。映像に関するセンスやイメージもすごいけど、そういう技術があったね。運動神経もよかったんだと思う。

――第1話の撮影前、記者会見や現場のスチールを見ると鉄に口ヒゲが生えています。

山﨑　なにか別の作品と重なってたのかな。ちょっと覚えてないですね。とにかく年表を見るとびっくりするくらい仕事をしているんですよ。よくできたなって思うくらい。東京でドラマをやったり、映画をやったり、舞台も準備してたり、だから鉄も途中から髪の毛が伸びちゃっていたり、いろいろありますけどね。

――『仕置人』と『新仕置人』の合間に『必殺からくり人　血風編』（76～77年）という全11話の短いシリーズに主演しています。このとき演じた土左ヱ門はヒゲにロン毛というキャラクターです。

山﨑　ああ、やったね。でも特別に覚えていることはないな（笑）。頼まれたからには鉄じゃないものをやろうと思ったんでしょう、鉄じゃないキャラクターを作ったんだとは思いますが……。

生きていることを楽しんでいる感じが出ればいいなと思っていた

――そして『新仕置人』でふたたび念仏の鉄を演じます。基本的には同じ役を二度と演じない主義の山﨑さんが、なぜオファーを受けたのでしょうか？

山﨑　やっぱり楽しかったんだろうね。現場も、それから鉄という役も。また石っさんや中やん、京都映画のみんなと仕事がしたかったんですよ。

――主水、鉄、巳代松（中村嘉葎雄）、正八（火野正平）、おてい（中尾ミエ）……新レギュラーの五人組がアジトに集まるシーンは、殺しの相談などでもアドリブ満載の見どころです。

山﨑　みんな息が合いました。とくに嘉葎雄ちゃん。あの人もアドリブが上手いから、ボケたりツッコんだり、お互い自由にやってました。嘉葎雄ちゃんも家によく遊びに来たな。夜中にドンドンドン！「おーい、開けろー！」って（笑）。酔っぱらって来て、すぐ2階の子供部屋に駆け上がって、娘たちを起こしてね。何年か前、原田（眞人）組で会ったときにその話をしたんですよ。そうしたら「あぁ、俺は本当に迷惑をかけてたんだな」って反省してましたけど、いや、そういう意味じゃなくて、懐かしいんだよ、またそういう付き合いをしようぜっていう意味で話してんだよって言いましたが、それでも「いやいや、申し訳ない」と（笑）。当時、嘉律雄ちゃんの家にも遊びに行きました。焼き物をやっていて、娘を連れて行ったんですが、娘の作った器がおもしろくてね。彼が釉薬を塗って焼いてくれて、いまでも大事に取ってあります。

——正八役の火野正平さんとのかけ合いも楽しいです。

山﨑　とにかく定番の勧善懲悪だけは外したいっていうのがぼくの願いで……たまたま再放送で見たんだけど、おそらくアドリブでいいこと言ってましたよ。「殺しをやってるのは銭のためとか、人情のためとか、そんなことじゃねえ。おもしろいからやってるんだ」みたいなセリフを。

——「殺しは殺しだ、このくせはなかなか止められねえ」と、巳代松と屋台で語り合うシーンですね（第15話「密告無用」）。いまやパチンコにも使われています。

山﨑　あれはたぶん、ぼくが作ったセリフだと思う。もう忘れていますけどね。アウトローの落ちこぼれが生き生きと生きている。それこそ、当時の自分の心境じゃないけど、なんでもあり、生きていることを楽しんでいる感じが出ればいいなと思っていたんですよ。そのためには世の中の決まりごととかルールとか、そういうものからはみ出して、無視してる……そんな自由さを出したくて鉄を演じていたと思いますね。

——『新仕置人』では助監督出身の高坂光幸監督が昇進し、工藤栄一演出を引き継ぐような作風で「代役無用」などの傑作を送り出しています。

山﨑　高ちゃんはいいやつでね……東北の出身なんだ。誠実な男でとにかく献身的だから、みんな「高ちゃんに撮らせてやろうよ」って。いや、好きにアドリブをやったというよりも、どっちかと言えば反対で、高ちゃんの回に関しては「高ちゃんの好きなように撮りなよ」という現場だった。みんな仲間だし、俳優側もスタッフ側もそうい

『新必殺仕置人』で復活を果たした念仏の鉄

う雰囲気でした。うん、若い監督を応援する空気ですよ。で、お小遣い稼ぎで来ているような監督のときはアドリブ連発（笑）。もうデタラメやって、ぐちゃぐちゃにしてやった。

――高坂監督による第21話「質草無用」では、ロックバンドKISSのようなド派手なメイクをした鉄が夜の盛り場を駆け抜けて堂々とワルを仕置します。

山﨑　ハハハ。これは、ぼくがイタズラしたんでしょう。嘉葎雄ちゃんに歌舞伎の隈取について聞いた覚えがあるね。彼がアドバイスしてくれた記憶がかすかにある。女装もしたし、悪ノリだなぁ（笑）。

――中盤からは髪が伸びていき、ほかの作品とのスケジュールの兼ね合いか、鉄の出番が減っていったように思います。同じ77年には『八つ墓村』や『祭りばやしが聞こえる』に出演していますね。

山﨑　舞台もあるしね。ぼくだけじゃなくて、みんなそれぞれ忙しかったんですよ。それで今度は藤田さんの回、嘉葎雄ちゃんの回、ぼくの回というように週ごとに回り持ち。そう言われると、ちょこっとしか出てない話もありましたね。フレキシブルなかたちでけっこう自由だったんです。だからスケジュールを仕切るナベさんが大変だったけど……はっきり言ってスタッフだと石っさん、中やん、ナベさんだね。この3人がいなかったら『必殺』はできなかったでしょうね。

――製作主任の渡辺寿男さんの存在も大きかった。

山﨑　さっきも言ったけど「ロケや！」ってなると、すぐにナベさんの顔で話をつけてくれる。それからキャスティングでもスケジュールでもなんでも、全部ナベさんが調整してくれた。無理を承知でこっちは頼むんだけど、全部やってくれました。

――なるほど。そして最終回の第41話「解散無用」で念仏の鉄は凄絶な死を迎えます。

山﨑　さすがに飽きてきたんだろうね（笑）。なぜ死ぬことになったのか詳しい事情は覚えていませんが、自分から言い出したのかもしれません。鉄を演じるのは、もう限界でしたから。

——最終回の演出は原田雄一監督。もとのシナリオから変更されて、鉄は女郎屋で最後を迎えます。

山﨑　どうやって死ぬかはぼくもアイデアを出したと思うんだけど、あんまり撮影で特別なことは覚えていないな。印象に残っているのは、ちょうどショーケン（萩原健一）があの最終回を見てね、死ぬところがえらく好きだったらしくて「山さん、死んだほうが勝ちよ！」って言っていた（笑）。いま思い出したけど、あいつはそういうところがあるんだよ。これも工藤さんの作品だけど『祭りばやしが聞こえる』でショーケンと一緒になったとき、あいつは『天国と地獄』（63年）を何回も見てるんだってさ。だから、その話をしてきて「山さん、あの犯人なんで死ななかったの？」って（笑）。「死んでたらかっこいいよ！」って。鉄が死ぬときもあいつは興味を持っていた。死に対してなにか特別なものがあったんじゃないかっていう気がするね。

——鉄を刺し殺す辰蔵役は、俳優座出身の佐藤慶さん。

山﨑　大先輩です。慶さんは『ザ・商社』（80年）もそうだし、ずいぶん共演しているんですよ。『あかね雲』（67年）もそう。ぼくがやると必ず慶さんが敵役で出てくる、そういうコンビみたいでしたね。とくに個人的な付き合いはありませんでしたけど、そうか、『仕置人』の最初は（菅）貫太郎か。あいつは俳優座の養成所時代の後輩で、まぁ仲間意識みたいなものはありました。

——その後も「念仏の鉄を復活させたい」と、何度か出演オファーがあったそうですが。

山﨑　テレビで？　そうだったかな？　だって1回死んじゃってるじゃない。

——『必殺シリーズ10周年記念スペシャル　仕事人大集合』（82年）での復活が予告されていました。

山﨑　あぁ、そういうオファーがあったのは思い出したけど……でも、ぼくはあのときの京都映画の現場が好きで、だからといってそれを繰り返すのもあんまり意味がないしね。だから断ったんじゃないかな。

――もう山﨑努という俳優のなかでは……。

山﨑　終わってた。いまさらやる必要もないし、だいたいがテレビの連続もの自体が苦手なわけですし。うん、それだけ現場の雰囲気がよかった。楽しかったんですよ。帰りはナベさんがタクシー呼んでくれて、「○時×分の新幹線、間に合いまっせー!」ってチケットを取ってくれて。懐かしい思い出ですね。しかし元気だったな。

……やっぱり石原だよ。『必殺』は石原に尽きる。あの男がいなければ成立しなかったと思います。工藤さんや深作さんは別としてね、『必殺』というのは石原興のものですよ。お小遣い稼ぎの監督が来たら「お客さん、どう撮りまんねん……それ、おかしいやん。前のシーンのカットがこれで終わってるやろ。このシーンのアタマ、これじゃつながらんやん?」。理詰めですよ。そういう理詰めもあります。だからなにも考えてこない手抜きの監督が悪いんだけど、誠実だってことです。才能がある上に誠実、やっぱり努力しているんです。だから「それ、おかしいやん」ってなる。『必殺』以外にも自分のやりたいものを撮ってほしかったな。

京都に行ったら石っさんによろしくお伝えください。高ちゃんにも。「元気でやってください」と言ってください。ぼくもまだ元気でやってますから(笑)。うん、今日は楽しかった。ありがとう。

山﨑努

［やまざき・つとむ］

1936年千葉県生まれ。高校卒業後、俳優座養成所を経て文学座に入団。『大学の山賊たち』で映画デビューし、63年に黒澤明監督の『天国と地獄』の誘拐犯役で注目を集める。同年、劇団雲の結成に参加。舞台・映画・テレビとジャンルを問わず活躍し、73年に『必殺仕置人』で念仏の鉄を演じる。おもな映画に『八つ墓村』『影武者』『お葬式』『マルサの女』『刑務所の中』『おくりびと』『日本のいちばん長い日』、テレビに『祭ばやしが聞こえる』『ザ・商社』『九門法律相談所』『雲霧仁左衛門』『クロサギ』などがある。

おわりに

高鳥都

「好きが高じて」という言葉があるが、まさか必殺シリーズ50周年のタイミングで本を出すことになるとは思わなかった。本書のきっかけとなったのは『昭和39年の俺たち』の連載「必殺シリーズ深掘りインタビュー」。都築一興監督への取材をきっかけにさまざまな関係者と出会い、さらに櫻井洋三プロデューサーの聞き書きを『映画秘宝』で連載することに。そのあと立東舎の山口一光編集長にお声がけいただき『必殺シリーズ秘史』がスタートしました。都築一興、山口一光——ふたりの「イッコーさん」とともに作った1冊です。さかのぼれば『昭和39年〜』の担当編集・坂茂樹さんにも毎度の文字数オーバーで苦労をかけてしまいました。

うれしい誤算から当初の予定を上回って総勢30名、あるスタッフの方が口にされた「これは京都映画の同窓会やな」という言葉がぴったりの本になりました。都築さんや録音技師の中路豊隆さん、松竹撮影所の井汲泰之さんの交渉なしには実現しなかった取材もあります。じつは山﨑努さんには約20年前、ある撮影の合間に「石っさん、中やん、高ちゃん」の話をうかがったことがあり、わたしが初めて出会った必殺関係者でした。あのときの山﨑さんの笑顔が原点にあるとは、いささかこじつけの告白ですが、結果的にそのようなかたちになりました。

紙幅の関係でこれ以上記すことはできませんが、多くの関係者の協力によって完成した384ページです。そしてギリギリのスケジュールや尺オーバーといった必殺シリーズの裏話がここまでダイレクトに跳ね返ってくるとは予想もできませんでした。1枚でも多くの写真を入れるため、あとがきは当初の半分にカットいたします。では、これからも必殺シリーズが続くことを願って、沈む夕陽を見つめながら「おわりに」の最後とします。

List

必殺シリーズ一覧

原則として当時の表記に準じる。キャストはクレジット順、脚本・監督は登板順

第1弾
必殺仕掛人
（1972年9月2日～1973年4月14日／全33話）
キャスト■林与一（西村左内）、緒形拳（藤枝梅安）、津坂匡章（千蔵）、太田博之（万吉）、野川由美子（おぎん）、中村玉緒（おくら）、山村聡（音羽屋半右衛門）
スタッフ■制作：山内久司、仲川利久（第13話より）、桜井洋三／原作：池波正太郎／脚本：池上金男、国弘威雄、安倍徹郎、山田隆之、石堂淑朗、早坂暁、松田司、山崎かず子、本田英郎、池田雄一、鈴木安、津田幸夫／監督：深作欣二、三隅研次、大熊邦也、松本明、松野宏軌、長谷和夫

池波正太郎の小説を原作にしたシリーズ第1弾。音羽屋半右衛門を元締に、浪人の西村左内、鍼医者の藤枝梅安が金をもらって、はらせぬ恨みをはらす。光と影のダイナミックな映像に平尾昌晃の音楽がマッチして人気番組となった。

第2弾
必殺仕置人
（1973年4月21日～1973年10月13日／全26話）
キャスト■山崎努（念仏の鉄）、沖雅也（棺桶の錠）、野川由美子（鉄砲玉のおきん）、白木万理（中村りつ）、津坂匡章（おひろめの半次）、高松英郎（天神の小六）、菅井きん（中村せん）、藤田まこと（中村主水）
スタッフ■制作：山内久司、仲川利久、桜井洋三／脚本：野上龍雄、国弘威雄、貞永方久、安倍徹郎、山田隆之、猪又憲吾、浅間虹児、松田司、三芳加也、桜井康裕、勝目貴久、鈴木安、鴨居達比古、松川誠、梅林貴久生／監督：貞永方久、松本明、三隅研次、大熊邦也、松野宏軌、工藤栄一、国原俊明、蔵原惟繕、田中徳三、長谷和夫

シリーズ第2弾にして中村主水が初登場。原作を持たないオリジナル企画であり、元締は存在せず、念仏の鉄や棺桶の錠といった無頼漢が合議制によって虐げられし者の恨みをはらしていく。鉄による骨外しのレントゲンも話題に。

第3弾
助け人走る
（1973年年10月20日～1974年6月22日／全36話）
キャスト■田村高廣（中山文十郎）、中谷一郎（辻平内）、野川由美子（お吉）、中山しの（佐野厚子）、龍（宮内洋）、津坂匡章（油紙の利吉）、住吉正博（為吉）、山村聡（清兵衛）
スタッフ■制作：山内久司、仲川利久、桜井洋三／脚本：野上龍雄、国弘威雄、安倍徹郎、ジェームス三木、猪又憲吾、村尾昭、押川国秋、石川孝人、松原佳成、松田司／監督：蔵原惟繕、松野宏軌、三隅研次、工藤栄一、松本明、田中徳三

『仕置人』の放映中に起こった殺人事件の影響でタイトルから〝必殺〟の二文字が外れ、人助けをモチーフにした明るい作風に。第24話でシリーズ初となる仲間の惨死が描かれ、以降は裏稼業を強調したハードボイルドタッチとなった。

第4弾
暗闇仕留人
（1974年6月29日～1974年12月28日／全27話）
キャスト■石坂浩二（糸井貢）、近藤洋介（大吉）、野川由美子（おきん）、津坂匡章（半次）、白木万理（中村りつ）、菅井きん（中村せん）、藤田まこと（中村主水）
スタッフ■制作：山内久司、仲川利久、桜井洋三／脚本：国弘威雄、村尾昭、安倍徹郎、猪又憲吾、下飯坂菊馬、石川孝人、播磨幸治、野上龍雄、松原佳成、久礼秀夫、松田司／監督：工藤栄一、蔵原惟繕、松本明、田中徳三、松野宏軌、高橋繁男、渡邊祐介、三隅研次、倉田準二

藤田まことの中村主水が再登場。オイルショックの世情不安を反映し、黒船来航の幕末が舞台となった。『仕掛人』から連続出演の津坂匡章（現・秋野太作）と野川由美子は本作で降板。西崎みどりの主題歌「旅愁」が大ヒットを記録した。

第5弾
必殺必中仕事屋稼業
（1975年1月4日～1975年6月27日／全26話）
キャスト■緒形拳（半兵衛）、林隆三（政吉）、中尾ミエ（お春）、岡本信人（利助）、大塚吾郎（源五郎）、芹明香（おまき）、草笛光子（せい）
スタッフ■制作：山内久司、仲川利久、桜井洋三／脚本：野上龍雄、村尾昭、下飯坂菊馬、国弘威雄、松原佳成、播磨幸治、石川孝人、素一路、猪又憲吾、大工原正泰、安倍徹郎、横光晃、田上雄、中村勝行／監督：三隅研次、工藤栄一、松本明、松野宏軌、大熊邦也、蔵原惟繕

ギャンブルをテーマに緒形拳が復帰、初の女性元締役に草笛光子が配された。関東は20％、関西は30％超えの高視聴率を記録していたが、第14話より朝日放送がTBSからNET（現・テレビ朝日）の系列となり、土曜22時から金曜22時の放映に。

第6弾
必殺仕置屋稼業
（1975年7月4日～1976年1月9日／全28話）
キャスト■沖雅也（市松）、新克利（印玄）、渡辺篤史（捨三）、小松政夫（亀吉）、おこう（中村玉緒）、白木万理（りつ）、菅井きん（せん）、藤田まこと（中村主水）
スタッフ■制作：山内久司、仲川利久、桜井洋三／脚本：安倍徹郎、田上雄、村尾昭、中村勝行、国弘威雄、素一路、保利吉紀、野上龍雄、横光晃、猪又憲吾／監督：蔵原惟繕、松本明、松野宏軌、大熊邦也、三隅研次、工藤栄一、渡邊祐介、田中徳三

『仕事屋稼業』放映中に腸捻転解消（ネットチェンジ）が行われた影響で、視聴率は半分以下にまで下落。人気の高かった中村主水が再々登板、沖雅也がクールで美しき殺し屋・市松を演じ、全体に華やかな雰囲気のシリーズとなった。

第7弾
必殺仕業人

（1976年1月16日～1976年7月23日／全28話）

キャスト■中村敦夫（赤井剣之介）、大出俊（やいとや又右衛門）、お歌（中尾ミエ）、渡辺篤史（捨三）、菅井きん（せん）、白木万理（りつ）、藤田まこと（中村主水）

スタッフ■制作：山内久司、仲川利久、桜井洋三／脚本：安倍徹郎、田上雄、野上龍雄、中村勝行、保利吉紀、国弘威雄、猪又憲吾、村尾昭、松田司、横光晃、南谷ヒロミ／監督：工藤栄一、松本明、蔵原惟繕、大熊邦也、松野宏軌、渡邊祐介、高坂光幸

『仕置屋稼業』に続いて、藤田まことが連続出演。降格処分を受けた中村主水は、小伝馬町の牢屋見廻り同心に。貧しい暮らしのなか、無宿のワケあり男女やドライな仲間と組んで、毎週これでもかと殺伐としたストーリーが繰り広げられる。

第8弾
必殺からくり人

（1976年7月30日～1976年10月22日／全13話）

キャスト■緒形拳（夢屋時次郎）、森田健作（仕掛の天平）、ジュディ・オング（花乃屋とんぼ）、芦屋雁之助（八尺の藤兵ヱ）、間寛平（八寸のへろ松）、山田五十鈴（花乃屋仇吉）

スタッフ■制作：山内久司、仲川利久、桜井洋三／脚本：早坂暁、中村勝行、保利吉紀／監督：蔵原惟繕、工藤栄一、大熊邦也、松野宏軌

山田五十鈴がレギュラー入りを果たして元締に。「わたしたちは涙としか手を組まない」として依頼人から金を受け取らず、現代パートからドラマをスタートさせて江戸時代の史実と関連づけるなど、初のワンクール企画に実験を織り込んだ。

第9弾
必殺からくり人　血風編

（1976年10月29日～1977年1月14日／全11話）

キャスト■山崎努（土左ヱ門）、浜畑賢吉（直次郎）、ピーター（新之介）、吉田日出子（おいね）、熊谷隊長（桑山正一）、草笛光子（おりく）

スタッフ■制作：山内久司、仲川利久、桜井洋三／脚本：村尾昭、安倍徹郎、神代辰巳、保利吉紀、中村勝行、大和屋竺、播磨幸治、貞永方久、水原明人、工藤栄一／監督：蔵原惟繕、工藤栄一、貞永方久、渡邊祐介、松野宏軌

幕末の動乱を舞台にした全11話の異色作。『仕置人』で念仏の鉄を演じた山崎努が土左ヱ門なる正体不明の密偵として銃をぶっ放す。必殺シリーズの撮影を手がけてきた石原興が不参加という唯一の連続枠である。

第10弾
新必殺仕置人

（1977年1月21日～1977年11月4日／全41話）

キャスト■藤田まこと（中村主水）、中村嘉葎雄（巳代松）、火野正平（正八）、中尾ミエ（おてい）、河原崎建三（死神）、藤村富美男（元締虎）、菅井きん（せん）、白木万理（りつ）、山崎努（念仏の鉄）

スタッフ■制作：山内久司、仲川利久、桜井洋三／脚本：野上龍雄、村尾昭、安倍徹郎、中村勝行、大和屋竺、保利吉紀、松原佳成、松田司、嵯峨忍、和久田正明、岡本克己、古市東洋司、疋田哲夫、志村正浩／監督：工藤栄一、松野宏軌、大熊邦也、高坂光幸、渡邊祐介、原田雄一

中村主水としてシリーズを支えてきた藤田まことがクレジットのトップに。山﨑努演じる念仏の鉄が復活し、闇の殺し屋組織「寅の会」が登場する。主水、鉄、巳代松、正八、おていという五人組のチームワークも抜群の自由気ままな人気作。

第11弾
新必殺からくり人

（1977年11月18日～1978年2月10日／全13話）

キャスト■近藤正臣（蘭兵衛／高野長英）、古今亭志ん朝（噺し家塩八）、ジュディ・オング（小駒）、緒形拳（安藤広重）、芦屋雁之助（ブラ平）、山田五十鈴（泣き節お艶）

スタッフ■制作：山内久司、仲川利久、桜井洋三／脚本：早坂暁、野上龍雄、安倍徹郎、村尾昭、保利吉紀、中村勝行／監督：工藤栄一、蔵原惟繕、南野梅雄、松野宏軌、森崎東

安藤広重の浮世絵「東海道五十三次」を使って毎週トリッキーな殺しの依頼を絵に仕込み、シリーズ初の〝旅もの〟として基礎を作りあげた。泣き節お艶一座に実在の人物である高野長英が殺し屋として加入するという奇想も見どころ。

第12弾
江戸プロフェッショナル
必殺商売人

（1978年2月17日～1978年8月18日／全26話）

キャスト■藤田まこと（中村主水）、梅宮辰夫（新次）、火野正平（正八）、鮎川いづみ（秀英尼）、菅井きん（せん）、白木万理（りつ）、草笛光子（おせい）

スタッフ■制作：山内久司、仲川利久、桜井洋三／脚本：野上龍雄、安倍徹郎、中村勝行、岡本克己、長田紀生、保利吉紀、国弘威雄、原田雄一、松原佳成、南谷ヒロミ、辻良／監督：工藤栄一、渡邊祐介、松野宏軌、原田雄一、高坂光幸、石原興、南野梅雄

『新仕置人』の続編。ふたつのチームが反目しながら殺しのプロフェッショナルとして悪を裁く。りつの懐妊による主水の葛藤が見もの。カラオケなど世相のパロディ化を強め、音楽が平尾昌晃から森田公一に交代して雰囲気も一変。

第13弾
必殺からくり人　富嶽百景殺し旅

（1978年8月25日～1978年11月24日／全14話）

キャスト■沖雅也（唐十郎）、芦屋雁之助（宇蔵）、高橋洋子（うさぎ／第4話まで）、真行寺君枝（うさぎ／第5話より）、江戸屋小猫（鈴平）、吉田日出子（おえい）、小沢栄太郎（葛飾北斎）、山田五十鈴（出雲のお艶）

スタッフ■制作：山内久司、仲川利久、桜井洋三／脚本：早坂暁、神波史男、国弘威雄、吉田剛、保利吉紀、山浦弘靖、松原佳成、武末勝、荒馬間／監督：黒木和雄、松野宏軌、工藤栄一、石原興、高坂光幸、原田雄一

葛飾北斎が描いた浮世絵「富嶽百景」（正しくは「富嶽三十六景」）をモチーフにした旅もの。『新からくり人』の延長線上にあるフォーマットであり、山田五十鈴や芦屋雁之助が続投。沖雅也が仕込み釣り竿を駆使する唐十郎を演じた。

第14弾
翔べ！必殺うらごろし

（1978年12月8日～1979年5月11日／全23話）

キャスト■中村敦夫（先生）、和田アキ子（若）、火野正平（正十）、鮎川いづみ（おねむ）、市原悦子（おばさん）

スタッフ■制作：山内久司、仲川利久、桜井洋三／脚本：野上龍雄、石川孝人、吉田剛、保利吉紀、猪又憲吾、山浦弘靖、荒馬間、白石裕巳／監督：森崎東、松野宏軌、工藤栄一、原田雄一、高坂光幸

当時のオカルトブームを反映した作風であり、アウトサイダーぞろいの異色作。各話ごとに怪奇現象が登場し、その謎を解きながら恨みをはらす旅が続く。第1話のタイトル「仏像の眼

から血の涙が出た」でおわかりいただけるだろうか。

第15弾
必殺仕事人
（1979年5月18日～1981年1月30日／全84話）
キャスト■藤田まこと（中村主水）、伊吹吾郎（畷左門）、三田村邦彦（秀）、山田隆夫（半吉）、鮎川いづみ（加代）、三島ゆり子（おしま）、菅井きん（せん）、白木万理（りつ）、中村鴈治郎（鹿蔵）、山田五十鈴（おとわ）、木村功（六蔵）
スタッフ■制作：山内久司、仲川利久、桜井洋三／脚本：野上龍雄、尾中洋一、石森史郎、山浦弘靖、貞永方久、高坂光幸、吉田剛、松田司、石川孝人、国弘威雄、和久田正明、武末勝、南谷ヒロミ、松原佳成、筒井ともみ、東乃秋晶、大津一郎、林企太子、長瀬未代子／監督：松野宏軌、貞永方久、原田雄一、工藤栄一、山下耕作、高坂光幸、田中徳三、都築一興、石井輝男、岡本静夫、長谷川安人、井上梅次、家喜俊彦

『うらごろし』の視聴率低迷から原点回帰を目指して中村主水が復活し、全84話の大ヒット作に。飾り職人の秀を演じた三田村邦彦の人気が高まり、ドラマのパターン化が促進。音楽の平尾昌晃も復帰し現在まで続く仕事人シリーズの礎となった。

第16弾
必殺仕舞人
（1981年2月6日～1981年5月1日／全13話）
キャスト■京マチ子（坂東京山）、本田博太郎（直次郎）、西崎みどり（おはな）、小柳圭子（おまつ）、原泉（善行尼）、高橋悦史（晋松）
スタッフ■プロデューサー：山内久司（第5話より「制作」）、仲川利久、桜井洋三／脚本：野上龍雄、吉田剛、保利吉紀、筒井ともみ、長瀬未代子、石森史郎、林企太子／監督：工藤栄一、松野宏軌、原田雄一、都築一興、黒田義之、井上梅次

京マチ子が初主演。各地をめぐる民謡手踊りの一座が、駆け込み寺に託された女の恨みをはらしていく。本作のスタート前に放送されたシリーズ初のスペシャルドラマ『特別編必殺仕事人恐怖の大仕事』にも主人公の坂東京山が登場した。

第17弾
新必殺仕事人
（1981年5月8日～1982年6月25日／全55話）
キャスト■藤田まこと（中村主水）、三田村邦彦（秀）、中条きよし（勇次）、鮎川いずみ（加代）、菅井きん（せん）、白木万理（りつ）、山田五十鈴（おりく）
スタッフ■制作：山内久司／プロデューサー：仲川利久、桜井洋三／脚本：野上龍雄、保利吉紀、石森史郎、工藤栄一、長瀬未代子、林企太子、南谷ヒロミ、高山由紀子、吉田剛、望木俔東子、高橋稔、篠崎好、福岡恵子、田上雄、松原佳成、藤城洋子、仁多雪郎、正中恵、加田藤穂／監督：貞永方久、松野宏軌、田中徳三、前田陽一、井上梅次、工藤栄一、水川淳三、松本明、黒田義之、松尾昭典、山本邦彦、水野純一郎

『仕事人』に続いて秀役の三田村邦彦が出演。新キャラクターとして、中条きよしがクールな三味線屋の勇次を演じた。主水・秀・勇次の3人は必殺シリーズを象徴するキャラクターとなり、ラストの中村家コントも定着した。

第18弾
新必殺仕舞人
（1982年7月2日～1982年9月24日／全13話）
キャスト■京マチ子（坂東京山）、本田博太郎（直次郎）、西崎みどり（おはな）、花紀京（権太）、原泉（善行尼）、高橋悦史（晋松）
スタッフ■制作：山内久司／プロデューサー：仲川利久、桜井洋三／脚本：吉田剛、石森史郎、南谷ヒロミ、篠崎好、松原佳成、加田藤穂／監督：前田陽一、井上梅次、水川淳三、津島勝、田中徳三、松野宏軌

『仕舞人』の続編。坂東京山がふたたび殺しの旅路に。殺しの依頼方法は変更されたが、基本的なコンセプトは同じ、安心安定の旅もののシリーズとなった。高橋悦次演じる晋松の殺し技は頸動脈切断から拍子木での絞殺に変更された。

第19弾
必殺仕事人III
（1982年10月8日～1983年7月1日／全38話）
キャスト■藤田まこと（中村主水）、三田村邦彦（秀）、鮎川いずみ（加代）、ひかる一平（西順之助）、白木万理（りつ）、菅井きん（せん）、中条きよし（勇次）、山田五十鈴（おりく）
スタッフ■制作：山内久司／プロデューサー：仲川利久（第12話まで）、辰野悦央（第9話より）、桜井洋三／脚本：吉田剛、篠崎好、加田藤穂、石森史郎、仁多雪郎、三田純市、保利吉紀、中原朗、鶉野昭彦、林千代、萩田寛子／監督：田中徳三、松野宏軌、八木美津雄、黒田義之、貞永方久、家喜俊彦、水野純一郎、関本郁夫、広瀬襄、都築一興

必殺シリーズの人気絶頂を象徴する作品であり、第21話は歴代最高視聴率の37・1％を記録。ひかる一平演じる受験生の西順之助が仲間入りして賛否両論、何でも屋の加代役の鮎川いずみによる主題歌「冬の花」もヒット作となった。

第20弾
必殺渡し人
（1983年7月8日～1983年10月14日／全13話）
キャスト■中村雅俊（惣太）、渡辺篤史（大吉）、藤山直美（お直）、西崎みどり（お沢）、高峰三枝子（鳴滝忍）
スタッフ■制作：山内久司／プロデューサー：辰野悦央、桜井洋三／脚本：吉田剛、篠崎好、中原朗、鶉野昭彦、三田純市、津島勝、萩田寛子／監督：田中徳三、原田雄一、松野宏軌、八木美津雄、津島勝、山根成之

シリーズ初参加の中村雅俊が主演、高峰三枝子が元締役に。ワンクール枠の旅ものシリーズから一転して舞台は江戸、主人公たちの長屋を中心にドラマが展開する。色ごとをめぐる事件が多く、ほかのシリーズに比べてエロティックな描写が連発された。

第21弾
必殺仕事人IV
（1983年10月21日～1984年8月24日／全43話）
キャスト■藤田まこと（中村主水）、三田村邦彦（秀）、鮎川いずみ（加代）、ひかる一平（西順之助）、白木万理（りつ）、菅井きん（せん）、中条きよし（勇次）、山田五十鈴（おりく）
スタッフ■制作：山内久司／プロデューサー：辰野悦央、桜井洋三／脚本：吉田剛、鶉野昭彦、篠崎好、林千代、中原朗、保利吉紀、野上龍雄、三田純市／監督：田中徳三、原田雄一、広瀬襄、家喜俊彦、松野宏軌、黒田義之、八木美津雄

『仕事人III』の続編。必殺シリーズの人気の勢いはテレビに留まらず、劇場用映画『必殺！THE HISSATSU』（84年）が公開されてヒットを記録、これまたシリーズとなった。ドラマ本編にはUFOらしきものやエリマキトカゲが登場した。

第22弾
必殺仕切人
（1984年8月31日～1984年12月28日／全18話）
キャスト■京マチ子（お国）、小野寺昭（新吉）、西崎みどり（お清）、芦屋雁之助（勘平）、高橋悦史（龍之助）、中条

きよし（勇次）
スタッフ■制作：山内久司／プロデューサー：辰野悦央、桜井洋三／脚本：吉田剛、保利吉紀、中原朗、林千代、篠崎好、鶉野昭彦、三田純市／監督：松野宏軌、家喜俊彦、広瀬襄、八木美津雄、田中徳三

前作『仕事人Ⅳ』に続いて、中条きよし演じる三味線屋の勇次が登場。女性の元締というフォーマットは崩されず、京マチ子が三度目の出演を果たした。「もしもお江戸にピラミッドがあったら」など世相のパロディはどんどん加速する。

第23弾
必殺仕事人Ⅴ

（1985年1月11日～1985年7月26日／全26話）
キャスト■藤田まこと（中村主水）、鮎川いずみ（何でも屋の加代）、京本政樹（組紐屋の竜）、ひかる一平（西順之助）、白木万理（りつ）、村上弘明（花屋の政）、菅井きん（せん）、山田五十鈴（おりく）
スタッフ■制作：山内久司／プロデューサー：辰野悦央、桜井洋三／脚本：吉田剛、篠崎好、保利吉紀、中原朗、林千代、鶉野昭彦、三田純市／監督：広瀬襄、八木美津雄、田中徳三、松野宏軌、黒田義之、津島勝、家喜俊彦

組紐屋の竜を演じる京本政樹と花屋の政を演じる村上弘明がレギュラー入り、秀と勇次のコンビに続いてアイドル的人気を得た。山田五十鈴演じるおりくの最終作。藤田まことの娘・藤田絵美が主題歌「さよならさざんか」を歌った。

第24弾
必殺橋掛人

（1985年8月2日～1985年11月8日／全13話）
キャスト■津川雅彦（柳次）、宅麻伸（新吉）、斉藤清六（松）、西崎みどり（お光）、萬田久子（おくら）
スタッフ■制作：山内久司／プロデューサー：辰野悦央、桜井洋三／脚本：吉田剛、野上龍雄、保利吉紀、篠崎好、中原朗、林千代、石森史郎／監督：工藤栄一、松野宏軌、津島勝、黒田義之

『新必殺からくり人』のように、ある手がかりをもとに事件が明らかにされるフォーマット。初期シリーズでインパクトあふれる悪役を何度も演じてきた津川雅彦を主人公に、シリアスな展開と凝った殺し技で全13話をまっとうした。

第25弾
必殺仕事人Ⅴ　激闘編

（1985年11月15日～1986年7月25日／全33話）
キャスト■藤田まこと（中村主水）、鮎川いずみ（何でも屋の加代）、京本政樹（組紐屋の竜）、村上弘明（鍛冶屋の政）、白木万理（りつ）、菅井きん（せん）、笑福亭鶴瓶（参）、梅沢富美男（弐）、柴俊夫（壱）
スタッフ■制作：山内久司／プロデューサー：辰野悦央、桜井洋三／脚本：吉田剛、保利吉紀、石川孝人、篠崎好、宮崎晃、中原朗、林千代、鶉野昭彦、足達りつこ、田上雄／監督：工藤栄一、松野宏軌、田中徳三、小原宏裕、津島勝、原田雄一、藤井克彦、水川淳三、都築一興

ハードボイルドな作風への原点回帰を目指し、マンネリ化に抵抗。はぐれ仕事人の壱、弐、参も加わり、ハード路線で始まったが、途中からは従来のパターンへと修正された。メンバーが多いので、殺しのシーンが長いのも特色のひとつ。

第26弾
必殺まっしぐら！

（1986年8月8日～1986年10月31日／全12話）
キャスト■三田村邦彦（秀）、秋野暢子（桂馬のお銀）、大沢樹生（さぶ）、若紫（菅原昌子）、笑福亭鶴瓶（高天原綾麻呂）、西郷輝彦（香車の東吉）
スタッフ■制作：山内久司／プロデューサー：辰野悦央、桜井洋三／脚本：篠崎好、中原朗、石川孝人、保利吉紀、田上雄、江科利夫／監督：工藤栄一、原田雄一、松野宏軌、津島勝、水川淳三

三田村邦彦演じる飾り職人の秀を主役にした旅もの。当時、大ヒットしていたファミコンソフト『スーパーマリオブラザーズ』をモチーフに、秀がマリオ、恋人の若紫をピーチ姫として、各話ごとにミステリ仕立てのドラマが構築された。

第27弾
必殺仕事人Ⅴ　旋風編

（1986年11月7日～1987年3月6日／全14話）
キャスト■藤田まこと（中村主水）、村上弘明（鍛冶屋の政）、出門英（夜鶴の銀平）、かとうかずこ（便利屋お玉）、西順之助（ひかる一平）、白木万理（りつ）、菅井きん（せん）
スタッフ■制作：山内久司／プロデューサー：奥田哲雄、辰野悦央、桜井洋三／脚本：田上雄、保利吉紀、中原朗、林千代、篠崎好、安倍徹郎、吉田剛／監督：工藤栄一、水川淳三、田中徳三、松野宏軌、原田雄一、石原興

何でも屋の加代に代わって便利屋お玉が登場。中村主水は百軒長屋の番人に。後期の必殺シリーズらしい世相のパロディを盛り込み、当初は全26話を予定していたが視聴率は低迷、主水ものとしては異例の全14話で打ち切りとなった。

第28弾
必殺仕事人Ⅴ　風雲竜虎編

（1987年3月13日～1987年7月31日／全19話）
キャスト■藤田まこと（中村主水）、村上弘明（鍛冶屋の政）、かとうかずこ（お玉）、桂朝丸（絵馬坊主の蝶丸）、白木万理（りつ）、菅井きん（せん）、三浦友和（かげろうの影太郎）
スタッフ■制作：山内久司／プロデューサー：奥田哲雄、辰野悦央、桜井洋三／脚本：吉田剛、保利吉紀、篠崎好、鶉野昭彦、中原朗／監督：工藤栄一、原田雄一、松野宏軌、水川淳三、山根成之

『旋風編』の打ち切りによって制作。三浦友和が南京玉すだれを駆使する仕事人に。視聴率はやや持ち直したが、次作『必殺剣劇人』をもって『必殺仕掛人』以来15年続いた必殺シリーズのレギュラー放送は終了することが決定した。

第29弾
必殺剣劇人

（1987年8月8日～1987年9月25日／全8話）
キャスト■近藤正臣（カルタの綾太郎）、田中健（早縄の清次）、工藤夕貴（お七）、二宮さよ子（お歌）、あおい輝彦（すたすたの松坊主）
スタッフ■制作：山内久司／プロデューサー：奥田哲雄、辰野悦央、桜井洋三／脚本：吉田剛、篠崎好、田上雄、保利吉紀／監督：石原興、津島勝、水川淳三、山根成之

連続ドラマ枠の必殺シリーズいったんの最終作。モノクロ・サイレントのチャンバラ映画を彷彿させる作風で、これまでの作品と異なりケレン味あふれる大立ち回りが繰り広げられた。最終回「あばよ！」には中村主水が登場し、殺しのシーンでは過去作を露骨にオマージュ、必殺シリーズこれにてお仕舞いを強調した。

第30弾
必殺仕事人　激突！

（1991年10月8日〜1992年3月24日／全21話）

キャスト■出演：藤田まこと（中村主水）、中村橋之助（夢次）、菅井きん（せん）、白木万理（りつ）、光本幸子（お歌）、滝田栄（山田朝右衛門）、酒井和歌子（初瀬）、三田村邦彦（秀）

スタッフ■制作：山内久司、櫻井洋三／プロデューサー：福永喜夫、高橋信仁、武田功／脚本：吉田剛、中村勝行、篠崎好、高山由紀子、保利吉紀、田上雄、いずみ玲、鴨井達比古、中原朗、佐藤五月／監督：原田雄一、石原興、松野宏軌、吉田啓一郎、津島勝

4年ぶりに連続枠で復活したシリーズ第30弾。放送時間は火曜21時に変更された。仕事人狩りのために組織された「覆面組」との死闘から始まり、その後は従来のパターンに。フィルム撮影ながらビデオ仕上げで画のトーンも変化した。

第31弾
必殺仕事人2009

（2009年1月9日〜2009年6月26日／全22話）

キャスト■東山紀之（渡辺小五郎）、松岡昌宏（経師屋の涼次）、大倉忠義（からくり屋の源太）、田中聖（仕立て屋の匳）、谷村美月（如月）、野際陽子（こう）、中越典子（ふく）、菅井きん（せん）、白木万理（りつ）、和久井映見（花御殿のお菊）、藤田まこと（中村主水）

スタッフ■企画：山本晋也、亀山慶二／チーフプロデューサー：森山浩一／プロデューサー：内山聖子、柴田聡、山川秀樹、武田功、三好秀明／脚本：寺田敏雄、岡本さとる、前川洋一、森下直、後藤法子、瀧本智行／監督：石原興、原田徹、酒井信行、山下智彦、井上昌典

東山紀之演じる渡辺小五郎を主役にした大型ドラマ『必殺仕事人2007』でシリーズ復活。朝日放送・松竹にテレビ朝日が加わり、その2年後に17年ぶりの連ドラ版が作られた。撮影はフィルムからデジタルに、藤田まこと演じる中村主水最後の大仕事となった。そして2022年現在までスペシャル版が続いている。

放映時間
毎週土曜日22:00〜
『必殺仕掛人』〜『必殺必中仕事屋稼業』第13話
毎週金曜日22:00〜
『必殺必中仕事屋稼業』第14話〜『必殺剣劇人』
毎週火曜日21:00〜
『必殺仕事人　激突！』
毎週金曜日21:00〜
『必殺仕事人2009』

制作：朝日放送、松竹
制作協力（製作協力）：京都映画　『必殺仕掛人』〜『必殺仕事人　激突！』
制作：朝日放送、テレビ朝日、松竹
製作協力：松竹京都撮影所『必殺仕事人2009』

テレビスペシャル

特別編必殺仕事人 恐怖の大仕事 水戸・尾張・紀伊
（1981年1月2日）
脚本：野上龍雄、大津一郎、筒井ともみ／監督：工藤栄一／主演：藤田まこと

必殺シリーズ10周年記念スペシャル 仕事人大集合
（1982年10月1日）
脚本：野上龍雄、高山由紀子／監督：工藤栄一／主演：藤田まこと

㊙必殺現代版 主水の子孫が京都に現われた 仕事人vs暴走族
（1982年12月31日）
脚本：吉田剛／監督：石原興／主演：藤田まこと

年忘れ必殺スペシャル 仕事人アヘン戦争へ行く 翔べ！熱気球よ香港へ
（1983年12月30日）
脚本：吉田剛／監督：松野宏軌／主演：藤田まこと

必殺仕事人意外伝 主水、第七騎兵隊と闘う 大利根ウエスタン月夜
（1985年1月4日）
脚本：吉田剛／監督：石原興／主演：藤田まこと

新装㊙必殺現代版 東京六本木・京都円山公園・大阪梅田 3元仕事人ナマ中継
（1985年10月4日）
脚本：吉田剛／監督：石原興／主演：藤田まこと

当たるトラ年！今年も大躍進 必殺&タイガース
（1986年1月3日）
構成：保利吉紀、本田順一／ディレクター：森本茂樹、山口信哉／主演：藤田まこと

新春仕事人スペシャル 必殺忠臣蔵
（1987年1月2日）
脚本：田上雄／監督：工藤栄一／主演：藤田まこと

必殺仕事人ワイド 大老殺し 下田港の殺し技珍プレー好プレー
（1987年10月2日）
脚本：吉田剛／監督：松野宏軌／主演：藤田まこと

必殺ワイド・新春 久しぶり！主水、夢の初仕事 悪人チェック!!
（1988年1月8日）
脚本：田上雄／監督：山根成之／主演：藤田まこと

お待たせ必殺ワイド 仕事人vs秘拳三日殺し軍団 主水、競馬で大穴を狙う!?
（1988年9月30日）
脚本：吉田剛／監督：原田雄一／主演：藤田まこと

必殺スペシャル・新春 決定版！大奥、春日野局の秘密 主水、露天風呂で初仕事
（1989年1月3日）
脚本：吉田剛／監督：石原興／主演：藤田まこと

必殺スペシャル・春一番 仕事人、京都へ行く 闇討人の謎の首領！
（1989年3月30日）
脚本：田上雄／監督：石原興／主演：藤田まこと

必殺スペシャル・秋 仕事人vs仕事人 徳川内閣大ゆれ！主水にマドンナ
（1989年10月6日）
脚本：保利吉紀／監督：松野宏軌／主演：藤田まこと

必殺スペシャル・新春 大暴れ仕事人！横浜異人屋敷の決闘
（1990年1月3日）
脚本：安倍徹郎／監督：松野宏軌／主演：藤田まこと

必殺スペシャル・春 勢ぞろい仕事人！春雨じゃ、悪人退治
（1990年4月6日）
脚本：保利吉紀／監督：石原興／主演：藤田まこと

必殺スペシャル・秋！仕事人vsオール江戸警察
（1990年10月5日）
脚本：保利吉紀／監督：原田雄一／主演：藤田まこと

必殺スペシャル・春 世にも不思議な大仕事 主水と秀 香港・マカオで大あばれ
（1991年4月5日）
脚本：吉田剛、中村勝行／監督：原田雄一／主演：藤田まこと

必殺スペシャル・新春 せんりつ誘拐される、主水どうする？ 江戸政界の黒幕と対決！ 純金のカラクリ座敷
（1992年1月2日）
脚本：保利吉紀／監督：松野宏軌／主演：藤田まこと

必殺仕事人2007
（2007年7月7日）
脚本：寺田敏雄／監督：石原興／主演：東山紀之

必殺仕事人2009 新春スペシャル
（2009年1月4日）
脚本：寺田敏雄／監督：石原興／主演：東山紀之

必殺仕事人2010
（2010年7月10日）
脚本：森下直／監督：石原興／主演：東山紀之

必殺仕事人2012
（2012年2月19日）
脚本：寺田敏雄／監督：石原興／主演：東山紀之

必殺仕事人2013
（2013年2月17日）
脚本：寺田敏雄／監督：石原興／主演：東山紀之

必殺仕事人2014
（2014年7月27日）
脚本：寺田敏雄／監督：石原興／主演：東山紀之

必殺仕事人2015
（2015年11月29日）
脚本：寺田敏雄／監督：石原興／主演：東山紀之

必殺仕事人2016
（2016年9月25日）
脚本：寺田敏雄／監督：石原興／主演：東山紀之

必殺仕事人
（2018年1月7日）
脚本：寺田敏雄／監督：石原興／主演：東山紀之

必殺仕事人2019
（2019年3月10日）
脚本：寺田敏雄／監督：石原興／主演：東山紀之

必殺仕事人2020
（2020年6月28日）
脚本：西田征史／監督：石原興／主演：東山紀之

必殺仕事人
（2022年1月9日）
脚本：西田征史／監督：石原興／主演：東山紀之

劇場用映画

『必殺仕掛人』
（1973年6月9日公開／松竹）
原作：池波正太郎／脚本：安倍徹郎、渡邊祐介／監督：渡邊祐介／主演：田宮二郎

『必殺仕掛人　梅安蟻地獄』
（1973年9月29日公開／松竹）
原作：池波正太郎／脚本：宮川一郎、渡邊祐介／監督：渡邊祐介／主演：緒形拳

『必殺仕掛人　春雪仕掛針』
（1974年2月16日公開／松竹）
原作：池波正太郎／脚本：安倍徹郎／監督：貞永方久／主演：緒形拳

『必殺！THE HISSATSU』
（1984年6月16日公開／松竹・朝日放送）
脚本：野上龍雄、吉田剛／監督：貞永方久／主演：藤田まこと

『必殺！ブラウン館の怪物たち』
（1985年6月29日公開／松竹・朝日放送）
脚本：吉田剛／監督：広瀬襄／主演：藤田まこと

『必殺！Ⅲ　裏か表か』
（1986年5月24日公開／松竹・朝日放送・京都映画）
脚本：野上龍雄、保利吉紀、中村勝行／監督：工藤栄一／主演：藤田まこと

『必殺4 恨みはらします』
（1987年6月6日公開／松竹・朝日放送・京都映画）
脚本：野上龍雄、深作欣二、中原朗／監督：深作欣二／主演：藤田まこと

『必殺！5 黄金の血』
（1991年12月23日公開／松竹・朝日放送・京都映画）
脚本：吉田剛／監督：舛田利雄／主演：藤田まこと

『必殺！主水死す』
（1996年5月25日公開／松竹・松竹京都映画）
脚本：吉田剛／監督：貞永方久／主演：藤田まこと

『必殺始末人』
（1997年3月1日公開／衛生劇場）
脚本：鈴木生朗／監督：石原興／主演：田原俊彦

『必殺！三味線屋・勇次』
（1999年2月11日公開／松竹京都映画・グランプリ・ミュージアム）
脚本：野上龍雄／監督：石原興／主演：中条きよし

※映画『仕掛人』三部作は松竹大船による製作で京都映画のスタッフは関わっていない

オリジナルビデオシネマ

『必殺始末人Ⅱ 乱れ咲く女役者の夢舞台』
（1998年1月25日リリース／衛生劇場）
脚本：大津一瑯／監督：石原興／主演：田原俊彦

『必殺始末人Ⅲ 地獄に散った花びら二枚』
（1998年2月25日リリース／衛生劇場）
脚本：綾部伴子／監督：松島哲也／主演：田原俊彦

※そのほかの必殺シリーズとして舞台や劇画などがある。

協力	朝日放送テレビ株式会社 株式会社ABCフロンティア 松竹株式会社 株式会社松竹撮影所 株式会社V1パブリッシング 星 光一
企画協力	都築一興
写真提供	ABCテレビ・松竹 (P002、P019上下、P079上、P297上下、P335、P371、カバー)
デザイン/DTP	木村由紀 (MdN Design)
担当編集	山口一光

必殺シリーズ秘史 50年目の告白録

2022年 9月16日 第1版1刷発行

著者	高鳥都
発行人	松本大輔
編集人	野口広之
発行	立東舎
発売	株式会社リットーミュージック 〒101-0051 東京都千代田区神田神保町 一丁目105番地
印刷・製本	株式会社シナノ

【本書の内容に関するお問い合わせ先】
info@rittor-music.co.jp
本書の内容に関するご質問は、Eメールのみでお受けしております。お送りいただくメールの件名に「必殺シリーズ秘史 50年目の告白録」と記載してお送りください。ご質問の内容によりましては、しばらく時間をいただくことがございます。なお、電話やFAX、郵便でのご質問、本書記載内容の範囲を超えるご質問につきましてはお答えできませんので、あらかじめご了承ください。

【乱丁・落丁などのお問い合わせ】
service@rittor-music.co.jp

Printed in Japan ISBN978-4-8456-3804-8
定価はカバーに表示しております。